Himmelstürmer Verlag

Von Uwe Strauß bisher im Himmelstürmer Verlag erschienen:
In Feindesland ISBN 978-3-86361-476-8
Auch als E-book
www.uwestrauss.de

Himmelstürmer Verlag, 31619 Binnen
www.himmelstuermer.de
E-mail: info@himmelstuermer.de
Originalausgabe, Mai 2016

Rechtschreibung nach Duden, 24. Auflage.
Coverfoto: shutterstock.com
Umschlaggestaltung: Markus Köppen
Ausführung: Olaf Welling, Grafik-Designer AGD, Hamburg. www.olafwelling.de

ISBN print 978-3-86361-536-9
ISBN epub 978-3-86361-537-6
ISBN pdf: 978-3-86361-538-3

Uwe Strauß

Meine Heimlichkeiten

First-Love-Erzählungen

Himmelstürmer Verlag

DER FREMDE JUNGE

Jayden

Es gibt Tage im Leben eines jungen Menschen, auf die man sich freut; Geburtstage, Weihnachten, sonstige Bescherungstage, ja, und nicht zuletzt die, an denen es endlich wieder Schulferien gibt – was ja auch irgendwie einer Bescherung gleichkommt.

Und dann gibt es die vielen Tausend stinknormalen Tage, die kaum das Papier eines Tagebuchs wert sind, das man mit diesen Bedeutungslosigkeiten quält.

Aber außerdem gibt es noch ein paar ganz wenige Tage, vor denen man nichts als nackte Angst hat – und das meist zurecht – Tage, die man, wenn man vorausschauend genug ist, am besten im kuscheligen Bett verbringt und auf morgen verschiebt.

Dem Himmel sei Dank dafür, dass dies aber nur äußerst wenige Tage sind.

Was jedoch nicht von der Tatsache ablenken kann, dass heute genau solch ein schrecklicher Tag war:

Jayden Fisher hatte es nicht eilig. Er wusste, was ihn erwartete. Vielleicht trat seine böse Vorahnung nicht direkt ein, doch spätestens am Abend würde er seinen Eltern Rede und Antwort stehen müssen. Davor konnte er nicht davonlaufen. Davor konnte niemand davonlaufen.

Er erreichte mit seinem leuchtend grünen Rennrad gerade die ersten Häuser des kleinen Küstendorfs, in dem er wohnte. Auf dem weißen Ortseingangsschild stand in großen, schwarzen Lettern Castney, doch er beachtete es nicht. Es gehörte zu seinem Schulweg, weshalb er es schon beinahe Tausend Male in beide Richtungen passiert hatte.

Jayden war jetzt 16 Jahre alt, schlank, und er hatte dunkelblonde und recht kurze Haare. Seine alten Bluejeans vom letzten Jahr, die nun ohnehin zu kurz geworden wären, hatte er selbst unterhalb des Knies abgeschnitten. Inzwischen waren sie leicht ausgefranst. Über einem roten T-Shirt mit dem Aufdruck „It wasn't me" trug er einen schwarzen Rucksack, in dem er seine Schulsachen verstaut hatte. Er sah angespannt aus, doch das war kein Wunder. Er hatte seine dunkelbraunen Brauen über den blauen Augen zusammengezogen, und er verzog den Mund. Etwas Flaum stand kaum sichtbar darüber und unter einer, wie er fand, viel zu kleinen Nase.

Irgendjemand hatte ihn vor über einem Jahr mal vor dem Unterricht damit aufgezogen, dass man an der Nasengröße erkennen könnte, wie groß das beste Stück wäre. Da hatten ihm alle ins Gesicht gesehen und begonnen offen über ihn zu lachen, während er peinlichst berührt knallrot geworden war. Doch dann hatte er den Schulkameraden voller Wut kurzerhand und wuchtig gegen die Klassenraumtür geschubst, und das Thema war nie wieder aufgekommen. Dafür hatte er zwei Stunden nachsitzen müssen, was er als unfair empfunden hatte, weil der andere ohne Strafe davon gekommen war. Doch diese gemeine Beleidigung hatte Jayden verunsichert. Nun maß er alle Vierteljahr nach und schrieb sich die Ergebnisse auf einen winzigen Zettel, den er seitdem in der Joshua Tree Schallplattenhülle von U2 sicher vor Entdeckungen aufbewahrte. Von dem, was er heimlich las oder hinter vorgehaltener Hand aus seinem Freundeskreis hörte, lag er im Durchschnitt, und das beruhigte ihn dann doch wieder.

Nachdem er noch um ein paar Ecken gebogen war, erreichte er ein doppelstöckiges Reihenhaus. Er lehnte sein Rad an die Hauswand und schloss es sorgfältig ab. Es war sein größter, fast sein einziger Stolz. Umständlich kramte er einen Hausschlüssel aus seiner Hosentasche und schloss die Eingangstür auf. Dabei bemühte er sich, möglichst kein Geräusch zu machen, auch als er die Wohnung betrat und die Tür beinahe lautlos schloss. Er konnte das Donnerwetter jetzt wirklich noch nicht gebrauchen.

Erleichterung spielte um sein Gesicht, als er registrierte, dass noch niemand sonst zu Hause war. Ellie, seine kleine Schwester, wurde gewiss von ihrer Mutter am letzten Tag ihrer Grundschulzeit von ihrer Schule im Ort abgeholt. Er erinnerte sich, dass darüber am frühen Morgen gesprochen worden war. Und sein, wie er fand, strenger Vater würde noch bis zum Nachmittag arbeiten. Verschweigen konnte er es ohnehin nicht. Deshalb, so hatte er schon auf dem Rückweg überlegt, würde er sein Zeugnis einfach kommentarlos auf dem Esstisch hinterlassen. Dann war die Schockwirkung vielleicht schon verpufft, wenn seine Eltern ihn mit der Enttäuschung konfrontierten, die er ihnen ganz sicher bereitet hatte und die er, so fürchtete er, vermutlich dadurch auch geworden war.

Obwohl ihm sein Unterbewusstsein immer wieder erklärte, dass er alleine im Haus war, verhielt sich Jayden nach wie vor, als wolle er niemanden wecken, der eventuell gerade schlief. Er zog die Schuhe aus und schlich auf Socken in die Küche. Tief durchatmend legte er sein Zeugnis auf eine Kante des Tisches und schüttelte den Kopf. Wenn es doch nur einen Ausweg gäbe.

Er wandte sich nach links, öffnete den Kühlschrank und sah für gut dreißig Sekunden unschlüssig hinein. Dann nahm er sich eine der wirklich guten Frikadellen vom Vortag heraus, legte sie auf einen kleinen Teller und kippte reichlich Ketchup darüber. Kurz schien er zu überlegen, wie er sie nun noch mit den Fingern anfassen könnte, verzog dann den Mund und zog eine Gabel aus einer Schublade. Aus einem großen Fach im Kühlschrank nahm er noch eine Plastikflasche Limonade heraus und machte sich auf den Weg nach oben in sein Zimmer. Da er keine zweite Hand frei hatte, öffnete er die Flasche bereits auf der Treppe mit den Zähnen. Nach der Rückfahrt hatte er wirklich Durst.

Oben warf er sich auf sein Bett und zog eine Jugendzeitschrift aus dem ungeordneten Stapel unter dem Bett hervor. Er aß die Frikadelle während er darin blätterte und auf einem Konzertbericht von Iron Maiden hängen blieb. Seine Augen wanderten zur Decke und er lächelte kurz. Von den Maiden, den Jungfrauen, wie er sie nannte, hing ein Poster zwischen einigen anderen, mit denen er sein Jugendzimmer zugepflastert hatte. Als er zu Ende gegessen hatte, trank er den Rest aus der Flasche in einem Zug aus und legte sich gemächlich auf den Rücken. Dann atmete er tief durch und dachte einen langen Augenblick lang nach.

Mit einer gewissen Entschlossenheit, die er sonst nicht allzu oft zu Tage treten ließ, blätterte er nur drei Seiten weiter. Es war ihm sehr bewusst, was er hier finden würde. Auch wenn er anderen gegenüber behauptete, dass er die Zeitschrift wegen der Musikberichte las, waren doch genau die Aufklärungsseiten der eigentliche Grund, weshalb er sie kaufte und die Seiten, die er vor allen anderen durchsah. Im Übrigen glaubte er auch fest, dass seine Klassenkameraden die gleiche Lüge verbreiteten, sie kauften sie nur wegen der Reportagen über die Bands.

Meist las er diese Seiten zwei- oder dreimal, und so kannte er die, wie seine Freunde glaubten, gefakten Fragen und Antworten oder die Portraits von Jugendlichen, die über ihre ersten sexuellen Erfahrungen berichteten, schon beinahe auswendig. Er nahm nicht wahr, dass er trotzdem vor gespannter Aufregung mit geöffnetem Mund las. Unbewusst fuhr Jayden sich mit seiner Zunge über die Lippe, als er nur Momente später auf die sich langsam aber deutlich abzeichnende Beule in seiner Jeans sah. Vielleicht wurde der Tag ja doch nicht ganz so schlimm. Doch schon als seine Hand den Gürtel zu lösen begann, hörte er unten die Haustür und die vertraute, helle Stimme seiner Schwester.

„War ja klar“, dachte er enttäuscht. „Heute geht alles daneben.“ Kopfschüttelnd schlug er das Heft wieder zu und legte es sorgfältig unter sein Bett zurück. Es würde zu warten haben. Dann griff er sich sein Paar Kopfhörer, setzte sie auf und machte Musik an. Obwohl sie laut war, entspannte er sich, als er die Augen schloss, und seine Erregung war ebenso schnell verpufft wie sie gekommen war.

Dass es eine gute Stunde später an seiner Tür klopfte, nahm er nicht wahr. Zu laut war die Musik, die er inzwischen auf sich eindröhnen ließ, um sich abzulenken und um seinen Frust nicht zu stark durchkommen zu lassen. Doch er hatte die Augen geöffnet und starrte ins Leere, als nun sein Vater eintrat. Randy Fisher war Anfang vierzig, groß, glatt rasiert, und er trug noch seine Arbeitskleidung. In seinem Fall als Controller einer Bank war dies ein dunkler Anzug, dessen Jackett er unten jedoch abgelegt hatte, zudem Hemd und Krawatte. Auch er war blond, allerdings dunkler als sein Sohn.

„Jayden?“

Gemächlich setzte sein Sohn sich auf und nahm fast provozierend langsam die Kopfhörer ab. „Was ist?“

„Das ist.“ Er wedelte mit einem Papier vor seiner Nase umher, von dem Jayden nur zu genau wusste, was darauf verzeichnet war.

„Es lief nicht sonderlich gut dies Jahr”, sagte er ruhig.

„Nicht sonderlich gut?“, hakte sein Vater mit tiefer Stimme nach. „Das ist wohl stark untertrieben. Deine Noten sind eine absolute Frechheit“, redete er sich langsam in Rage. „Was tust du eigentlich den ganzen Tag in der Schule?“

Noch schaffte es Jayden, ruhig zu bleiben. „Reg dich ab. Ich habe die

Versetzung ohne Probleme gepackt, also, was willst du?"

„Ohne Probleme? Um Haaresbreite meinst du wohl." Und noch lauter werdend fragte er: „Was ich will? Ich will, dass du uns wie früher Zeugnisse präsentierst, die deinem Leistungsvermögen entsprechen. Und ich weiß sehr wohl, wo das liegt." Er sah sich suchend um. „Wo ist deine Schultasche?"

Jayden nickte unwillig in Richtung Kleiderschrank. Sein Vater ging die zwei Schritte hinüber, nahm den Rucksack heraus und legte laut vorlesend die Bücher einzeln auf den Schreibtisch. „Geschichte, Biologie, Mathematik. Was ist das hier? Physik. Ah, englische Literatur und Chemie. Na, das lohnt sich ja."

„Hör auf. Ich hab Ferien."

„Du hast das ganze Schuljahr Ferien gehabt."

„Das ist nicht fair", maulte Jayden.

„Nicht fair?", ereiferte sich sein Vater. „Ich erzähle dir mal, was nicht fair ist. Es ist uns gegenüber nicht fair, dir eine laue Zeit zu machen. Schließlich haben wir dich sechzehn Jahre lang durchgefüttert und unterstützt."

„Was ist mit Nizza?" fragte Jayden ängstlich.

„Nizza fällt aus. Wenigstens für dich", sagte sein Vater mit harter Stimme.

„Nein", brach es fast unhörbar aus Jaydens Mund hervor. Das konnte unmöglich sein. Er war so schockiert, dass er nun sogar zitterte. Dass er in irgendeiner Form den Stoff würde nacharbeiten müssen, hatte er schon befürchtet. Schließlich kannte er seine Eltern gut genug. Aber das?

„Oh doch", bestätigte sein Vater, und es klang wie eine Drohung, auf die es keine Widerworte geben konnte.

„Das könnt ihr nicht machen. Ich ..." Er war so vor den Kopf gestoßen, dass er stockte. „Ihr wollt alleine fahren?"

Sein Vater nickte entschlossen.

„Während ich hier von euch zurückgelassen werde und lernen soll?"

„So haben deine Mutter und ich es beschlossen."

„Aber, nein, das könnt ihr nicht tun", rief er verzweifelt, „ich hab mich doch so darauf ..." Er beendete den Satz nicht.

Mit den Worten „Ich denke, du hast verstanden", drehte sich sein Vater um, wandte sich zur Tür und deutete dann drohend mit dem

Finger auf seinen Sohn. „Du hast dreimal ein derart schlechtes Zeugnis mit nach Hause gebracht, mein lieber Jayden, das erste, einzige und auch das letzte Mal!“ Damit ging er hinaus und schloss entschlossen die Tür.

„Mein lieber Jayden”, sagte dieser leise zu sich, schüttelte den Kopf und warf sich bäuchlings auf sein Bett. Dann vergrub er verzweifelt den Kopf im Kissen. Dies war noch viel schlimmer geworden, als er befürchtet hatte.

Ihn selbst wunderte es keineswegs, dass er keinerlei Appetit verspürte, als er abends bei den anderen am Tisch saß und alle außer ihm aßen.

„Nun iss schon, Jayden”, forderte ihn seine Mutter auf. Sie war deutlich kleiner als er, etwas jünger als ihr Mann und mit schulterlangen, braunen Haaren wirklich hübsch. Über dem Tisch waren sonst nur ihre farbenfrohe Sommerbluse und eine schlichte Halskette zu erkennen.

„Danke. Mir ist der Appetit aus irgendeinem unerfindlichen Grund vergangen”, sagte er mit aller Bitterkeit, zu der er fähig war.

„Jayden, bitte. Nimm dich zusammen. Jeden Tag bekommen wir mindestens zweimal von dir zu hören, wie erwachsen du glaubst zu sein. Jetzt kannst du es uns beweisen. Sieh das Ganze doch mal als Chance. Beweise uns, dass wir dir häufiger und mehr vertrauen können.“

„Ich will diese beknackte Chance nicht”, rief er ungehalten. „Ich will mit nach Frankreich!“

„Die Diskussion ist beendet”, mischte sich Mr Fisher in strengem, endgültigem Tonfall ein. „Du bleibst! Wenn du weiter mit diesen kindischen Argumenten kommst, werde ich Onkel Carl auch noch fragen, ob er dich für die drei Wochen ganz zu sich nimmt.“

„Hat mich sowieso schon gewundert, dass ich keinen Babysitter kriege”, sagte Jayden pampig.

„Ein Wort noch, und ich besorg dir einen.“

Jayden verkniff sich weitere Widerworte, auch wenn es ihm offensichtlich sehr schwer fiel. Missmutig biss er von einer Scheibe Brot ab, auf die er Schinken gelegt hatte.

Nach einer kurzen Pause sprach seine Mutter in verständnisvollerem Ton weiter. „Hör zu, Jayden. Wir werden Onkel Carl und Tante Cindy Geld für dich geben. Davon kannst du dir das zu essen kaufen, was du für dich zum Frühstück und Abendessen brauchst.“

„Im Klartext, ihr traut mir nicht einmal zu, dass ich mit Geld umgehen kann."

Sein Vater lächelte zustimmend und nickte ihm herausfordernd zu. Doch seine Frau sprach weiter. „Mittags, wenn du gelernt hast, wirst du bei ihnen essen. Tante Cindy wird gern für dich mitkochen. Laura und der kleine Michael sind ja auch da. Ob sie nun für vier oder für fünf Personen kocht, macht keinen großen Unterschied, sagt sie selbst. Ich habe vorhin mit ihr telefoniert."

„Toll wie ihr das so schnell hinbekommen habt. Kompliment", murrte Jayden.

Ohne auf seine Bösartigkeit zu reagieren, fuhr seine Mutter fort: „Es ist wie in der Schulzeit. Du hast den ganzen Nachmittag und Abend für dich. Es liegt an dir selbst, was du aus deinen Ferien machst. Wir haben nichts dagegen, wenn du deine freie Zeit mit deinen Freunden verbringst – solange du lernst."

„Ihr wisst überhaupt nichts!", schrie er nun beinahe. „Ken fliegt nach Ägypten, und Tom, Marc und Davy sind im Ferienlager in Lancashire." Sarkastisch fügte er hinzu: „Ich hatte euch davon erzählt, dass ich ihnen abgesagt habe – wegen Nizza. Herzlichen Dank."

Damit stand er auf und verließ ohne ein weiteres Wort das Esszimmer. Beinahe erstaunt registrierte er, dass niemand ihn versuchte aufzuhalten.

Jayden hatte vor unterdrückter Wut extrem schlecht geschlafen. Er hatte seine Eltern spüren lassen, dass er sie für diese, wie er fand, unmenschliche Entscheidung verachtete. Trotzdem stand er nun an seinem Schreibtisch und starrte bewegungslos aus dem Fenster. Vor dem Haus stand ein weißer Camper mit hellbraunen Streifen. Er hatte die Lippen zusammen gekniffen und sah Ellie zu, wie sie übertrieben mädchenhaft eine kleine, rote Tasche in der Hand haltend die drei Stufen zum offenen Camper emporstieg. Den hatten seine Eltern, die ihr unterhaltend folgten, für die drei Wochen angemietet. Sie trugen die letzten Taschen hinein. Seine Mutter kam alleine wieder heraus und ging zurück zum Haus. Er hörte sie die Treppe emporsteigen, drehte sich aber nicht zu ihr um, als sie sein Zimmer betrat. „So, mein Großer, jetzt bist du uns los."

Jayden reagierte nicht. Deshalb sprach seine Mutter weiter: „Wir werden uns bei Tante Cindy melden, damit du in aller Ruhe weiter schmollen kannst. Keinen fremden Besuch. Hörst du?“

Doch Jayden ließ noch immer mit keinem Laut oder irgendeiner Regung seines Körpers erkennen, dass er verstanden hatte.

„Du machst das schon. Fünf Stunden am Tag sind nicht die Welt.“ Sie steckte ihm etwas in die hintere Gesäßtasche.

Jaydens Verbitterung hatte sich indes nicht um ein Jota gelegt, und so bedankte er sich nicht, obwohl er ahnte und innerlich auch hoffte, dass es Geld war.

Dann wandte sie sich um und sagte: „Bis in drei Wochen, mein Sohn.“ Als sie den Raum verließ, hörte er ihr Flüstern, obwohl er sich nicht sicher war, ob er es hören sollte. „Es tut mir leid.“

Er sagte erst ganz leise „Tschüß”, als der Camper bereits langsam anfuhr und er ohne hinzusehen eine Fünf-Pfundnote in den Fingern drehte.

Cindy Grady war früher eine attraktive, brünette Frau gewesen, doch zwei Schwangerschaften hatten einige Kilos hinterlassen, die ihr einfach nicht stehen wollten. Sie hatte gerade ihren Jüngsten in einen Hochstuhl gesetzt und band ihm ein Lätzchen um, während sie mit ihm sprach. „So, das bekommst du auch wieder, mein kleiner Dreckspatz. Interessiert dich eigentlich, was es heute zu essen gibt?“

Wenn „Bppfff“ eine Antwort gewesen sein sollte, so konnte sie sie jedenfalls nicht als solche einordnen.

„Das soll ein Möhrengemüse sein. Ja, ich weiß, es sieht genauso aus wie das Zeug gestern.“ Sie lachte ein wenig für sich und nahm etwas Brei auf einen kleinen Löffel. „Wenn du jetzt noch den Mund öffnest, können wir beginnen.“

Doch noch während sie dies sagte, schellte die Türglocke. Mit freundlicher Stimme rief sie in den Nebenraum: „Laura, machst du bitte auf? Das muss Jayden sein.“

Aus dem Wohnzimmer stürmte ein kleiner, blonder Blitz zur Tür. Dort stand wirklich Jayden, der jedoch eigenartig schüchtern wirkte. Die siebenjährige Laura zog ihn an der Hand in die Küche. „Nun komm schon, hierein.“

„Hey, ist ja gut”, sagte Jayden lachend. „Ich komme ja schon. Hallo, Tante Cindy.“

„Hallo, Sorgenkind." Sie hatte noch immer einen mit oranger Masse bestrichenen Löffel in der Hand.

Jayden gab ihr einen Kuss auf die Wange und tätschelte dann Michael ganz leicht den Kopf. „Na du, kriegst du immer noch kein richtiges Steak?"

„Das wird wohl noch ein wenig dauern", antwortete sie an Michaels Stelle. „Schön, dass du hier bist."

Er verzog den Mund. „Du weißt genau, dass ich jetzt viel lieber auf dem Weg nach Frankreich wäre."

Sie lächelte verständnisvoll.

Nicht nur weil er nicht weiter darüber reden wollte, fragte er: „Tante Cindy, darf ich Mikey füttern?"

„Oh, ich bin für jede Art Hilfe empfänglich." Sie übergab ihm den Löffel, und Jayden lächelte seinen kleinen Cousin an. An Laura gewandt, sagte Mrs Grady: „Spatz, sagst du Papa, dass wir in zehn Minuten essen können?"

Mrs. Fisher stand alleine vor einer Telefonzelle und kramte in ihrer Börse nach Münzen. Mit diesem französischen Geld kam sie noch nicht so leicht klar. Aber das würde sich in den drei Wochen geben. Die Telefonzelle gehörte zum Hauptgebäude eines Campingplatzes in der Nähe des Fährhafens. Sie öffnete sie, trat hinein, warf die Münzen in einen Schlitz und wählte.

Als nach fünfmaligem Durchläuten noch keine Antwort kam, sprach sie mehr zu sich selbst in den Hörer: „Nun komm schon. Ich weiß, dass du zu Hause bist. Der Kleine kriegt doch bestimmt gleich Essen. Ah, - Guten Morgen, Cindy, hier ist Diana. Ich wollte nur hören, wie es euch geht und ob das mit Jayden geklappt hat."

...

„Ah, das ist gut."

...

„Nein, Randy hat gesagt, es sei besser, wenn wir ihn die ersten Tage noch nicht anrufen. Er möchte, dass sich Jayden erst ein wenig von dem Schock erholt."

...

„Ich weiß. Ich bin mir auch nicht sicher, ob wir die richtige Entscheidung getroffen haben, aber vielleicht wächst er ja wirklich durch die Selbstverantwortung."

…

„Nein, wir sind ganz gut durchgekommen."

…

„Irgendwo in der Nähe von Calais. Wir haben eine der letzten Fähren genommen."

…

„Nein, wir starten in einer halben Stunde."

…

„Ja, danke. Das wünsche ich dir auch. Wenn Jayden nachher kommt, grüß ihn bitte ganz lieb. Würdest du das …", doch in diesem Moment rutschten der letzte Franc durch, und so beendete sie den Satz nicht mehr. Das war nicht so schlimm, befand sie. Sie war im Großen und Ganzen mit ihrer Botschaft durchgekommen. Nickend legte sie auf und ging zum Camper zurück.

Das Meer war ruhiger, als es dies sonst so häufig war. Es war der dritte Tag seiner Zeit als Verdammter, wie er sie in seinen Gedanken enttäuscht bezeichnete. Jayden, der erneut seine halblange Jeans und diesmal ein schwarzes Shirt seiner schottischen Lieblingsband Big Country trug, stellte sein Rad in den Klippen ab. Sorgsam verschloss er es sogar doppelt, bevor er seine Kleidung ablegte. Die blaue Badehose, die eher wie ein kurzer Slip aussah, hatte er sich schon mittags zu Hause untergezogen. Man konnte ja nicht wissen, wer eventuell noch hier schwimmen wollte. Doch heute war er ganz allein. Der Zugang durch die Felsen war viel zu schwierig, als dass ihn andere nutzten, und verboten war es ohnehin. Er stapelte die Kleidung eher unordentlich übereinander.

Vorsichtig stieg er die Klippen hinunter, bevor er von einem ins Meer ragenden Felsen in die Fluten sprang. Die Kühle des Atlantiks umfasste ihn sofort, und prustend tauchte er wieder auf. Er schwamm ein paar Züge und dachte eigenartigerweise an das vergangene Jahr. Von diesem Felsen war er letzten Sommer auch immer gesprungen, da allerdings mit Davy, Ken und Tom zusammen. Diesmal war niemand da. Das bedeutete aber auch, dass niemand mehr Regeln aufstellen konnte. Ja, er war frei, und für diesen ersten Augenblick genoss er dieses Gefühl.

Jayden, der ein guter Schwimmer war, machte einige lange Züge, rollte sich aus Spaß ein paar mal wie eine Robbe im Wasser und schwamm noch ein wenig weiter. Als er jedoch zurück zu den sich nun dunkelbraun gegen den hellblauen Himmel abhebenden Klippen sah, blieb ihm beinahe das Herz stehen.

Da war jemand. Und dieser jemand machte sich an seinem Rad zu schaffen. Um ein Haar hätte er laut auf sich aufmerksam gemacht und „nein“ geschrien. Doch im selben Moment, in dem er das gedacht hatte, wurde ihm klar, dass dies auch von dem anderen als Warnung interpretiert werden konnte, sich zu beeilen. Schon war er mit dem Gesicht im Wasser und kraulte so schnell er konnte zu den Felsen zurück. Panik stieg in ihm auf. Sein Rad war sein Ein und Alles. Er hatte so lange dafür gespart. Es durfte einfach nicht passieren.

„Hey! Weg da!“ So schnell er konnte, kletterte er die Felsen hinauf. „Finger weg!“

Er registrierte, dass der Junge sicherlich einen halben Kopf kleiner und vermutlich auch ein wenig jünger als er war. Sein langes, dunkles Haar fiel ihm offen auf die Schultern. Er hatte tiefdunkle Augen, die geheimnisvoll wirkten, und er trug nur eine fremdartig wirkende Hose aus hellem und sehr dünnem Leder, die am rechten Bein hauteng anlag, am linken jedoch sehr hoch geschnitten und sauber gefranst war. Ein derartiges Kleidungsstück hatte Jayden noch nie zuvor gesehen. Auf irgendeine Weise wirkte der Junge nicht nur fehl am Platz, sondern ausländisch, beinahe indianisch.

„Was hast du an meinem Bike zu schaffen?“, schrie ihn Jayden wütend an. Doch der fremde Junge reagierte nicht und sah ihn nur fragend an. Er nahm nur die Hände weg und streckte sie vor sich, um zu zeigen, dass er nichts Böses im Schilde führte. Jayden fragte sich, warum er keine Antwort bekam. Musste er noch deutlicher werden? Mit beiden Händen schubste er den Kleineren rücklings zu Boden. Doch nicht einmal das konnte den Jungen aus der Reserve locken. Ungläubig den Kopf schüttelnd stand er wieder auf. Er schien sich nicht wehgetan zu haben, obwohl er auf nackten Fels geknallt war. Vollkommen unerwartet machte der Junge sogar einen Schritt auf Jayden zu, sah ihn weiterhin fragend aus einer nach wie vor deutlich defensiven Position an.

„Na, was ist? Kriege ich keine Antwort?“

Doch der Junge reagierte weiterhin, als verstünde er seine Sprache nicht. Jayden holte nur kurz aus und schlug ihm trocken in den Magen. Stöhnend und mit schmerzverzerrtem Gesicht sackte der fremde Junge zu Boden.

„Du beklaust mich nicht", sagte Jayden nachdrücklich.

Mühsam und noch immer mit dem Zucken einer Schmerzreaktion im Gesicht rappelte sich der Junge auf und sah Jayden in die Augen. Völlig überraschend registrierte der, dass keine Angst oder gar Wut in seinen Augen war, sondern eindeutig nur Enttäuschung.

Flüsternd und ganz leicht den Kopf schüttelnd fragte er: „Warum?" Dann drehte er sich langsam um und ging die Hand in den Bauch drückend weg. Er sah nicht zurück, und Jayden, der ihm nachblickte, verstand weniger als vorher. Welch eine verrückte Aktion war das denn nur gewesen?

Zwei Stunden später – Jayden hatte inzwischen geduscht – fläzte er sich nur mit seiner Unterhose bekleidet auf dem Sofa herum und sah mit halbem Auge einer amerikanischen Comedyserie im Fernsehen zu. Neben ihm standen eine Dose Erdnüsse und eine halbe Flasche Cola.

Er hätte eigentlich zufrieden sein müssen. Er hatte den Diebstahl seines Rades verhindert, konnte so viel vor der Glotze hängen wie er wollte und die ganzen Vorräte an Cola leertrinken. Doch er war nicht zufrieden, weder mit sich noch mit seinem Leben. Nein, ihn störte nicht mehr, dass er jetzt nicht auf dem Weg nach Nizza war. Damit hatte er sich inzwischen irgendwie abgefunden. Ihn verunsicherte, dass dieser eigenartige Junge mit der, wie er in diesem Moment zum bestimmt zehnten Mal dachte, bescheuerten Hose die überhaupt nicht passende Frage „warum?" gestellt hatte. Es war doch offensichtlich gewesen, wieso er ihn angegangen hatte, oder nicht?

Wie hätte er es deutlicher machen können als durch das, was er gesagt hatte und durch den Schubser, beziehungsweise den Schlag. Wie konnte man da nur so dämlich sein und „warum" fragen?

Der Junge hatte anfangs zwar so ausgesehen, als verstünde er ihn nicht, hatte aber dann doch auf Englisch geantwortet. Also musste er ihn doch verstanden haben. Es war ein Rätsel, hinter das er nicht kam. Und das ärgerte ihn so sehr, dass er den Fernseher wieder ausschaltete, sich hinlegte und sich Bilder des Jungen ins Gedächtnis zurück rief? Wer trug solch eigenartige Hosen? Nicht einmal in Edinburgh hatte er jemanden gesehen, der mit einer nur an einer Seite ausgefransten Hose herum gelaufen wäre. Er konnte nicht aus der Gegend sein.

„Vielleicht ist er Franzose", überlegte er, „oder noch von viel weiter her. Aber was tut er dann hier? Es gibt keine Campingplätze, dass ein Spanier oder ein sonstiger Ausländer hier seine Ferien verbringen könnte." Er hatte ihn an einen Indianer erinnert.

Er sprang auf. Das konnte er herausfinden. Er hatte ein Buch über Indianer. Er fand es auf Anhieb in einem Regal in seinem Zimmer und blätterte es fast fieberhaft durch. Als er auf die Schnelle nicht fündig wurde, begann er noch einmal in aller Ruhe von vorne und las es komplett durch. Dabei merkte er nicht einmal, dass er noch immer einzig mit seiner fast zu kleinen Unterhose bekleidet mitten in seinem Zimmer herum stand. Enttäuscht fand er heraus, dass solch eigenartige Lederhosen nirgendwo erwähnt wurden.

Er ging hinunter in die Küche und stöberte den Kühlschrank durch. Entschlossen machte er sich eine Pizza im Ofen warm und fand dann drei Flaschen Bier, die unter den Säften lagen. Dieser Fund zauberte ein Grinsen auf sein Gesicht. Die konnte er am Ende der drei Wochen wieder auffüllen, dachte er zunächst. Doch dann überlegte er, dass sein Vater wahrscheinlich ohnehin vergessen habe würde, dass er noch drei Flaschen gehabt hatte, wenn er zurückkehrte. Er öffnete eine und nahm sie mit ins Wohnzimmer. Es war nicht seine erste, doch vielleicht erst die fünfte oder sechste, und so war Bier noch immer etwas Besonderes für ihn.

Er versuchte sich mit Musik und erneut mit dem Fernseher abzulenken. Doch egal, woran er absichtlich denken wollte; dieser eigenartige, fremde Junge tauchte immer wieder aufs Neue in seinem Kopf auf.

Jayden hatte sich für den Folgetag die exakt gleiche Stelle ausgesucht, um wieder schwimmen zu gehen. In gespannter Erwartung schwamm er diesmal nicht ganz so weit hinaus und blickte häufig zurück. Immer wieder biss er die Zähne zusammen und schüttelte fast unmerklich den Kopf. Doch egal, wie häufig er zu den Klippen und zu seinem Rad sah, dort geschah nicht mehr, als dass ein Vogel über den Felsen kreiste. Innerlich ärgerte er sich, dass er hoffte, dass der Junge auftauchen möge und einfach nur da war. Doch es geschah nicht, obwohl er beinahe eine halbe Stunde in dem kalten Wasser blieb.

Enttäuscht trocknete er sich ab, zog sich sogar erstmals im Schutz eines Felsens um. Kurz lachte er, als er sich ohne Badehose umsah und niemanden erblickte. Nackt in der Natur stehen zu können, war auch eine Form von Freiheit. Doch ihm wäre lieber gewesen, wenn er diese Freiheit gegen Gesellschaft hätte tauschen können.

Seliân

Heute, einen weiteren Tag später, trug Jayden sein rotes Trikot vom FC Liverpool. Er mochte es, obwohl es ihm inzwischen etwas zu klein geworden war. Er hatte es vor zweieinhalb Jahren zu Weihnachten bekommen, und da war er noch gut fünfzehn Zentimeter kleiner gewesen als er heute war. Es war etwas weniger heiß als am Vortag. Er stellte das Rad noch einmal an der gleichen Stelle in den Felsen ab, verschloss es und begann sich auszuziehen. Immer wieder suchten seine Augen die Felsen ab, bevor er zu dem hervor stehenden Fels hinab stieg und einen Kopfsprung ins Wasser machte.

Gemächlich schwamm er wieder ein paar Meter hinaus. Auf Rollen oder sonstige Tauchbewegungen hatte er irgendwie keine Lust. Vielleicht würde er noch ein paar Sprünge machen. Als er jedoch zurück schwamm und zu seinem Rad blickte, sah er den fremden Jungen im Schneidersitz in den Felsen sitzend, nur eine Ebene über der, von der er vorhin den Kopfsprung gemacht hatte. Auf einmal lächelte Jayden. Dann tauchte er unter und kraulte tief durchatmend zurück.

Als er unter Wasser war, wusste er nicht, ob er erleichtert war, sich freuen wollte, dass er Gesellschaft bekam oder was er nun überhaupt denken sollte. Es kam ihm nicht in den Sinn, dass es etwas Schlimmes sein könnte. Dennoch stieg er angespannt aus dem Wasser und langsam den Felsen empor.

Der fremde Junge trug erneut die fremdartige Hose aus ganz dünnem, hellem Leder, die hier im Schneidersitz noch ungewöhnlicher wirkte, weil die Fransen sein Bein nicht mehr verhüllten. Seine tiefdunklen Augen blickten ihn forschend an. Regungslos erwartete er Jayden, bis dieser seinen Felsen erreichte. Dann stand er bedächtig auf, verbeugte sich leicht vor ihm und sagte zwar leise, aber dennoch mit sicherer Stimme: „Ich bitte dich um Vergebung.“

Jayden verstand die Welt nicht mehr. „Du tust was?“

„Ich bitte dich um Vergebung. – Verstehst du mich nicht?“, fragte er unsicher nach.

„Doch, doch“, antwortete Jayden schnell. „Ich verstehe nur nicht wieso?“

Der Junge blieb ernst. „Du hast mich dafür bestraft, dass ich etwas berührt habe, das du dein Eigentum nennst. Somit bin ich vor dir schuldig geworden.“

„Du bist verrückt“, war alles, was Jayden hervor brachte.

„Nimmst du meine Entschuldigung an?“ Der Junge wirkte noch immer sehr angespannt und konzentriert. Jetzt hielt er ihm seine rechte Hand hin, nun jedoch wieder etwas verunsichert, anscheinend weil er fürchtete, Jayden könnte sie ablehnen.

Der überlegte einen Augenblick, entschied dann aber, dass es nicht schaden konnte. Und so würde er noch etwas Gesellschaft haben und mehr über den verrückten Jungen herausfinden können. Er schlug ein und lächelte etwas verlegen, während er mit dem Kopf schüttelte, als wollte er sich klar machen, in welche Situation er geraten war.

„Ich bin Seliân.“

„Seliân? Habe ich noch nie gehört. Ich bin Jayden.“

„Das habe *ich* noch nie gehört“, entgegnete dieser lächelnd und nickte zurück. „Was ist das?“

„Was ist was?“

„Was ist dieses Ding, mit dem du dich so schnell bewegen kannst?“ Er zeigte hoch zu Jaydens Fahrrad.

„Meinst du mein Bike?“

„Wenn dieses Ding Bike heißt“, sagte er lächelnd, „meine ich dein Bike.“ Als Jayden ihn ansah, als könnte er nicht glauben, dass er diese Frage gestellt hatte, fügte er hinzu: „Dort, wo ich herkomme, gibt es so etwas nicht.“

„Du kennst keine Bikes? – Das gibt es doch nicht.“ Nachdenklich rieb er sich ein wenig die Arme warm und fügte dann mehr zu sich gewandt hinzu: „Deshalb hast du es dir angeschaut. Langsam verstehe ich.“

„Du frierst. Dein Tuch ist oben bei deiner Kleidung.“

Gemeinsam wandten sie sich um. >Tuch< hatte er gesagt, nicht Handtuch, wunderte sich Jayden, als sie zum Rad zurück kletterten. Und er kannte nicht einmal ein richtiges Bike? Das war wirklich seltsam. „Eigentlich heißt es nicht Bike, sondern Fahrrad“, sagte er, „aber das sagt kaum jemand.“

„Es funktioniert über die Kette, an der du mit den Füßen drehst, nicht wahr?“, fragte Seliân.

Jayden konnte nicht anders. Er antwortete lachend: „Ja, so kann man das auch ausdrücken.“

„Du musst sehr geschickt sein.“

„Ach was“, wiegelte Jayden ab, „Radfahren ist einfach. Das kann jedes Kind.“

„Nein, ich meine, es ist gewiss sehr schwer, so etwas Kompliziertes herzustellen.“

„Oh, ich habe es nicht gebaut. Es ist aus irgendeinem Laden.“ Mit einem Mal hatte er die Idee. „Möchtest du es dir anschauen? – Ich meine, *mit* meinem Einverständnis“, setzte er schmunzelnd hinzu, als sie das Rad erreichten.

Seliân nickte und berührte schließlich den Alurahmen voller Hochachtung, während Jayden sich abtrocknete und ihm dabei zusah. Er band sein Handtuch um, um die nasse Badehose gegen eine Unterhose zu tauschen. So hatte er es von seinen Freunden gelernt, als sie vor drei Jahren begonnen hatten, alleine hier schwimmen zu gehen. Niemand zeigte sich den anderen. Seliân holte einen Apfel aus einem Lederbeutel, zerbrach ihn geschickt und hielt Jayden, der sich nun in seiner Unterhose neben ihn setzte, die eine Hälfte hin.

„Danke“, sagte er und trocknete sich die Waden ab. Dann warf er das Handtuch nach hinten zu seinen Schuhen und dem roten Liverpool-Shirt.

„Erzählst du mir von dir?“, fragte Seliân.

„Okay. Ich heiße Jayden Fisher. Manche sagen auch nur Jay zu mir. Ich bin sechzehn, seit zwei Monaten. Naja, ich bin in Castney zu Hause; das ist so fünf Meilen von hier entfernt. Eigentlich ist es ein ziemlich kleines Kaff“, doch als er sah, dass Seliân das Wort ebenfalls fremd war, korrigierte er sich, „ein kleiner Ort, hat etwa zwölfhundert Einwohner.

Viel mehr gibt es über mich nicht zu erzählen. Im Augenblick wäre ich lieber mit meinen Eltern und meiner Schwester Ellie in den Ferien in Südfrankreich."

Doch als er es ausgesprochen hatte, wurde ihm klar, dass es nicht oder besser *nicht mehr* der Wahrheit entsprach. In Gedanken berichtigte er sich. „Im Augenblick möchte ich nirgendwo anders sein als hier." Zu Seliân gewandt, sagte er dann: „Aber da mein Zeugnis so schlecht war, haben sie mir verboten mitzukommen."

Seliân nickte und fragte weiter: „Wofür hast du ein Zeugnis bekommen?"

„Entschuldige, wenn ich jetzt nicht sofort antworte." Er sah Seliân nun direkt an. „Aber wer bist du wirklich, und vor allem woher kommst du, dass du nicht einmal weißt, wofür man ein Zeugnis bekommt oder was ein Fahrrad ist?"

Lächelnd antwortete dieser. „Mein Name ist wirklich Seliân. Ich bin der älteste Sohn von Rykiân, dem Herrscher auf Loron."

Jayden wählte unbewusst einen derart dämlichen Gesichtsausdruck, dass Seliân zu lachen begann. Jayden lachte mit ihm.

„Ich wusste, dass du Loron nicht kennst. Loron ist eine Insel, eine ziemlich kleine Insel dort draußen." Er zeigte hinaus aufs Meer. „Aber es ist sehr schön dort."

„Ich habe noch nie von Loron gehört. Gehört sie zu Schottland? Zu welcher Inselgruppe?"

Jayden konnte erkennen, dass Seliân nun voller Stolz sprach: „Loron gehört weder zu einem Staat noch zu einer Inselgruppe. Wir verwalten uns selbst." Als Jayden ins Nachdenken versunken nichts sagte, fuhr Seliân fort: „Du fragst dich, warum du noch nie von Loron gehört hast, nicht wahr?"

Jayden nickte nur, gespannt auf eine Antwort.

„Weißt du, Loron gehörte einst zum Reich der englischen Krone. Vor vielen, vielen Jahren, noch zur Zeit der Kreuzzüge wurde entschieden, dass Loron vor der gewaltsamen Christianisierung der Welt bewahrt werden sollte. Meine Heimat wurde zunächst bewusst und systematisch vom Festland abgekapselt und war schließlich für Menschen von dort gar nicht mehr zugänglich. Seit Jahrhunderten hat kein Fremder mehr einen Fuß auf unseren Boden gesetzt."

„Dann ist Loron also eine vergessene Insel wie Avalon oder Atlantis", sagte Jayden mehr zu sich als zu seinem Gegenüber.

„Das weiß ich nicht", antwortete dieser trotzdem. „Von Atlantis habe ich gehört. Es soll versunken sein. Doch Avalon war nie eine wirkliche Insel. Sie stand in einem Moor, das mit den Jahren ausgetrocknet ist. Es ist nur überliefert, dass man die Insel nicht mehr mit Booten erreichen konnte."

„Was ja irgendwie logisch ist", unterbrach ihn Jayden, „wenn alles ausgetrocknet ist."

„Ja, Loron hat seinen Schritt bewusst gemacht und schützt sich nun magisch vor Entdeckung durch ...", er stockte einen Augenblick, „durch euch."

Doch diese Bemerkung schien Jayden nichts auszumachen. „Und warum bist du jetzt hier?", fragte er weiter.

„Das ist eine lange Geschichte. Ich habe dir gesagt, dass mein Vater Loron regiert. Rykiân ist ein guter Herrscher. Viele sagen, er sei der beste und weiseste seit vielen Jahren. Wenn er einst sterben wird, muss ich seinen Platz einnehmen, denn ich bin sein erstgeborener Sohn. So hat man mich schon früh gelehrt, nicht nur eigenverantwortlich zu denken, sondern bereits jetzt für alle Wesen auf Loron in Gedanken die Verantwortung mit zu übernehmen. Um zu beweisen, dass ich befähigt wäre, diese Nachfolge anzutreten, muss ich einen Test bestehen. Ich habe lange darüber nachgedacht, ob ich mich schon so früh zur Prüfung melden soll, oder ob ich besser noch ein paar Jahre warten soll. Nun, die Entscheidung ist für die Prüfung gefallen. Aufgrund meiner Entscheidung hat ein Gremium einen Test für mich ausgewählt. Die Aufgabe, die ich zu lösen habe, ist herauszufinden, was aus der anderen Welt, aus deiner Welt, geworden ist. Wir glauben, dass sie sich deutlich stärker verändert haben muss, als unsere kleine Welt auf Loron."

Jayden hing wie gebannt an Seliâns Lippen. Dies alles konnte unmöglich wahr sein. Und doch klang alles so logisch und real, dass er gar nicht umhin kam, ihm dies zu glauben.

Seliân sah ihm direkt in die Augen und fragte ganz leise: „Möchtest du mir bei meiner Aufgabe helfen, Jayden?"

Ein Gefühl, das er noch nie zuvor verspürt hatte, durchströmte ihn. Es war einerseits angenehm warm und dennoch auf eine unbekannte Art beunruhigend. Es war, als würde er eine Grenze durchbrechen, wenn er ihm zusagte. Und dennoch war es genau das, was er wirklich wollte. Ich hab Ferien, und keiner sagt mir, was ich tun darf und was nicht, dachte er. Ich kann selbst entscheiden. Und meine Antwort ist eindeutig.

Sanfter als er wollte, antwortete er: „Gerne, Seliân." Um die sich in ihm aufbauende Verlegenheit zu überspielen, fügte er dann aber noch hinzu: „Dafür vergibst du mir aber bitte, was ich dir vorgestern angetan habe, ja?"

Seliân lächelte und nickte. Jayden stand auf und begann sich wieder anzuziehen, während Seliân die filigranen Speichen der Räder bewundernd betrachtete.

„Hast du keine Schuhe mit?", fragte er den Jungen.

„Doch, sie sind in meinem Bündel." Er deutete auf das Ledersäckchen, aus dem er den Apfel hervor geholt hatte. „Auch etwas zum Überziehen, zum Essen und ein paar Kräuter."

„Kräuter?", fragte Jayden nach.

„Ich wusste nicht, was ich hier finden würde", antwortete der Junge und stand auf. „Ich bin soweit. Von mir aus können wir gehen."

„Willst du dir deine Schuhe nicht anziehen?"

„Wozu?", fragte Seliân zurück. „Es ist doch warm."

Jayden schüttelte ungläubig den Kopf, als er diese Begründung hörte. Dann brachen sie auf. Jayden ließ Seliân das Fahrrad schieben, nachdem er ihm kurz demonstriert hatte, wie er den Lenker führen musste. „Weißt du was?", begann er. „Es mag bescheuert klingen, aber ich hatte dich gestern schon erwartet."

„Oh, ich war da", antwortete Seliân konzentriert und starrte auf den Lenker, der ihm gegenüber ein ungewolltes Eigenleben zu haben schien. „Auch ich wollte dich gestern schon sprechen, aber du warst schon auf dem Rückweg. Ich habe dich noch die Felsen verlassen sehen. Deshalb bin ich heute schon viel früher gekommen und habe gehofft, du kommst noch einmal."

Erneut brachte der Junge Jayden dazu, so etwas wie Verlegenheit zu spüren. Er gebrauchte Worte, die irgendwie persönlicher waren als man sie in Castney verwenden würde, sagte sich Jayden. Vielleicht ist es auf Loron einfach anders. Ich darf ihn dafür nicht verurteilen.

„Erzählst du mir nun, wofür du ein Zeugnis bekommen hast?",

fragte Seliân.

„Okay. Jedes Kind und jeder Jugendliche bekommt zweimal im Jahr je ein Zeugnis über die Leistungen, die er in der Schule erbracht hat."

„Was ist eine Schule?", unterbrach ihn Seliân interessiert.

Er sah ihn verwundert an. „Wie, du kennst noch nicht mal eine Schule? – Du hast's gut. – Also, eine Schule ist ein Haus, in dem Kinder und Jugendliche unterrichtet werden", und sarkastisch fügte er hinzu, „meist gegen ihren Willen."

„Doch, ich kenne etwas ähnliches. Es heißt bei uns >Haus der Lehre<. Dort können wir uns über alles, was uns interessiert, informieren. Mehrere unserer Weisen erzählen uns dort, wann immer wir wollen, Geschichten aus der Vergangenheit, und sie beantworten all unsere Fragen, zum Himmel, zu Tieren und Pflanzen, zum Zusammenleben." Als Jayden nicht reagierte, fragte ihn Seliân: „Sag mal, Jayden, lernt ihr in dieser Schule alles über eure Welt?"

„So kann man das sagen."

„Dann bist du bestimmt der Richtige, um mir zu helfen", sagte der fremde Junge, als wäre ihm eine Sorge genommen worden. „Du musst sehr klug sein."

„Wieso?", fragte Jayden erstaunt. „Ich habe dir doch eben gesagt, dass ich ein ziemlich schlechtes Zeugnis mit nach Hause gebracht habe."

„Heißt das, dich interessiert deine eigene Welt nicht?"

Das war eine berechtigte Frage, musste Jayden zugestehen. Interessiert mich meine eigene Welt nicht, nur weil ich nicht über sie lernen will? Nein, die Welt interessiert mich. Ich hasse nur den Zwang, dem das ganze Lernen unterliegt. Laut antwortete er: „Naja, es gibt schon eine ganze Menge langweiliges Zeug, Mathe, Physik, Bio, Geschichte oder sowas wie Sozi, eigentlich fast alles außer Sport."

„Jayden, bitte, außer Geschichte habe ich kein einziges von deinen Worten verstanden", sagte Seliân ein wenig genervt. „Was bedeuten sie?"

„Sorry", entschuldigte er sich. „Für mich sind das Begriffe, die ich jeden Tag unzählige Male gebrauche. Die sind ziemlich schwer zu erklären. Ich glaube, ich mache das am besten anhand von meinen Lehrbüchern, wenn wir bei mir angekommen sind."

Drei Minuten später hatte Seliân Jayden so weit, dass er das Fahrrad ausprobieren durfte. Weitere zehn Minuten später fuhr Seliân lachend, aber sehr holprig auf einem Trampelpfad. Er bremste und stieg mit sichtbar klopfendem Herzen ab. „Puh, ich dachte, das wäre einfacher."

„Es braucht schon ein bisschen Übung." Er übernahm das Rad und führte es nun an seiner Seite.

Seliân zeigte nach vorne. „Oh, schau mal, wir sind gleich in deiner Stadt."

Jayden verzog den Mund zu einem Lächeln. „Stadt ist gut. Eine richtige wie Edinburgh oder Glasgow müsstest du mal sehen. *Das* sind Städte."

Dass es in Jaydens Zimmer nicht aufgeräumt war, störte Seliân nicht. Staunend stand er vor einem offenen Regal mit Büchern und Spielen und begutachtete sie. Jayden kam mit einer Flasche Cola und zwei Gläsern die Treppe herauf und sagte schon von draußen: „So, jetzt lernst du noch etwas Neues kennen, eine Coke oder verständlicher eine Flasche Cola, eine Art Brausegetränk. Normalerweise, wenn ich alleine bin, trinke ich aus der Flasche. Aber du sollst ja auch lernen, wie man sich bei uns manierlich aufführt", fügte er grinsend hinzu. Er schenkte ein und gab Seliân ein Glas.

Seliân verzog ein wenig das Gesicht, als er probiert hatte. „Das schmeckt seltsam, sehr süß."

„Aber gut, oder?" Seliân nickte nur, und Jayden fragte sich unwillkürlich, ob er es nur aus Höflichkeit tat. „Magst du Musik?"

„Ja, ich singe sehr gerne."

„Das meinte ich nicht. Ich wollte Musik anmachen."

„Anmachen?"

„Ja, klar", sagte Jayden und griff sich an den Kopf, „das kennst du ja auch nicht. Pass auf." Er ging zur Stereoanlage herüber und legte eine CD ein, die er nach kurzem Überlegen gegriffen hatte. „Na, das ist ja passend für unser Kennenlernen."

„Wieso?", fragte Seliân, noch bevor die ersten Töne erklangen.

„Das ist >Different worlds< von Magnum. Eine meiner Lieblingsbands."

„Ja, verschiedene Welten, das passt wirklich perfekt", sagte Seliân. Das Lied begann und irritierte Seliân vollkommen, wie Jayden mit einem überlegenen Lächeln feststellte.

Seliân ging zur Seite, kniete sich hin und besah sich die Lautsprecherboxen aus der Nähe. Erstaunt hielt er sein Ohr dran und starrte sie mit offenem Mund an. Immer wieder schüttelte er den Kopf. Doch nach etwa einer Minute lächelte nun auch er und sagte souverän: „*Jetzt* hast du ein wirkliches Problem."

„Ich?" fragte Jayden erstaunt. „Ein Problem? Wieso?"

„Weil dir doch sicherlich bewusst ist, dass ich dich bitten werde, mir zu erklären, wieso aus diesen schwarzen Kisten Musik kommt, wenn du auf einen Knopf drückst und etwas in das Ding dort hineinsteckst."

Der Esstisch war eher jugendlich gedeckt, etwas chaotisch und mit typischen Vorlieben für süße Begleitungen zu Brot. Seliân, der über seiner Hose nun ein weites, weißes Leinenhemd trug, brachte Teller und Besteck zum Tisch und ordnete es gegenüber an. Jayden brachte noch eine Tüte Milch und Gläser dazu.

„Ich nehme an, Kakao kennst du auch nicht." Seliân lächelte zustimmend. „Ist auch eine blöde Frage gewesen. Komm, setz dich, lass uns essen."

„Sofort", antwortete Seliân.

Jayden nahm Platz und begann sich zu bedienen. Dann erst registrierte er, dass Seliân mit geschlossenen Augen hinter seinem Stuhl stehen geblieben war, die Hände auf der Brust verschränkt. Seine Lippen bewegten sich aber. Gebannt und beinahe in Ehrfurcht erstarrt sah Jayden ihm zu. Seliân schien zum Ende zu kommen und hob nun die Arme. Langsam streckte er sie zur Decke und nickte schließlich. Dann erst öffnete er seine Augen wieder, sah Jayden an und lächelte. Während er Platz nahm, sagte er: „Entschuldige bitte. Das ist ein wichtiger Brauch für mich."

„Ist schon okay. Du hast gebetet, stimmt´s?"

„Ja. Du betest nicht?"

„Nein", antwortete Jayden, „es gibt auch hier einige Familien, in denen vor dem Essen gebetet wird, aber meine Eltern legen nicht so arg viel Wert darauf. Würdest du vielleicht für mich beim nächsten Mal laut beten? Ich würde gern hören, was du so sagst."

„Wann immer du magst", antwortete Seliân.

Das Wohnzimmer der Gradys war zwar nicht sehr groß, doch geschmackvoll eingerichtet, und es hatte eine längsgestreifte Tapete, die sie sehr mochten. Nun stand zudem ein hölzerner Laufstall in der Mitte, und der kleine Michael hielt sich am Geländer fest, während seine Mutter nebenan am Tisch Wäsche zusammenlegte. Als das Telefon klingelte, begann Michael vor Aufregung auf der Stelle zu wippen und mit offenem Mund Laute zu formen.

Cindy Grady meldete sich und erkannte sofort, dass es ihre Schwägerin war. „Hallo, Diana. Na, pflegt ihr den ersten Sonnenbrand?"

...

„Ich wusste, dass es wundervoll wird."

...

„Nein, nichts Außergewöhnliches. Er kommt mittags wie vereinbart vorbei, erzählt, was er morgens gelesen und gelernt hat, und nachmittags fährt er Rad."

...

„Kann man schlecht einschätzen. Ich glaube, er langweilt sich ein wenig."

...

„Ach was, macht euch keine Gedanken. Er ist alt genug."

...

„Nein, Carl bringt Laura morgen zu Oma und Opa. Sie wird eine Woche bei ihnen bleiben. Dort ist es einfach abwechslungsreicher. Du weißt doch, was Castney im Vergleich zu Edinburgh bieten kann. Sie hat sich so sehr gewünscht, mal wieder in den Zoo gehen zu können."

...

„Ja, ja, alles Liebe. Grüße die deinen."

Damit legte sie auf und widmete sich Michael. „Na, Hosenmatz, ich soll dir auch schöne Grüße von Tante Diana bestellen. Ja, ich habe ihr gesagt, dass du sie lieb hast. So, und nun gehen wir schlafen, nicht wahr? Deine Augen fallen ja schon zu."

Damit nahm sie ihn aus dem Laufstall und auf den Arm.

In Jaydens leerem und nach wie vor etwas chaotisch aussehendem Zimmer brannte Licht, und die Tür stand offen. Umständlich und lachend, da sie überall aneckten, trugen die beiden Jugendlichen eine bezogene

Matratze herein.

„Leg sie hin, wohin du magst", sagte Jayden. „Ich hole den Rest."

Seliân überlegte nur kurz und legte sie dann vor das Regal. Jayden kam nur einen Moment später mit einem Kissen und einer Bettdecke herein und warf alles auf Seliâns Nachtlager.

„Ich bin nicht oft froh, dass ich eine kleine Schwester habe, aber in dieser Situation ist es mal ganz hilfreich." Dann überlegte er kurz, ging zu seinem Schrank und holte einen Schlafanzug heraus. Er warf ihn seinem neuen Freund zu. „Hier, den kannst du heute Nacht anziehen. Er ist mir sowieso ein bisschen zu klein."

„Dankeschön", sagte Seliân, der von der Überfrachtung der vielen neuen Eindrücke noch immer ein wenig eingeschüchtert wirkte.

„Vielleicht", begann Jayden nachdenklich, „vielleicht ist es eine ganz taugliche Idee, wenn du für die Zeit, die du hier bist, meine Klamotten trägst. Deine Hose vor allem, so faszinierend sie auch aussieht, fällt ziemlich auf."

„Ja, ich glaube, das ist eine gute Idee", bestätigte Seliân. „Hast du denn noch andere Kleidung, die dir zu klein ist?"

Jayden nickte. „Ja, ich bin in letzter Zeit ziemlich gewachsen, und meine Mutter hat sie noch nicht entsorgt. Komm, wir ziehen uns um." Er griff sich seinen Schlafanzug und ging voraus ins Bad, während sich sein Gast in seinem Zimmer umkleiden konnte.

Drei Minuten später, er trug inzwischen Jaydens langen, blauen Kinderschlafanzug mit Spiderman-Aufdruck, kam Seliân lachend ins Zimmer zurückgelaufen. Jayden, der nun einen kurzen, hellgrünen Pyjama trug, folgte ihm ähnlich albern mit einer Handvoll Wasser, mit der er ihn mitten im Zimmer bespritzte.

„Hey, lass das", rief Seliân lachend und versuchte, das Wasser abzuwehren. Doch ein Großteil landete trotzdem auf dessen Gesicht und im Regal hinter ihm. In diesem Moment war Jayden dies aber egal. Er griff sich den Jungen und warf ihn rücklings auf die Matratze. Beide rangelten ein wenig, wobei Jayden die Oberhand gewann und nicht mehr abgab. Schließlich hielt er Seliâns Hände über dessen Kopf und saß rittlings auf seinem Bauch, während dieser strampelnd dagegen ankämpfte. Da Seliân auch in dieser Position lachte, befürchtete Jayden nicht, dass dieser sich so wehrlos allzu unwohl fühlte. Sich auf diese Weise gehenlassen zu können, war durchaus auch eine Form des Vertrauensbeweises, und das freute ihn.

Doch erst jetzt registrierte Jayden erschrocken über sich selbst, dass ihn dieses Kämpfchen erregte, ungewollt, unwillkommen, verräterisch. Er erstarrte und zwang sich, nicht auf seine Hose zu blicken, damit er Seliân nicht sofort zeigte, was geschehen war. Doch Sekunden später war die stetig anwachsende Erregung in seiner Hose unmöglich noch zu kontrollieren. Wie hatte das nur in dieser Situation passieren können? Er schluckte und überlegte. Das durfte Seliân einfach nicht sehen. Was würde er sonst nur über ihn denken? Hektisch flüsterte er: „Ich mache das Licht aus, okay?“

Seliân antwortete nicht, verzog aber mit einer leichten Enttäuschung in den Augen den Mund. Jayden sprang angespannt auf, drehte sich so schnell er konnte um und versuchte, seine Körpervorderseite vor seinem neuen Freund zu verbergen. Erst als er den Lichtschalter erreicht und den Raum verdunkelt hatte, entspannte er sich wieder ein wenig. Tief ausatmend schluckte er einmal und ging dann langsam zu seinem Bett zurück. Noch bevor er sich setzte, wanderte eine Hand zu seiner Hose und beförderte den Übeltäter von vorne auf die rechte Seite. Er sah zu Seliân, der noch immer auf dem Rücken auf seiner Matratze lag und der sich nicht geregt hatte. Das durch sein Fenster scheinende Licht einer Straßenlaterne zeigte ihm deutlich dessen liegende Silhuette.

Scheiße, dachte Jayden fluchend. Vor diesem Licht hatte Seliân sehen können, was er soeben getan hatte. Und dann musste ihm auch bewusst sein, warum Jayden das Spiel zwischen ihnen abgebrochen hatte. Scheiße, scheiße, scheiße!

Gemächlich legte sich Seliân nun unter die Bettdecke, und auch Jayden warf die seine wütend über sich. Das war gehörig in die Hose gegangen.

„Ich hoffe, du schläfst gut“, hörte er Seliâns weiche und noch immer ein wenig enttäuscht klingende Stimme.

„Es, es war ein schöner Tag“, sagte er stockend. „Gute Nacht, Seliân.“

Beinahe zwei Minuten wartete Jayden, ob Seliân noch einmal antworten wollte. Dann erklang aus dem Dunklen tatsächlich ein „du, Jayden?“

„Ja", hauchte er zurück. „Was ist?"

„Ich wollte dir danken."

„Wofür?"

„Dafür, dass du mich aufnimmst und mir bei meiner Aufgabe hilfst", antwortete Seliân.

„Das tue ich gerne", sagte Jayden.

„Ich weiß. Schlaf gut."

Als Jayden am nächsten Morgen aufwachte, saß Seliân schon im Schneidersitz auf seinem improvisierten Bett. Verschlafen grüßte er ihn: „Morgen, Seliân." Doch dieser antwortete nicht. Jayden blickte noch einmal zu ihm und erkannte an dessen Gesichtsfarbe und -ausdruck, dass irgendetwas nicht stimmte. „Was ist denn mit dir los? Hast du schlecht geschlafen?"

„Nein", erwiderte der Junge sehr leise. „Ich weiß nicht, was mit mir ist. Irgendetwas stimmt nicht, etwas sehr Wichtiges. Aber ich vermag nicht zu sagen, was."

„Du bist ganz bleich. Ich mach mal das Fenster auf. Dann geht es dir bestimmt gleich besser." Er öffnete zuerst ruckartig die Vorhänge und dann direkt das Fenster. Teilnahmsvoll sah er den jungen Freund an und setzte sich zu ihm. „Na? Wird es besser?"

„Nein, das ist es nicht. Leider ist es etwas anderes. Es ist etwas *in* mir, ein Gefühl, das mir sagt, hier ist etwas, was nicht hierher gehört. – Nein", korrigierte er sich, während Jayden ihn sprachlos anstarrte, „anders: es fehlt etwas, was hierher gehört", und er sah Jayden direkt in die Augen, „etwas Lebenswichtiges. Verstehst du?"

„Nein", sagte dieser verunsichert, „ich verstehe gar nichts. Ich sehe nur, dass es dir dreckig geht. Ich würde dir gerne helfen."

Plötzlich schrie Seliân erstickt auf und sah sich gehetzt um. Zittern setzte fast gleichzeitig zu einer Hechelatmung ein, die ihm das letzte bisschen Farbe raubte, und Jayden saß vor sprachlosem Grauen gepackt neben ihm und konnte sich nicht bewegen. Was geschah hier nur?

„Was zum Teufel wird das jetzt? Hey, Seliân, nicht; bitte nicht weinen." Er hatte die ersten Tränen in dessen Augen gesehen, und nun flossen sie ohne Gegenwehr.

„Wo sind sie? – Es gibt sie nicht!", rief er.

„Wen gibt es nicht?“, fragte Jayden, der wie vor den Kopf geschlagen war.

„Ihr habt nie bemerkt, dass sie fehlen”, trauerte Seliân unverständlich weiter.

„Wer fehlt? – Seliân, ich verstehe rein gar nichts.“

„Ihre Stimmen”, antwortete der Junge verzweifelt. „Ich kann sie nicht hören.“

„Wessen Stimmen? Wen kannst du nicht hören?“ Inzwischen hatte er seinen Freund am Arm gegriffen. Er wusste sich nicht anders zu helfen.

„Vögel. All die wundervollen Singvögel, überhaupt Tiere. Ich kann kein einziges Tier hören.“

Nun war es raus, und Jayden wusste einfach nicht, was er darauf entgegnen sollte.

„Fehlen sie dir nicht?“, fragte Seliân.

Jayden überlegte. Es konnte nur etwas fehlen, was vorher dagewesen war. Doch solche Stimmen waren hier selten. Deshalb merkte es niemand, wenn kein Vogel zu hören war. Man registrierte es eher als ungewöhnlich, wenn man Tiere hörte. Fast unmerklich und irgendwie sogar eigenartigerweise schuldbewusst schüttelte er den Kopf.

„Ich werde sonst von ihrem Gesang, ihren Rufen wach”, erklärte Seliân, der sich nun, da er herausgefunden hatte, worin sein Problem bestand, langsam beruhigte. „Sie sind immer um mich herum. Sie begleiten mich den ganzen Tag, und mit ihren Stimmen gehe ich auch schlafen. Ich muss gestern von all dem Neuen hier so sehr abgelenkt gewesen sein, dass ich nicht gemerkt habe, dass sie fehlen.“ Er legte seine Hand auf Jaydens, der noch immer seinen Unterarm umfasst hatte. „Es tut mir leid, dass du dir um mich Sorgen gemacht hast.“ Dann wischte er sich die letzten Tränen mit dem Ärmel des Schlafanzugs weg.

„Ist schon in Ordnung”, brachte Jayden hervor. „Es war deutlich, wie wichtig es dir war.“

„Sie fehlen mir wirklich”, fuhr Seliân fort. „Ihr Gesang, ihr Werben, ihr Flehen, ihr Weinen und ihr Lachen; diese Stimmen sind doch erst das Leben.“

Erst nach einer kurzen Pause, sagte Jayden noch immer tief beeindruckt: „Es gibt sie. Keine Angst, es gibt sie. Aber sie sind nicht hier. Hier sind die Lebensbedingungen für viele Tiere nicht so gut. Einige Menschen halten Haustiere, die anderen Tiere sind im Wald, und die exotischeren sind in den Zoos in den großen Städten."

Es entstand eine eigenartige Pause, in der nun Seliân nachdachte. „In Gefangenschaft?", fragte er schließlich.

„Ja", antwortete Jayden, und ein eigenartiges Gefühl stieg in ihm auf. Er merkte, er schämte sich dafür, denn er hatte das noch nie zuvor auf diese Weise betrachtet.

„Ich war tatsächlich von euch und euren technischen Errungenschaften beeindruckt", sagte Seliân, der sich endgültig wieder zu dem Jungen gewandelt hatte, den Jayden am Vortag mitgenommen hatte. „Doch wenn das der Preis für Technik und Fortschritt ist, dann verzichte ich gerne darauf."

„Du, Seliân", sagte Jayden leise, aber tief beeindruckt. „Ich muss dir was gestehen." Sie sahen sich direkt in die Augen. „Ich habe deine Welt gestern belächelt, weil du all das, was für mich normal ist, nicht kennst. Jetzt merke ich zum ersten Mal, dass ihr uns auch etwas voraus habt. Ich habe noch nie jemanden gesehen, der sich so sehr um Tiere gesorgt hat wie du, und ich habe erst recht noch niemanden gesehen, der sogar um sie geweint hat."

Zum ersten Mal an diesem Morgen huschte ein Lächeln über Seliâns hübsches Gesicht.

„Wenn überhaupt jemand diese große Aufgabe, die dir gestellt worden ist, bewältigen kann", fuhr Jayden fort, „dann du. Ich verspreche dir, ab jetzt werde ich alles, was du sagst und tust, sehr viel ernster nehmen."

„Das bringt sie auch nicht zurück", sagte Seliân traurig.

„Nein."

In meiner Welt

Es stellte sich heraus, dass Seliân Jaydens alte Kleidung passte, als wäre sie für ihn gekauft worden. Nun hatte er Jeans, weißblaue Turnschuhe und ein hellblaues T-Shirt mit der Aufschrift „Nicht gießen, ich wachse auch so" an, während Jayden sein Liverpool-Shirt vom Vortag trug. Am späten Vormittag standen sie in einem Lebensmittelmarkt in der Obst- und Gemüseabteilung und begutachteten die ausgestellte Ware.

„Kennst du das ganze Obst hier eigentlich?“ fragte Jayden.

„Nein“, antwortete Seliân, „nicht alles, aber das meiste ist mir schon vertraut. Diese schmutzigen Früchte wachsen bestimmt unter der Erde, oder?“ Er zeigte auf Kartoffeln, und sein Freund nickte zustimmend. „Wie heißen sie? Schmecken sie gut?“

„Das sind Kartoffeln“, erklärte Jayden lächelnd. „Man isst sie meistens gekocht und ohne diese Schale. Innen sind sie gelb. Sie haben von sich aus keinen so starken Geschmack, machen aber satt. Aus Kartoffeln macht man aber auch Fritten, oder für dich besser ausgedrückt Pommes Frites. Die kaufen wir gleich auch noch. Die gibt es dann heute Mittag. Das sind Kartoffeln in Stäbchen, die in Öl gebraten werden. Die schmecken echt toll“, erklärte er begeistert.

„Ich bin sehr gespannt.“

„Das glaube ich dir. Es wundert mich, dass du Kartoffeln nicht kennst. Die gibt es doch überall.“ Er dachte nach. „Da war irgendetwas im Geschichtsunterricht. Ja, ich glaube, Seefahrer haben die aus Südamerika mitgebracht.“

„Woher?“, fragte Seliân erstaunt.

„Aus – ach, das weißt du dann ja auch noch nicht. Ich zeige es dir, wenn wir wieder zu Hause sind. Jetzt müssen wir uns noch überlegen, was wir zu den Fritten essen wollen. Was hältst du von einer Bratwurst?“ Er sah Seliân fragend an. „Oh nein“, sagte er, als er keine Antwort erhielt, „sag nicht, dass du kein Fleisch isst. Ja, natürlich isst du kein Fleisch, wenn dir alle Tiere heilig sind.“ Der Junge nickte beinahe etwas verschämt. „Hey, Seliân, es tut mir wirklich leid. Ich habe es einfach kurz vergessen. Wir werden irgendetwas anderes essen.“

„Danke“, entgegnete er nur kurz.

„Ich hab's“, sagte Jayden, „wir essen was Salatiges mit Käse dazu, und – hey“, begeisterte er sich, „und morgen machen wir Pizza.“ Er grinste ihn überlegen an. „Ich weiß, dass du keinen Plan hast, was Pizza ist. Lass dich überraschen. Ich bin sicher, dass sie dir schmecken wird. Aber jetzt suchen wir erst einmal Zutaten für den Salat aus.“

„Hast du all diese Bücher gelesen?“, rief Seliân nach unten, als sie wieder zu Hause waren und gegessen hatten. Er stand auf Socken und ab und zu sogar auf Zehenspitzen vor Jaydens Regal und nahm immer mal wieder ein Buch in die Hand und stellte es dann auch wieder sorgsam zurück.

Von unten erklang Jaydens Stimme: „Bist du verrückt? Ich lese bloß das, was ich unbedingt lesen muss.“ Dann lachte er und verschwand in die Küche.

„Hast du auch Bücher, in denen aufgezeichnet ist, wie die Welt heute aussieht?”, rief Seliân durch das Treppenhaus und ging schließlich vor die Zimmertür, weil er nicht sicher sein konnte, dass Jayden ihn gehört hatte, „ich meine, wie die Länder heute heißen und wie sich ihre Grenzen verändert haben?“

„Ja”, antwortete Jayden, der mit einer Tüte und einer Glasschüssel aus der Küche zurück kam, „aber ich habe noch eine bessere Idee. Hier unten im Wohnzimmer steht ein Globus.“ Während Seliân ihn von oben über die Treppe gespannt ansah, dachte Jayden einen Augenblick nach. „Wann, sagst du, habt ihr euch von England abgespalten?“

„Nachdem die Krieger vom zweiten Kreuzzug zurückgekommen waren”, antwortete der Junge und überlegte angestrengt. „Das müsste etwa 1149 bis 1151 gewesen sein.“

„Und Kolumbus war kurz vor 1500”, sagte Jayden mehr zu sich, doch dann wandte er sich nach oben zu Seliân, „dann weißt du es ja noch gar nicht. Ich glaube”, fuhr er grinsend fort, „ich habe gleich eine ziemlich große Überraschung für dich. Diese Welt sieht inzwischen ganz anders aus, als sie euch noch vertraut ist.“

„Wie meinst du das?“, fragte Seliân und schien dabei ein wenig verunsichert.

„Komm runter zu mir, dann zeige ich es dir.“

Während Seliân die Treppe hinunter stieg, schüttete Jayden, der ebenfalls auf Socken im Haus umher lief, soeben Chips in die Schüssel. „Hey, mir fällt gerade ein”, wechselte er das Thema, „wir haben doch heute früh über Kartoffeln geredet. Das sind Chips. Probier mal”, forderte er ihn auf. Er hielt ihm die Schüssel hin, aus der Seliân ein wenig zögerlich probierte. „Die werden auch aus Kartoffeln gemacht, irgendwie geschnitten, dann geröstet und gewürzt.“

Seliân entgegnete angetan: „Ja, die sind wirklich lecker.“

„So, und jetzt bekommst du einen Schock fürs Leben”, kündigte Jayden seine Überraschung vage an. „Am besten setzt du dich hin.“

Seliâns lange, schwarze Haare fielen ein wenig über den Rand des

Sofas, als er Platz nahm und den Kopf nach hinten warf. Währenddessen nahm Jayden hinter seinem Rücken einen verstaubten Globus vom Schrank, brachte ihn zum Tisch und pustete lachend den Staub weg. „Das ist ein Globus, sozusagen das Modell der Welt."

Seliân lächelte ihn an. „Ich weiß, was du denkst. Aber ich muss dich enttäuschen. Auch wir haben uns entwickelt. Wir wissen schon lange, dass die Welt eine Kugel ist."

„Aber woher?", fragte Jayden verwundert. „Ihr könnt doch unmöglich von Kolumbus und den anderen Seefahrern wissen."

„Von wem?", hakte der Junge nach. „Nein, das stimmt, die kennen wir nicht. Aber wir haben den Himmel beobachtet."

„Hochachtung", sagte Jayden und versuchte sich vorzustellen, wie ein Mann mit langem Bart Modelle gezeichnet und dann kopfschüttelnd eine Theorie nach der anderen verworfen hatte und nun verwundert auf ein unglaubliches Modell blickte, das schließlich übrig geblieben war.

„Zeigst du mir, wo wir sind?", bat Seliân.

„Ja, klar. Hier ist Europa", und er zeigte mit dem Finger darauf. „Hier ist Großbritannien. Wir", er korrigierte sich, „das heißt Schottland, sind ein Teil davon. Hier in Castney sind wir ungefähr hier an der Küste." Dann erklärte er weiter, während er mit dem Finger auf die Nationen tippte, „hier drüben sind die Länder Skandinaviens, da sind Frankreich, das hellrote ist Deutschland, das grüne Italien."

„Europa war auch damals schon gut auf Karten erfasst, der Norden Afrikas ebenfalls. Auch von China wissen wir. Das ist wahrscheinlich das hellblaue Land hier, vermute ich." Er zeigte darauf, und Jayden nickte ihm zu. Doch dann schüttelte er ungläubig staunend den Kopf und sah auf Nord- und Südamerika. „Da gibt es noch solch riesige Flächen?"

„Das ist Amerika, entdeckt vor ungefähr 500 Jahren."

„Und es wurde entdeckt von dem Mann, den du vorhin erwähnt hast", vollendete Seliân seinen Satz.

„Kolumbus", bestätigte Jayden.

„Leben da viele Menschen?"

„Ja. Da leben", er unterbrach sich selbst, „wie viele Menschen vermutet ihr, leben auf der Erde?"

Seliân lächelte. „Als wir die letzten 1000 Jahre in Gemeinschaft mit der Welt gelebt haben, hat die Menschheit aufgrund von ständigen Kriegen dafür gesorgt, dass die Bevölkerung nicht zu stark angewachsen ist." Er machte eine kurze Pause und dachte nach. „Seit unserer Abspaltung hat sich die Bevölkerung Lorons etwa verzehnfacht. Das sollte die Welt auch hinbekommen haben. Dann denke ich, auf der Erde leben, - puuh, sagen wir 50 Millionen Menschen."

Ein kurzes Grinsen spielte um Jaydens Mund bevor er sagte: „50 Millionen Menschen leben alleine in Großbritannien. Wir sind trotz vieler Kriege inzwischen bei weit über sechs Milliarden Menschen."

Seliân öffnete zwar entsetzt den Mund, doch schien er seine Sprache auf dem Weg verloren zu haben.

„In China leben alleine eine ganze Milliarde Menschen", erinnerte sich Jayden an seinen Erdkunde-Unterricht. „Die USA, das ist der rote Staatenverbund hier links", er zeigte auf den Nordamerikanischen Kontinent, „sind jetzt die Weltmacht Nummer eins. Darum haben sie sich immer mit Russland, der riesigen blauen Nation hier, gestritten. Wir halten aber zu den USA, denn die sprechen auch Englisch."

„Ich glaube, ich brauche nachher mal ein Geschichtsbuch", sagte Seliân tief durchatmend.

„Bekommst du. Aber vorher schauen wir uns zusammen einen Film an."

„Einen Film?", fragte der Junge, der den Schock noch nicht ganz verdaut hatte.

„Ich zeige es dir", erklärte Jayden mit unverhohlener Begeisterung. „Schau mal, das schwarze Ding da vorne ist ein Fernseher. Das ist eindeutig eine der besten Erfindungen, die Menschen je gemacht haben. Und gleich kommt ein wirklich guter Film darin."

„Jayden, bitte", sagte Seliân beinahe ein wenig genervt. „Erkläre so, dass ich es verstehen kann."

„Sorry", entschuldigte sich Jayden, der merkte, dass die Pferde mit ihm durchgegangen waren. „Magst du Geschichten?"

Seliân antwortete nickend: „Ja, ich höre Geschichten sehr gerne."

„Hier geht es um Geschichten, die man sich nicht nur anhören, sondern die man sich anschauen kann." Er nahm eine Fernsehzeitung hoch. „Der Name des Films, also der Geschichte, die wir uns gleich anschauen können, ist >Stand by me<. Es ist eine Abenteuergeschichte über vier Jungen, die einen Toten suchen."

Seliân verzog zwar ein wenig das Gesicht, doch Jayden zwinkerte ihm zu. „Der ist wirklich gut."

„Welch ein verrückter Tag", sagte Seliân als sie am späten Abend in ihren Pyjamas in den Betten lagen.

„Davon wirst du noch ein paar mehr erleben", bemerkte Jayden.

„Du machst das wirklich sehr gut."

Jayden wurde zwar rot, doch dies war ohne Licht nicht zu erkennen. „Gehen wir morgen mal gemeinsam schwimmen?", fragte er.

„Gerne", erklang Seliâns weiche Stimme. „Du bist ein guter Schwimmer, habe ich gesehen."

Seine Komplimente taten gut. Es war ein irgendwie wohliger Schauer, der Jayden einfing. Doch er sagte nichts.

„Darfst du oft Gäste mit in dieses Haus bringen?"

„Nur wenn meine Eltern es vorher erlauben", antwortete Jayden und erinnerte sich mit einem spürbaren Schrecken, dass ihm genau dies untersagt worden war.

„Ist etwas?", fragte Seliân interessiert, dem die Veränderung aufgefallen war.

„Nun, mir sind Gäste, ehrlich gesagt, ausdrücklich verboten worden. Aber", und er klang jetzt entschlossen, „wir werden einfach dafür sorgen, dass es niemand erfährt."

Drei Minuten lang sagte niemand ein Wort. Dann erklang Seliâns Stimme von unten herauf: „Bist du sehr müde, Jayden?"

„Es geht so. Wieso?"

„Ich möchte sehr gerne noch ein wenig mit dir reden."

„Okay", antwortete Jayden, „worüber?"

„Nein, du verstehst nicht", sagte Seliân vorsichtig zögernd, „nicht einfach so, vertrauter als sonst."

„Wie meinst du das?", fragte Jayden, der keine Vorstellung davon hatte, was sein Freund vorhaben könnte.

Seliân indes stand auf und hob Jaydens Bettdecke etwas hoch. „So. Darf ich mich zu dir legen?"

Jayden schluckte. „Nein", sagte er viel zu laut. Doch es fiel ihm auf, und leise sprach er weiter: „Hör zu, Seliân, das geht nicht."

„Bitte, Jayden", flüsterte der Junge neben ihm.

„Ich weiß nicht, ich …“ Das hier überforderte ihn in diesem Augenblick wirklich. „Nein, besser nicht.“

„Aber ich spüre doch, dass du es dir wünschst”, gab Seliân nicht so leicht auf.

„Ja, vielleicht. Dennoch dürfen wir es nicht. Egal, ob ich es mir wünsche. Hör zu, das hier ist eine andere Welt”, sagte er mit einem kleinen Anflug von Panik in der Stimme.

Seliâns Antwort war nüchtern und überdeutlich: „Das ist das schlechteste Argument gegen Gefühle, das ich jemals gehört habe. Wir sind Freunde geworden, und Freunde sollten alles teilen können. Wo ist eure Logik, wenn es dir erlaubt ist, den ganzen Tag mit mir zu verbringen, Freude und Glück gemeinsam zu empfinden, es dir aber nicht mehr gestattet ist, sobald die Sonne untergegangen ist? Das ist doch vollkommener Unsinn.“

„Verstehst du denn nicht, dass ich”, er stockte, „dass ich Angst habe?“

„Ich spüre es”, sagte Seliân leise, „doch ich verstehe es nicht.“

„Du weißt ja auch nicht, wie meine Welt damit umgeht.“

„Deine Welt geht überhaupt nichts an, was zwischen uns beiden geschieht. Hier geht es nur um dich und mich.“

„Das sehe ich ja ein”, versuchte Jayden seine Verteidigung neu aufzubauen. „Aber …“

„Was >aber<?“, unterbrach ihn Seliân bestimmt. „Es geht um uns. Genau *deshalb* ist deine Angst unbegründet. Oder glaubst du im Ernst, ich könnte irgendetwas tun, was unserer jungen Freundschaft schaden könnte? Dann hast du noch nicht verstanden, was eine Freundschaft überhaupt ist.“

Erschaudernd über die harte Belehrung durch den Jungen, rutschte Jayden zu Seite. „Versprich mir, dass niemand davon erfährt, ja?“

Vertrauensvoll antwortete Seliân: „Ich verspreche es dir.“

„Na gut, dann komm”, hauchte Jayden leiser als er wollte.

Seliân atmete tief durch, bevor er sich zu ihm unter die Bettdecke legte und „Danke“ sagte. Da Jayden nicht wusste, was er sagen sollte, fuhr er fort: „Hey, Jayden, du darfst dich jetzt entspannen.“

Das brach das Eis, und beide lachten ausgelassen. „Irgendwie bin ich froh, dass du so verrückt bist.“

„Ist das ein Kompliment?", fragte Seliân schelmisch.

„Für dich ja, aber für niemanden sonst."

Wieder lachten beide, und Seliân, der sich auf die Seite gedreht hatte, begann Jaydens Brust zu streicheln. „Verrückt sagst du. Es ist wahrscheinlich wirklich verrückt. Weißt du, was ich gerade gedacht habe?"

Jayden, der sich soeben auf die angenehme und ungewohnte Berührung einzulassen begann, antwortete nicht.

„Ich habe überlegt, ob eure ganzen technischen Dinge, dieser Fernseher, die Musikanlage und so, ob sie nicht vielleicht nur deshalb entwickelt worden sind, um euch von euren wahren Bedürfnissen abzulenken. Ich kann nämlich gar nicht verstehen, wie du so lange ohne Zärtlichkeit leben konntest."

„Ich glaube", flüsterte Jayden stockend, „ich verstehe es selbst nicht."

Vorsichtig erhob sich Seliân ein wenig und beugte sich über seinen Freund. Dann gab er ihm einen Kuss, unschuldig, dankbar und doch sehr liebevoll. Jayden lag noch immer reglos auf dem Rücken und ließ Seliâns Berührungen geschehen. Er hatte sich gerade vorgenommen, seinem neuen Freund die Führung zu überlassen. Vielleicht ist das einfach richtig so, dachte er, am Tag führe ich, in der Nacht er. Jeder tut, was er am besten kann.

Seliân streifte das Spiderman-Oberteil aufgerichtet ab und legte sich dann noch näher als zuvor zu Jayden, dessen Hand er ergriff und an seine eigene Brust führte. „Beides ist gleich schön, das Schenken und das Beschenktwerden."

„Du hast es gestern gesehen, nicht wahr?", fragte dieser.

„Ja", antwortete Seliân unspektakulär, „doch auch wenn ich deine Erregung nicht gesehen hätte, würde ich jetzt hier liegen wollen. Sie ist nicht der Grund, warum ich dich berühren wollte. Dieses Gefühl kommt von innen heraus."

Jayden reagierte nicht, berührte die Brust des Jungen jedoch weiter, unschuldig als streichelte er ein Kaninchen.

„Sie ist ein Teil meines Danks an dich", fuhr Seliân fort. „Du tust sehr viel für mich, und auf diese Weise kann ich dir ein wenig von mir schenken."

„Ich werde noch viel mehr für dich tun", sagte Jayden, und sein Lächeln sprach nur aus seiner Stimme.

„Dann werde ich glücklicherweise noch viel mehr Gründe bekommen, dir all das hier zu schenken und beizubringen", führte Seliân den Gedanken fort. Seine Hand rutschte nun tiefer, und Jayden schluckte. „Lass mich dich ausziehen, ja?", hauchte er.

Durch die Ritzen der Fenster schien das erste Licht der aufgehenden Sonne auf das Bett. Jayden erwachte gerade und registrierte, dass er seitlich direkt hinter Seliân lag. Erschrocken bemerkte er, dass sie beide nackt waren und ihre Bettdecke sie nur notdürftig verhüllte. Schluckend wandte er sich ab und atmete ein paar Male hektisch. Wie hatte er nur in diese Situation geraten können?

Doch dann sah er den schlafenden Freund an und erinnerte sich. Bilder tauchten vor seinen Augen auf, und auf allen fühlte er sich wohl; auf allen lächelte Seliân. Die halbe Nacht, so kam es ihm vor, hatte er genossen, wie Seliân ihn geführt und ihm all die Zärtlichkeiten geschenkt hatte. Dies alles war so anders, so viel intensiver und besser gewesen als er je über irgendein erstes Mal gehört oder gelesen hatte.

Ken hatte ihm von seinem ersten Mal mit einem Mädchen erzählt, und er hatte nur davon gesprochen, wie nervös er gewesen war, dass er Angst gehabt hatte, wie sie auf ihn reagieren würde, wenn er mit ihr schliefe, und dass es schließlich viel zu schnell vorbei gewesen war, weil seine Erregung ihn übermannt hatte. Danach wussten sie sich nichts mehr zu sagen und Ken hatte seine erste Zigarette geraucht, weil er glaubte, er würde sie damit beeindrucken.

„Nein, meins war anders, und es war nicht nur gut, es war einfach perfekt", dachte Jayden, „und das verdanke ich nur ihm." Er sah ihn nun erneut liebevoll an und legte sich langsam zurück. Vorsichtig, um ihn nicht zu wecken, kuschelte er sich wieder an ihn. Sanft küsste er Seliâns Hals und begann seinen Rücken zu streicheln. Dann flüsterte er: „Und wenn die ganze Welt deswegen einstürzen wird, – ich hab dich lieb."

„Cindy, guten Morgen. Ich bin's", sagte Diana Fisher in die untere Muschel eines Telefonhörers. Die öffentlichen Telefone standen hier am Anfang der Strandpromenade, neben der normaler Verkehr floss.

...

„Hey, du hörst dich an, als wärst du gerade erst aus dem Bett gefallen. Hat dich dein Kleiner noch nicht aus den Federn geholt?"

...

„Nein, es ist wirklich fabelhaft. Wir haben absolut alles, was wir uns gewünscht haben. Möchtest du gerne neidisch werden? Hier sind 32 Grad und 21 Grad Wassertemperatur."

...

„Naja, Jane hat gestern gemault, es wäre niemand zum Spielen da. Die Kinder hier auf dem Campingplatz sprechen kein Englisch. Die meisten sind Franzosen. Ich glaube, sie vermisst Jayden ein wenig."

...

„Wie? Er war nicht da?"

...

„Nein, ich werde ihn selbst fragen. Ich rufe ihn gleich an. Mal sehen, was er sagt. Vielleicht hat er ja triftige Gründe."

...

„In Ordnung. Ich muss ohnehin aufhören. Diese Ferngespräche sind ja derart teuer."

„Ja, alles Liebe."

Sie legte nur auf, um den Hörer direkt wieder abzunehmen. Aus ihrer Hosentasche kramte sie Kleingeld heraus und warf es in den Schlitz. Was war da denn los?

Jayden trug seine abgeschnittene Jeanshose, war sonst aber barfuß und ohne Shirt, als er im unteren Stockwerk das Telefon klingeln hörte. Gerade hatte er die Bettdecke in seinem Zimmer ordentlich zusammengelegt. Schnell hastete er die Treppenstufen hinunter ins Wohnzimmer und hob ab.

„Jayden Fisher."

...

„Mom, hallo. Das ist eine Überraschung."

...

„Nein, mir geht's hervorragend."

...

„Natürlich lerne ich", sagte er und überlegte, dass er die Zeit mit Seliân gestern einfach als praktisches Üben einstufen würde. Mit unüberhörbarem Sarkasmus in der Stimme fuhr er fort: „Du weißt doch, dass ich leider immer noch nicht mutig genug bin, mich euren Anweisungen zu widersetzen", und kurz auflachend fügte er hinzu, „aber keine Sorge, das kommt noch."

Inzwischen kam Seliân die Stufen hinunter. Er trug, nachdem er offensichtlich ebenfalls geduscht hatte, ein Handtuch um den Hals, war sonst aber nackt. Er schien verwundert und wollte wohl fragen, was Jayden tat, doch dieser sah ihn ob dieser ungewohnten Freizügigkeit erstaunt an, legte kurz den Zeigefinger auf den Mund und bedeutet ihm still zu sein.

...

„Woher weißt du das?", fragte er in den Hörer und klemmte ihn schließlich zwischen Schulter und Kinn. Mit einem Finger winkte er Seliân zu sich.

...

„Ja gut, ich habe gestern nicht bei ihnen gegessen. Was ist dabei?" Dabei lächelte er Seliân an, nahm ihm das Handtuch von den Schultern und band es ihm augenzwinkernd um das Becken.

...

„Ich bin wohl alt genug. Was ist denn deiner Meinung nach so schwierig daran, den Backofen aufzumachen, irgendetwas reinzustecken, ihn wieder zu schließen und anzustellen?"

...

„Ach, hör doch auf." Langsam wurde er sauer. „Was willst du denn dagegen tun? Ich habe eben Lust gehabt, für mich selbst zu kochen."

...

„Nein, eben nicht. Ihr seid nicht da, und so lange bis ihr wieder hier seid, bin ich ganz alleine für mich verantwortlich, und ich allein bestimme, was für mich gut ist und was nicht." Er sah Seliân an, der zustimmend nickte.

...

„Das ist mir aber völlig egal", erklärte er patzig.

...

„Ja, das könnt ihr, meckern und Vorschriften machen. Und ich muss hierbleiben und lernen, während ihr euch am Meer schöne Tage macht." Er stellte es absichtlich so hin, wie seine Eltern erwarteten, dass er es empfand. Es wäre fatal, wenn sie erführen, dass er seine Ferien ohne sie mehr genoss als er es an ihrer Seite und an der Côte d`Azur je gekonnt hätte.

...

„Na und? Dann verordne ich mir wegen meiner Widerworte eben selbst für heute Hausarrest."

...

„Ach, weißt du was? – Tschüss." Kopfschüttelnd legte er den Hörer fester auf die Gabel, als man es sonst tat. Er wandte sich an Seliân: „Meine Mutter. Sie meint, ich müsste jeden Tag bei Verwandten essen, und es ist natürlich aufgefallen, dass ich gestern nicht da war."

„Mit diesem Ding kann man tatsächlich mit Menschen sprechen, die man nicht sieht?", fragte Seliân.

„Ja, das ist ein Telefon. In meiner Welt ist es ziemlich wichtig, weil es viele Wege erspart. Naja, und manchmal wie gerade, ist es auch angenehmer, wenn man der anderen Person nicht unbedingt gegenüber stehen muss."

Seliân grinste. „Jetzt wundert mich überhaupt nicht mehr, dass sich Menschen eurer Welt körperlich derart voneinander entfremdet haben."

„Das ist eine Erklärung", sagte Jayden nachdenklich. „Da wir es nie anders kennengelernt haben, ist es aber niemandem mehr aufgefallen. Ich bin sehr froh, dass ich jetzt stark genug bin, deine Hilfe gegen diese Entfremdung anzunehmen." Er lachte schelmisch. „So, und das erste, was wir beide heute machen, ist den Hausarrest zu brechen."

„Ich glaube, ich sehe eine von den fliegenden Maschinen, von denen du mir erzählt hast", rief Seliân aus, als sie Castney gerade hinter sich ließen.

„Wo? Zeig mal."

Seliân deutete mit dem Finger hinter sich in den Himmel. „Siehst du sie?"

„Ja."

„Sie schwebt nur", sagte der Junge und zog die Augenbrauen zusammen. „Ich dachte, sie würde die Flügel bewegen."

Jayden lachte kurz auf. „Quatsch. Wie soll das denn gehen?"

„Diese Maschinen haben doch Vögel als Vorbilder, und Vögel bewegen ihre Flügel."

„Jetzt verstehe ich. Nein, Flugzeuge, so heißen die Dinger, haben sehr starke Motoren, viel stärkere als Autos oder Züge. Deshalb können sie fliegen."

„Und darin sitzt tatsächlich ein Mensch?"

„Einer?", fragte Jayden lachend, „hunderte."

Seliâns Mund öffnete sich vor Erstaunen.

„Damit fliegt man sogar bis rüber nach Amerika. Du erinnerst dich an den Globus?"

„Die große, rote Fläche im Westen."

Jayden nickte anerkennend.

„Aber das ist ...", er stockte.

„... mehrere tausend Meilen weit entfernt, ja", beendete Jayden seinen Satz.

Sein Fahrrad stand dort in den Klippen, wo er es auch geparkt hatte, als er noch allein schwimmen ging. Direkt darunter lagen zwei große, dunkle Handtücher nebeneinander ausgebreitet auf den Felsen sowie die wild aufgestapelte Kleidung der beiden Jugendlichen. Es war erneut ein sehr sonniger Sommertag mit einem lauen Lüftchen und deshalb auch etwas weniger Wellengang als sonst. Selbst hier an der Küste stand die Hitze in der Luft.

Jayden und Seliân tollten schon seit einer halben Stunde nackt im Wasser herum. Sie alberten, tauchten und schwammen schließlich zu den Klippen zurück, Seliân in der Art eines Delfinschwimmers nur mit am Körper angelegten Armen, Jayden kraulend. Dann stiegen sie aus dem Wasser und schüttelten sich lachend wie Hunde das Wasser aus den Haaren. Bei Seliân sah das bei den langen, schwarzen Haaren allerdings etwas hundeähnlicher aus. Sorgsam kletterten sie die Felsen hinauf und legten sich sofort bäuchlings auf die Handtücher. In der Hitze war es gewiss angenehmer, das Wasser einzig durch den Sonneneinfall trocknen zu lassen.

„Das hat Riesenspaß gemacht", sagte Seliân nach einer Minute und sah Jayden an. „Dir auch?"

„Ja, es ist nur ein bisschen kalt", antwortete dieser mit bereits geschlossenen Augen.

„Ich glaube, du bist nichts gewöhnt", entgegnete Seliân schmunzelnd.

„Ha, ha", sagte Jayden tonlos.

„Ich habe gesehen, dass du sonst mit einer Hose badest."

Jayden öffnete nun doch die Augen und sah zu seinem Freund herüber. „Ja, so lernt man das bei uns von klein auf."

„Dann hast du sie heute nur ausgezogen, weil du an meiner Seite warst." Es war eher eine Feststellung als eine Frage.

„Ich finde es einfach nur nicht in Ordnung, wenn einer nackt und der andere mit Badehose schwimmen geht." Nach einer doppelten Atempause fügte er hinzu: „Naja, du kanntest mich schon nackt. Deshalb macht es mir nicht mehr ganz so viel aus, mich vor dir auszuziehen, wie es bei anderen wäre. Und hier sieht uns ja auch niemand, hoffe ich jedenfalls."

„Dann hättest du es sonst also nicht getan?", fragte Seliân.

„Auf keinen Fall", antwortete Jayden bestimmt.

Seliân lächelte ihn an. „Und dabei hast du einen wirklich schönen Körper."

Jayden errötete. „Bitte, Seliân, langsam solltest du wissen, dass sich Jungen so etwas in meiner Welt nicht sagen dürfen."

„Oh, das habe ich schon verstanden", sagte sein Freund deutlich. „Doch du wolltest auch etwas über Loron lernen, und da sagen sich Freunde solche Dinge."

„Sorry", sagte Jayden entschuldigend, „ich wollte dir nicht wehtun. Du weißt doch, dass ich sehr gerne höre, wenn du so etwas sagst. Aber für mich ist das alles noch so neu." Als Seliân nichts entgegnete, sagte er: „In dieser Welt gehst du unter, wenn du zugibst, einen Jungen zu mögen."

Seliân nickte nur und dachte nach.

Leise fragte Jayden nach einer längeren Pause: „Du, Seliân, findest du wirklich, dass ich einen schönen Körper habe?"

Die Antwort kam ebenso flüsternd: „Ja, das finde ich wirklich."

Jayden schluckte. Es tat einfach gut, dies zu hören. Aber es war auch ebenso gut, dass niemand sonst es mitbekam. Noch leiser sagte er: „Du hast auch einen schönen Körper."

Seliân lächelte ihn an, und es war ein liebevoller Blick, stellte Jayden fest. „Ich habe Sonnencreme mitgenommen. Soll ich dich einreiben?"

„Ich verstehe nicht", sagte Seliân und sah ihn fragend an.

„Sonnencreme ist ein Mittel, um den Körper gegen Sonnenbrand zu schützen. Schau mal, in dieser Flasche ist eine Creme." Er zog aus dem ungeordneten Haufen eine Tube heraus und öffnete sie. „Damit reibe ich deinen Rücken ein, wenn du magst."

„Ja, ich denke schon."

Jayden setzte sich auf und kniete sich über Seliâns Beine. Er nahm Creme in die Hand und begann Seliâns Rücken einzureiben. Er nahm sich Zeit, weil es einfach auch angenehm war, den Freund so vertraut zu berühren. Da er sich reichlich aus der Tube bedient hatte, versorgte er zunächst Hals und Schultern zusätzlich, später auch Seliâns Gesäß. Immer wieder schloss er die Augen, denn nichts sollte dieses Fühlen überlagern können.

Weich fühlte sich sein Hintern an, und die Creme zog schnell in der dunklen Haut ein. Es erregte ihn, und er öffnete die Augen. Die Creme war nun zwar schon verbraucht, doch konnte er einfach noch welche nachnehmen, egal wie unnötig es bei ihm war. Wieder begann er, sie in Kreisen zunächst sanft, dann auch kräftiger einzumassieren. Als die Creme erneut eingezogen war, hörte Jayden diesmal trotzdem nicht auf. Es fühlte sich einfach zu gut an. Zudem war er nun so stark erregt, dass er es unmöglich noch kontrollieren gekonnt hätte. Doch das störte ihn in diesem Augenblick nicht. Seliân konnte es nicht sehen, und das war zumindest nicht falsch. Jayden konnte gut erkennen, wie sehr sein Freund gerade die Massage genoss und sich der Entspannung hingab.

Wenn ich mich über ihn beuge, dachte er mit zusammen gekniffenen Lippen, und ihm einen Kuss auf den Hals gebe, wäre es von der Position fast, als würde ich unter freiem Himmel mit ihm schlafen. Zweifelnd fragte er sich dann aber weiter. Kann ich das wirklich bringen? Er atmete tief durch, bevor er seine Entscheidung traf.

Doch dann und ohne zu fragen, legte er sich sanft mit seinem ganzen Körper auf ihn. Es fühlte sich wunderbar vertraut an. „Gefällt es dir?" fragte er leise. Er hatte eigentlich noch die Massage gemeint, doch in diesem Augenblick wurde ihm bewusst, dass er viel stärker nach dem Aufeinanderliegen gefragt hatte.

„Stellst du diese Frage wirklich?", fragte Seliân schmunzelnd.

Er antwortete nicht und küsste ihn auf den Hals. Mehrere Minuten lagen sie regungslos aufeinander und genossen, dass der jeweils andere jetzt gerade auf diese Weise für ihn da war.

„Du, Jay, wäre es möglich, dass du mir auch eine richtig große Stadt zeigst?", fragte Seliân, sich der Vertrautheit der Position absolut bewusst.

„Du hast mich noch nie Jay genannt", entgegnete Jayden mit Verwunderung.

Seliân lächelte, konnte ihn aber aus seiner Position nicht ansehen. „Nach dem, wie nah wir einander nicht nur in diesem sehr schönen Moment gekommen sind, fand ich, es wäre an der Zeit, eine vertrautere Form zu wählen. Ist es dir nicht recht?"

„Nein", antwortete Jayden schnell und setzte sich langsam auf. „Ken und Davy nennen mich als einzige Jay. Die anderen sagen Fisher oder sogar Fishy zu mir, naja und Jayden eben."

„Das sind viele Namen für einen einzigen Menschen", sagte Seliân und deutete an, dass auch er sich setzen wollte. Jayden gab ihn frei und setzte sich, die Beine überschlagend, neben den Freund.

„Am liebsten hätte ich sogar noch einen, einen, den nur du benutzt." Es war ausgesprochen, bevor Jayden realisiert hatte, was da aus seinem Mund gekommen war. Das war ja beinahe wie eine Liebeserklärung. So wollte er das nun wirklich nicht gesagt haben. Und doch, so überlegte er, wollte er genau so angeredet werden, vertraut und nur von ihm.

Seliân lächelte ihn an und saß nun ebenfalls im Schneidersitz, was bei ihm eindrucksvoller war, weil die langen, schwarzen Haare über den nackten Oberkörper fielen und dazwischen Seliâns anscheinend die gesamte Massagezeit schon bestehende Erregung gegen dessen eigenen Bauch drückte. Wie üblich schien ihn das jedoch in keinster Weise zu verunsichern. „Gerne", sagte er. „Wie wäre es mit …?" Er dachte nach, und auch Jayden beteiligte sich.

Wie wollte er genannt werden? Spitznamen gab man sich normalerweise nicht selbst; man erhielt sie ungewollt.

„Diver?" fragte Seliân.

„Nein", überlegte Jayden, „das sagt zu wenig über unser Verhältnis aus."

„Loverboy könnte in der Öffentlichkeit aber falsch wirken", sagte Seliân und grinste. „Schließlich sind wir in deiner Welt."

„Könntest du mir nicht einen Spitznamen aus Loron geben, einen, den hier niemand versteht?" fragte Jayden.

„Klar." Er überlegte, lehnte sich zurück und sah den Freund an.

„Curiân könnten wir nehmen oder Pettân."

Jayden sah ihn fragend an: „Was bedeuten diese Worte?"

„Es sind sprechende Namen", antwortete Seliân ruhig. „Curiân heißt so viel wie der Neugierige. Ich dachte, dass du sehr neugierig bist, wie vertraut Freunde auf Loron miteinander umgehen." Er lächelte ihn an, und Jayden wusste, dass es eine hervorragende Beschreibung seiner Person in dieser Freundschaft war.

„Wie war der andere Name?"

„Pettân, das bedeutet etwa der Streichler. Du bist sehr sanft und zärtlich", erklärte Seliân, und lachend fügte er hinzu: „zumindest sobald du dich auf die Situation eingelassen hast." Er lachte.

„Dann nehme ich Curiân", bestimmte er, und für sich dachte er, ihn irritierte beim zweiten Namen die sprachliche Nähe zu Petting. „Ich möchte dich weiter Seliân nennen, wenn ich darf", sagte er laut. „Ich mag den Namen."

„Gerne. Darf ich dann jetzt nochmal zu meiner Frage zurückkommen?", fragte Seliân.

„Ach ja", erinnerte sich Jayden an die Unterbrechung, „du möchtest eine richtig große Stadt erleben. Wir könnten mit der Bahn nach Edinburgh fahren. Da wohnen meine Großeltern." Er überlegte und fuhr dann fort: „Aber das ist schon so weit entfernt, dass wir da irgendwo übernachten müssten."

„Können wir denn bei deinen Großeltern bleiben?"

„Ich weiß nicht, ob ich das will. Meine Großeltern sind zwar supernett, aber meine Oma ist eine ziemliche Tratschtante." Als er Seliâns fragende Augen sah, wusste er, dass er wieder ein Wort verwendet hatte, das dieser nicht kennen konnte. „Das ist jemand, der viel zu viel erzählt", ergänzte er. „Weißt du, ich habe keine Lust, mich später vor meinen Eltern rechtfertigen zu müssen, weil ich dich aufgenommen habe." Urplötzlich grinste er und begann Seliâns Oberschenkel zu streicheln. „Und erst recht möchte ich nicht erzählen, was sonst noch zwischen uns war."

Seliân lächelte ihn an und schloss genießerisch die Augen.

„Ich glaube wirklich", fuhr Jayden fort, „es ist besser, wenn wir sie nicht sehen. Außerdem können wir bestimmt auch in eine Jugendherberge gehen. Ja", dachte er laut, „ich denke schon, dass das klappt. Also", wandte er sich wieder zu Seliân, „wenn du wirklich willst, gehen wir nachher auf dem Rückweg am Bahnhof vorbei und schauen, wann die Züge fahren und was sie kosten."

„Ja, das möchte ich." Nach fünf Sekunden ergänzte er augenzwinkernd, „und ich möchte auch gerne wissen, was Züge und ein Bahnhof sind."

Sie lachten beide, bis Jayden fragte: „Cremst du mich auch ein?"

„Gerne", antwortete Seliân und nahm die Tube hervor.

Jayden legte sich auf den Bauch auf sein weiches Handtuch und schloss die Augen. Nach wenigen Sekunden spürte er, was Seliân tat. Es war ein ungewohntes Gefühl, die kreisenden Bewegungen auf dem eigenen Rücken zu spüren. Nein, korrigierte er sich selbst, es ist nur so eigenartig, weil ich weiß, dass Seliân noch nackt ist und ich ihn damit immer auch auf der erotischen Ebene spüre, selbst wenn die Botschaft des Eincremens eine vollkommen unsexuelle sein sollte. Seliân widmete sich nun seinem Hinterteil, und Jayden spürte, dass er auch dieser Massage eine Menge abgewinnen konnte. Naja, dachte er kichernd, vorhin war es ja auch nicht wirklich zu trennen.

„Wieso lachst du? Mache ich es falsch?", fragte Seliâns Stimme über ihm.

„Nein, du machst das super", antwortete Jayden schnell. „Ich hatte nur einen lustigen Gedanken."

„Welchen Gedanken hattest du?"

„Den, dass ein Eincremen eigentlich unerotisch ist, wir beide aber vorhin schon gleich stark auf die Berührungen reagiert haben."

„Und es jetzt wieder tun", sagte Seliân seelenruhig.

Seliân griff Jaydens Hand und führte sie nach hinten, damit er herausfinden konnte, ob das wirklich stimmte. Dann öffnete er die dargebotene Hand und legte sich langsam über seinen Freund. Jayden spürte den inzwischen aufgewärmten Körper und die noch immer feuchten Haare auf sich. Vor allem aber spürte er, dass Seliân nicht gelogen hatte, und er griff fester zu.

„Stimmt", sagte er und schluckte leicht, was es deutlich weniger souverän erscheinen ließ. „Bitte, bleib noch so liegen, ja?"

Nun küsste Seliân ihn als Antwort auf den Hals.

Nur wenig später kam Jaydens Tante mit dem kleinen Michael, der in einem dunkelblauen Kinderwagen saß, zum Haus der Fishers. Sie trug Jeans zu einer bunten Bluse und klingelte. Noch während sie wartete, nahm sie Michael hoch und auf ihren linken Arm.

„Wir besuchen Jayden", sagte sie zu ihrem Jüngsten. „Erinnerst du dich an ihn? Er hat dich gefüttert." Michael quietschte ein wenig vor Vergnügen, doch zur Tür kam trotzdem niemand. Aus einem Beutel, der am Kinderwagen hing, kramte Cindy Grady einen Ersatzschlüssel heraus und schloss die Haustür auf.

„So, Michael, jetzt wollen wir mal sehen, wo mein Neffe steckt." Laut rief sie in die Wohnung: „Jayden, bist du hier?" Doch niemand antwortete. Sie sah kurz in die Küche, in der noch das leere Ofenblech auf dem Tisch lag. Sie nahm es auf und steckte es zurück in den Ofen. Erst als sie zwei leere Pizzaschachteln fand und wegwarf, sagte sie nachdenklich: „Jayden scheint genauso viel Hunger gehabt zu haben wie du, mein Kleiner", und sie sah Michael kurz ins Gesicht. Lächelnd den Kopf schüttelnd stellte sie die leere Flasche Bier, die auf der Anrichte stand, in die Abstellkammer. Dann blickte sie ins Wohnzimmer, in dem noch die Chipsschüssel mit ein paar restlichen Krümeln auf dem Tisch neben dem Globus stand.

„Das sieht aus, als hätte er etwas für Erdkunde überprüft", sagte sie leise und drehte den Globus ein wenig. „So kann ich wenigstens bestätigen, dass er lernt. Na, Michael", wandte sie sich an ihren Sohn, „da lässt uns der Jayden aber ganz schön hängen, was? Denkst du auch", fuhr sie fort, während sie die Treppe ins Obergeschoss hochstieg, „dass er bei dem schönen Wetter draußen spielen ist?"

Sie öffnete die Türen zu Bad und den Kinderzimmern und ging auch durch Jaydens Zimmer hindurch. Etwas Wäsche flog hier herum, und sein Schreibtisch sah wüst aus, doch das tat er vermutlich immer. Sie zählte allein sieben Schulbücher, zwei davon geöffnet. Als sie eine hellbraune, an einer Seite ausgefranste Lederhose fand und sie aufhob, zog sie die Stirn kraus. Solch teure Kleidungsstücke zerstörte man doch nicht einfach so. Er musste wirklich sehr wütend auf seine Eltern gewesen sein. Doch dann erkannte sie, wie sorgfältig die Schnitte angegangen worden waren und nahm ihre Ansicht wieder zurück. Das musste so gekauft worden sein. Was die Jugendlichen heute so trugen, wunderte sie sich.

„Nein, ich fand die Idee mit dem Lernen auch nicht gut. Jugendliche sollen ihre Ferien haben, und außerdem hat er sich auch so sehr auf Frankreich gefreut gehabt. Aber schau mal", sagte sie zu Michael, als sie sich wieder umwandte und die Treppe hinab ging, „ich habe heute zum zweiten Mal völlig umsonst für ihn gekocht. Was soll ich denn mit dem Hühnchen machen? Ich kann es doch nicht einfach in den Mixer tun und dich damit füttern." Sie sah den Kleinen an und lachte. „Doch, kann ich? Ja, das hättest du wohl gerne." Sie liebkoste seine hauchdünnen Haare, „Ich werde ihm einen Zettel schreiben, dass er anrufen oder vorbeikommen soll, damit ich weiß, ob ich die nächsten Tage nur noch für Papa und dich kochen soll."

Als sie wieder in der Küche war, legte sie Michael kurz auf dem Tisch ab. Aus einer Schublade nahm sie dann einen Block und einen Stift heraus und begann zu schreiben.

„Du bekommst also mehr Geld wieder", fragte Seliân gerade, „als du diesen Leuten dort gegeben hast, bloß weil sie es für dich verwahren?"

Jayden schloss die Haustür auf, verstrubbelt wie sein Freund, doch beide inzwischen in T-Shirt, halblangen Hosen und mit Turnschuhen. „Ja, das nennt man Zinsen. Aber ich bekomme nur ganz wenige, weil ich nicht so viel spare."

„Woher nehmen die Menschen in der Bank diese Zinsen? In eurer Welt verschenkt man doch nichts."

„Leider", bestätigte Jayden. Sie traten ein und ließen ihre Turnschuhe mitten im Gang stehen. „Sie nehmen die Zinsen von Menschen, von denen sie wiederum um Geld gebeten werden. Aber die müssen viel mehr Zinsen zahlen, als die anderen bekommen."

„Das ist ungerecht", sagte Seliân ruhig, ging in die Küche, beugte sich über die Spüle und trank Wasser direkt aus dem Hahn.

Jayden reichte ihm von der Seite ein Glas an. „Du weißt, dass diese Welt nicht fair handelt. Da werden so viele Gelder hin und her verschoben, dass diese Banken sich allein von diesen Einnahmen wahre Paläste bauen können. Wenn wir morgen nach Edinburgh fahren, werde ich dir mal solche Bauten zeigen." Er nahm sich eine Cola aus dem Kühlschrank und trank nun selbst direkt aus der Flasche. Seliân grinste, doch dann nahm er den Zettel wahr, der links auf der Anrichte hinterlassen worden war.

„Curiân?“ Doch Jayden reagierte nicht, und Seliân lächelte kurz für sich. „Jayden, hier ist ein Brief für dich.“ Er hielt ihn ihm hin, las ihn aber nicht.

Jayden runzelte die Stirn. „Meine Tante war hier”, sagte er und las die Nachricht. „Mensch, welch ein Glück, dass wir deine Matratze weggeräumt haben. Hoffentlich hat sie nicht rausgekriegt, dass du hier warst.“

Seliân setzte einen schelmischen Gesichtsausdruck auf, während er sprach: „Ich habe dir doch gesagt, dass es durchaus Vorteile hat, wenn wir in einem Bett schlafen.“

Jayden lachte kopfschüttelnd. „Du bist ein Spinner.“ Mit einem kleinen Seufzer fuhr er dann leise fort: „Aber ich glaube, ich habe echt Mist gemacht.“

„Wieso?“

„Es war abgesprochen, dass sie ja immer für mich mitkochen sollte, und daran habe ich gar nicht mehr gedacht. Jetzt ist sie zweimal auf meinem Essen sitzen geblieben. Ich denke, ich sollte mich entschuldigen.“ Er sah Seliân an, der nur nickte. Dann ging er in den Flur, nahm das Telefon zur Hand und wählte.

„Tante Cindy, hallo, hier ist Jayden. Ich wollte mich wegen der verpassten Mittagessen entschuldigen. Es tut mir wirklich leid. Ich habe einfach vergessen abzusagen.“

Seliân ging voraus ins Wohnzimmer, wo er sich im Schneidersitz auf das Sofa setzte. Jayden folgte ihm. „Weißt du, ich habe ein wenig Spaß am Kochen bekommen.“

„Findest du nicht, dass sie einem Jugendlichen ein bisschen mehr Unabhängigkeit gestatten dürften?“ Seliân hielt einen Daumen hoch. Es gab Jayden eine Menge Selbstsicherheit, dass er derartige Rückmeldungen von ihm erhielt.

„Danke, das ist nett. Sag mal, kann ich nachher vorbeikommen und mir etwas Geld holen?“

Er verzog den Mund, als er weiter sprach: „Zum Einkaufen. Ich bin pleite.“

„Gut, dann sehen wir uns nachher. Tschüß.“ Er legte wieder auf und sagte nachdenklich zu Seliân: „Wir kommen mit dem Geld, das ich eben vom Konto abgeholt habe, wahrscheinlich nicht hin. Wir wissen zwar jetzt, was die Fahrt kostet, aber ich habe keine Ahnung, wie viel wir für eine Übernachtung bezahlen müssen. Es wird besser sein, wenn wir etwas als Reserve haben."

Seliân nickte und sagte ruhig: „Ich nehme an, du willst alleine gehen."

„Ja", bestätigte Jayden, „aber wenn du magst, kannst du in der Zeit ja das Abendessen machen."

Er hatte sich extra noch die Haare gekämmt, damit sie nicht allzu wüst aussahen, doch der Fahrtwind verstrubbelte sie erneut. Seine Tante, die soeben Brot schnitt, sah ihn durch das Küchenfenster heranfahren und rief ins Wohnzimmer: „Carl, kannst du Jayden öffnen?" Doch sie erhielt keine Reaktion. Sie probierte es noch einmal etwas lauter: „Carl, hörst du mich?"

Die tiefe Stimme ihres Mannes klang aus dem Nebenraum: „Was soll ich tun?"

„Die Haustür öffnen", sagte sie. „Jayden kommt gerade."

In dem Augenblick, in dem er „In Ordnung. Ich lasse ihn herein" sagte, läutete die Türglocke.

Cindy wandte sich zu Michael um, der neben ihr in einem Hochstuhl saß. „Wollen wir ihn fragen, ob er zum Abendessen bleibt? Ich meine zu deinem *und* zu unserem", fügte sie lächelnd hinzu. Michael öffnete ein paar Male den Mund und schloss ihn wieder, doch er gab keinen Laut von sich.

Jayden trat mit seinem ebenfalls noch sehr jung wirkenden Onkel Carl in die Küche. Carl, der Mitte Dreißig war und dunkle Haare zu einem Schnauzbart hatte, trug einen Jogginganzug und hinkte merklich. „Und der hat dich gelegt?", fragte Jayden gerade interessiert.

„Ja", antwortete sein Onkel und sah ihn an. „Manchmal kannst du einfach nur noch mit dem Kopf schütteln, wie die Leute im Training zur Sache gehen."

„Und das in eurer Spielklasse. Das sollte doch etwas anderes sein als bei den Hearts oder bei Celtic." Kurz grüßte er in die Küche: „Hallo, Tante Cindy, hallo Michael." Doch dann wandte er sich wieder an Carl: „Und was ist da jetzt kaputt?"

„Das linke Außenband ist angerissen", antwortete sein Onkel.

„Du fehlst während der ganzen Vorbereitung?"

„Ich fürchte, dass das noch nicht einmal ausreichen wird.“

„Ich sage es ja immer”, mischte sich seine Frau ein, „treibe Sport, oder du bleibst gesund. Weißt du, Jayden, jetzt haben wir alle etwas davon, dass Carl ewig dem Ball hinterherrennen muss.“

„Ich nutze eben jede Gelegenheit, mich vor meinen familiären Pflichten zu drücken”, sagte Carl und küsste seine Frau auf die Wange.

„Meine Schwester hat mich gefragt, ob du auch tust, was dir aufgetragen wurde”, wandte sie sich erneut an Jayden.

„Ich lerne schon”, begann er sich unbewusst zu rechtfertigen. „Aber das Zeug ist sooo langweilig.“

„Sonst hättest du es sicher auch schon in der Schule gelernt.“ Seine Tante lächelte ihn an.

„Wisst ihr, ich würde viel lieber etwas lernen, was mich wirklich interessiert, zum Beispiel über die Kreuzzüge.“

Carl sagte mit einem verschmitzten Lächeln: „Ich habe vor langer Zeit einmal gehört, dass die Schule darauf keine Rücksicht nimmt.“

„Nicht nur die”, maulte Jayden, „meine Eltern auch.“

„Was interessiert dich denn an den Kreuzzügen?“, fragte nun Cindy.

„Ich verstehe nicht”, sagte Jayden bewusst auf jedes seiner Worte achtend, „wie jemand glauben konnte, etwas Gutes zu tun, indem er Nicht-Christen bekämpft, tötet oder wenigstens gewaltsam zu diesem Glauben bringt.“

„An der Arroganz der oberen Schichten hat sich bis heute nichts geändert”, sagte Carl von der Seite und holte sich eine Dose Bier aus dem Kühlschrank. Dann sah er Jayden an und fragte ihn: „Du auch?“

„Äh, nein. Ich, ich mag das nicht”, sagte Jayden stockend und ärgerte sich in dem Augenblick schon über seine Antwort, denn eigentlich mochte er durchaus.

„Und du lügst ja auch nicht”, sagte seine Tante ruhig und sah ihn forschend an.

Jayden begann sich unwohl zu fühlen. War ihm das anzusehen?

„Ihr Jugendlichen denkt immer, ihr seid die einzigen, die die Welt verstehen.“ Sie ging nun selbst zum Kühlschrank, nahm eine zweite Dose Bier heraus, öffnete sie und reichte sie Jayden. „Nimm ruhig. Mich würde interessieren, ob es besser schmeckt als das Bier, das du Zuhause getrunken hast.“

Jayden spürte die Röte in sein Gesicht schießen.

„Ertappt?“, fragte sein Onkel freundlich.

„Ich sollte beginnen, nicht *alles* herumliegen zu lassen”, sagte Jayden grinsend und nahm einen Schluck.

„Ja, das hilft manchmal”, sagte Cindy. „Doch der Globus und deine offenen Schulbücher haben mir auch gezeigt, dass du wirklich ernsthaft arbeitest.“

„Jetzt musst du nur noch die Seiten umblättern”, sagte sein Onkel scherzhaft von der Seite, „sonst wird es unglaubwürdig.“

„Habe ich noch mehr Sachen rumliegen lassen?“, fragte Jayden und merkte, wie unangenehm dieses peinliche Gefühl war, mit dem ihn seine Tante nun infiziert hatte.

„Nur deine Kleidung. Du hast eine außergewöhnliche Hose”, sagte sie.

Jayden sah sie fragend an. All seine Kleidung sah doch vollkommen normal aus.

„Die dünne Lederhose mit den Fransen.“

„Ach die”, sagte Jayden, als ginge es um die normalste Sache auf der Welt. Doch fieberhaft überlegte er, was er zu Seliâns Kleidungsstück sagen könnte. Um Zeit zu gewinnen, nahm er einen großen Schluck des Biers. Dann sagte er sehr langsam: „Die, die habe ich mal geschenkt bekommen.“

„Ich habe sie noch nie an dir gesehen”, sagte Cindy.

„Naja, die kann man ja auch nicht überall tragen”, sagte er schnell. „Stell dir mal vor, ich würde sie in der Schule tragen oder beim Fahrradfahren. Da passt sie einfach nicht.“

Sie lächelte verständnisvoll und fragte dann: „Möchtest du mit uns zu Abend essen?“

„Das ist lieb von euch, aber ich habe mir schon einen Salat vorbereitet”, log er mit einem Lächeln. „Der wird sonst sicher welk.“

„Carl”, wandte sich seine Tante an ihren Mann, „gibst du Jayden zwanzig Pfund von dem Geld, das Diana hier gelassen hat?“

„Tante Cindy”, mischte sich Jayden schüchtern ein, „hat meine Mutter euch auch mein Taschengeld gegeben?“

„Nein”, sagte sie nachdenklich, „das tut mir leid. Was bekommst du sonst?“

„Einen Fünfer in der Woche", sagte er ehrlich.

Sie sah ihren Mann lange an, bis der ihr fast unmerklich zunickte. Das war nicht wirklich viel. Dann griff sie ihre Handtasche, fischte eine Geldbörse heraus und zog fünfzehn Pfund hervor. „Dein Taschengeld übernehmen wir dann mal für diese drei Wochen. Dafür versprichst du uns aber, dass du es dir nicht doppelt holst, ja?"

Jayden nickte und atmete tief aus. Das konnte er wirklich gut brauchen.

„Mein Gott, du scheinst ja wirklich Sorgen zu haben, so erleichtert wie du jetzt aussiehst", sagte Cindy mitfühlend, als er auch das Geld aus den Händen seines Onkels erhielt.

Jayden grinste verschämt. „Du hast gerade >mein Gott< gesagt", überspielte er das unangenehme Thema. „Mich hat vor kurzem jemand gefragt, ob ich schon einmal daran gedacht hätte, dass Gott nicht selbstverständlich männlich sein muss. Ich meine", versuchte er genauer zu formulieren, „dass er vielleicht nur deshalb männlich ist, weil unsere Tradition das so will, dass er in einer anderen Tradition aber durchaus weiblich sein könnte."

„Er ist ganz sicher männlich", sagte Cindy lachend. „Eine Göttin hätte nie zuerst den Mann erschaffen, – eher gar nicht. Und außerdem hätte sie dafür gesorgt, dass im elften Gebot das Fußballspielen untersagt würde."

Nun lachten sie gemeinsam.

Edinburgh

„Du müsstest dir fast den Hals verrenkt haben", begann Jayden scherzhaft, als er mit Seliân den Zug im Bahnhof Waverly verließ. Der sah ihn fragend an. „Ich meine, du hast die ganze Fahrt über versucht, alles in dich aufzusaugen, jedes Feld, jeden Turm, jedes Gebäude, jede Brücke."

„Ich nehme an, dass es dir in Loron nicht anders ergehen würde", sagte Seliân ruhig. „Das also ist Edinburgh."

„Ja. Schauen wir erst einmal, wie wir hier raus kommen."

Er ging im belebten Bahnhofsgebäude voraus, und Seliân folgte ihm. Da es heute windig und bedeckt war, trugen sie lange Sweatshirts zu knöchellangen Jeans, Jayden zudem seinen Rucksack, den sie morgens mit Wechselunterwäsche und Zahnputzzeug gefüllt hatten. Zudem hatten sie die Straßenkarte seiner Eltern eingepackt und vier Sandwiches dabei, die sie sich selbst gemacht hatten. Sein Geld trug Jayden vorne in einer Hosentasche. Er hatte gehört, dass das in Großstädten sicherer sei. Da es bereits hier im Bahnhof von Touristen und Pendlern und damit vermutlich auch von Taschendieben nur so wimmelte, konnte er den Rat gut nachvollziehen.

Seliân schien am liebsten an jeder Werbetafel stehen bleiben zu wollen, doch Jayden animierte ihn weiterzugehen. Am Haupteingang orientierte sich Jayden an einem großen Stadtplan. „Da", zeigte er mit dem Finger nach vorne, „das ist der berühmte Uhrturm des Balmoral Hotels. Den kann man von fast überall sehen. Die Jugendherberge, zu der wir müssen, liegt westlich von hier, ganz in der Nähe vom Haymarket."

„Okay, ich folge dir", sagte Seliân und sah mit Erstaunen auf die riesige Kreuzung vor dem Bahnhof, auf die vierstöckigen, grauen Wohn- und Geschäftshäuser mit den weiß abgesetzten Fenstern und auf die Ampelschaltung zur Regulierung des Verkehrs. „Sag mal, wie viele Menschen leben hier?"

„Knapp unter einer halben Million. Beeindruckend, nicht wahr?" Er konnte sich vorstellen, wie überwältigend es für Seliân sein musste, denn der hatte ihm gesagt, dass auf ganz Loron noch unter 50.000 Menschen lebten.

„Hat jeder ein solches Auto?", fragte er. Sie hatten sich vorher schon über Autos unterhalten, doch solche Mengen von ihnen schienen Seliân zu überfordern.

„Es wirkt so, aber nein. Autos sind teuer, das Benzin, mit dem sie betrieben werden, auch. Das kann sich nicht jeder leisten. Viele fahren mit Zügen, so wie wir."

Sie gingen auf Kopfsteinpflasterwegen durch die Altstadt unterhalb der Burg entlang, die sie auf einem Hügel thronen sehen konnten.

„Burgen wie diese kennen wir noch aus Überlieferungen", sagte der Junge und sah hinauf. „Sehen wir sie uns an?"

Jayden nickte. „Nachher, ich möchte erst unsere Übernachtung sichern."

Am Haymarket, einem vor allem vielbefahrenen Platz vor einem grauen, zweistöckigen Bahnhofsgebäude mit einem kleinen Uhrturm, bogen sie vor der Polizeistation rechts ab. Gerade kam ein schwarzer Polizeiwagen an.

„Eine Stadt wie diese braucht natürlich Ordnungshüter. Wir nennen sie Polizei", sagte Jayden und deutete auf das Auto, aus dem jetzt Polizisten in schwarzer Uniform ausstiegen, die Helme in der Hand.

„Sie tragen diese Uniformen, damit man sie leichter erkennt, nehme ich an", überlegte Seliân. „Bei uns heißen sie Streitschlichter."

„Hier ist man immer ganz froh, wenn man nichts mit ihnen zu tun haben muss."

Seliân grinste: „Das ist beinahe die erste Gemeinsamkeit, die unsere Welten haben."

Sie checkten im Eglinton Youth Hostel ein, das in einem dreistöckigen, grauen Gebäude mit kleinen Giebeln in einer gebogenen Einbahnstraße untergebracht war. Direkt gegenüber war ein kleiner Park mit Grünflächen, doch auch mit bis zu vier Meter hohen Bäumen zu den sie umgebenen Straßen hin. Es war die einzige Jugendherberge der Stadt.

Die günstigste Form der Übernachtung war in einem Zimmer für acht Personen, doch es war ja nur für eine Nacht. Vom Gesamteindruck her war es sauberer als Jayden erwartet hatte. Als sie das große Zimmer betraten, war noch ein anderer Rucksacktourist im Raum.

Er war hellblond, gut fünf oder sechs Jahre älter als Jayden und trug eine halblange Hose. Sein Oberkörper war gut trainiert, und die Bräune ließ auf viel Freizeit schließen. Deshalb tippte Jayden auf einen Studenten. Mit offensichtlich noch nassen, schulterlangen Haaren saß er auf seinem Bett und schrieb etwas. Er grüßte freundlich, als sie eintraten und stellte sich als Sven vor.

„Aus Berlin", sagte er, ohne gefragt worden zu sein. Doch als er in den Augen der Jungen keine Reaktion erblickte, schob er es auf die rein geografische Unkenntnis und hängte noch die Information „Deutschland" daran. „Ihr seid von hier?"

Jayden antwortete für sie beide: „Ja, von der Westküste."

„Whisky trinkt ihr noch nicht, oder?"

„Nein", erwiderte Jayden. „Frag uns nächstes Jahr noch einmal."

Sven lachte. „Ich brauche noch ein paar Tipps, wie ich eine Tour zu möglichst vielen Destillerien organisiere."

Jayden zuckte mit den Schultern. Was sollte er sagen? Wenn er in dieser Stadt etwas suchen würde, wo würde er fragen? „Die bekommst du wahrscheinlich am besten in einer Touristen-Information", antwortete er deshalb. „Ich habe am Bahnhof eine gesehen." Er zeigte Seliân ein unbenutztes Bett und bedeutete ihm, es etwas zu zerwuscheln, damit es belegt aussähe. Seliân verstand.

„Wie lange bleibt ihr?"

„Nur bis morgen", antwortete Jayden.

„Was wollt ihr euch ansehen?"

„Wir schauen uns die Stadt an und den Zoo", antwortete Jayden.

„Den Zoo?" lachte Sven sie beinahe aus. „Kein Mensch schaut sich den Zoo an."

„Außer er mag Tiere", sagte Jayden ruhig.

„Der Zoo ist bestimmt teuer", sagte Sven gerade und wandte sich mit den Augen wieder seinen Aufzeichnungen zu. „Ihr habt doch noch keine Kreditkarten, oder?"

Jayden sah ihn nun etwas misstrauischer an. Warum stellte der Deutsche so viele Fragen und ließ sie nicht in Ruhe ihr Ding machen? Trotzdem antwortete er: „Die gibt es erst ab achtzehn." Er wandte sich an Seliân: „Wollen wir?" Der nickte ihm zu. Mit den Worten „hab einen schönen Tag", verabschiedete sich Jayden.

Sven sagte nur kurz, „ihr auch", blickte aber nicht mehr auf.

Seliân, der noch kein Wort gesagt hatte, hatte Jaydens zweifelnde Reaktion anscheinend bemerkt und ging sehr nah und konzentriert an Sven vorbei, beinahe als wollte er ihn riechen.

„Eigenartiger Typ", sagte Jayden, als sie zurück auf die Straße traten.

„Ja", bestätigte dieser nur kurz. „Gehen wir jetzt zu der Burg?"

„Na, auf die bist du ja besonders scharf", konstatierte Jayden und wandte sich nach Süden.

Sobald sie die Strecke zur Burg hinauf erkennen konnten, lenkten sie ihre Schritte den schmalen Weg dorthin. Vor der Burg, die mit ihrer gewaltigen, braungrauen Mauer und dem runden Turm Eindruck machte, fotografierte jemand eine Gruppe außergewöhnlich gekleideter Menschen. Alle Männer und Jungen trugen tiefgrüne, karierte Kilts zu schneeweißen Hemden und schwarzen Jacken mit großen, silbernen

Knöpfen. Die Frauen und Mädchen hatten rote Kilts zu weißen Blusen an. Einzig die Braut war in ein langes und schlichtes, weißes Kleid gekleidet. Im Hintergrund stand ein Dudelsackspieler, der hier jedoch keine Musik machte, sondern nur in seiner Tracht mit dem riesigen schwarzen Federbuschhelm das Flair Schottlands noch deutlicher machte.

„Eine traditionelle Hochzeit, nehme ich an", mutmaßte Seliân.

Jayden sah ebenfalls einen Moment zu. „Vermutlich hast du recht. Ich habe erst eine Hochzeit miterlebt, doch die war nicht traditionell. Mein Onkel und meine Tante haben so geheiratet, wie man es eher im Süden antrifft, schwarzer Anzug, weißes Brautkleid. Die meisten Frauen, glaube ich, wünschen sich, an diesem einen Tag in ihrem Leben einmal auszusehen wie eine Prinzessin, selbst hier."

„Oh", sagte Seliân und studierte die Preise, die am Eingang auf einer Tafel geschrieben waren. „Das kostet 16,50 Pfund. Aber Jugendliche bekommen eine Ermäßigung auf 9,90 Pfund. Ist das viel?"

„Ach ja", sagte Jayden, „das kannst du sicher schlecht einordnen."

„Woran orientierst du dich denn bei Preisen?"

„An meinem Taschengeld. Ich bekomme von meinen Eltern 5 Pfund in der Woche."

Seliân erschrak. Zweifelnd sagte er: „Wenn wir uns die Burg ansehen wollen, kostet es dich das Taschengeld eines ganzen Monats?"

Jayden kniff die Lippen zusammen und nickte fast unmerklich.

„Dann sehen wir sie uns nur von außen an", bestimmte Seliân. „Du hast schon ..." Er unterbrach sich selbst und fragte dann direkt: „Wie viel Geld hast du für mich schon ausgegeben?"

Dies war ein Gespräch, das Jayden nicht führen wollte. „Seliân, Geld ist zwar nicht unwichtig", versuchte er ihn zu belehren, „doch Freundschaften sind viel, viel wichtiger. Es ist egal, was ich schon für dich bezahlt habe. Ich habe es gerne getan."

Doch dem Jungen schien es in diesem Moment unangenehm zu sein. Er sah zu Boden und sagte leise: „Ich mache es irgendwann wieder gut."

„Das musst du nicht."

„Doch", sagte Seliân bestimmt. „Ich bin ungefragt in dein Leben geplatzt. Ich habe mich dir irgendwie auch aufgedrängt. Und ich habe nicht einmal ein Geschenk für dich gehabt. Das ist einfach nicht richtig. Deshalb bleibe ich dabei: ich werde es irgendwann wieder gut machen."

Berührt und sehr leise sagte Jayden: „Du hast mir gezeigt, was ich mit meinem verbohrten Hirn niemals anders begriffen hätte; dass ich mir Nähe zu einem so lieben Menschen wie dir wünsche und Zärtlichkeiten und ..." Er stockte.

Seliân lächelte ihn an: „Oh je, du musst unbedingt lernen, das Wort Sex auszusprechen. Ständig versucht du, es zu umgehen."

Jayden lachte in sich hinein. Wieso konnte er es nicht, und vor allem, wieso schaffte Seliân es ohne jegliche Probleme, obwohl er doch jünger war? Leise sagte er es sich so lange vor, bis er sich in der Lage fühlte, es hörbar auszusprechen: „Ich wünsche mir Sex."

Seliân hatte ihn bei den Bemühungen belustigt beobachtet. Jetzt nickte er. „Na also, du machst dich. Komm, wir schauen mal, ob wir um die Burg herum gehen können."

„Die Nordsee", sagte Jayden und zeigte mit der Hand zum Meer, das sich östlich von ihnen abzeichnete. Sie standen direkt vor der Burg und blickten von der Stadt weg zum Horizont. „Wenn wir in dieser Richtung segeln könnten, würden wir in Norwegen landen." Dann schien ihm etwas einzufallen, und er blickte Seliân an: „Sag mal, wie bist *du* überhaupt zu uns gekommen?"

„Ich habe ein Ruderboot mitbekommen", antwortete Seliân, „und bin von einem zweiten Boot bis zur Grenze Lorons begleitet worden. Ein Magier hat sie mir geöffnet. Von dort aus bin ich allein an Land gerudert. Da ich nicht die Kräfte habe, um die magische Schwelle allein zu überschreiten, hat man mir ein Amulett für den Rückweg mitgegeben, das die Passage ermöglichen wird", sagte der Junge seelenruhig, als wären magische Kräfte zwar nicht in jedem Menschen vorhanden, doch alltäglich. Da Jayden nichts sagte, fügte er noch hinzu: „Ich habe mein Boot etwa drei Meilen nördlich von dort versteckt, wo wir uns kennengelernt haben. Dort scheint niemand zu wohnen."

„Und dieses Amulett liegt dort auch versteckt?", fragte Jayden.

„Ich ahne, was hinter deiner Frage steckt. Was würde passieren, wenn jemand das Amulett finden würde?", und sein Freund nickte. „Würde ich in deiner Welt stranden?" Er lächelte. „Mach dir keine Sorgen um mich. Es ist ausgemacht, dass ich exakt vier Wochen habe, bevor jemand anders nach Spuren von mir suchen würde. Doch das Amulett liegt in deinem Zimmer in meinem Beutel, und der liegt nicht sichtbar unter deinem Bett."

„Du hast an alles gedacht." Jayden fühlte sich beruhigt. Doch dann baute sich ein anderer Gedanke auf: „Heißt das auch, dass wir noch viel Zeit zusammen haben? Oder planst du noch zu anderen zu gehen?"

„Mein Freund", sagte Seliân und berührte ihn am Arm, „ich bin sicher, dass ich bei dir alles lernen kann, was für meine Welt von Belang sein könnte. Wenn du mich weiterhin bei dir haben möchtest, dann würde ich mit Freuden dein Gast bleiben und von dir lernen wollen."

„Hör auf, so geschwollen zu reden; natürlich will ich das", sagte Jayden und malte sich aus, dass er noch anderthalb Wochen haben würde, bevor seine Eltern zurückkehrten.

Am Abend, als sie ihr Zimmer wieder betraten, waren noch drei andere Personen im Raum, ein etwa dreißigjähriger Spanier und zwei norwegische Jungen, die nur knapp älter waren als sie und gerade zu zweit Karten spielten. Mit einer Ausnahme waren nun alle Betten belegt. Sie stellten sich einander vor, Seliân jedoch, so hatten sie ausgemacht, mit dem Namen Steven, damit niemand auf den Gedanken käme, nachzufragen, woher der ungewöhnliche Name stammt. Sie zogen die Schuhe mit den Socken aus und räkelten sich ein wenig auf den Betten, bevor Jayden die letzten beiden Sandwiches hervorholte, seinem Freund eines gab und sein eigenes mit Heißhunger verdrückte.

Wenig später betraten auch Sven und ein dunkler Ewan aus Birmingham den Raum, in ein Gespräch über Flugrouten vertieft. Sofort fielen Jayden Ewans Segelohren auf, doch schien er ein lustiger Kauz zu sein.

Als sie aufgegessen hatten, machten sie sich bettfertig, zogen jedoch aufgrund der aufgeheizten Raumtemperatur keine Shirts mehr an. Jayden verstaute seine Kleidung unter dem Bett. Die Geldbörse mit seinem Ausweis steckte er aber in den Rucksack zu den Fahrkarten, denn die wollte er nah bei sich behalten. Absichtlich, denn er hatte gehört, dass bei anderen schon einmal vorgekommen war, dass sie in Jugendherbergszimmern bestohlen worden waren, legte er den Rucksack unter sein Kopfkissen und bettete sich dann sorgsam darauf. Er dachte nach und wandte sich dann Seliân zu: „Gute Nacht, mein Freund." Er wollte weder dessen ungewöhnlichen Namen aussprechen, um keine Aufmerksamkeit zu erregen, noch brachte er es über sich, ihn stattdessen Steven zu nennen.

„Dir auch eine gute Nacht, Jayden", flüsterte dieser in seine Richtung. Nun endlich konnte seine Spannung abnehmen. Dieser ereignisreiche Tag war wirklich anstrengend gewesen. Außergewöhnlich und wieder schön. Wie jeder Tag bislang mit Seliân. Lächelnd schlief er ein.

Als Jayden am nächsten Morgen aufwachte, fiel ihm als erstes die ungewohnte Umgebung auf. Er hatte schon lange nicht mehr mit so vielen Menschen in einem Zimmer genächtigt. Die Sonne war noch nicht vollständig aufgegangen, doch wurde es durch die hohen Fenster langsam und eindeutig hell. Verschlafen wandte er sich zu Seliâns Bett um, doch das war leer. Bestimmt war er auf der Toilette. Doch fünf Minuten vergingen, und Seliân tauchte nicht auf. Gerade als Jayden aufstehen und nach ihm sehen wollte, fiel ihm auf, dass sein Kissen flacher war als er gewohnt war.

Der Rucksack, oh nein, der Rucksack ist weg, dachte er, und Panik stieg in ihm auf. Ich hatte ihn doch unter meinem Kopfkissen. Er wurde bleich, und sein Magen verkrampfte sich. Da ist mein ganzes Geld drin und die Wohnungsschlüssel. Alle Zuversicht schwand in diesen Augenblicken. Und die Fahrkarten, dachte er am Boden zerstört weiter. Wie soll ich nur zurückkommen? Seliân, wo bist du? Hast du ihn?

Ohne Rücksicht auf die anderen in ihrem Zimmer sprang er ohne sich umzusehen, ob Seliân seine Kleidung trug, auf und rannte barfuß und nur mit seiner Unterhose bekleidet über den Flur. Auf der Toilette brannte kein Licht, und Seliân reagierte auch nicht, als er ihn voller Panik in der Stimme rief. Wo war er nur? Es konnte doch unmöglich sein, dass Seliân ihn bestohlen hatte. Er hatte aus tiefster Überzeugung geglaubt, er hätte einen neuen besten Freund. Nein, es durfte einfach nicht wahr sein.

Jayden sprintete drei Stufen auf einmal nehmend die Treppe hinab und stürzte in den Eingangsbereich der Herberge. Auch hier war es zu dieser extrem frühen Zeit noch menschenleer. Er stieß die hölzerne Eingangstür auf und sprang die wenigen Treppenstufen bis auf die Straße herunter. Es regnete, und fast wäre er ausgerutscht. Gehetzt sah er nach links, doch außer einem LKW, der zu breit für die zugeparkte Einbahnstraße zu sein schien, konnte er nichts und niemanden erkennen. Er blickte zur anderen Seite, wo gut einhundert Meter entfernt die große

Straßenkreuzung zur West Coates Street war. War er dorthin gelaufen?

Er sah an sich herab, und Tränen der Verzweiflung bildeten sich in seinen Augen. Er hatte nur seine bleiche Unterhose an, war innerhalb der wenigen Sekunden nass geregnet worden, und er wusste einfach nicht, was er nun tun sollte.

Aber ich muss handeln, dachte er hoffnungslos, irgendwie. Er setzte sich in Bewegung und wollte gerade den Eglinton Crescent entlang laufen, als er mit heller Stimme seinen Namen hinter sich hörte. Abrupt blieb er stehen und wandte sich blitzartig um. Von der anderen Seite kam Seliân angelaufen, auch er barfuß und nur mit einer von Jaydens bunten Unterhosen bekleidet. Doch er trug den Rucksack in einer Hand, und Jayden fiel der größte Stein vom Herzen, der dort je gewesen war. Er wusste nicht, ob ihn mehr erleichterte, dass der Rucksack mit Geld, Schlüsseln, Ausweis und Fahrkarten wieder da war oder dass Seliân zu ihm zurückgekehrt war. Es war auch egal. Jetzt würde alles wieder gut werden.

Jayden rannte zu ihm, und er schämte sich seiner Tränen nicht. Stumm stand er vor dem Jungen, den er so sehr zu mögen gelernt hatte, und schloss ihn in die Arme. Alle Sehnsucht, alle Angst und vorherige Verzweiflung legte er in diese Umarmung, und es war ihm egal, dass Leute, die soeben mit Hunden aus dem Park kamen und von der anderen Straßenseite auf sie deuteten, auf sie, die sich halbnackt im Regen und offensichtlich pudelnass umarmten.

„Ich habe solche Angst gehabt", stieß er schluchzend hervor.

„Ich weiß", sagte Seliân und strich dem Freund durch die nassen Haare. Sie hielten sich fast zwei volle Minuten so fest sie konnten. Dann erst ebbten Jaydens Tränen langsam ab.

„Was ist passiert?", fragte er nach dieser kleinen Ewigkeit und ließ Seliân los.

„Es war Sven", sagte dieser kurz und deutete mit dem Kopf zur Herberge. Er übernahm die Führung und leitete Jayden zum Haus zurück. „Er ist sehr früh aufgestanden, weil er an deinen Rucksack wollte, während du noch schliefst. Er hat gesehen, dass du dein Geld hinein gesteckt hattest."

„Woher weißt du das?"

„So wie er dich beobachtet hat, habe ich ihn beobachtet."

„Aber ..." Er wusste nicht, was er sagen sollte. „Dann hast du auch gesehen, dass er den Rucksack genommen hat."

Seliân nickte. „Er war sehr leise und vorsichtig und hat dich sogar sanft auf die Seite gedreht, damit er den Rucksack hervorziehen konnte."

„Und du warst wach?"

„Ich kann meinen Schlaf steuern", sagte Seliân, und Jayden sah ihn verwundert an, während sie die Stufen nahmen und die Eingangstür öffneten.

„Du kannst was? Wie macht man das?"

„Das lernen wir von Kind auf. Ich kann steuern, wie tief ich schlafen will. Für die Nacht in diesem Zimmer habe ich den leichtesten Schlaf gewählt. So konnte ich sicher sein, dass ich wach bin, wenn etwas passiert."

Jayden schüttelte nur verwundert den Kopf.

„Ich habe ihn bei der Tat beobachtet. Als er es geschafft hatte, hat er schnell seine eigenen Sachen genommen und ist abgehauen. Da bin ich ihm nachgelaufen."

„Aber er ist doch viel stärker als du. Wie hast du ihn dazu gebracht, dir den Rucksack zurück zu geben?"

„Wir haben getauscht", sagte Seliân ruhig und ging die Treppen zum zweiten Stock hoch.

„Getauscht? Was?"

„Er hatte seinen Ausweis verloren."

„Und den hast du gefunden?"

Seliân nickte zurück.

„Wo war er?"

„Unter meinem Kopfkissen."

Jayden begriff nicht.

Seliân stoppte auf einer Stufe, drehte sich um und lächelte ihn an. „Ich hatte mir seinen Ausweis ausgeliehen, nur für den Fall. Ohne ihn kann er nicht in seine Heimat zurück. Mit ihm könnte eure Polizei ihn als Dieb identifizieren. Der Ausweis bedeutete, dass ich Macht über ihn habe."

„Du hast also gestern schon befürchtet, dass so etwas passieren könnte?", rief Jayden aus.

„Nein, ich habe es nicht befürchtet", sagte Seliân nach wie vor sehr bedächtig, bevor er die letzten Stufen nahm. „Ich wusste es!"

„Du wusstest es?“

„Jayden, du magst viele technische Dinge erklären können, und du bist ein toller und engagierter Lehrer. Aber von Menschen, das glaube mir, verstehe ich mehr als du.“

„Du hast es”, er erinnerte sich, „du hast es gerochen.“

Seliân lächelte. „Es gibt viele Hinweise, ob jemand die Wahrheit spricht, dazu gehören auch Körpergerüche. Ich habe versucht, es zu riechen, aber seine Duschseife hat die Gerüche übertönt. Es waren seine Augen und sein angebliches Desinteresse an uns, als er wusste, dass wir Geld bei uns haben würden. Am späten Abend, als du dich fertig gemacht hast, hat er genau aufgepasst, was du tust.“

„Was hättest du getan, wenn du dich trotzdem getäuscht hättest?“, fragte Jayden.

„Auch dann wäre ich ihm nachgelaufen. Ich hätte sagen können, dass ich den Ausweis auf dem Flur zur Toilette gefunden habe. Vielleicht hätte er mir sogar einen kleinen Finderlohn gegeben.“

Jayden schüttelte über so viel Abgebrühtheit den Kopf. „Aber wann hast du ihm den Ausweis weggenommen? Ich habe nichts davon mitbekommen”, fragte er verwundert.

„Es hätte wenig Zweck, wenn es *irgendjemand* mitbekommen hätte, oder?“, fragte der Junge rhetorisch und lächelte ihn aus überlegener Position an. „In der Nacht, als alle außer mir schliefen, habe ich ihn geholt.“

„Ich liebe dich.“ Entsetzt blieb Jayden stehen. Er hatte es gesagt. Es war einfach passiert, obwohl es nie hätte geschehen dürfen. Er hatte es wirklich ausgesprochen. Er hätte auch „du bist genial“ sagen können, doch das andere, das Verbotene, war noch richtiger. Es hatte einfach aus ihm heraus gewollt.

Seliân blieb mitten auf dem Flur, auf dem sie überall Spuren aus Regenwasser hinterließen, stehen und nahm Jaydens Hände in seine. Er mochte kleiner sein, doch hatte er seit seiner Rückkehr eindeutig die Führung übernommen. Erneut nahm er Jayden in die Arme. Doch diesmal küsste er ihn, und er küsste ihn lange als Dank dafür, dass Jayden es geschafft hatte, diese schweren Worte auszusprechen. Als einer der beiden norwegischen Jungen verschlafen aus der Tür kam, wie zur Salzsäule erstarrte und sie entgeistert anstarrte, schaffte er es sogar, diesem zuzulächeln.

„Lass uns duschen gehen. Nimm aber den Rucksack mit. Noch einmal bekommen wir ihn vielleicht nicht wieder."

Gute zwanzig Minuten Fußweg westlich von der Jugendherberge lag der Zoo noch im äußeren Innenstadtbereich. Den Besuch hatten sie sich für heute aufgehoben. Mit gutem Herbergsfrühstück gestärkt und Obst im Rucksack, das sie am Buffet stibitzt hatten, hatten sie sich auf den Weg gemacht. Sie erreichten das große, frisch gestrichene Eingangstor des zweitgrößten Zoos des Königreichs bei mittlerweile wieder trockenem Wetter. Zwischen wolkigen Phasen traute sich nun auch ab und zu die Sonne heraus und trocknete Wege und Grünflächen.

Jayden stellte sich gut zehn Minuten in eine Schlange vor dem Ticketschalter, während Seliân versuchte, etwas über die Eintrittspreise heraus zu bekommen. Als er mit der Information zurückkehrte, dass sie auch hier zwar eine Schülerermäßigung erhielten, jedoch dennoch 9,50 Pfund pro Person bezahlen sollten, sagte Jayden einfach nur „okay", als hätte er es nicht wahrgenommen.

Doch Seliân wusste, dass er es überspielte, und er blickte verschämt zu Boden. „Ich möchte nicht, dass du das bezahlst", sagte er leise.

„Unsinn", sagte Jayden, „wir sind doch hauptsächlich deswegen hierher gefahren. Ich wollte dir den Zoo zeigen, und das werde ich."

„Ich wusste, dass du das sagen würdest", sagte sein Freund kleinlaut. „Aber ich fühle mich trotzdem nicht gut damit. Kannst du das nicht verstehen?"

Er deutete Seliâns Körpersprache richtig und überlegte ein zweites Mal, doch im Grunde stand seine Entscheidung. „Muss ich noch irgendetwas darüber sagen, dass du uns heute früh das Geld, die Schlüssel, einfach alles gerettet hast?"

Dann lächelte er ihn an, wandte sich zur Kassiererin um und orderte ihre Eintrittskarten. Für einen Moment erschrak er, als er Seliâns Hand in seiner linken spürte. Doch er zwang sich, dem ersten, inneren Impuls zu widerstehen und sie wegzuziehen. Seliâns Finger schlossen sich um seine und drückten sanft aber doch bestimmt zu. Er wusste, dass es „Danke" heißen sollte, und gerne hielt er sie fest. Es war ihm egal, ob es Leute in der Schlange hinter ihnen bemerkten und verwerflich finden konnten. In diesem Moment hätte Jayden all sein Geld hergegeben, wenn er nur diesen Händedruck nie mehr lösen müsste. Und doch taten sie es nach wenigen Sekunden.

Nach diesem kurzen, aber starken, emotionalen Moment wurde Seliân zu genau dem Jungen, den Jayden hier erwartete. Mit teilweise vor Erstaunen geöffnetem Mund, immer wieder lauten Ausrufen wie „sieh dir das an", oder „ich will die hier sehen", bis zu „davon habe ich noch nie gehört." Jayden spürte jede Minute, dass es die richtige Entscheidung gewesen war. Sein Freund war selig, und er war es damit auch.

Sie gingen durch ein Terrarium, in dem sich Jayden vor allem vor den Spinnen ekelte, durch ein Affengehege, in dem sie sich köstlich über ein Schimpansenjunges amüsierten, und zu den großen Raubvögeln, die Seliân vertrauter waren als Jayden erwartet hätte. Doch vor allem die Großwildtiere Afrikas, die niemand auf Loron je zuvor gesehen haben konnte, brachten seinen jungen Freund ins Staunen. Giraffen, die sie um das Dreifache überragten, Elefanten, die mit ihrer Ruhe und ihrer Masse jedem Respekt abverlangten, Seliân kam aus dem Staunen kaum mehr heraus. Schluckend oder mit offenem Mund stand er vor den Gehegen und starrte die riesigen Tiere an.

„Danke, dass du dich durchgesetzt hast", sagte er, als sie sogar zufällig der Fütterung der Löwen beeindruckt beigewohnt hatten. „Das sind Eindrücke, die ich niemals vergessen werde."

„Du sollst mehr zu erzählen haben, als sie von dir erwarten", sagte Jayden und klopfte ihm auf die Schulter.

„Das werde ich", sagte Seliân, „dank dir", und er nickte glücklich.

Als sie jedoch schließlich vor einem Wolfsgehege ankamen, setzte sich Seliân einfach auf den Boden in den Schneidersitz und sah einer Wölfin nachdenklich zu, die gemächlich vor dem Gitter auf und ab ging.

„Sieh ihr in die Augen", sagte er leise, als sich Jayden zu ihm hockte.

„Wie meinst du das?"

„Ich möchte wissen, ob du es auch sehen kannst."

„Was soll ich sehen können?" fragte Jayden.

„Traurigkeit. Ich sehe sie ihr ganz deutlich an."

„Ihr? Ist das eine Wölfin?"

„Selbstverständlich", sagte Seliân, doch dann wurde ihm wohl bewußt, was er gerade gesagt hatte. „Entschuldige, mein Freund, du siehst Wölfe nicht so häufig. Für mich ist die Unterscheidung sehr leicht."

„Heißt das, auf Loron gibt es noch Wölfe?“

„Ja, diesen Sommer sind es sieben.“

„Wie ich dich kenne, leben sie in Freiheit.“

Seliân blickte ihn ernster an als sonst und nickte.

„Aber, - aber habt ihr keine Angst vor ihnen? Ich meine, sind sie nicht gefährlich?“

„Sie sind gefährlich. Aber wir haben sie sehr gut studiert. Wir wissen, wann wir uns in Acht nehmen müssen und wann wir mit ihnen spielen können.“

Jayden öffnete erstaunt den Mund und vergaß dann anscheinend, ihn wieder zu schließen. „Spielen? Spinnst du? Sie können dich töten.“

„Ja”, sagte Seliân ruhig, „aber das werden sie nicht ohne Grund tun. Und Gründe werde ich ihnen nicht geben.“

„Hunger könnte Grund genug sein.“

„Es gibt auf Loron genügend andere Tiere, die sie reißen können und die sich weniger wehren als Menschen. Es hat fast zwanzig Jahre lang keinen menschlichen Schaden mehr durch Wölfe gegeben.“

Jayden sagte nichts. Er wollte sich um Seliân sorgen, ihn am liebsten vor jeder potentiellen Gefahr behüten, doch schien dieser Wölfe nicht als eine solche anzusehen.

„Weißt du, mein Freund”, und in diesem Moment fiel Jayden zum ersten Mal auf, dass Seliân anstelle des ausgemachten >Curiân< nun immer >mein Freund< sagte, „Wölfe sind für mich die schönsten Tiere. Keine Jungen sind Menschenjungen in ihrem Spielen und Herumtollen so ähnlich, keine ausgewachsenen Tiere sind so stolz und edel. Du müsstest einmal sehen, wie Wölfinnen ihre Jungen ansehen. Dann würdest du verstehen.“

„Und du denkst, sie ist traurig?“

„Ja, das ist sie. Ich wünschte, ich könnte ihr die Freiheit schenken.“

Jayden überlegte einen langen Moment. „Sie ist in Gefangenschaft geboren worden, sie hat die Freiheit nie gekannt. Du würdest sie vermutlich töten.“ Seliân dachte nach, während Jayden fortfuhr: „Und das gilt für viele Tiere. Diese Gehege sind auch ihr Schutz vor der Gier der Menschen. Einige Arten sind nur, weil es solche Zoos gibt, noch nicht ausgestorben.“

„Wahrscheinlich hast du recht”, sagte Seliân desillusioniert.

„Komm, lass uns zu den Eisbären gehen."

Sie erhoben sich und gingen zum nächsten, aufregenden Gehege.

„Lass uns das schöne Wetter ruhig noch etwas genießen", schlug Jayden vor, als sie am frühen Abend bei inzwischen noch besserem Wetter vor dem Bahnhof Waverly standen. Viele Pendler wollten anscheinend um diese Zeit ihre Heimreise antreten, denn es war noch wuseliger als bei ihrer Ankunft.

„Wann fährt unser Zug denn los?", fragte Seliân.

Er sah auf die Bahnhofsuhr und sagte: „In vierzig Minuten."

„Die Stadt ist wirklich interessant", begann Seliân seinen persönlichen Rückblick und lehnte sich an eine Säule. „Doch mein Highlight war eindeutig der Zoo. Ich habe so viele große Tiere gesehen, die niemand auf Loron kennt."

„Du wirst der Star sein, wenn du davon erzählst."

Seliân nickte. „Das bringt der Trip einfach mit sich. Doch du machst ihn mit dem, was du für mich in Gang setzt, einfach perfekt."

Jayden spürte, dass er sich geschmeichelt fühlte, und zum ersten Mal störte ihn diese Vertrautheit nicht mehr. Veränderte er sich in diesen Tagen?, fragte er sich. Und wenn ja, veränderte er sich in die richtige Richtung? Veränderte er sich zum Guten? Er atmete tief durch und sah sich die Menschen vor dem Bahnhofsgebäude an.

„Solch eine Stadt ist schon etwas anderes als ein Kaff wie Castney. Hier passiert wenigstens überall etwas", sagte er.

„Dafür gilt der Mensch an sich weniger", erwiderte Seliân nachdenklich.

„Ja, alles hat hier seinen Preis."

„Würdest du ihn bezahlen?" fragte Seliân beinahe herausfordernd.

„Um aus Castney rauszukommen? Auf jeden Fall", legte sich Jayden fest.

„Würdest du dafür betteln gehen?", fragte Seliân weiter.

„Du meinst – wie der Junge dort?" Jayden zeigte auf einen höchstens gleichaltrigen sehr schlanken Jungen, der mit einem gut doppelt so alten, adrett gekleideten Mann sprach.

„Nein, ich glaube nicht, dass er bettelt. Es sieht eher nach einer Verhandlung aus."

„Aber worüber sollten sie verhandeln?“, fragte Jayden zweifelnd. „Sie kennen sich offensichtlich doch gar nicht.“

„Ich dachte, du wärst in dieser Welt zuhause”, sagte Seliân amüsiert.

„Das bin ich doch auch.“

„Und du verstehst nicht, was vor deinen Augen passiert?“ Er grinste ihn an.

„Nein, wieso? Was denkst du passiert dort?“

„Es ist so süß, wie unbedarft du manchmal bist. Jayden, sie verhandeln über den Körper des Jungen.“

Er starrte Seliân ungläubig an. „Was? Du meinst ...?“

„Ja, ich bin ganz sicher”, unterbrach er seine Frage.

„Nein, das glaube ich nicht.“

„Ich verstehe ihre Körpersprache. Sieh genau hin, wie aufreizend der Junge steht und wie nervös der Mann ist; wie sehr er den Jungen haben will.“

Sie sahen den beiden etwas zu. Kurze Zeit später gingen sie gemeinsam weg.

„Woher kennst du das?“, fragte Jayden. „Gibt es auf Loron auch sowas?“

„Ja, eine Freundin meiner Schwester macht das. Sie erzählt manchmal davon.“

„Deine Schwester ist mit einer Prostituierten befreundet?“

„Ich weiß nicht, wie ihr das nennt”, sagte Seliân ruhig. „Aber sie sind wirklich befreundet.“

„Und wieso macht sie das?“

„Radiéne hat ihre Eltern und das Haus im letzten Winter bei einem Brand verloren. Sie muss etwas tun, um eine Bleibe und Essen zu bekommen. Was soll sie sonst anbieten? Sie ist weder besonders geschickt noch klug. Sonst besitzt sie doch nur ihren Körper.“

„Und die anderen nutzen ihre Notlage aus? Ich dachte, ihr wärt so sozial”, empörte sich Jayden.

„Verstehst du nicht, dass sie ihr dadurch auch helfen? Wenn niemand bereit wäre, den Schlafplatz mit ihr zu teilen, müsste sie im Wald bei den Tieren schlafen. Wenn ihr niemand zu essen geben würde, wäre sie gezwungen, zu betteln oder zu stehlen. Sie gibt ihren Körper als Dank dafür, dass man sie würdig leben lässt.“

„Würdig? Sich zu verkaufen, ist doch nicht würdig."

„In meiner Gesellschaft wird es so akzeptiert. Ich denke, es ist ehrlicher und auch würdiger als betteln zu gehen."

„Und so denkst du auch von dem Jungen vorhin?"

„Ich weiß nicht, was ihn dazu veranlasst, mit Fremden für sexuelle Dienste wegzugehen. Aber wenn er es aus Vergnügen macht, weil er hübschere Kleidung besitzen will, ist das für mich nicht unmoralisch. Er hat ja die Möglichkeit, sich dagegen zu entschieden. Wenn er die Bezahlung braucht, um Essen kaufen zu können, dann ist es besser, er tut es, als wenn er beginnt zu stehlen."

„Aber es ist außerdem verboten. Er ist noch zu jung."

„Wie meinst du das?" fragte Seliân.

„Es gibt Gesetze, die sagen, dass man erst ein bestimmtes Alter erreicht haben muss, bevor es straffrei wird. Das heißt hier Jugendschutz."

„Das ist doch völliger Unsinn! Wie kann etwas Jugendschutz sein, wenn man den Jungen zum Diebstahl oder zum Betteln bringt, weil man ihm die Möglichkeit nimmt, anders zu überleben?" Jayden dachte über die Worte seines Freundes nach, sagte aber nichts. „Und außerdem verstehe ich nicht, wie es bis zu einem bestimmten Datum verboten sein kann. Dann wird der Junge ein Jahr älter, und von einem Tag auf den anderen ist es erlaubt. In seinem ganzen Wesen wird er doch nicht erwachsen, bloß weil er Geburtstag feiert."

„Schon, aber wie würdest du es sonst einteilen?"

„Bei uns auf Loron gibt es nur Kinder und Erwachsene. Ein Mann wirst du, wenn du zeugungsfähig wirst. Damit musst du die Verantwortung für dein körperliches Handeln übernehmen. Deshalb werden die Kinder auf die Folgen dieser körperlichen Umstellung mehrere Jahre intensiv vorbereitet. Wer diesen Grad erreicht, hat auch die geistige Reife. Wann immer ein Junge aufhört, Kind zu sein, gibt es eine große Feier, damit jeder weiß, dass der Knabe von nun an ein Mann ist."

„Ich finde die Einteilung zumindest besser als unsere", sagte Jayden und nickte mit dem Kopf, um Seliân dazu zu bringen, ihm zu den Gleisen zu folgen.

„Was hast du jetzt eigentlich mit deinen Verwandten abgesprochen?", fragte Seliân, als der Zug durch die Kleinstadt Livingston fuhr. „Wirst du noch einmal bei ihnen essen?“

„Momentan ist noch gar nichts abgesprochen. Doch ich denke, dass ich mich auf jeden Fall noch ein paar Male bei ihnen blicken lassen muss. Sie verwalten das Geld, das meine Eltern für mein Essen hinterlassen haben.“

Seliân dachte nach. „Wenn du von deinen Eltern alleine für nur eine Mahlzeit kalkuliert bist, können wir nicht beide zweimal davon essen, oder?“

„Mach dir deswegen keine Sorgen. Ich habe noch 35 Pfund auf meinem Sparbuch. Die können wir auch noch nutzen.“

„Du weißt, dass ich das nicht möchte”, sagte Seliân und zog eine Schnute.

„Das Thema hatten wir schon. Erzähle mir nicht, dass du es nicht auch für mich tun würdest.“

„Das werde ich nicht”, sagte er lächelnd, „denn es wäre gelogen. Du bist jetzt mein Freund. Was mir gehört, gehört auch dir.“

„Na also, dann hör endlich auf. Ich werde bei ihnen klingeln, wenn unser Geld nicht mehr reicht.“

„Gehst du dort nicht gerne hin?“, fragte Seliân.

„Doch. Ich lasse dich nur ungerne alleine”, antwortete Jayden.

„Was würde passieren, wenn du fragen würdest, ob du mich mitbringen kannst?“

„Bist du wahnsinnig?“

Seliân lachte. „Nein, wieso? Du musst doch nicht erzählen, dass ich mich nachher, wenn wir uns den Schmutz der Tour unter deiner Dusche abwaschen werden, vor dich knien werde und ...“

„Ist schon gut”, unterbrach ihn Jayden lachend. „Aber was sollte ich stattdessen sagen?“

Seliân zog die Brauen hoch. „Dass du mich vor ein paar Monaten kennengelernt hast und wir Freunde geworden sind. Niemanden interessiert, was zwischen Freunden abläuft.“

Aus falsch wird richtig

Es wurde langsam Nacht, und nur das verhaltene Licht seiner Schreibtischlampe erhellte das Zimmer. Jayden kam nachdenklich aus dem Bad heraus. Nun hatte er wieder seinen kurzen Schlafanzug angezogen und sah, dass Seliân bereits unter der Bettdecke lag. Kurz lächelnd löschte er das Licht und kletterte zu seinem Freund. Noch bevor einer der beiden auch nur ein Wort gesagt hatte, spürte er Seliâns Finger erneut in seiner Hand, und gerne hielt er sie fest. Doch dies war anders. Hier waren sie alleine.

Am Vormittag noch hatte er kurz zugelassen, dass Seliân seine Hand sogar in der Öffentlichkeit genommen hatte. Das hatte ihn verunsichert. Das taten doch nur Verliebte. Und dennoch hatte er sich nicht gesträubt. Im Gegenteil; er war glücklich damit gewesen.

„Es waren zwei wirklich spektakuläre Tage", begann Seliân leise.

„Ja, schön, spektakulär und echt heftig."

„Ich habe viel von dir lernen dürfen. Danke."

Jayden spürte, dass der Händedruck noch einmal zugenommen hatte.

„Es ist auch eine Menge in mir passiert", sagte er nachdenklich.

„Deine Angst um deinen Rucksack heute morgen hat einen bewussteren Menschen aus dir gemacht", sagte Seliân ruhig.

„Ich hatte nicht nur um den Rucksack Angst."

„Ich weiß. Du hast auch gefürchtet, du würdest mich nicht wiedersehen."

Jayden sagte nichts. Wozu auch? Seliân wusste es ja bereits.

„Du merkst, dein Falsch wird langsam richtig, dein Richtig falsch", sagte Seliân und sah ihn im verhaltenen Licht der Straßenlaterne an. „Du beginnst mehr zu denken wie ich."

„Und zu fühlen", ergänzte Jayden und begann, Seliân zu streicheln. Erst jetzt merkte er, dass dieser kein Oberteil trug.

„Ja", sagte er schlicht. „Ist das ein gutes Gefühl?"

„Es verunsichert mich nicht mehr so sehr. Ja, es ist ein wundervolles Gefühl", antwortete er. „Ich ..."

„Ja?"

„Ich hätte nie gedacht, dass ich jemals einem Jungen sagen würde ..."

Schon wieder stockte er.

„... dass du ihn liebst", beendete Seliân seinen Satz.

„Ja."

„Es kam direkt aus deinem Herzen. Also war es gut", sagte Seliân, als könnte an dieser Feststellung keinerlei Zweifel bestehen.

„Ich frage mich ...", begann Jayden zögerlich.

„Ja?"

„Du wirst das Wort nicht kennen. Ich frage mich, ob ich", obwohl er kurz stockte, machte er tapfer weiter, „ob ich schwul bin."

„Was bedeutet das Wort?", fragte Seliân.

Es war eigenartig, dass Seliân beim Klang des Wortes nicht zusammenzuckte wie alle in Jaydens Klasse es getan hätten. Allein das machte ihn besonders. „Es ist das, wovor alle Jungen Angst haben. Schwul zu sein bedeutet, dass man einen anderen Jungen oder einen Mann liebt und eben nicht ein Mädchen oder eine Frau wie alle anderen. Keiner will anders sein."

„Aber bist du glücklich?", fragte Seliân schlicht.

„Mehr als ich es je zuvor war", antwortete er ehrlich.

„Dann ist es egal, wie das Wort heißt, normal, unnormal, schwul, nicht schwul. Nenne es doch einfach nur glücklich. Das wird jeder als etwas Gutes verstehen."

„Aber ich kann meinen Freunden doch nicht sagen, dass ich einen Jungen liebe."

„Wieso nicht?"

Ja, wieso eigentlich nicht?, fragte er sich. Und sofort beantwortete er sich die Frage: Weil niemand es verstehen wird. Doch dann verstand er auch Seliâns Gedankengang: Wenn andere es nicht akzeptierten, brauchten sie vielleicht einfach nur – wie er selbst zuvor – eine Hilfe um zu verstehen, dass seine Liebe gut war. „Ich stelle mir vor, wie ich es Kenny sage", sagte er, „doch es endet damit, dass er mich auslacht, mich fragt, ob ich ihn verarschen will. Und", er schloss kurz die Augen, „auch wenn ich mir Davy oder Tom vorstelle, ist es nicht anders. Auch sie lachen mich aus."

„Du gehst falsch an die Sache heran."

„Wie denn?", fragte er.

„Du denkst, sie müssten so reagieren, weil du von dem, was du seit

Kleinkindzeiten erlebt hast und beigebracht bekommen hast, erwartest, dass sie nur genau so reagieren müssten."

„Aber ist das falsch? Sie sind meine Freunde. Ich kenne sie!"

„Nein", sagte Seliân schlicht.

„Nein?"

„Nein. Du denkst, du kennst sie. Aber du hast auch gedacht, du würdest dich selbst kennen, und nach nur wenigen Tagen mit mir spürst du, dass da eine ganz andere Person in dir ist, eine viel liebenswürdigere, natürlichere, jedoch auch eine unsichere, eine ängstliche." Doch dann lachte er ihn an und drückte die Hand fester: „Ich bin aber auch noch nicht fertig mit meiner Mission an dir."

Jayden lächelte, doch er fühlte sich nicht beruhigt.

„Vertraue mir, Jayden, du kennst deine Freunde weniger, als du dich selbst glaubtest zu kennen. Und selbst da lagst du daneben."

„Dann sag du mir, was ich tun soll." Noch immer waren starke Zweifel in seiner Stimme.

„Hör auf, Angst zu haben, dass sie dich verstoßen könnten. Diese Angst lähmt dich. Geh zu ihnen und sag ihnen, dass du endlich gefunden hast, wonach sie alle noch suchen, Liebe." Seliân ließ seine Worte kurz wirken. „Ja, sie werden dich fragen, wer es denn ist. Dann sagst du einfach, dass du es vorher nie selbst geglaubt hättest, aber du liebst einen Jungen, und von ihm zurück geliebt zu werden, ist das Beste, was du je gefühlt hast."

„Dazu bin ich nicht stark genug."

„Du wirst es sein, wenn du wieder alleine bist. Ich mache dich stark genug!" Als Jayden noch immer im Schein des gelben Laternenlichts und keineswegs überzeugt zu ihm sah, grinste Seliân ihn an und sagte augenzwinkernd: „Für irgendetwas muss ich doch auch gut sein."

Nach einem komplett verregneten Tag, an dem sie die Wohnung keine einzige Sekunde verlassen hatten, verzogen sich die Wolken. Seliân hatte darauf bestanden, dass sie die tote Zeit damit verbrachten, Jaydens Schulsachen zu lernen. Jayden gab sich die größte Mühe, nicht als Idiot dazustehen, und so lernte er an diesem Tag mehr als er sonst in einer Woche geschafft hätte. Am Abend starrte er zufrieden auf sein Pensum. Das reicht bis zum Ende der Ferien. Mehr mache ich nicht mehr, dachte er.

Sie hatten ausgemacht, heute wieder gemeinsam zu kochen. Jayden hatte eine Kartoffelsuppe vorgeschlagen, von der sie so viel machen würden, dass sie drei Tage davon essen könnten. Er fand ein Rezept in einem der Bücher seiner Mutter und schrieb sorgfältig alles heraus, was er einkaufen müsste. Seliân begleitete ihn erneut in den Lebensmittelladen. Nachdem sie die ersten Dinge gefunden hatte, legte Seliân soeben ein Brot in den Einkaufswagen. Jayden kam mit drei Litern Milch von den Kühlschränken zurück und stellte sie dazu.

„Einen Beutel Kartoffeln brauchen wir noch, zweieinhalb Kilo", las Jayden den kleinen Zettel vor, mit dem sie sich vorbereitet hatten.

Doch bevor Seliân sich in Bewegung setzen konnte, hörte Jayden eine vertraute Stimme hinter sich „Na, das ist aber eine Überraschung", sagen, und er wandte sich blitzartig um.

„Tante Cindy", sagte er zu Tode erschrocken und sah erst sie mit dem kleinen Michael in einem Sitz im Einkaufswagen, dann Seliân mit einem nun verzweifelten Ausdruck in seinem Blick an. „Hilfe", schien er rufen zu wollen, und sein Freund verstand ihn.

„Jayden, es ist schön, dich zu sehen", begann seine Tante.

Während sich Jayden irgendwie überrumpelt fühlte und „Schön, auch euch zu sehen", murmelte, übernahm Seliân nun, trat vor und hielt ihr seine Hand hin, „Ich bin Steven, sein Freund." Er hatte es absolut souverän ausgesprochen, und doch war sich Jayden sicher, dass seine Tante „Sein Freund" zunächst mit „ein Freund" übersetzte. Das war in seinem Sinne.

„Wir wollten heute zusammen eine Suppe kochen", sagte Seliân lächelnd.

„Eine Suppe? Essen Jungs wie ihr nicht nur Pizza und Pommes?", konterte sie.

„Nicht nur, doch eben deshalb ist es eine Herausforderung", antwortete Seliân ruhig.

„Du trägst Jaydens Shirt?" fragte sie misstrauisch.

„Oh, ja, er hat mir Kleidung von sich ausgeliehen, weil ich auf dem Weg zu ihm mit meinem Bike gestürzt bin und alles voller Matsch ist", log er kalt und mit einem, wie Jayden registrierte, gewinnendem Lächeln. Zudem hatte er „Bike" gesagt, als wäre es ein vollkommen gewohntes Wort für ihn. Das war klasse. „Das sind auch seine Schuhe und seine

Hose", sagte er und zeigte an sich herunter. „Ich hoffe, wir bekommen den Matsch von meinen Sachen herunter."

„Freut mich, dich kennenzulernen, Steven", sagte sie anscheinend weniger misstrauisch und lächelte nun auch ihn an. „Du hast nie von ihm erzählt", wandte sie sich nun wieder Jayden zu. „Kennt ihr euch aus der Schule?"

„Ja", antwortete Jayden leise. Was sollte er nur erzählen? Es war nicht so einfach, eine Geschichte zu erfinden.

„Ich bin einen Jahrgang unter ihm", sagte Seliân und zog das Gespräch wieder an sich. „Ich habe Jayden vor der Schule auf sein Bike angesprochen, weil ich es toll fand. Es ist viel besser als meins."

„Darüber sind wir Freunde geworden", ergänzte Jayden froh darüber, dass er nun nur noch in die Geschichte einsteigen musste. „Wir haben uns in den Ferien häufiger getroffen."

„Und gemeinsam gekocht?", fragte sie.

Während Jayden schluckte und sich erneut bei etwas Verbotenem ertappt vorkam, sagte Seliân ruhig „ja", nickte für sie beide und strahlte sie an. „Ich hätte nie gedacht, dass das so viel Spaß macht. Doch es tut mir leid, dass er sie deswegen schon einmal versetzt hat. Das wollten wir beide nicht."

„Dabei hätte er einen so netten Freund wie dich doch einfach mitbringen können", sagte sie und wandte sich wieder ihrem Neffen zu. „Macht die Suppe doch einfach morgen und kommt nachher gemeinsam zum Essen."

„Das ist wirklich sehr nett", antwortete Seliân, „doch haben wir ..."

„Papperlapapp", fuhr sie ihm freundlich in die Parade. „Ihr seid um ein Uhr bei uns. Keine Widerrede", fügte sie augenzwinkernd hinzu.

„Was gibt es denn?", wagte Jayden eine Frage.

„Ich wollte einen Shepheard's Pie machen."

„Oh, darauf stehe ich", sagte er sofort, doch dann fiel ihm etwas ein. „Tante Cindy, Seliân", er schluckte, „ich meine Steven, ist Vegetarier."

„Wie hast du ihn vorher genannt?" fragte sie ein wenig misstrauisch und zog die Brauen zusammen.

„Seliân", antwortete Jayden erneut kleinlaut.

„Es ist mein Spitzname", übernahm Seliân, „hier nutzt ihn allerdings nur Jayden."

Sie nickte. „Ich werde eine Portion ohne Fleisch für dich machen, Steven, okay?“

„Das ist sehr nett. Danke.“ Seliân machte sogar eine kleine Verbeugung, und Jayden war sich sicher, dass er damit jeden um den Finger gewickelt hätte.

„Wenn ich nun also doch mitkommen soll, sollte ich noch ein bisschen mehr über deine Verwandten wissen oder nicht?“, fragte Seliân, als sie mit ihren Taschen zurückkehrten.

Jayden nickte. „Tante Cindy hast du kennengelernt. Sie ist Lehrerin. Allerdings ist sie noch freigestellt, weil Michael erst letzten Sommer auf die Welt gekommen ist. So betreut sie ihn. Ihr Mann ist mein Onkel Carl. Er ist der jüngere Bruder meiner Mutter und Maschinenbauer von Beruf. Vor ein paar Tagen hat er sich beim Fußballspielen schwer verletzt.“

„Wobei hat er sich verletzt? Ich habe das Wort noch nie gehört“, sagte Seliân und sah Jayden mit fragenden Augen an.

„Fußball ist die beste Erfindung für Wochenenden, sagt mein Freund Kenny.“

„Aber was ist das?“

„Ein Spiel, unser Sport. Die Saison ist vorbei. So kann ich es dir nicht direkt demonstrieren. Im Fernsehen müsste ich aber sicher irgendwo ein Spiel finden. Das könnte ich dir zeigen, okay?“

Seliân nickte.

„Nur die drei werden da sein. Meine Cousine Laura ist für ein paar Tage bei unseren Großeltern. Sie ist sieben und wirklich süß.“

Sie stellten die Einkäufe zu Hause ab, Jayden erklärte Seliân anhand einer Spielwiederholung die wichtigsten Regeln beim Fußball, dann wurde es auch schon Zeit aufzubrechen. Auf den letzten Metern ihres Weges zu den Gradys, die im Nachbarort wohnten, sagte Jayden: „Du solltest auch Fan einer Mannschaft sein“, doch Seliân sah ihn zweifelnd an. „Du mochtest doch Edinburgh. Der Topklub da sind die Hearts, die Hearts of Midlothian.“

„Ich würde wahrscheinlich unglaubwürdig werden, wenn ich überhaupt davon erzählte. Doch keine Sorge, ich weiß schon, was ich sagen werde.“

Sie schellten und wurden von Jaydens Onkel herein gebeten. Seliân stellte sich auch ihm höflich als Steven vor. Sie nahmen am Esstisch Platz, an dem Michael bereits in einem Hochsitz saß und ununterbrochen eine Bewegung imitierte, die wie pusten aussehen sollte, aber nur ein unverständliches Blubbern hervorbrachte. Sie amüsierten sich sehr darüber.

„Wie kommt es, dass du Vegetarier bist, Steven?", fragte Cindy, die ihm ein eigenes Schälchen präpariert hatte.

„Bitte was?", fragte Seliân, und Jayden kam ihm dezent zur Hilfe:

„Ja, darüber haben wir auch noch nicht direkt geredet. Wieso isst du kein Fleisch?"

Seliân lächelte in die Runde. „Ich mag Tiere einfach zu sehr. Manchmal, sagen meine Freunde, denke ich sogar wie sie. Ich könnte keines von ihnen essen."

„Das ist verständlich. Bist du ein guter Schüler?"

„Wäre es nicht unsinnig, wenn ich das selbst beurteilen würde?", fragte er zurück, und Carl nickte sogar. „Sagen wir es mal so: Ich habe einen Teil des Lernstoffs von Jaydens Klasse schon vorsorglich mitgelernt."

„Aber nun mal Hand auf's Herz, wer ist dein Team?", fragte Carl, „und sag nicht die Rangers. Dann müsste ich dich augenblicklich bitten, mein Haus zu verlassen." Doch es war auch für Seliân deutlich, dass dies nur ein Scherz war.

„Sie werden erstaunt sein, Mr Grady, wenn ich Ihnen sage, dass ich mit keiner Mannschaft so sehr sympathisiere, dass ich sie als mein Team bezeichnen würde, auch wenn mir die Hearts deutlich näher stehen als die Rangers oder sonst wer", sagte Seliân ruhig. „Das liegt daran, dass ich mit einer anderen Sportart aufgewachsen bin."

„Und die wäre?", fragte er interessiert.

„Rudern. Bei uns wird viel gerudert, und ich bin sehr geschickt darin."

„Das ist beeindruckend. Rudern ist ebenso typisch britisch wie Fußball oder Rugby. Eine gute Wahl", strahlte er den Jungen an.

„Ihr Shepheard's Pie schmeckt wirklich sehr gut, Mrs Grady", wandte sich Seliân wieder an die Tante seines Freundes.

Seliân ist verteufelt gut, dachte Jayden bewundernd.

Geschmeichelt lächelnd fragte seine Tante weiter: „Hast du noch

Geschwister, Steven?“

„Ja, ich habe eine ältere Schwester und einen jüngeren Bruder. Sie ist zwanzig und lernt auf einem Hof. Die Hauptaufgabe meines Bruders, der zwölf ist, ist es noch, zu mir aufzuschauen. Er möchte gern so sein wie ich.“

„Das ist gut nachvollziehbar. Arbeiten deine Eltern?“

„Ja”, sagte Seliân nickend und zwischendurch kauend, „mein Vater ist – ich komme gerade nicht auf das Wort ...“

„Bürgermeister”, half Jayden aus.

„Daher kommt also deine gute Erziehung”, warf Carl dazwischen.

„Meine Mutter müsste nicht arbeiten, doch sie näht ohnehin gerne.“

„Jayden”, sprach Cindy ihn direkt an, „ich weiß nicht, wie sich Tom und Davy und wie sie sonst alle heißen so entwickelt haben, aber wenn du uns noch einmal einen so netten jungen Mann wie Steven vorenthältst, dann bekommen wir zwei gehörigen Ärger miteinander.“ Sie lachte, und er fiel in ihr Lachen ein.

„Keine Sorge. Von denen ist keiner auch nur annähernd so wie er. Darf ich noch Nachschlag haben?“

„Wahnsinn. Du hast es geschafft, alle Fragen offen zu lassen und doch zu beantworten”, sagte Jayden bewundernd, als sie auf dem Rückweg waren.

„Und dabei habe ich nicht einmal lügen müssen”, grinste Seliân.

„Ich habe eine Belohnung für dich. Ich habe noch zwei Flaschen Bier. Die genehmigen wir uns heute Abend.“

„Dann ist es eine Belohnung für uns beide.“

„Du kennst Bier?“, fragte Jayden beinahe enttäuscht.

Seliân lachte. „Dachtest du, ihr hättet das Bierbrauen erfunden?“

„Naja, wenigstens hielt ich die Erfindung für nicht allzu alt.“

„Dann musst du mal wieder etwas von mir lernen. Bier trinken Menschen schon seit über 5000 Jahren. Und ich mag es auch. Nur mein Vater genehmigt es nicht.“

„Und woher kennst du es dann?“, fragte er.

Seliân lachte. „Denkst du wirklich, ich hätte keinerlei Geheimnisse vor meinen Eltern?“

Jayden sah ihn durchdringend an und fragte dann begierig: „Welches ist dein größtes?“

„Es wäre kein wirkliches Geheimnis mehr, wenn ich es dir sagen würde." Doch nachdem er ihn kurz angelächelt hatte, wurde er ernst. „Aber ich möchte, dass wir uns vertrauen, und ich brauche es als Geheimnis nicht mehr. Ich habe einst ein kleines Waldgebiet vernichtet, und niemand – außer nun dir – weiß es."

„Wie ist das passiert?", fragte Jayden mit großen Augen.

„Damals war ich höchstens Neun und wanderte alleine auf einen Hügel in der Nähe. Ich hatte ein Brennglas dabei und wollte ein bisschen zündeln. Ich holte etwas sehr trockenes Reisig und spielte Feuermachen. Es gelang. Doch durch das sehr trockene Reisig und leichten Wind stand innerhalb von Sekunden mehr in Flammen als ich löschen konnte."

„Wieso hast du es nicht ausgetreten?"

„Du weißt, dass ich so gut wie nie Schuhe trage. Das Waldgebiet hinter dem Hügel brannte bis zum Meer vollständig nieder."

„Wahnsinn", sagte Jayden leise.

„Niemand hat es herausbekommen. Sie gingen davon aus, dass es von Sonne und Wind von selbst entfacht worden ist."

„Dann hast du echt Glück gehabt."

Seliân schnaubte. „Glück? Wir fanden die verkohlten Leichen drei verbrannter Rehe, und ich habe ein halbes Jahr nicht mehr gesprochen. Die Heiler schoben es auf das Trauma, dass ich mit dabei war, als die Tiere gefunden wurden. Doch ich wusste als einziger, dass ich schuldig bin und die toten Tiere sühnen muss. Sie sind der eigentliche Grund, weshalb ich niemals mehr Fleisch essen werde. Ich habe es den drei Rehen versprochen."

Jayden schwieg beeindruckt. Dann sagte er leise: „Danke für dein Vertrauen."

„Jetzt darfst du es auch sagen", sagte Seliân beherrscht.

„Was darf ich sagen?" Jayden verstand nicht.

„Dein größtes Geheimnis. Wann immer man nach dem Geheimnis eines anderen fragt, tut man es vor allem, weil man selbst bereit geworden ist, seines dem anderen preiszugeben."

Jayden überlegte, ob das auch auf ihn zutraf. Ja, tatsächlich, wollte er nicht nur, dass Seliân ihm etwas anvertraute, sondern sein Herz schrie ihn beinahe an, er solle aufhören, sein Geheimnis fast allein tragen zu wollen.

„Ich habe etwas beobachtet", sagte er zögernd. „etwas, was ich nicht hätte sehen dürfen."

Seliân sah ihn an. „Und?"

„Es ist gar nicht so einfach, darüber offen zu sprechen."

„Doch, ist es. Du musst nur glauben, dass es das ist."

„Okay", sagte Jayden und atmete tief durch. „Doch bitte verurteile mich nicht deswegen, ja?"

Seliân verneigte sich tief, sprach aber nicht.

„Wir haben dieses Frühjahr einen Schulausflug gemacht. Ken, Davy und ich sind sehr spät nachts durch ein Fenster geklettert und zu den Mädchen geschlichen. Wir sind in ihre Waschräume eingebrochen und haben eine paar Bretter der Sichtbegrenzung gelockert. Dann haben wir uns noch zwei Stunden auf die Lauer gelegt und darauf gewartet, bis sie zum Duschen kämen."

Seliân grinste. „Das ist auch ein gutes Geheimnis, auch wenn du es mit deinen Freunden geteilt hast."

Jayden lachte. „Nun, die Geschichte ist noch nicht vorbei. Wir sind nämlich erwischt worden." Seliân sah ihn gespannt an. „Als sich die Mädchen zum Duschen bereit gemacht haben, hat uns das natürlich stark erregt, wir haben uns die Hosen ausgezogen und – naja, du weißt schon." Er machte, da er in der rechten Hand eine Plastikdose mit Essensresten hielt, mit der linken eine Handbewegung auf Gürtelhöhe.

„Nun, dabei wird keiner gerne erwischt."

„Und schon gar nicht von seiner Lehrerin", führte Jayden den Gedanken zu Ende. Seliân lachte laut auf. „Wir hatten bei der morgendlichen Begrüßung gefehlt, und sie hatte uns daraufhin gesucht. Naja, leider hat sie uns gefunden und bloßgestellt. Damit sie unsere Eltern nicht benachrichtigte, mussten wir zur Bestrafung bis zu den Ferien die Schultoiletten sauber machen."

Seliân lachte, entschuldigte sich aber kurz danach. „Es tut mir leid, ich sollte darüber nicht lachen."

„Wieso nicht; in der Rückschau ist es schon ganz witzig."

„Dann ist dies nur vor deinen Eltern ein Geheimnis gewesen."

„Zählt das weniger?"

„Nein", sagte Seliân und bog um die letzte Ecke zur Tür.

„Du hast gesagt, du seist sehr geschickt im Ruderbootfahren", begann

Jayden am folgenden Morgen, nachdem sie gefrühstückt hatten. „Ich habe noch nie gerudert. Ist es sehr schwer?"

Seliân schüttelte den Kopf.

„Bringst du es mir bei?"

„Gerne."

Da sie ohnehin nichts vorhatten, machten sie sich kurz danach auf den langen Fußweg zu der Stelle, an der Seliân sein Boot versteckt hatte. Seliân zeigte Jayden, wie man anhand von Windgeräuschen im hohen Gras unterscheiden konnte, wo man war, was auf Loron zur Orientierung im Dunklen genutzt wurde.

Das Boot war recht klein, dachte Jayden, dafür, dass es auf dem Atlantik gefahren war, doch es war stabil, aus rotbraunem Holz und knapp vier Meter lang. Seliân hatte es so gut versteckt, dass Jayden es nicht einmal gefunden hätte, wenn er die Stelle beschrieben bekommen hätte. Sie zogen Schuhe und Socken aus und ließen sie zurück. Mit Schwung brachten sie das Boot zu Wasser und sprangen geschickt hinein.

„Ich habe nur zwei Ruder. Du kannst übernehmen, wenn wir draußen sind. Hier ist es ein wenig gefährlich", sagte Seliân, nahm sie auf und balancierte das Boot stehend aus. Jayden setzte sich an den Bug, und Seliân nahm nun auch auf der Mittelplanke Platz. Mit kräftigen Zügen ruderte er gut einhundert Meter weg von der Küste, wo die See zwar noch immer wellig war, doch sich nicht so unberechenbar brach wie an der Küste. Vorsichtig tauschten sie die Plätze. Es stellte sich heraus, dass Jayden durchaus gelehrig war und schnell umsetzen konnte, was sein Freund ihm erklärte.

Eine gute Viertelstunde später, die Küste war nun noch ein Stückchen weiter entfernt, fragte Jayden: „Kann man eure magische Grenze eigentlich sehen?"

„Nein", antwortete der Junge, „es ist wie eine Art Kuppel, die weit über Loron gezogen worden ist. Sie ist nur eine runde halbe Meile von hier weg. Doch wir würden gegen sie stoßen wie gegen undurchdringliches, federndes Glas. Wir würden gar nicht merken, dass wir den Kurs ändern würden und am Rand vorbeifahren."

„Ich bin so dankbar dafür, dass du diese Zeit bei mir verbringst und nicht bei irgendjemand anderem."

Seliân verzog den Mund zu einem freundlichen Lächeln. „Zieh die

Ruder ein. Wir sind weit genug gefahren."

Jayden gehorchte und legte sie mit Seliâns Hilfe in den Innenraum. Er setzte sich zu ihm auf die Mittelplanke und gab ihm einen unschuldigen Kuss. „Du warst wirklich gut."

„Ich hatte einen guten Lehrer", bemerkte Jayden und streichelte dessen Oberschenkel. Lange sah er ihn an, bevor er den Mut fand, auszusprechen, was ihn aufwühlte. „Ich möchte dich hier lieben, Seliân, mitten auf See." Er schluckte, als er es ausgesprochen hatte. Bislang hatte es sich irgendwie ergeben oder war durch die Führung seines jungen Freundes entstanden.

„Dies ist dein erster ausgesprochener sexueller Wunsch", befand auch Seliân und zog sein Shirt über den Kopf. „Wie könnte ich ihn dir abschlagen?"

Als er sich wegen der Balanceprobleme vorsichtig ausgezogen hatte, sagte Jayden leise: „Ich möchte diesmal ganz in dir sein – bis zum Ende. Ist das okay?"

„Natürlich", fügte Seliân vielsagend hinzu: „Es ist nicht nur dein Wunsch."

„Hast du jemanden auf Loron, den du lieben wirst", fragte Jayden zögerlich, als er sich eine gute Stunde später seine Hose wieder anzog und sah in die Wolken, „ich meine jemanden, der meinen Platz einnehmen wird?"

Seliân schien sofort zu wissen, worauf die Frage abzielte. Er nickte ernst: „Ich habe Freunde dort, denen ich viel bedeute und die ich sehr mag. Ich habe auch Freunde dort, von denen ich das gelernt habe, was ich dir in diesen Tagen beigebracht habe", und er fügte sich sein Shirt überstreifend hinzu, „auch das Sexuelle." Jayden sagte nichts, sondern kniff nur die Lippen zusammen. „Und schließlich habe ich einen Freund in meiner Heimat, der mir ähnlich viel bedeutet, wie nun du."

Es gab einen ungewollten, aber heftigen Stich in Jaydens Magen. Den sah Seliân ihm wohl auch an, und er setzte sich ganz nah neben ihn, so dass er ihm den Arm um die Schultern legen konnte.

„Ja, ich weiß, dass du das nicht gern hörst. Aber ich will ehrlich zu dir sein. Es gab Maracon schon vor dir, und auch er hat mich nur sehr ungern auf diese Reise ziehen lassen."

„Weil er Sorgen hatte, dass du verändert zurückkehren würdest."

„Nein, weil er befürchtete, dass genau das hier passieren könnte."

„Was meinst du?", hakte er nach.

Seliân drehte Jaydens Kopf zu sich, sah ihm direkt in die Augen und sagte sanft: „Dass ich jemanden finde, den ich neben ihm lieben könnte und den ich über die Zeit in der für mich fremden Welt hinaus weiter lieben möchte."

Jayden schluckte. Das war trotz des Vorherigen ein bedeutungsvoller Satz. Doch dann kreuzte ein neuer Gedanke seinen Weg: „Wirst du es ihm sagen?"

„Ja", sagte er schlicht. „Ich habe dir ja auch von ihm erzählt. Er wird verstehen, und er wird ganz sicher neugierig sein, dich eines Tages kennenzulernen. Ihr werdet euch bestimmt mögen."

„Wieso bist du dir da so sicher?"

„Weil du nicht so naiv bist zu glauben, dass du immer nur mein einziger Geliebter sein kannst. Schließlich lebst du hier und ich auf Loron."

Doch erst in diesem Moment wurde Jayden klar, dass er genau so naiv gewesen war. Ja, er durfte nicht so denken. Seliân gehörte nicht in diese, nicht in seine Welt.

„Du verstehst, dafür sehen wir uns zu wenig. Und Maracon wird wissen, dass du in der kurzen Zeit, die wir hoffentlich irgendwann noch einmal gemeinsam haben, Vorrechte in meinem Herzen haben wirst, dass du aber weder bei mir bleiben wirst noch ich hier bei dir. Wir haben beide unsere eigenen Welten."

„Aber das heißt, ich darf dich wirklich besuchen?"

„Natürlich", sagte Seliân mit Nachdruck. „Ich wünsche es mir. Du wirst mein persönlicher Gast sein."

„Versprichst du es?"

„Muss ich das? Gilt mein Wort so wenig?", fragte er vieldeutig.

„Nein, es gilt mir alles." Er legte seinen Kopf auf Seliâns Schultern und schloss für eine Weile die Augen. Er durfte nach Loron. Das war eine Erleichterung, die Befreiung von einer Sorge, die unterbewusst gegoren hatte. Sie machte ihn glücklich. „Vielleicht möchte ich nie wieder zurück, wenn ich dich besucht habe", dachte Jayden laut.

„Es würde mich freuen, wenn dir meine Heimat so gut gefiele."

„Ich komme nicht wegen deiner Heimat", sagte Jayden, öffnete die Augen und setzte sich wieder auf. „Ich komme deinetwegen, das weißt du."

„Ja, das weiß ich. Und doch wünsche ich mir auch, dass du Loron magst."

„Wann darf ich kommen? Ich kann es jetzt schon gar nicht mehr erwarten."

„Du hast Verpflichtungen in deiner Schule", sagte Seliân sehr vernünftig. „Ich nicht. So werde ich mich nach dir richten, doch wegen der Bootsfahrt sollten wir die stürmischen Zeiten ausklammern."

„Im nächsten Sommer habe ich wieder sechs Wochen frei", erklärte Jayden. „Wenn wir zurück sind, kann ich dir das Datum nennen."

„Dann hast du auch im nächsten Schuljahr ein Ziel, auf das du dich freuen kannst."

„Wie lange darf ich bleiben?"

„So lange du magst", antwortete Seliân.

„Dann hol mich direkt am ersten Tag ab, ja?"

Sie lachten einander an.

Auf der Rückfahrt kam Jayden noch einmal auf das Gespräch zurück. „Er heißt also Maracon. Ist er gut zu dir?""

„Ja, das ist er", bestätigte Seliân.

Jayden atmete tief durch. War es das gewesen, was er hören wollte oder nicht? Natürlich wünschte er seinem Freund das Beste, doch bei einem >Nein< hätte es vielleicht Hoffnung gegeben.

Seliân unterbrach seinen Gedanken. „Du wirst auch hier jemanden finden."

„Würde dir das nicht wehtun?"

„Wenn du einen anderen Jungen liebtest?"

„Ja", sagte Jayden nickend.

Seliân schüttelte leicht den Kopf. „Nein. Im Gegenteil. Mich würde es schmerzen, wenn du *niemanden* finden würdest, den du neben mir lieben kannst."

„Wieso?"

„Weil du ohne Liebe unglücklich wärst. Und ich will nicht mehr, als dass auch du dein Glück findest. Ich wünsche dir von ganzem Herzen, dass du einen Freund findest, den du so zu lieben lernst wie mich."

„Ich will gar keinen anderen. Ich will nur dich." Ohne es beeinflussen zu können, brachen ein paar Tränen hervor und kullerten über seine

Wange. Seliân legte die Ruder an, kam nach vorne zu ihm und wischte sie ihm mit dem Finger weg, doch ihn rührten Jaydens Worte anscheinend sehr, und Jayden erblickte nun auch, dass die hübschen Augen seines Freundes feucht geworden waren.

„Was ist mit dir, Seliân? Habe ich was Falsches ...?"

Doch Seliân schüttelte nur den Kopf, und Jayden brachte seine Frage nicht mehr zu Ende. Dann fuhr sich Seliân mit dem Handrücken über die eigenen Augen. „Ich trage eine Schuld, eine schwere Schuld dir gegenüber, und ich kann sie nicht mehr ungeschehen machen."

„Aber was?"

„Ich habe dir Gefühle gezeigt, die du nicht kanntest, und für die du vielleicht auch einfach noch nicht bereit warst. Ich fürchte, sie könnten dich verzweifeln lassen. Du liebst mich so sehr, wie ich es dir von Herzen gönne. Doch mich fahren zu lassen, wird schlimm werden für dich. Und da du leiden wirst, werde auch ich leiden, weil ich dir den Schmerz nicht abnehmen kann. Ich habe Angst davor, machtlos zu sein, wenn ich doch helfen können sollte."

Jayden sagte nichts. Obwohl sie noch ein paar Tage hatten, fühlte er den Abschied beinahe schon, und ein ganzes Jahr auf Seliân zu warten, war in seinem Alter noch eine halbe Ewigkeit.

Als drei immer wieder verregnete Tage später, die sie an die Wohnung gefesselt hatten, ein Anruf herein kam, verschlechterte sich Jaydens Laune augenblicklich. Es war seine Mutter.

„Hallo Mom", sagte er und schloss genervt die Augen.

...

„Doch hier ist alles in Ordnung. Es regnet seit vorgestern durchgehend."

...

„Wirklich?"

...

„Was heißt das?"

...

„Jetzt schon?", fragte er überstürzt.

...

„Nein, natürlich freue ich mich." Doch sein Gesicht sagte das Gegenteil davon aus, und er verzog den Mund zu einem enttäuschten Ausdruck, als er Seliân ansah, der neben ihm auf dem Sofa saß. „Ich brauche nur Vorbereitungszeit."

...

„Na, weil es aussieht, als wäre hier ein Jugendlicher eine Zeitlang alleine zurück gelassen worden. Was denkst du denn?"

...

„Natürlich mache ich noch sauber. Erwartest du, dass ich mich hintendran noch um Hausarrest prügele?"

...

„Wie lange habe ich noch?"

...

„Okay, dann bis nachher."

...

Er legte auf, atmete tief durch und wollte gerade beginnen, als Seliân sanft aber sicher sprach: „Wir haben uns gesagt, was wir uns sagen mussten. Wir haben uns geliebt, wo wir wollten. Wir haben unser Wiedersehen vorbereitet. Es ist in Ordnung so."

„Wie kannst du immer so erwachsen klingen?", fragte Jayden, und seine Stimme brach sich.

„Ich habe dir doch gesagt, dass wir wirklich gut auf das Leben vorbereitet werden."

„Ich habe mich auch sehr verändert", sagte Jayden beinahe trotzig.

„Ja, das hast du. Könnte es sogar sein, dass du in der Zeit, in der ich bei dir war, mehr über deine eigene Welt gelernt hast als ich?", fragte Seliân augenzwinkernd.

Jayden dachte nach und nickte schließlich. „Ich hätte das niemals für möglich gehalten."

„Und doch ist es geschehen. Und es war gut."

„Ja, es war sogar fantastisch. Ich wünschte nur, es würde nicht enden."

„Es endet nicht, mein Freund. Es wird nur unterbrochen!"

Die nächsten zwei Stunden machten sie sauber, verwischten Spuren, und Seliân zog sein Bündel unter Jaydens Bett hervor. Jayden schüttelte den Kopf, als hätte er nach einer Grübelei eine nicht ganz so leichte Entscheidung getroffen und ging dann an seine Schultasche. Entschlossen nahm er sein Geschichtsbuch heraus und hielt es ihm hin. Seliân sah ihn fragend an.

„Nimm es. Ich werde in der Schule sagen, dass ich es verloren habe. Doch du sollst nachweisen können, was außerhalb Lorons vor sich gegangen ist."

„Danke", sagte Seliân freundlich. „Das ist ein wertvolles Geschenk."

„Ist es nicht", wiegelte Jayden ab. „Es bedeutet mir nichts. Aber", und er wandte sich einen langen Augenblick ab. Als er sich zu ihm zurück drehte, hielt er ein kleines Bild in der Hand. „Dies bedeutet mir umso mehr." Er reichte es ihm.

Seliân sah auf ein Portraitfoto, auf dem Jayden gekämmte Haare hatte, sogar ein Shirt mit Kragen trug und den Fotografen anlächelte.

„Zur Erinnerung an mich", sagte Jayden ein wenig verlegen. „Wir haben es vom Schulfotografen machen lassen. Drehe es um."

Seliân gehorchte und las die wenigen Worte: „Für meinen Freund Seliân. Es ist nur ein Jahr. Wir schaffen das beide. Ich liebe dich wirklich. Dein Jayden."

„Siehst du", sagte Seliân, der beim Lesen ungewöhnlich rot geworden war und nun merklich schneller atmete, „du hast die Stärke in dich aufgenommen. Du hast den Weg bewältigt. Ich weiß gar nicht, wie ich dir hierfür danken soll."

„Halt mich einfach nur fest, ja?", stolperten die Worte aus seinem Mund.

Seliân antwortete nicht, stand aber auf und schloss Jayden fest in die Arme. Dass Seliân doch nicht so stark war, wie er geglaubt hatte und nun selbst anfing zu weinen, konnte Jayden weder sehen noch hören.

„Ich kann mir ja einen Kalender machen und jeden Tag einen wegstreichen bis zu dem Tag, an dem du mich holen kommst."

„Wieso nicht?" hieß Seliân die Idee gut.

Sie hatten das versteckte Boot bereits aus dem Schilf gezogen und Seliâns Bündel lag neben den Rudern. Er trug zum ersten Mal wieder seine helle, dünne Lederhose mit den Fransen, darunter jedoch eine von Jaydens zu kleinen Unterhosen. Ebenso hatte er Jaydens grünes Shirt, das er seit gestern trug, einfach anbehalten, da dieser es ihm unbedingt schenken wollte. Auf ihm stand: „Kann Kuchen in Krümel verwandeln", und es war Jayden ohnehin zu klein.

„Ich werde mittags versuchen hier zu sein, zwölf Uhr deiner Zeit.“

„Am 26. Juni”, dachte Jayden laut.

„Ja, am fünften Tag nach der Sommersonnwende.“

„Was passiert, wenn es stürmt und es zu gefährlich wäre, hier zu landen?“, drückte Jayden seine Sorge aus.

„Dann komme ich am Folgetag – immer mittags. Es wird klappen.“

Er schloss die Augen, um sich zu besinnen, doch Seliân war schon näher an ihn heran getreten. Sie nahmen sich in die Arme und verabschiedeten sich wortlos mit einem Kuss. Seliân stieg geschickt ins Boot und drückte es mit einem Ruder vom Ufer weg. Dann setzte er sich und machte die ersten Züge.

Jayden sah ihm mit immer stärker klopfendem Herzen und verklärterem Blick zu. Schluckend spürte er Tränen kommen, aber er musste jetzt stark bleiben. Doch als Seliân etwa dreißig Meter weit weg war, konnte er nicht mehr anders. Eine viel stärkere Macht hatte von ihm Besitz ergriffen. Ungeplant sprang Jayden ihm hinterher. Mitten in die See. Es war egal, dass er noch Schuhe und Jeans trug. Alles war egal. Nur Seliân zählte noch. „Ich liebe dich”, schrie er verzweifelt und streckte die Hände nach ihm aus, der doch nun unerreichbar war. „Hörst du? Ich liebe dich, Seliân.“

Er sah wie Seliân zweimal den Kopf neigte und sich kurz mit der Hand durch das Gesicht fuhr. Auch er schien Tränen in den Augen gehabt zu haben. Doch er rief nicht zurück.

Jayden atmete tief und schluchzend, doch das Boot entfernte sich unerbittlich. Ganz langsam wurde es immer etwas kleiner. Jayden stieg aus dem Wasser, ging aber nicht zurück. Er setzte sich auf einen großen Stein und sah Seliân nach, der immer weiter entschwand. Er hatte sich inzwischen wieder beruhigt und sich vorgenommen, so lange zu bleiben, bis er ihn nicht mehr sehen könne, selbst wenn er sich eine Grippe einfing.

Nach einer guten Viertelstunde war das Boot nur noch sehr klein auf den wenigen Wellen zu erkennen. Doch Jayden sah, dass Seliân aufstand. Dann glaubte er zu erkennen, wie er ein letztes Mal winkte. Schnell sprang er auf und winkte ebenfalls. Er zog sein Shirt über den Kopf und schwenkte es, damit Seliân sah, dass er geblieben war. Dann erhellte ein helles Licht wie von einem kleinen, sekundenlangen Blitz das Wasser um ihn herum, und Seliân war verschwunden.

LORON

Wiedersehen

Als es morgens um kurz nach halb zehn an der Tür schellte, war Jayden sofort zur Stelle. Er öffnete und schüttelte lachend den Kopf, als er den verschlafen wirkenden Ken ansah, seinen besten Freund. Ken war ein dunkelhäutiger Junge mit kurzen, schwarzen Locken, die er unter einer grauen Baseballkappe verborgen hatte, der allerdings schlanker als die meisten Gleichaltrigen war. Heute wirkte das jedoch nicht so, da er eine blaue Trainingsjacke mit dem roten Löwen und der Aufschrift der Glasgow Rangers über seinem Shirt trug.

„Hi Kenny", grüßte ihn Jayden, und sie schlugen leicht die Fäuste gegeneinander.

„Alter, weißt du, wie spät es ist?", fragte Ken und rieb sich den Rest Schlaf aus den Augen. „Wir haben Ferien."

„Doch erst seit gestern Mittag. So sehr kannst du dich noch gar nicht umgestellt haben."

„Wir hätten sonst Bio in der ersten gehabt", sagte Ken launisch. „Da habe ich mich meistens noch sanft und selig durch ein Traumreich bewegt, in dem die Mädchen ..."

„... zur Abwechslung auch mal dich wollten?", unterbrach ihn Jayden lachend und hielt ihm die Tür auf. Ken trat ein und streifte sich die Schuhe ab.

„Verrätst du mir jetzt, wieso ich mir zum Geier den verfluchten Wecker stellen musste?" Doch er lächelte, und so nahm Jayden die Flüche nicht als solche wahr, sondern nur als Bekräftigung.

„Weißt du, welcher Tag heute ist?", fragte Jayden erwartungsvoll.

„Klar, mein erster Ferientag; der erste, an dem ich mal so richtig ausschlafen wollte."

„Weißt du, was vor fünf Tagen war?"

„Oh, das ist nicht dein Ernst", maulte Ken. „Es ist kurz nach – scheißegal. Ich habe keine Ahnung."

„Vor fünf Tagen war die Sommersonnwende", sagte Jayden leise, als

fürchtete er, jemand außer ihnen könnte diesen Satz hören.
Dies schien Ken jedoch sofort mit einer anderen Information zu verbinden, denn sein Gesicht nahm einen komplett veränderten Ausdruck an, interessiert, erstaunt. „Dann ist heute der Tag?“

Jayden nickte und strahlte über das ganze Gesicht. Seine blonden Haare hatte er sich in letzter Zeit ein wenig länger wachsen lassen, so dass er sie sich nun ab und zu aus dem Gesicht streichen musste. Sein Vater störte sich zwar daran, doch gerade das machte für Jayden den Hauptgrund aus, ihn darüber provozieren zu können. Er selbst sah sich lieber mit den ungebändigten Haaren, da sie für ihn eher an den Ort passten, zu dem er aufzubrechen gedachte.

Ken lächelte, schüttelte aber trotzdem den Kopf. „Ich fürchte, ich werde es nicht einmal glauben, wenn ich es live sehe.“

„Das werden wir rausfinden. Meine Tasche ist fertig gepackt. Weißt du“, und er sah Ken in die verschlafen zwinkernden Augen, „ich wünsche mir einfach, dass du mit zum Treffpunkt kommst, damit du mir endlich glaubst.“

„Dann bist du sicher, dass er kommt?“

„Ich habe das ganze Jahr lang nicht eine Sekunde gezweifelt. Ich werde nicht jetzt damit beginnen“, sagte Jayden weise.

„Hast du Coke da?“, fragte Ken mit leicht verzweifeltem Gesichtsausdruck.

„Du bist wirklich noch nicht so ganz wach, was?“

„Nee, Tom und ich haben gestern das Schuljahresende begossen.“ Er hielt vier Finger in die Höhe, und Jayden wusste, dass es heißen sollte, er habe vier Bier getrunken, ganze zwei Liter.

„Kein Wunder, dass du die Augen nicht aufkriegst“, sagte Jayden nachsichtig. Er bedeutete ihm zu folgen, und sie gingen in die Küche. Jayden nahm eine Flasche Cola aus dem Kühlschrank und hielt sie ihm hin.

Ken setzte die Flasche direkt an, besann sich dann aber und sagte mit einem Gefühl des Ertapptseins: „Gläser sind ...?“

„Hier“, sagte Jayden und holte zwei aus dem Schrank. Ken goss ihnen ein.

„Deine letzte Coke für lange Zeit, wenn alles klar geht.“

„So überzeugt ich bin, so sehr zweifelst du“, sagte Jayden bedächtig.

„Jetzt mal ernsthaft“, erinnerte sich Ken. „Du kommst mit einer Geschichte, dass ein Typ von einer magisch verborgenen Insel genau hier landet, genau mit dir Freundschaft schließen will – nichts gegen dich, Alter, aber trotzdem – und mit dem du, mit dem du …“

„… Sex hattest“, führte Jayden den Satz zu Ende. „Lustig, dass es dir genauso schwer fällt, es auszusprechen wie mir damals.“

„Aber gib's doch zu, Mann“, ereiferte sich Ken. „Es wäre glaubwürdiger, wenn du behaupten würdest, Aliens hätten dich entführt.“

Jayden lachte, ging aber nicht mehr darauf ein. „Lass uns gehen, bevor meine Mutter zurückkommt, ja? Sonst muss ich mir von ihr noch mehr anhören.“

Ken nickte und wandte sich wieder zur Tür. „Nehmen wir nicht die Bikes?“

„Du ja“, antwortete Jayden, „aber was soll ich ein paar Wochen mit meinem im Schilf machen? Es verrostet wieder ausgraben? Nein, ich laufe.“

Sie zogen sich im Flur die Schuhe wieder an. Jayden hängte sich eine hellgrüne Tasche über die Schulter und schloss die Wohnung ab. Ken nahm sein Rad hinzu, das er an der Hauswand geparkt hatte. Sie machten sich auf den Weg aus dem kleinen Küstenort hinaus nach Norden.

„Und was genau hast du deinen Eltern jetzt gesagt?“, fragte Ken.

„Dass ich mit dir in ein Ferienlager fahre, bei dem wir eventuell verlängern können, wenn es uns gefällt.“

„Und wo bin ich angeblich mit dir?“

„In Cornwall, Land's End”, sagte Jayden sicher. „Da kommen sie nicht auf die Idee, vorbeifahren zu wollen. Wichtig ist nur, dass wenn ich länger als drei Wochen bleibe, du eingreifst und anrufst, vielleicht auch vorher schon mal.“

„Keine Sorge, Jay, ich kümmere mich um deine Family“, sagte Ken und schlug ihm auf die Schulter. „Wie kommst du eigentlich auf die Idee, mit einer Celtic Tasche rüber zu fahren?“

„Ich habe keine andere“, gab Jayden kleinlaut zu. „Mein Onkel Carl hat sie mir zum Geburtstag geschenkt.“

„Aber du siehst schon unser Problem, oder?“ Er deutete auf seine Jacke.

„Kenny, ich habe andere Dinge im Kopf außer Fußball, und wenn ich ehrlich bin, geht es mir auch hier hinten links vorbei“, er zeigte auf seinen Hintern, „ob die Rangers oder Celtic Meister werden.“

Ken wirkte ein wenig eingeschnappt, beruhigte sich aber wieder. „Hast du einen Plan B, falls dein Freund nicht kommt?“, fragte er ein paar Minuten später.

„Er kommt“, sagte Jayden schlicht.

„Also nein?“

„Exakt.“

Ken sah ihn aus den Augenwinkeln an und versuchte aus Jaydens Reaktion schlau zu werden. „Bist du beleidigt wegen eben?“

„Nein“, sagte Jayden und stieg nun einen schmalen, ausgetretenen Pfad einen wild bewachsenen Hügel hinauf. „Ich bin nur in Gedanken bei meinem Wiedersehen. Sorry, Kenny, es bedeutet mir ...“, er stockte, „... es bedeutet mir mehr als alles, was ich dir jemals anvertraut habe.“

Ken schwieg beeindruckt. Erst deutlich später, als sie schon wieder auf dem Weg vom Hügel herunter waren, sagte er leise: „Ich wünsche dir, dass alles klappt.“

Jayden boxte ihn leicht gegen den linken Oberarm. Es bedeutete zwar auch „Danke“. Doch vor allem hieß es, dass nichts zwischen ihnen stand.

Sie kamen an einer Stelle an, von der aus weder Castney hinter ihnen noch der nächste Ort im Norden zu erkennen waren. Dafür waren sie nun so nah an der Küste, dass sie die Küstenlinie gut eine Meile in beide Richtungen einsehen konnten und das an Felsen schlagende Wasser hören konnten. Jayden führte Ken vom Weg ab in eine Art Biotop. Hier gab es keinen Weg mehr, dafür haufenweise Frösche, die lautstark ihr Revier verteidigten und fast überall Schilf, das ihnen bis zum Bauchnabel reichte. Sie fanden einen Platz mit festem Grasboden und entschieden per Kopfnicken, dass dies die richtige Stelle sei.

„Dort“, Jayden zeigte auf das Meer und auf einen Punkt vor dem Horizont und auf der leicht aufgewühlten See, „dort ist sein Boot verschwunden.“

„Wir warten also bis zwölf Uhr?“, fragte Ken und verzog den Mund, als sei dies reine Zeitverschwendung.

„Ja, wenn er bis zwölf Uhr dort hinten nicht auftaucht“, doch er wirkte nicht so, als befürchtete er eine derartige Verspätung, „dann versuche ich es ab morgen alleine."

Ken schwieg. Sie machten es sich auf dem trockenen Grasboden gemütlich und setzten sich, Jayden auf seine Tasche, Ken auf seine Trainingsjacke in den Schneidersitz.

„Und ihr hattet wirklich Sex?" Diese Frage beschäftigte Ken offensichtlich.

Jayden atmete tief durch. Er schien sich an Genüsse erinnern zu wollen. „Im Bett", sagte er leise, doch dann sah er seinem Freund direkt in die Augen und sagte langsam, „auf dem Sofa, in der Dusche, in den Felsen, selbst auf seinem Ruderboot, überall, wo es uns überkommen hat."

Ken öffnete den Mund, schloss ihn aber auch wieder, ohne ein Wort gesagt zu haben. Als Jayden ihn mit genießerischer Miene ansah, sagte er zweifelnd: „Du verarschst mich doch."

„Wir hatten zwölf komplette Tage. Was denkst du, was wir die ganze Zeit gemacht haben? Uns Talkshows angesehen?"

Ken sah zu Boden. „Es ist nur so eigenartig, sich solchen Sex vorzustellen. Hattest du seitdem welchen?"

„Nein", schüttelte Jayden den Kopf.

„Ich hab mal mit Lucy geredet. Sie findet dich toll, und ich glaube, sie würde ..."

„Kenny", unterbrach ihn Jayden forsch, „bloß weil ich damals zwei Bier getrunken hatte, als ich dir davon erzählt habe, heißt das nicht, dass ich nicht wusste, was ich sagte oder vorher was ich mit Seliân getan habe. Er hat mir geholfen herauszufinden, dass ich mit einem Jungen, dass ich mit *ihm* zusammen sein wollte."

„Aber du hast die andere Seite ja noch gar nicht ausprobiert", beharrte Ken auf der verbliebenen Möglichkeit.

„Du verstehst es einfach nicht. Ich muss nichts mehr ausprobieren," sagte Jayden beharrlich. „Ich habe verstanden. Ich sehe keine Mädchen in meinen Träumen, nur Jungen."

„Ich hoffe, nicht mich."

„Zumindest bist du nie nackt", grinste er, und Ken lachte ausgelassen.

„Aber hat es dich das Jahr über nicht gejuckt?"

„Machst du Witze? Ich bin siebzehn. Mich juckt es alle dreieinhalb

Minuten. Das weißt du genau. Aber hier steht ja sonst keiner auf Jungen", und lächelnd fügte er hinzu: „Oder hat sich bei dir etwas getan, wovon du mir noch ..."

„Spinnst du?", unterbrach ihn Ken rüde. „Ich würde niemals zulassen, dass mich ein Junge ..."

„... glücklich macht, wolltest du sagen?", ging nun auch Jayden dazwischen.

„Nein, anfasst, flachlegt, sonst was, wollte ich sagen."

„Du hast keine Ahnung, was du verpasst", deklamierte er vielsagend und stand auf. Dann legte er die Hand wie einen Schirm über die Augen und suchte den Horizont ab. „Wie spät ist es?"

Ken sah auf seine Armbanduhr. „Zwanzig vor zwölf."

Jayden nickte nur und setzte sich wieder.

„Er kommt doch nicht?"

„Doch. Er braucht von dort nur eine Viertelstunde an Land," sagte Jayden.

„Fünf Minuten also noch. Weißt du, falls du doch ..."

„Nein", rief Jayden aus und unterbrach Ken damit erneut. Er hatte ein kurzes Aufblitzen über einer Welle gesehen, ein nur wenige Sekunden andauerndes Flackern wie von einer riesigen Taschenlampe. „Keine fünf Minuten mehr." Erregt sprang er auf und zog sich mit einer flüssigen Bewegung seinen Sweater aus. Er hielt ihn wie eine Fahne und schwenkte ihn hin und her. Auch Ken stand nun auf. Sein Gesicht wirkte erschrocken, ein Ausdruck, der so gar nicht zu seiner Stimmung passen wollte.

Am Horizont war ein Boot erschienen, klein, kaum deutlicher erkennbar als eine längliche, dunkle Fläche. Auf dem erhob sich nun ein Punkt und machte ebenfalls ein Zeichen, vermutlich mit einem Kleidungsstück.

Jayden atmete tief durch und nahm den verdutzten Ken in den Arm. Der ließ es geschehen.

„Erleichtert, nicht wahr?", fragte Ken leise.

„Ehrlich gesagt, ja. Es war eine so verflucht lange Zeit." Sie lösten sich voneinander.

„Doch er scheint zu kommen."

„Ich wusste es", freute sich Jayden und ballte die Faust.

Ken sah ihn nachsichtig an. „Du wirst es wieder mit ihm machen, nehme ich an.“

„Du hast wirklich nur Sex im Kopf.“ Doch Jaydens Stimme schien seinen Freund nicht zu verurteilen. „Sagen wir es so: es ist nicht der Hauptgrund, weshalb wir uns wiedersehen. Er hat einen Freund drüben, hat er mir gesagt. Keine Ahnung, wie die Konstellation heute ist, doch ich hoffe sehr, dass wir auch wieder miteinander schlafen werden.“ Sie setzten sich zurück, und Jayden zog seinen Sweater über das graue T-Shirt, das er trug. „Nein, er hat mir damals gesagt, dass Maracon – so heißt sein Freund – verstehen würde, dass ich in der Zeit meines Besuchs Vorrechte auf ihn haben werde. Für mich heißt das, dass er dann zurück stehen wird.“

„Vielleicht macht ihr's ja zu dritt“, mutmaßte Ken.

Jayden schien noch gar nicht darüber nachgedacht zu haben. Eher desinteressiert sagte er: „Ja, vielleicht.“

„Aber fehlen dir die Titten nicht? Ich meine, wir haben sie uns früher zusammen angeschaut“, gab Ken noch nicht auf. „Da war nichts mit Jungen.“

„Nein, das stimmt; das hat Seliân erst in mir geweckt. Aber wenn ich das bemerken darf: sonderlich viel erfolgreicher warst du bei deinen Versuchen mit Mädchen doch auch nicht, oder?“

„Auf der Geburtstagsfeier von Davy, du erinnerst dich, da war doch die ...“, Ken überlegte einen Moment, „... wie hieß sie noch? Die aus der Nachbarklasse.“

„Ich weiß, wen du meinst, Jodie. Ihr habt den halben Abend rumgeknutscht.“

„Und den anderen halben Abend waren wir im Garten hinter der Begrenzung“, grinste Ken. „Ich hab sie überall angefasst. Wirklich ü-ber-all.“ Er dehnte das Wort aus, um es so stark zu bekräftigen wie möglich.

„Aber mehr war nicht, wenn ich mich richtig erinnere.“

„Hast du eine Ahnung, was ich schon getrunken hatte? Da hättest du auch keinen mehr hoch gekriegt.“

„Irgendwie“, sagte Jayden hintergründig, „werde ich das Gefühl nicht los, dass du deine sexuellen Träume und deine Abschüsse nicht auf den gleichen Tag legen solltest, wenn du was im Bett erleben willst.“

Ken schluckte. So deutlich hatte ihm das noch nie jemand gesagt. Jayden stand auf. Das Boot war jetzt so nah gekommen, dass er erkennen konnte, dass jemand mit langen, schwarzen Haaren, nacktem Oberkörper und mit kraftvollen Zügen in Richtung des Ufers ruderte, an dem sie warteten. Doch als dieser jemand sich umsah und die Fahrtrichtung korrigieren wollte, waren noch keine Gesichtszüge zu erkennen.

„Ken, ich weiß nicht, wann ich zurückkehre. Ich brauche deine Unterstützung“, sagte Jayden beschwörend. „Du bist mein Alibi.“

„Ich weiß. Du kannst dich auf mich verlassen, Alter. Wir haben es deutlich genug abgesprochen.“

„Danke.“ Sie standen gemeinsam auf und sahen dem Herannahen des Bootes auf dem tiefgrauen Wasser zu.

„Ich nehme nicht an, dass du mal anrufst“, sagte Ken.

„Ha, ha, ha.“ Jayden sah nicht einmal zu ihm.

„Seliân, richtig?“

„Ja, so heißt er“, antwortete Jayden.

„Dann lass uns ihm mal beim Anlegen helfen.“

Das Boot kam nun mit jedem Schlag erkennbar näher. Nach wenigen Minuten waren es nur noch rund fünfzig Meter. Seliân lachte über das ganze Gesicht, als er sich umwandte und nach über elf Monaten wieder in die Augen seines Freundes blicken konnte. Auch Jayden strahlte, und die Erleichterung war ihm anzumerken.

Geschickt manövrierte Seliân das Boot die letzten Meter ins Schilf und bis ans Ufer. Dann warf er Ken ein dünnes Seil zu, das dieser fing und um einen großen Stein band.

„Mein Freund“, rief dieser, als er von Bord gesprungen war und Jayden fest in die Arme schloss.

„Ich kann dir nicht sagen, wie glücklich ich bin“, begrüßte ihn Jayden.

„Das muss du auch nicht. Ich spüre es.“

Sie ließen einander los.

„Du bist ganz schön gewachsen“, sagte Jayden und begutachtete Seliâns Statur, der nicht nur gut zehn Zentimeter größer geworden war. Sein Freund hatte vor allem am Oberkörper auch deutlich an Muskeln zugelegt. Zudem wirkte sein Gesicht weniger kindlich, etwas rauer, was aber auch von den nach wie vor schulterlangen Haaren unterstrichen wurde. Es sah aus, als hätte er sich den Flaum über der Oberlippe abrasiert, den Jayden im Vorjahr ein paar Male mit den Lippen berührt hatte.

Er trug erneut eine sehr dünne, hautenge, helle Lederhose, diesmal allerdings eine, die knapp unter dem Knie auf beiden Seiten ausfranste. Es sah zwar aus, als trüge er sie auf blanker Haut, doch glaubte Jayden das nicht. Sein Oberteil hatte Seliân im Boot gelassen.

„Ich hoffe, es stört dich nicht, dass wir jetzt annähernd gleich groß sind“, sagte er.

„Nein“, sagte Jayden kopfschüttelnd. „Du siehst einfach klasse aus.“ Dann zeigte er nach links und stellte Ken vor. „Das ist Kenny, mein bester Freund auf dieser Seite der Welt. Kenny“, und er wandte sich an ihn, „mein Freund Seliân.“

Ken trat vor, ein wenig schüchterner als er es wohl sonst war. Anstelle ihn zu begrüßen, platzte es aus ihm heraus: „Und du bist wirklich von einer vergessenen Insel?“

Seliân lachte und hielt ihm die Hand hin. Ken schlug ein. „Ja, ich bin aus Loron, nur gut zwei Meilen von hier entfernt. Deshalb lässt sich die Strecke noch mit dem Ruderboot bewältigen.“

„Und man kann deine Insel weder sehen noch selbständig erreichen“, betete Ken herunter, was Jayden ihm im letzten Sommer erzählt hatte. Doch er ließ die Augen nicht von dem schwarzhaarigen Jungen mit dem nun deutlich muskulöseren Oberkörper und dem gewinnenden Lächeln.

„Jayden hat dir einiges erzählt.“

„Auch, dass ihr angeblich was miteinander hattet.“ Er biss sich auf die Lippe. Dies auszusprechen bedeutete, dass er Jaydens Worten nicht vollständig getraut hatte.

Doch Seliân war sogar noch souveräner als Jayden ihn in Erinnerung hatte. „Du kannst zuschauen, wenn du magst.“ Dann nahm er Jayden an der Hand, zog ihn zu sich und küsste ihn zunächst einfach herzlich, dann aber immer leidenschaftlicher. Als sich in Jaydens Jeans deutlich eine Erektion abzuzeichnen begann und er mit einer Hand hinunter griff, um sie in eine bequemere Position zu befördern, stoppten sie. Ken starrte sie sprachlos an.

„Du siehst, Kenny“, sagte Jayden, der ein wenig rot geworden war, „Seliân ist der, den ich immer wollte. Ich wünschte, ich hätte mich früher getraut, mir das einzugestehen.“

„Ich muss es wohl so akzeptieren“, sagte Ken und atmete tief durch.

„Aber das hier ist schon krass. Das weißt du, oder?“

„Du hattest ein Jahr, um dich mit dem Gedanken anzufreunden“, sagte Jayden.

„Und ich habe ein ganzes Jahr lang irgendwo in meinem Hirn geglaubt, dass du – ach, vergiss es einfach.“

„Ein Konkurrent weniger für dich“, sagte Seliân ruhig zu Ken.

Der lachte. „So kann man es auch sehen, wobei Jay nie ein wirklicher Konkurrent war“, fügte er mit einem Augenzwinkern zu seinem Freund hinzu.

Der boxte ihm erneut gegen den Oberarm. Diesmal hieß es aber „das musst gerade du sagen.“

„Hab eine tolle Zeit, Jay“, sagte Ken und überlegte einen kleinen Moment, doch er entschied sich gegen eine Umarmung.

Jayden erahnte den Zwiespalt und nahm nun Ken von sich aus in die Arme. Der wehrte sich zwar nicht, doch machte er auch keine Anstalten, sich dabei zu entspannen. „Danke. Ich hoffe, auch du hast tolle Ferien.“

„Keine Sorge, Kenny, ich bringe dir Jayden unversehrt zurück“, sagte Seliân, als sich die beiden wieder voneinander gelöst hatten.

„Wir sind nur ein paar Wochen im Paradies,“ fügte dieser grinsend an und nahm seine Tasche auf.

„Naja“, korrigierte ihn Seliân, „Paradies würde ich nicht sagen, aber in einer Welt, die ganz anders ist als diese.“

Jayden lachte. „Du lebst ja auch nicht mit meinem Vater unter einem Dach. Glaube mir, wenn man ständig gemaßregelt wird, beginnt das Paradies schon hinter der nächsten Häuserecke.“

Er legte seine Tasche vorsichtig vorne ins Boot, und ihm war bewusst, dass nun ein Abenteuer beginnen würde, das noch niemand vor ihm je gemacht hatte. Er würde sich auf den Weg nach Loron machen, auf die einzige magisch von dieser Welt getrennte Insel, auf den Weg in Seliâns Heimat.

Ken band das Seil vom Stein los und warf es zurück zum Boot. Jayden, der bereits Platz genommen hatte, zog es ein. Seliân stand sicher balancierend und steuerte das Boot durch ein Ruderabstoßen vom Grund aus dem Schilf.

„Pass auf dich auf, Alter“, rief Ken seinem Freund nach, als sie die ersten zwanzig Meter hinter sich gebracht hatten und Seliân nun kraftvoll zu rudern begann.

„Seliân wird auf mich aufpassen“, rief Jayden lachend zurück, der von seiner sitzenden Position im Heck die Stelle, an der sein Freund stand, nur einsehen konnte, wenn er sich umdrehte. „Danke, Kenny.“ Kurz hob er noch einmal seine Hand, doch dann galt seine ganze Aufmerksamkeit dem Freund, den er so lange nicht gesehen und den er täglich vermisst hatte.

Er bekam nicht mehr mit, dass Ken noch eine ganze Zeitlang dem entschwindenden Boot hinterher sah, erwartend, dass sie sich durch ein Winken noch ein letztes Mal grüßen würden. Als sie sicherlich schon zweihundert Meter weit gefahren waren, wandte sich Ken endgültig ab, schob sein Rad aus dem Schilf heraus und fuhr zurück nach Hause.

Die See war unruhig, und so schaukelte es heute stärker, als Jayden erwartete. Sie kamen, obwohl sich Seliân ziemlich ins Zeug legte, nur recht langsam vorwärts.

„Kann ich dir irgendwie helfen?“, fragte er, da er sich ein wenig nutzlos vorkam.

„Nein, leider nicht“, sagte Seliân schnaufend. „Der Weg zu dir war etwas leichter als letztes Jahr, nun wird der Rückweg härter.“

„Hauptsache, du warst schnell bei mir“, sagte Jayden leise.

„Dein Freund Kenny hat dir das ganze Jahr über nicht geglaubt, dass du mich getroffen hast“, begann Seliân seine Analyse.

„Immerhin habe ich es direkt nach den Ferien erzählt. Die Stärke hast du mir wirklich hinterlassen.“ Er sah ihn dankbar an. „Doch auch Tom glaubt es bis heute nicht. Einzig Davy hat mir zugehört und mir jedes Wort abgenommen.“

„Seid ihr euch dadurch näher gekommen?“, wollte Seliân wissen.

„Emotional ja, aber falls du körperlich meinst, da war nichts – mit niemandem.“

„Das tut mir leid.“

Als Jayden in Seliâns Gesicht sah, war dort aber kein Bedauern zu erkennen, eher – war das möglich? – Erleichterung. Jayden fragte sich für einen Augenblick, ob er dies nur aus Seliâns Zügen gelesen hatte, weil er sich wünschte, dass genau das dort zu erkennen gewesen wäre. Erleichterung würde bedeutet haben, dass er ihn lieber alleine für sich hätte. Er atmete tief durch. „Du bist der Einzige, der in meinen Träumen auftaucht."

Seliân lächelte. „Ist es dir schwer gefallen, von uns zu erzählen?"

Jayden erinnerte sich. „Ich war sehr aufgeregt", sagte er. „Aber du hattest recht. Ich war gefestigt genug, über alles zu reden, wovon ich erzählen wollte."

„Und das ging eher um mich oder um Sex?", fragte Seliân schmunzelnd.

„Beides war für sie gleich unglaublich. Tom glaubt nach wie vor, dass ich Jungfrau bin." Er lachte. „Du hättest sein Gesicht sehen sollen."

„Er ist neidisch", sagte Seliân und holte mit den Ruderblättern aus. „Niemand hört gerne, dass ein anderer die Träume erfüllt bekommt, die man selbst hat und nicht realisieren kann, selbst wenn es der beste Freund ist."

„Das heißt, du glaubst, er selbst ist noch Jungfrau?", fragte Jayden zweifelnd.

„Nein, ich glaube es nicht. Ich weiß es", sagte Seliân, als sei dies vollkommen selbstverständlich. „Er wird dir anderes erzählt haben, aber er hat noch nie mit jemandem das Bett geteilt. Sonst würde er anders reden."

Jayden schwieg. Im Vorjahr hatten sich alle Prognosen, die Seliân gemacht hatte, egal wie unglaublich sie im ersten Moment klangen, als wahr heraus kristallisiert. Er wusste unendlich viel mehr über Menschen als Jayden selbst. Er tat gut daran, ihm abzunehmen, wie auch immer sein Freund einen anderen Menschen einschätzte.

„Hast du dich durch unsere Geschichte von den Freunden entfernt, die dir nicht geglaubt haben?", fragte Seliân weiter.

„Nein", antwortete Jayden kopfschüttelnd, „denn sie haben das, was ich berichtet habe, einfach nicht wirklich geglaubt. Du musst zugeben, dass es nicht sehr wahrscheinlich klingt, wenn ich es erzähle."

„Es kommt auf die Art an, *wie* man etwas mündlich weitergibt", belehrte ihn Seliân und sah zu ihm auf. „Ich könnte dir ins Gesicht lügen, und du würdest es nicht herausfinden."

„Ich hoffe, du tust es nicht", sagte Jayden leise.

Seliân schwieg einen Augenblick. Dann sagte er sehr bedacht. „Alles, was ich sage und tue, tue ich für dich und für uns. Vertraue mir."

„Ich würde dir jederzeit mein Leben anvertrauen", entgegnete er spontan. Es war ein großer Satz, doch heute störte es Jayden nicht mehr. Früher hatte er sich über alles, was er sagte, so viel mehr Gedanken gemacht. Durfte man das so sagen? Durfte man überhaupt darüber reden oder so handeln, wie er es mit Seliân getan hatte? Jayden erinnerte sich daran, wie überzeugend Seliân aufgetreten war, als seine Tante sie beim gemeinsamen Einkauf überrascht hatte.

„Aber es kann nicht daran liegen, ob ich es selbst glaube, denn ich weiß ja, dass es passiert ist", dachte er laut. „Dennoch haben sie mir nicht abgenommen, dass es dich gibt oder dass wir es miteinander getan haben."

„Mein Freund, deine Körpersprache verrät, ob es passiert ist, nicht deine Worte. Darin musst du überzeugend sein."

„Ich bin noch keine Viertelstunde bei dir, und schon habe ich mehr gelernt als im kompletten letzten Jahr", sagte Jayden ruhig, als habe er auch gar nichts anderes erwartet. „Wie hat dir Kenny gefallen?"

Seliân antwortete schmunzelnd: „Körperlich ist er sehr attraktiv, falls du das meinst. Wenn ich dich zurückbringe, musst du ihm unbedingt eine Nachricht zukommen lassen, dass wir zu dritt schwimmen wollen, ohne Bekleidung, versteht sich." Jayden wollte soeben zu lachen anfangen, als Seliân es auch schon relativierte. „Nein, du weißt, dass ich dich wirklich nur zurückbringe und dann wieder nach Loron rudern werde." Er sah Jayden forschend in die Augen. „Das ist dir bewusst, oder?"

Sein Freund nickte. Ja, leider wusste er nur zu genau, dass sie nur diese begrenzte Phase in diesen Sommerferien haben würden, in der sie sich noch einmal sehen könnten. Ob es eine weitere Chance geben würde, konnte er sich noch nicht vorstellen.

„Dennoch war er mir gegenüber, wenn auch zweifelnd, so doch wirklich nett", nahm Seliân den Faden wieder auf.

„Er ist verrückt", sagte Jayden und schmunzelte. „Aber er ist verlässlich, und genau deshalb brauchte ich ihn für das Treffen mit dir."

„Er hat noch nie Jungen gesehen, die sich küssen, oder?"

„Ich glaube nicht, dass das der Punkt war. Viel mehr konnte er sich nicht vorstellen, dass *ich* es tun würde, da er immer dachte, er kennt mich ganz genau."

„Erinnerst du dich an damals?", fragte Seliân und wartete Jaydens Kopfnicken ab. „Da hatte ich dir gesagt, dass auch du dachtest, du würdest deine Freunde kennen."

„Du hattest recht", gab Jayden zu. „Du kanntest sie beinahe besser als ich selbst."

„Kommt er aus Afrika?", fragte Seliân weiter.

„Aus Afrika?" Jayden stand für einen Augenblick auf dem Schlauch. „Wieso? Ach – du meinst, weil er schwarz ist. Nein, er ist Brite. Es gibt recht viele Farbige hier. Seine Familie ist schon vor einigen Generationen hierher ausgewandert."

Selian hob den Kopf, als entdeckte er etwas. „Ah, es wird heiß."

„Ich verstehe nicht. Was wird heiß?"

„Hier, unser Amulett." Er zeigte auf eine Kette mit einem keramikartigen, verschlungenen Gebilde, die am Boden des Boots lag.

Es sieht irgendwie aus wie ein zweiblättriges Kleeblatt, dachte Jayden spontan.

„Es ist aufgeladen und wird uns die Passage ermöglichen. Ich trage es nicht, weil es sich in die Haut brennen würde," erklärte Seliân. „Doch wir kommen an die Schwelle. Siehst du? Es reagiert von selbst. Du kannst den Farbwechsel erkennen."

Jayden sah, dass die bräunliche Farbe nun von einer bläulich roten abgelöst wurde. „Was müssen wir tun?", fragte er.

„Nichts", antwortete Seliân unspektakulär. „Es arbeitet komplett alleine. Es reicht aus, wenn es frei liegt."

Gespannt blickte Jayden an seinem Freund vorbei auf den Horizont. Das Amulett begann von selbst nun violett zu glühen.

Eine Wand aus Licht erschien für einen kurzen Moment und blendete Jayden. Als sich seine Augen wieder an die normale Helligkeit gewöhnten, sah er erschrocken, dass sie auf eine stark bewaldete Insel zusteuerten, die höchstens noch eine Meile entfernt sein konnte. Mit vor Erstaunen geöffnetem Mund wandte er sich ruckartig um und erblickte – nichts mehr. Seine Heimat war verschwunden. Sie hatten die magische Schwelle passiert.

Er schluckte, und Seliân sagte daraufhin leise und beruhigend: „So wie ich dir letztes Jahr vertraut habe, kannst auch du mir nun vertrauen."

„Aber das tue ich doch", rief Jayden beinahe etwas beleidigt aus.

„Nein, mein Freund, noch nicht", sagte Seliân sanft. „Du hast dich umgesehen, als bräuchtest du noch einen offenen Weg zurück."

„Entschuldige bitte“, sagte Jayden betroffen. „Ich wollte dich nicht kränken. Ich vertraue dir wirklich voll und ganz. Es war nur die Neugier, ob meine Heimat wirklich verschwunden ist.“

„Sie ist“, sagte Seliân beherrscht. „Ab jetzt bist du mein Gast.“

Jayden schnaufte einmal hörbar und nickte dann. Schließlich fragte er: „Was muss ich im Vorfeld wissen?“

„Das ist die richtige Einstellung“, lobte ihn Seliân. „Viele Bewohner Lorons haben mitbekommen, dass ein Mensch von Außen kommen wird, und jeder weiß, dass ich es sein werde, der ihn bringt. Stelle dich auf neugierige Blicke ein, auf Fragen, die nicht deine Person, sondern nur deine Heimat betreffen.“

„Werden sie mir mit Misstrauen begegnen?“, fragte Jayden.

„Nein, du bist bei mir“, sagte Seliân schlicht.

„Ich bin unfassbar gespannt, was uns erwartet.“

Seliân lächelte gönnerhaft. „Meine Familie ist mindestens genauso gespannt, wer der Mensch ist, den ich jenseits der Grenze zu lieben gelernt habe.“

Jayden erschrak. „Dann wissen sie von, ich meine, du hast ihnen erzählt, dass …?“

„… wir uns lieben?“, führte Seliân den Satz zu Ende. „Selbstverständlich. Es ist meine Familie. Wer sollte mich verstehen, wenn nicht sie?“

Jayden sah seine Füße an. „Ich habe es meinen Eltern nicht gesagt.“

„Ich weiß“, kommentierte Seliân knapp.

Überrascht sah Jayden auf. „Woher weißt du es?“

Sein Freund lächelte ihn fast ein wenig mitleidig an. „Ich kenne dich, Jayden. Ich kenne dich wirklich gut. Du bist letzten Sommer, was Liebe und Sex angeht, so scheu wie ein Reh gewesen. Deine Eltern wussten nichts von mir. Es gab für dich keinerlei Veranlassung, es auch ihnen zu erzählen. Du hättest nur Ärger provoziert, und dem gehst du aus dem Weg, wann immer du kannst.“

„Wow, du könntest als Psychologe arbeiten“, sagte Jayden beeindruckt, „du kannst Menschen wirklich durchleuchten.“

Seliân lächelte ihn gönnerhaft an.

„Aber, sag mal, ist es kein Problem für deine Familie?“, hakte Jayden nach.

„Dass wir uns lieben? Nein. Maracon ist oft da – ich hatte dir von ihm erzählt – und er bleibt auch ab und an über Nacht. Sie wissen, was wir tun. Sie haben sich schon länger mit dem Gedanken anfreunden müssen, dass sie Enkel nur von Marianna und von Aureliân zu erwarten haben."

„Das sind deine Geschwister, nicht wahr?"

„Ja, Marianna ist einundzwanzig, Aureliân nun dreizehn."

„Dann wird er nach eurer Rechnung bald ein Mann", mutmaßte Jayden und erinnerte sich, dass Seliân ihm erzählt hatte, dass das Kriterium dafür geistige und geschlechtliche Reife seien.

„Voraussichtlich noch in diesem Herbst", sagte Seliân und korrigierte den Kurs ein wenig. „Er hat viel an sich gearbeitet. Ich bin wirklich stolz auf ihn."

„Das sieht man dir an."

„Ihn wirst du als ersten kennenlernen. Er wird am Anlieger auf uns warten".

Jayden nickte einverstanden. „Erzähle mir bitte noch etwas über deine Eltern."

„Mein Vater heißt Rykiân. Wenn ich mich richtig entsinne, habe ich dir damals gesagt, er herrscht über Loron", erzählte Seliân im Plauderton. „Das ist zwar richtig, dennoch wird der Herrscher bei uns durch eine zusätzliche Wahl bestätigt. Das sorgt für Rückhalt und auch für die Möglichkeit, dass man einen eventuell ungeliebten Menschen von der Macht über andere fernhalten kann. Rykiân führt Loron seit mein Großvater bei einem Wildunfall ums Leben kam. Ich war noch sehr jung, vielleicht sieben, als es passierte." Für einen Augenblick versank er in Gedanken. Dann fuhr er fort: „Meine Mutter nennst du bitte einfach Helena."

„Ein altgriechischer Name", warf Jayden ein.

„Wir haben einige der alten Namen behalten", bestätigte sein Freund, „aber auch viele neue sprachlich entwickelt. Helena führt den Haushalt, kümmert sich um meine Großmutter, die auch bei uns lebt, und sie ist Ratgeberin für viele andere Frauen. Sie hat das Temperament, das man eher bei Männern erwartet, während mein Vater der Besonnene ist. Oh, sieh mal." Er hatte sich zur Orientierung erneut kurz umgewandt und deutete nun mit der Hand an Land, wo ein Steg ins Wasser reichte und wo jemand winkte. „Mein Bruder."

Aureliân, den Jayden den gesamten Prozess der Annäherung mit dem Boot nicht mehr aus den Augen ließ, war wesentlich kleiner als Seliân, doch so deutlich dessen Bruder, wie man einem Bruder nur aus dem Gesicht geschnitten sein konnte. Auch er trug ganz nach seinem Vorbild sein langes, schwarzes Haar offen. Seine Nase war klein und spitz, so dass seine schönen, braunen Augen besser zur Geltung kamen. Auch in der Kleidungsauswahl unterschied er sich nicht von Seliân. Der Junge hatte eine sehr kurze und ebenso enge, helle Lederhose an, dazu ein weißes Shirt, das er nur bis auf Herzhöhe zugeknöpft hatte. Sonst war er barfuß und vergleichbar braungebrannt wie Seliân. Beide verbrachten sicherlich viel Zeit draußen.

„Wirf es zu mir", wies Aureliân Jayden mit leicht tenoraler Stimme und trotzdem wie selbstverständlich an, als sie nah genug gekommen waren und Jayden mit dem Seil in der Hand auf ein Kommando wartete. Jayden holte aus, und der Junge fing das geworfene Seil geschickt auf.

Sie legten an, und Aureliân gab Jayden seinen Arm, um ihm Halt zum Aussteigen zu gewähren. Er kletterte auf den schmalen, knarzenden Holzsteg, während Seliân Jaydens Tasche auf den festen Untergrund warf. Schließlich kletterte er als zweiter aus dem Boot.

„Mein Freund Jayden", stellte ihn Seliân seinem Bruder vor, der ihm die Hand gab und ihm trotz des Größenunterschieds forschend in die Augen sah. Dann wandte sich Seliân an Jayden. „Der Stolz meines Lebens, mein Bruder Aureliân."

„Ich freue mich, dich kennenzulernen", sagte Jayden und dachte kurz, welch eine Vorstellung: der Stolz meines Lebens. Ich wünschte, ich würde auch einmal auf diese Art irgendwo vorgestellt werden.

„Der Freund meines Bruders ist wie mein eigener Freund", entgegnete Aureliân souverän lächelnd, nahm Jaydens Tasche auf und hängte sie sich über die Schulter.

Ein wirklich kluger Satz für einen Jungen seines Alters, dachte Jayden, und er ärgerte sich, dass er nur etwas so Plattes wie „Ich freue mich, dich kennen zu lernen" von sich gegeben hatte. Aureliân sah zu seinem Bruder auf. Etwas in Jayden wollte, dass Aureliân auch Gründe wahrnahm, zu ihm aufzusehen.

Als Seliân das Boot fest vertäut hatte, machten sie sich auf den Weg durch ein kleines Waldstück. Ein schmaler Pfad führte hindurch, doch wirkte dieser Nadelwald dichter als auf dem Festland. Es schien, als könne kein Geräusch und beinahe kein Licht hindurchdringen. Sie waren kaum hinein getreten, als sie schon die leichte Brandung hinter sich nicht mehr vernehmen konnten. Dafür roch es hier frisch nach Harz und Tannennadeln.

„Sie ist eine Wand aus Lichtwaben", sagte Aureliân zu seinem Bruder, während unter ihnen das Knacken der Zweige, auf die sie traten, die einzigen Geräusche waren, die man wahrnehmen konnte.

„Sehr gut beobachtet", lobte ihn Seliân, und zu Jayden gewandt, sagte er: „Ich hatte ihm die Aufgabe gegeben, den Schwellenübertritt erklären zu können." Sich wieder zu Aureliân drehend, fragte er: „Vom Boot selbst kann man nicht erkennen, ob es eine Schleuse ist oder ob die gesamte Schutzzone durchlässig wird."

„Es ist nur ein schmaler Durchlass, vielleicht so breit wie zwei Häuser", sagte Aureliân. „Der Rest des Schutzes bleibt intakt."

„Lichtwaben? Was sind das?", fragte Jayden, der sich mit einem Mal dumm vorkam.

„Das Licht ist magisch gestaffelt, nicht eine Art Wand, die bis in den Himmel reicht", antwortete Seliân, und sein Bruder ergänzte: „Durch die Wabenform umschließt der Schutz Loron lückenlos."

„Seliân hat mir von deiner Entwicklung erzählt", sprach Jayden den Jungen direkt an. „Es muss ein erhebendes Gefühl sein, auf die Zeit als Mann vorbereitet zu werden."

„Ich habe gute Lehrer und einen fantastischen Mentor. Ihnen allen habe ich viel zu verdanken," entgegnete dieser.

„Von deinen Lehrern habe ich gehört. Doch welchen Mentor hast du denn noch?", fragte Jayden.

Aureliân klopfte seinem großen Bruder auf die Schulter. „Von wem könnte ich besser lernen?"

Jayden lächelte. „Das hätte ich mir wirklich denken können", sagte er leise.

„Er war auch dein Mentor", fuhr Aureliân fort, „selbst wenn er dir das so nicht direkt gesagt hat."

„... und auch wenn ursprünglich das Gegenteil abgesprochen war", wandelte Jayden den anfänglichen Gedanken ab.

Seliân lachte und wandte sich an Jayden. „Ich habe vieles von dir gelernt, bei dem du ein wirklich toller Lehrer gewesen bist. Ich freue mich aber auch, dass du so viel von mir angenommen hast."

„Ich habe dir nicht viel mehr beigebracht, als du dir hättest anlesen können", sagte Jayden zaghaft, denn er stellte dadurch seinen eigenen Wert unter den Seliâns, doch so fühlte er auch.

Seliân sah ihn fragend an: „Das ist nicht wahr. Auf Geschichte oder Geographie mag das zutreffen. Doch ich habe von dir gelernt, wie verzweifelt man in der Liebe empfinden kann. Nein", und er atmete tief durch, als erinnerte er sich an etwas Traumatisches, „das habe ich nie zuvor so gesehen oder erlebt wie bei dir."

„Du meinst, als der Deutsche uns bestohlen hatte ..."

„... und wir beide fast nackt im Regen in Edinburgh auf der Straße gestanden haben", beendete er Jaydens Satz. „Auch. Erinnerst du dich? Dort hast du mir zum ersten Mal gesagt ..."

„... dass ich dich liebe, ja", ging Jayden bewusst dazwischen. Aureliân sollte nicht mitbekommen, dass es ihm normalerweise nicht so leicht fiel, all dies auszusprechen.

In diesem Moment legte Seliân den Finger an die Lippen und bedeutet seinen beiden Begleitern, regungslos zu verharren. Dann zeigte er mit einem Finger ins Dickicht. Zunächst konnte Jayden außer Bäumen nichts erkennen, doch dann konnte er das Bild eines Wildschweins ausmachen, das nach links ins tiefere Dunkel verschwand.

„Doch dein Abschied von mir, Jayden", nahm Seliân seinen alten Faden wieder auf, als sei nichts Ungewöhnliches geschehen, „war noch eindrucksvoller für mich."

„Was ist dort geschehen?", mischte sich Aureliân mit seiner Frage ein.

„Als dein Bruder mit dem Boot nach Loron zurückkehren wollte, bin ich ihm in die See nachgelaufen, noch komplett angezogen, weinend und ohne Hoffnung", gab Jayden kleinlaut zu.

Aureliân dachte einen Augenblick nach. Dann sagte er leise: „Ich verstehe" und sah verschämt zu Boden.

Jayden erkannte, dass er Aureliân zum ersten Mal wirklich beeindruckt hatte. Bei derartigen Reaktionen würde er zu mir aufschauen, dachte er.

Sie kamen aus dem Wald wieder heraus und standen plötzlich im Seitenwind und unter dem gleichen wolkenverhangenen Himmel, unter dem er seine Reise begonnen hatte. Sie gingen nebeneinander über ein wildes Feld, dessen Gräser und Blumen schienbeinhoch wuchsen und auf dem gut drei Dutzend Rinder frei grasten. Doch Jayden starrte nach vorne. Im Hintergrund erhoben sich die ersten Gebäude von …

„Glenghael, die größte Stadt dieser Insel. Wir leben dort, und von Glenghael aus wird Loron auch regiert“, sagte Aureliân, der keinerlei Scheu davor zu haben schien, in der Art eines Reiseleiters frei zu referieren. „In zwanzig Minuten werden wir die Stadt erreichen.“

„Wie groß ist Loron?“, fragte Jayden und sah Seliân an.

„Dein Job“, sagte dieser lächelnd zu seinem Bruder, und der schien stolz zu sein, dass er antworten durfte.

„Loron sieht ein wenig aus wie eine große, flache Hand“, er zeigte auf seine geöffnete Hand, um seine Worte zu konkretisieren, „bei der ihr beide an den Fingerkuppen angelegt habt.“ Er tippte dabei mit einem Finger gegen seinen Zeigefinger der Gegenhand. „Die Ausdehnung in der Länge liegt leicht über sechs Meilen, in der Breite sind es knapp drei Meilen. Ich nehme an, dass mein Bruder dir alles zeigen wird, was hier sehenswert ist.“

„Das werde ich“, sagte Seliân nickend, während sie weiterhin mit großen Schritten durch das Feld stapften.

Jayden versuchte sich einen ersten Eindruck der Stadt zu verschaffen. Schon von weitem sah Glenghael aus, als sei um einen zentralen Platz herum ringförmig gebaut worden, zentrumsnah die bis zu dreistöckigen, öffentlichen Gebäude, manche mit hellem Marmor, die meisten mit dunkelgrauem Stein und Flachdach. Weiter draußen waren die teilweise sehr schmalen Wohnhäuser mit ihren maximal zwei Etagen und märchenhaft anmutend spitzen Giebeln angeordnet. Erst außerhalb des äußeren Ringes gab es Höfe, auf denen auch Scheunen oder Silos mit größerer Höhe errichtet worden waren.

Je näher sie kamen, desto konkreter konnte Jayden die einzelnen Häuser ausmachen. Die Holztüren und Fensterläden waren bunt gestrichen, was sich hervorragend zur Orientierung innerhalb einer Straße oder eines Viertels eignete. Die Straßen selbst waren – und Jayden fiel kein anderer passender Begriff ein – mittelalterlich mit Pflastersteinen ausgelegt. Sie passierten einen Hof, auf dem in einer Koppel Pferde gehalten wurden, die von ihrer offensichtlichen Stärke her vermutlich im Ackerbau halfen oder die zum Ziehen von Kutschen eingesetzt wurden. Es roch stark nach den Tieren, und Jayden empfand es als nicht sehr angenehm, auch weil sich in ihrer Gegenwart Insekten mehrten.

Eine gemischte Gruppe Kinder im Grundschulalter spielte auf einem kleinen Platz Fangen und nahm die drei kaum wahr, als sie vorbei gingen. Doch Jayden registrierte, dass einerseits die Mädchen knielange Kleidchen trugen, die Jungen halblange Hosen und fast alle ähnlich geschnürte Hemden wie auch Aureliân eines trug, dass andererseits aber niemand die Gruppe zu beaufsichtigen schien.

Das wäre in meiner Welt undenkbar, dachte er.

Dafür, dass die Straßen nicht betoniert waren und vieles um sie herum beinahe altertümlich wirkte, war es erstaunlich sauber, fand Jayden. Er kam sich weniger vor wie nach einer Zeitreise in die Vergangenheit, die er in seinen Vorstellungen erwartet hatte, als viel mehr wie in einem bewohnten, riesigen Freilichtmuseum. Sie bogen an einer unterirdischen Zisterne, die mehrere eiserne Wasserpumpen hatte, ab. Seliân bezeichnete sie als riesig und bot an, an einem der Tage gemeinsam mit ihm hinabzusteigen. Die Straße war hier zwar breit genug für eine Kutsche, doch Fuhrwerken begegneten sie trotzdem nicht. Dafür starrten ihnen einige Greise oder Mütter mit Kleinkindern aus den Fenstern oder auf der Straße stehend hinterher.

„Ich sagte ja, du warst schon bekannt, noch bevor du den ersten Fuß auf unseren Boden gesetzt hattest“, sagte Seliân leise und stupste Jayden leicht in die Seite.

„Es ist kein angenehmes Gefühl, wie ein Popstar angegafft zu werden“, flüsterte Jayden in dessen Richtung zurück.

Vor einem zweigeschossigen Haus mit weißen Fensterläden blieb Aureliân, der, seit sie Glenghaels Höfe passiert hatten, voraus gegangen war, stehen. Ein großer, weißer Jagdhund schlief vor dem Haus, seine Leine angebunden an einen Pfahl, der vor einer hellblauen Eingangstür angebracht war.

„Unser Haus“, stellte Aureliân ihr Heim vor, „und das ist Schaitan.“ Er ging zu dem Hund und fuhr ihm mit der Hand über das oben liegende

Ohr. Sofort erwachte dieser und richtete sich zu voller Größe auf. Die war eindrucksvoll genug, doch auch die beherrschte Körpersprache des Hundes verriet, dass man viel mit ihm gearbeitet hatte. Er knurrte zwar kurz, bellte jedoch nicht, was Jayden ebenfalls als Zeichen guter Erziehung hinnahm. Dann schmiegte er sich an die Oberschenkel des Jungen. Aureliân ging die vier Meter weiter zu einer hölzernen Haustür. Sie hatte eine kunstvolle Holzverzierung, bei der sich sternförmig angeordnete Muster in der Maserung immer wieder symmetrisch wiederholten. Es war beinahe unmöglich, die Augen davon zu nehmen. Jayden fiel zudem ein eiserner Türklopfer ins Auge, der wie der Kopf eines Hirschs geschmiedet worden war. Aureliân öffnete sie kurz ohne zu klopfen und rief ins Haus: „Wir sind zurück."

Doch sie erhielten keine Antwort. Seliân erkannte an Jaydens Zögerlichkeit, wie verunsichert er in diesem Moment war. Mit den Worten: „Meine Mutter wird vermutlich kochen, ebenso meine Großmutter, die ihr oft hilft", versuchte er Jayden auf die Normalität der Situation hinzuweisen und ihm dadurch den Druck, den dieser zweifellos gerade verspürte, etwas zu vermindern. „Mein Vater arbeitet noch bis zum Abend. Mach dir keine Gedanken. Sei einfach du selbst." Dann legte er ihm seine warme Hand auf die Schulter, und ein Teil der Anspannung fiel tatsächlich augenblicklich von Jayden ab.

Während sich Aureliân zu seinem Hund hockte und ihn liebkoste, ging Seliân voraus ins Haus. Jayden folgte ihm in einen Wohnbereich, der ohne vorherigen Flur direkt hinter der Tür begann. Er war gedrungen, auch etwas niedriger, als Jayden es von seinem Zuhause her gewohnt war, und er hatte Möbelstücke aus hellem Holz, die sich schön von den dunklen Dielen abhoben. Es roch bis zur Eingangstür hin nach frischen Blumen. Als sie eintraten, kam Seliâns Mutter aus der Küche zu ihnen hinein. Sie strahlte ihren Sohn aus denselben, freundlichen, dunkelbraunen Augen an, die auch ihre Jungen auszeichneten. Sie trug kurzes, dunkles Haar, was Jayden verwunderte, hatte er doch bei Söhnen mit langen Haaren erwartet, dass auch sie mit ihrer Haarpracht kokettieren würde. Ihre Kleidung war eher unauffällig, doch feminin geschnitten und dafür, dass sie in der Küche arbeitete, erstaunlich sauber.

Nachdem sie Seliân einen Kuss auf die Wange gegeben hatte, wandte sie sich zu dessen Gast um und musterte ihn. Jayden hatte aufgrund ihrer allerersten Reaktion das Gefühl, dass sein äußerer Eindruck nicht ganz optimal war, doch hielt er sich tapfer, ging einen Schritt auf sie zu, verbeugte sich leicht und hielt ihr dann seine Hand hin.

Nun lächelte sie ihn freundlich an: „Sei uns herzlich willkommen, lieber Jayden. Ich bin Helena Mawhiney. Es genügt, wenn du Helena zu mir sagst."

Jayden, der für einen Moment irritiert wirkte, da er Seliâns Nachnamen noch nie zuvor vernommen hatte und wie selbstverständlich davon ausgegangen war, dass auf Loron gar keine Nachnamen vergeben wurden, stellte auch sich vor und sagte dann: „Es ist sehr nett von Ihnen, mich als Gast aufzunehmen."

„Gastfreundschaft ist eines der wichtigsten Kriterien, um als gemeinschaftlich handelnder Mensch zu gelten", sagte sie. Während Jayden darüber nachsann, ob sich alle Mitglieder in dieser Familie stets ausdrückten, als würde jedes Wort auf die Goldwaage gelegt werden, fügte sie hinzu: „Selbst du hast unserem Sohn mehr an Gastfreundschaft geboten, als er je erwartet hätte. Dafür danke auch ich dir."

„Das habe ich sehr gerne getan", antwortete Jayden geschmeichelt, „auch wenn es in dieser Form in meiner Heimat eher unüblich ist."

„Das spricht noch mehr für dich." Dann wandte sie sich an sie beide: „Ihr müsst müde sein von der Anstrengung. Zieht euch ruhig zurück. Aureliân wird euch zum Essen rufen."

Seliân verbeugte sich leicht vor ihr, als sei er ihr Diener. Das kam Jayden extrem eigenartig und überzogen vor. Sobald sie allein waren und über eine Holztreppe ins Obergeschoss gingen, sprach er ihn darauf an.

„Das heißt bei uns vieles, in diesem Fall ‚Danke' und ‚Du bestimmst, weil wir wissen, dass du es gut mit uns meinst'", antwortete er.

„Aber ihr muss doch bewusst sein, dass zumindest für mich der Weg keinerlei Anstrengung bedeutete, oder?"

„Sie weiß es. Sie weiß aber auch, dass wir beide uns elf Monate lang nicht gesehen haben und", und er grinste Jayden an, „zumindest ich mich nach dir verzehrt habe."

Für einen kurzen Augenblick wusste Jayden nicht, was er sagen sollte. War ein „das geht mir genauso" wirklich genug, um darzustellen, wie sehr er Seliân vermisst hatte? Spontan trat er ganz nah zu ihm und griff ihm mit der Hand an seinen Hintern. Das dünne Leder, das er fühlte, ließ trotzdem zu, dass er spürte, wie gut Seliâns Muskulatur sich in diesem einen Jahr entwickelt hatte. Seliân wandte sich noch immer auf der Holztreppe stehend um und küsste Jayden kurz aber voller Leidenschaft.

Oben stieß Seliân die leichte Holztür zu einem Raum auf, der höchstens halb so groß sein konnte wie sein eigener. Jayden musste sich selbst eingestehen, beinahe enttäuscht zu sein. Vom Sohn des Herrschers der Insel hatte er andere Räumlichkeiten erwartet, selbst wenn er in eine andere Zeit gereist war. Hier standen zwei niedrige Betten hintereinander, ein geschlossener Schrank und unter dem Fenster ein Tisch mit zwei nackten Holzstühlen. Auch kleine Pflanzen gab es, die dem Raum Wärme und Behaglichkeit verleihen sollten. Doch im Geist hatte Jayden Seliân immer mit einer Art Prinz gleichgesetzt, edel, gutmütig, intelligent, hübsch und mutig, was sein Freund alles zu einhundert Prozent erfüllte, aber eben auch wohlhabend. Diese übertriebene Bescheidenheit hier wollte einfach nicht zu diesem Bild passen.

„Aureliân und ich teilen uns diese Kammer", erklärte Seliân. Als Jayden ihn irritiert ansah, ergänzte er: „Ich habe ihm aber klargemacht, dass wir beide in Glenghael keine Alternativen zu diesen Betten haben, wenn wir miteinander schlafen wollen. So hat er zugesagt, dass er im Wohnbereich wartet, bis ich ihn zurückrufe oder er geschickt wird."

„Das heißt, er weiß, was wir tun wollen?", fragte Jayden. „Er versteht, was es bedeutet?"

„Ja", sagte Seliân, als sei dies so einfach zu erklären.

„Ist dir das nicht unangenehm?"

„Zu wissen, dass er warten muss, bis wir fertig sind?", fragte Seliân. „Nein. Er erhält im Gegenzug die optimale Betreuung durch mich als Mentor, und er weiß sie durchaus zu schätzen, wie du vorhin mitbekommen hast."

Jayden setzte sich auf das Bett. Es war einfach, aber sehr behaglich. Dass der Raum durch das warme Holz keinerlei Kühle ausstrahlte, machte es für beide noch angenehmer. Seliân streifte sich sein Shirt elegant ab. Mit einem sanften Schubser brachte er Jayden in Rückenlage. Dann setzte er sich auf die Jeans seines Freundes, beugte sich nach vorn und küsste ihn erneut, diesmal jedoch nicht dankbar wie anfangs, sondern fordernd.

Wenn er ehrlich zu sich war, war Jayden froh, dass es endlich wieder passierte. So lange hatte er nur von all dem geträumt, was er im vergangenen Sommer mit Seliân sexuell erlebt hatte und von dem, was er sich in diesen Ferien mit seinem Freund erfüllen wollte. So lange hatte er darauf gewartet, den Körper seines Freundes wieder fühlen, wieder streicheln zu dürfen, dass er jetzt keine Sekunde davon verpassen wollte. Er berührte den durchtrainierten Körper, wo auch immer er mit seinen Händen hinkam. Schließlich öffnete er ihm noch immer küssend ein wenig unbeholfen die Lederhose.

„Wow, du bist überall ziemlich gewachsen", grinste Jayden, als er ihm beide Hosen heruntergezogen hatte.

„Ich war sicher, es würde dir gefallen", entgegnete Seliân vieldeutig.

„Du siehst einfach fantastisch aus", sagte Jayden und küsste Seliâns Bauchnabel.

„Danke. Du auch", flüsterte Seliân und streichelte sein Haar. „Früher wärst du nicht in der Lage gewesen, das auszusprechen."

„Das ist wohl wahr", gab er zu. „Vielleicht ist das das Beste, das ich von dir gelernt habe."

„Hast du gesehen, dass ich noch deine alte Unterhose untergezogen habe?"

Während er begann, sich von seiner Kleidung zu trennen, sah Jayden auf und lachte. „Jetzt wird sie auch dir zu klein. Am besten schenkst du sie deinem Bruder."

„Das habe ich schon getan. Ich hatte sie mir nur für heute noch einmal geborgt."

„Nur für mich?", fragte Jayden und legte sich inzwischen nackt wieder zurück auf das weiche Oberbett.

„Nur für dich", bekräftigte Seliân und beugte sich über den Freund. „Es ist für mich etwas besonderes, dass du das ganze Jahr auf mich gewartet hast. Darf ich dich dafür belohnen?

Jayden setzte ein überlegenes Lächeln auf: „Nur wenn du dafür am Anfang deinen Mund nimmst."

Eine gute Stunde später klopfte es an der Tür, und Aureliân trat ein. Für Jayden sah es aus, als hätte er sich fest vorgenommen, die Kontrolle über seine Mimik zu behalten. Doch als er die beiden nackt, eng umschlungen und nur an den Beinen von der Decke bedeckt im Bett vorfand, schluckte er. Dies so in seiner Endgültigkeit zu sehen, war für Aureliân sicherlich eine ganz andere Kategorie, als sich vorher mit dem großen Bruder über das Grundsätzliche zum Sex zwischen Jungen auszutauschen, dachte Jayden, der Seliân von hinten umarmt hatte und seitlich hinter ihm lag.

„Ich, ich soll euch zum Mittagessen rufen“, sagte er stockend und deutlich zögerlicher, als er sicher gewollt hatte.

„Wir kommen in einer Minute“, sagte Seliân ruhig, „danke, mein Bruder.“

Als der Junge die Tür wieder geschlossen hatte, setzten sie sich auf, griffen ihre Kleidung und begannen sich wieder anzuziehen.

„Ich dachte, er würde ein solches Bild von dir mit Maracon bereits kennen“, sprach Jayden seinen Gedanken aus und zog sich die Hose hoch.

„Ja, seine Verunsicherung war erstaunlich“, gab auch Seliân zu. „Vielleicht hat ihn dein toller Körper irritiert“, ergänzte er lächelnd.

„Du wirst mir nicht erzählen, dass Maracon nicht auch gut aussieht, oder?“

„Nein. Doch mein Bruder und ich kennen ihn, seit wir denken können. Wir sind zusammen aufgewachsen. Wahrscheinlich nimmt man eine Situation wie die hier dann ganz anders wahr.“ Geschickt band er sich sein Shirt zu und wies dann auf die Tür.

Unten wurden sie schon erwartet. Eine Suppenschüssel stand dampfend in der Mitte des Tisches und verbreitete einen wunderbaren Kräutergeruch, den Jayden jedoch nicht klar zuordnen konnte. Helena schöpfte gerade einen tiefen Keramikteller voll und reichte ihn ihrer Schwiegermutter an, einer kleinen Frau mit schlohweißem, zu einem Dutt gebundenem Haar und von langjähriger Arbeit gegerbter Haut.

Sie musterte Jayden aus kleinen Augen ähnlich wie Helena es zuvor auch schon getan hatte, doch der Wechsel zu einem freundlichen Ausdruck blieb hier aus. „So, du bist also der von draußen“, sprach sie ihn mit leicht gedehnter Stimme an.

„Ich bin Jayden Fisher. Guten Tag, Madame“, entgegnete Jayden höflich und verbeugte sich leicht.

Sie reagierte in keinster Weise darauf und blickte von ihm weg zu ihrem Enkel. „Und so jemanden hast du hier nicht gefunden?“, fragte sie Seliân herausfordernd. „Er sieht gewöhnlich aus.“

„Ungewöhnlichkeit ist nicht von Äußerlichkeiten abhängig, Grandma“, verteidigte sich dieser. „Doch das weißt du sicherlich.“

„Und was ist so außergewöhnlich an ihm?“, überging sie die Spitze gegen sich.

Jayden ärgerte sich, dass über ihn in der dritten Person gesprochen wurde, doch er versuchte es herunter zu schlucken und zog einen vollen Teller zu sich heran.

Überraschenderweise antwortete Aureliân: „Er kontrolliert seine Gefühle nicht wie wir.“

Seliân nickte seinem Bruder zu, als hätte er erneut eine Aufgabe mit Bravour gelöst und ergänzte: „Sie überkommen ihn, und er lässt sie zu. Besonders dies habe ich von ihm gelernt.“

Jayden schluckte. War das wahr? War das der Grund, warum er hierher eingeladen worden war? Wollte Seliân jemanden präsentieren, der seine Emotionen nicht unter Kontrolle hatte?

Doch Seliân schien die Zweifel auf seinem Gesicht lesen zu können, denn er nahm Jaydens Hand unter dem Tisch und drückte sie fest. Dann flüsterte er ihm ins Ohr: „Du bist für alle besonders. Aber du bist *meinetwegen* hier und ich will *dich* an meiner Seite.“

„Du brauchst keine Geheimnisse vor uns zu haben“, sagte seine Großmutter mit schneidender Stimme.

„Die habe ich nicht“, sagte Seliân besonnen. „Ich kann es gerne wiederholen: Jayden“, und er sah ihm in die Augen, „du bist für alle auf Loron besonders. Aber du hast für mich den Weg hierher auf dich genommen, und ich will dich an meiner Seite“, und er fügte absichtlich, dessen war sich Jayden sicher, mit größtmöglicher Deutlichkeit hinzu: „Egal was irgendjemand sonst will oder nicht will.“

„Bin ich jetzt irgendjemand?“, stichelte seine Großmutter weiter.

„Nein, Grandma, außer du beabsichtigst, gegen meinen Freund Stellung zu beziehen“, sagte Seliân ohne jegliche freundliche Regung im Gesicht, eher mit grimmiger Entschlossenheit, wie Jayden erleichtert feststellte. Schließlich rückte Seliân für alle sichtbar noch näher zu Jayden herüber. Aureliân schien ebenfalls einen Moment zu überlegen und schob dann seinen Stuhl auf der anderen Seite des Tisches ebenso nah an Jaydens heran, sagte jedoch kein Wort. Jayden sah verwundert zu dem Jungen und war so gerührt von dieser Solidaritätsbekundung, dass er intuitiv nach links griff, Aureliâns Hand in seine nahm und sie dankbar drückte.

Der sagte nun überraschend und für alle im Raum deutlich hörbar:

„Das meinte ich," und er nahm ihre beiden Hände hoch. Jeder konnte nun erkennen, dass Jayden die seine ergriffen hatte. „*Das* ist außergewöhnlich an ihm. So sagt man Danke. Seliân", wandte er sich an seinen Bruder, „ich kann dich gut verstehen. Du hast wirklich extrem viel Glück gehabt, Jayden zu finden." Dann ließ er den Freund seines Bruders los und widmete sich mit dem Heißhunger eines Teenagers seiner Suppe.

Jayden war sprachlos. Hier brachte ihm ein Dreizehnjähriger so wertvolle Emotionen dar, und irgendwie fühlte er sich trotz allen Lobes gleichzeitig beschämt. Er wandte sich verlegen lächelnd der dicklichen Suppe zu, die ihm sehr gut schmeckte. Er fragte zwar nach den Namen der Kräuter, konnte diese aber nicht einordnen und vergaß deren Bezeichnungen ebenso schnell wieder wie er sie gehört hatte.

„Ich wollte dir heute Nachmittag Maracon vorstellen. Ist das in Ordnung für dich?", fragte Seliân, als sie beide nach dem Essen vor dem Haus auf einem Fleckchen Gras saßen und Schaitan kraulten, der sich augenscheinlich gerne verwöhnen ließ. Wohlig knurrende Laute kamen aus seinem geschlossenen Maul.

„Diese Tour ist das komplette Gegenteil unserer Zeit im letzten Sommer, als ich verzweifelt versucht habe, dich geheim zu halten", sagte Jayden und zerwuschelte Schaitans Fell. „Ich nehme an, dass ich auf Loron noch viele erste Eindrücke zu bestehen habe. Ich hoffe, ich mache auf ihn einen besseren als auf deine Großmutter."

Seliân schwieg einen Moment. Dann sagte er entschuldigend: „Menschen sind aus unterschiedlichsten Gründen verbittert. Es tut mir sehr leid, dass sie sich dir gegenüber absolut unmöglich verhalten hat."

„Ohne ihr Verhalten hätte ich deine und Aureliâns Solidarität nicht gespürt. Von daher bin ich eher dankbar, dass ich das erfahren durfte."

Seliân legte ihm einen Arm um die Schultern und fragte dann: „Wollen wir Schaitan mitnehmen?"

„Gerne, ich mag ihn", sagte Jayden, und sie beide standen auf. „Geht er an der Leine?"

„Er hat gelernt, in Berührung zu gehen. Das ist einfacher und effektiver." Sofort zeigte der Hund, wie gut er erzogen war und drückte sich an Seliâns Bein. Er wirkte nun noch größer, und wenn er seinen Kopf hob, war die Schnauze schon auf Bauchhöhe der Jugendlichen.

„Woher habt ihr ihn?“, fragte Jayden interessiert.

„Er stammt aus einem Wurf bei einer befreundeten Familie. Er ist nach wenigen Wochen zu uns gekommen und nun sechs Jahre bei uns.“

„Er ist wundervoll“, sagte Jayden und sah auf die Flanken des Hundes. „Er strahlt etwas Edles, beinahe Royales aus.“

Als hätte er das Kompliment verstanden, wechselte Schaitan die Seite und schmiegte sich nun an Jaydens Bein.

Der Weg war nicht sehr weit. Maracons Heim lag auf der anderen Seite der Stadt, und so passierten sie auf dem Weg durch die Stadtmitte den mäßig gefüllten Marktplatz mit seinen kleinen Ständen und fruchtigen Gerüchen. Er hätte auch in Castney, seinem Heimatort, stehen können, war dafür nur etwas zu groß. Einzelne Marktstände boten auch einfache Schalen aus Keramik für den täglichen Gebrauch an, andere derart kunstvoll verzierte oder bemalte, dass sie nur zur Verschönerung der Wohnung oder für hohe Gäste genutzt werden würden, wettete Jayden still. Später gingen sie auch noch am Stadthaus vorbei, wie sie ihr Rathaus nannten. Es war ein erhabenes Gebäude mit weißer Marmorfassade und hohen Fenstern.

„Hier arbeitet mein Vater“, erklärte Seliân kurz, wandte sich dann aber ohne weitere Erläuterungen südlich in ein anderes Wohnviertel.

Maracon saß vor einem kleinen Haus mit hellgrüner Eingangstür auf einem Hocker und spielte ein Saiteninstrument, das Jayden an eine Laute denken ließ. Dabei sang er leise für sich, bis er die beiden Jugendlichen und den weißen Hund die Straße hinauf kommen sah. Seliân zeigte ihm aus der Entfernung an, er solle nicht ihretwegen aufhören zu spielen. Lächelnd, jedoch ohne Gruß setzten sich die beiden zu Maracons Füßen in den Schneidersitz auf das Pflaster und hörten seiner Musik zu.

Maracon, der kurze, dunkelbraune Haare um ein beinahe hageres Gesicht mit schmalen Lippen trug, hatte eine ungewöhnlich sanfte, baritonale Stimme, und Jayden hörte der Ballade gerne zu. Maracon sang von einem jungen Edelmann, der sich in ein Mädchen niederen Standes verliebt hatte und dessen Familie ihn einsperrte, damit er sie nicht mehr sah. Schließlich stürzte er sich aus Verzweiflung aus dem Turm zu Tode.

Als er geendet hatte, klatschte Jayden unwillkürlich. Seliân sah ihn schmunzelnd an, dann lachten beide.

„Das war wunderschön", überkam es Jayden, seinem guten Gefühl durch Worte Ausdruck zu verleihen.

„Danke", sagte Maracon leicht verlegen lächelnd.

„Ich bin Jayden", stellte er sich vor.

„... der Junge, den sich Seliân neben mir ausgesucht hat, ich weiß." Er legte sein Instrument beiseite und stand auf, um Jayden die Hand zu geben. Er war größer als sie beide, und er wirkte auch vielleicht zwei Jahre älter. Ganz sicher war er frisch rasiert, was bei Seliân und ihm noch nicht nötig war. „Du siehst wirklich gut aus", sagte er, als sich seine Gäste erhoben hatten und er Jayden gemustert hatte.

„Hast du an meiner Beschreibung gezweifelt?", fragte Seliân.

„Nein. Jayden," und er sah ihm tief in die Augen, „ich möchte nicht missverstanden werden. Ich bin sehr dankbar dafür, dass du meinen Freund bei seiner Aufgabe letztes Jahr bestmöglich unterstützt hast. Dass er Gefühle für dich entwickelt hat, darf ich nicht dir anlasten."

„Doch stört dich diese Grundsituation", ging Jayden mit sicherer Stimme dazwischen. „Ich habe bis kurz vor unserem Abschied nichts von deiner Existenz gewusst."

Seliân sah nicht schuldbewusst zu Boden, wie Jayden nach den beiden kleinen Rügen in seine Richtung befürchtet hatte, sondern nahm entschlossen und doch beinahe zärtlich je eine Hand von ihm und Maracon und hielt sie einfach nur fest.

„Hätte es etwas geändert?", fragte dieser.

Jayden überlegte einen Augenblick. „Nein, wahrscheinlich nicht. Ich darf aber sagen, dass Seliân von dir nur in den höchsten Tönen gesprochen hat."

„Genug der Schmeicheleien, ihr beide", sagte Seliân ruhig. „Ich bin sicher, dass es eine Konstellation wie diese noch nie irgendwo zuvor gegeben hat. Deshalb gibt es auch kein Skript, an das wir uns halten können. Ich bin euch beiden zutiefst verbunden, und das meine ich im wörtlichen Sinn. Einem jeden von euch gehört ein großer Teil meines Herzens."

„Doch jetzt, da wir dies geklärt und alle Höflichkeiten ausgetauscht haben", unterbrach ihn Jayden, „können wir uns endlich wie zivile, junge Männer kennenlernen, okay? Maracon, würdest du mir dein Viertel zeigen, wenn Seliân und Schaitan uns begleiten?"

Er nickte und machte mit der Hand eine ausladende Bewegung. „Ich denke, das ist eine gute Idee."

Maracon nahm sie mit durch schmale Gassen, an teilweise baufälligen Häusern vorbei. Er zeigte ihnen eine befahrbare Holzbrücke über einen Bach und den Schmied mit dessen Lehrling, die im Hof auf einem offenen Feuer anscheinend eine Deichsel für ein Fuhrwerk oder eine Kutsche bauten. Sein Viertel wirkte noch stärker als sei es in der Zeit stehengeblieben als das, in dem Seliân zu Hause war.

„Müsstest du nicht auch arbeiten?", fragte Jayden am Ende einer Straße.

„Doch", entgegnete Maracon. „Ich bin Schreiber. Für heute Nachmittag habe ich mir für euch frei genommen."

„Was schreibst du?", fragte er weiter.

„Ich fertige Verträge an, Eigentumswechsel bei Häusern, Grund oder bei Tieren."

„Bei Tieren?"

„Selbstverständlich. Wenn jemand ein Pferd benötigt, ist dies eine gewaltige Investition. Es muss vertraglich festgehalten werden, zu welcher Gegenleistung er sich verpflichtet."

„Ich verstehe", sagte Jayden und stellte sich eigenartigerweise vor, dass darin stünde, dass derjenige den anderen bis zu seinem Lebensende mit Obst von seinem Grund versorgen müsse.

Insgesamt, so schloss Jayden den Nachmittag für sich ab, war es ein nicht unangenehmes Treffen. Maracon war nett, jedoch nicht sein Typ. Unter anderen Umständen wären sie sich vermutlich eher aus dem Weg gegangen. Und ganz falsch wäre das hier auch nicht, dachte er tief durchpustend. Man kann niemanden dazu bringen, Freunde zu werden, wenn die Chemie zwischen beiden nicht stimmt.

Das abendliche Kennenlernen mit Seliâns Vater hatte sich Jayden viel komplizierter und druckvoller vorgestellt. Als er ihm das erste Mal vor dem Haus vor Augen trat, einer imposanten und gut gekleideten Erscheinung von Größe und vor allem von sicherer und gütiger Ausstrahlung, konnte Jayden nicht anders. Er kniete sich wie zu einem Ritterschlag und sagte demütig: „Eure Hoheit."

Aus einem schmunzelnden, bärtigen Gesicht kamen die Worte: „Selbst wenn dies die korrekte Anrede für mich wäre, würde ich darauf bestehen, dass mich ein solch enger Freund meines erstgeborenen Sohnes einfach Rykiân nennt."

„Danke, Sir, ich meine Rykiân", korrigierte er sich leise.

„Lass dich anschauen, Jayden, Freund meines Sohnes", sagte er sanft, und Jayden erhob sich. Sie sahen sich einen langen Moment an. Jayden erkannte eine Ähnlichkeit in den Gesichtszügen zu denen Seliâns, doch gerade der gestutzte Vollbart wirkte eher wie aus einem Kinofilm über englische Könige.

Ich habe mich total zum Affen gemacht, dachte Jayden beschämt. Was hatte ich da unten nur verloren? Von wegen meine Emotionen sind besonders. Manchmal sind sie echt dämlich.

„Alles, was mein Sohn uns aus deiner Welt berichtet hat, konnte er nur erleben, weil du ihn unterstützt hast. Danke dafür."

„Alles, was wir in meiner Welt erlebt haben, hätte ich ohne ihn selbst nicht erlebt. Ich habe zu danken", entgegnete Jayden beinahe im Stil seines Freundes. Er schmunzelte innerlich, als ihm auffiel, wie sehr er in Seliâns Sprachweise geantwortet hatte.

Rykiân legte Jayden die Hand auf die Schulter, und dieser wusste, dass es seine Art war, ein Willkommen auszusprechen. Als er sich an seinen Sohn wandte, lief Jayden kurz ins Haus und holte aus seiner Tasche das heraus, was er sich als Gastgeschenk überlegt hatte. Dann sprang er mehrere Stufen auf einmal nehmend die Treppe hinunter und nahm seinen alten Platz vor dem Haus wieder ein. Rykiân sah ihn lächelnd an.

„Ich habe ein Geschenk für Sie", sagte er schnaufend. Er übergab das große Buch, und Rykiân nahm es interessiert in die Hände. „Es ist ein Atlas, ein Verzeichnis über alle Länder der Welt mit ihren Größen, Hauptstädten, ihrer Lage und ihren Einwohnerzahlen", erklärte er.

Rykiân zog die Brauen interessiert hoch, öffnete es und begann auf offener Straße zu lesen.

Jayden fuhr fort: „Es ist ein Schulbuch, also ein Werk, mit dem in meiner Welt unterrichtet wird."

„Es ist ein wunderbares Geschenk", sagte die tiefe Stimme gütig. „Ich danke dir sehr."

Als sich Rykiân noch immer lesend ins Haus wandte, fragte Seliân hintergründig: „Das zweite Buch, das du als verloren melden wirst, nicht wahr?"

Jayden nickte grinsend. „Ich werde es wohl ersetzen müssen."

„Nicht so schlimm, wenn man einen Volltreffer gelandet hat." Er schlug ihm auf die Schulter.

„Du, Seliân", fragte Jayden, dem es gerade erst auffiel: „Wo ist eigentlich deine Schwester?"

„Oh, sie lebt nicht mehr hier", antwortete er und kniete sich zu Schaitan herunter. „Du wirst sie noch kennenlernen. Sie wohnt bei ihrem Partner in einem kleinen Dorf drei Meilen südlich von hier. Ab und zu taucht sie zum Essen auf, oder einfach nur, um etwas zum Familienleben beizutragen. Sie ist Weberin."

„Sind sie verheiratet?"

„Ja", antwortete Seliân und legte nun seinen Kopf an Schaitans Bauch, der entspannt in der Sonne döste. „Das Fest hast du leider verpasst. Es war vor drei Monaten."

„Schade", dachte Jayden. „Das hätte ich gern gesehen." Dann legte auch er sich zu den beiden in die wärmende Abendsonne und nahm Seliâns Hand. Er ließ sie erst wieder los, als sie zum Essen gerufen wurden.

Als sie am späten Abend und in Dunkelheit in die Kammer kamen und zu Bett gehen wollten, hatte sich Aureliân bereits hingelegt. Da nur das schmale Bett für sie beide zur Verfügung stand, war offensichtlich, dass sie ihr Nachtlager trotz der Anwesenheit von Seliâns Bruder teilen würden. Das hätten sie aber auch sonst getan. Schließlich hatten sie lange genug darauf warten müssen, sich endlich wieder über Nacht berühren zu können.

Die Fensterläden waren nicht vollständig geschlossen, so dass der Mond den Jugendlichen etwas Licht schenkte. Da Seliân sich wie selbstverständlich komplett auszog, tat Jayden es ihm gleich. Noch immer fiel es ihm ungleich schwerer, offensiv mit seiner eigenen Nacktheit umzugehen, doch er ahnte, dass Aureliân ihm zusah, und vor ihm wollte er erst recht keine Schwäche zeigen. Es gelang. Als sich Seliân über seinen Bruder beugte, ihm eine gute Nacht wünschte und ihm einen Kuss auf die Stirn gab, war sich Jayden plötzlich sicher, was er zu tun hatte. Auch er ging zu Aureliân herüber, kniete sich an sein Bett und strich ihm ein paar der langen Haare aus dem Gesicht. Dann küsste er dessen Stirn ebenfalls und sagte leise: „Schlaf gut, mein junger Freund."

In diesem Moment machte es nichts mehr aus, dass er nackt war und dass der Junge dieses Bild vermutlich in sich aufsog. Im Gegenteil; es machte ihn stolz, von Aureliân bewundert zu werden. „Ich wünsche dir schöne Träume", flüsterte dieser, als Jayden unter Seliâns Bettdecke krabbelte.

Er kuschelte sich an seinen Freund und hauchte auch ihm Wünsche zur guten Nacht ins Ohr. Endlich konnte er wieder an den Menschen geschmiegt einschlafen, den er ganze 344 Tage vermisst hatte, ein Kästchen in seinem Matheheft für jeden dieser Tage, ein großes, deprimierendes Feld voller Tinte für seine Sehnsucht nach seinem Freund.

Das Spiel mit der Gefahr

Die Sonne war schon lange aufgegangen, als Jayden am nächsten Morgen erwachte. Er lag noch immer eng an Seliân gekuschelt unter der Bettdecke.

Es ist wundervoll, einen solchen Partner zu haben, dachte er und begann ihn zu streicheln. Die ausstrahlende Wärme ihrer Körper erhitzte ihn langsam, und seine morgendliche Erregung machte es ihm nicht leichter, Seliân neutral zu berühren. Doch das wollte er auch nicht. Unbewusst und doch durch sein Verlangen nach ihm geführt, streichelte Jayden nach dem Rücken und dem Arm auch dessen nackten Hintern. Es überkam ihn, Seliân am Hals küssen zu wollen, und so strich er dessen Haare sanft beiseite. Seliân drehte den Kopf, und so wusste Jayden, dass er wach war. Auch atmete er bei den vielen Küssen auf seinem Hals immer lauter, was Jayden die ansteigende Erregung auch in seinem Freund anzeigte.

Leise strampelte er sich frei. Die Bettdecke fiel zwar noch nicht, lag nun aber nur noch über ihren Beinen. Mit der Hilfe von etwas Spucke drang ein Finger sanft in Seliâns Körper ein. Schon nach wenigen Sekunden holte er einen zweiten Finger nach. Er wollte Seliân später nicht wehtun. Sein Freund ließ es geschehen, als hätte auch er schon lange darauf gewartet. Schließlich konnte Jayden endlich ungehindert von der Seite eindringen, erst ganz vorsichtig nur wenige Zentimeter, schließlich komplett. Es fühlte sich so warm an in ihm, in seinem geliebten Partner, einschnürend eng, doch gleichzeitig so gut, so einzigartig, dass ihm beinahe vor Glück die Tränen gekommen wären. Seliân stöhnte leise bei jeder noch so kleinen Bewegung, die sein Körper an ihn übergab. Es war einfach fabelhaft. Er flüsterte ihm ins Ohr: „Es ist so unglaublich schön, wieder in dir zu sein."

Sie liebten sich, bis Jayden kurz vor dem Höhepunkt erhitzt aufstöhnte und sich in ihm ergoss. In der folgenden Entspannung umarmte er Seliân ganz fest. Es störte ihn nicht, dass sich der Schweiß ihrer Körper mischte. Alles war gut. Erst über eine Minute später trennte Jayden ihre körperliche Verbindung und drehte sich auf den Rücken.

Seliân wandte sich langsam zu ihm um, gab ihm einen dankbaren Kuss und flüsterte: „Guten Morgen, mein Freund." Dann setzte er sich noch immer etwas verschlafen auf und sagte etwas lauter nach links: „Guten Morgen, mein Bruder."

Jayden erschrak und richtete sich blitzartig auf. Aureliân saß im Schneidersitz in seinem eigenen Bett, das aufgeschlagene Geschichtsbuch, das Jayden Seliân letztes Jahr geschenkt hatte, in seinem Schoß liegend, sicherlich seit einer Viertelstunde ignoriert. Jayden hatte vollkommen vergessen, dass sie nicht alleine waren.

„Einen guten Morgen auch euch", hauchte der Junge und schluckte. „Ich wollte euch nicht stören, indem ich aufstehe", flüsterte er.

Seliân lächelte wie ein großer Bruder. „Offensichtlich hast du uns nicht gestört. Danke für deine Diskretion." Dann stand er auf, noch immer mit seiner Erektion bewaffnet, warf sich ein in einer Art Toga geschnittenes Tuch als Morgenmantel über und ging voraus ins Bad.

Verlegen sah Jayden zu Boden. „Es tut mir leid, Aureliân", sagte er leise.

„Es muss dir nichts leid tun."

„Doch", sagte er bestimmt. „Ich habe dich vergessen und nur an uns beide gedacht."

„Ich mag an dir, dass du es einfach tust, und ..." Er stockte.

„Und?", fragte Jayden sanft.

„Und es war faszinierend, euch zuzusehen", gab er zu. Es sah aus, als schämte er sich dafür, es sich und Jayden einzugestehen.

„Hat es dir gefallen?" Er schüttelte den Kopf. „Nein, bitte vergiss die Frage. Ich hätte sie nicht stellen dürfen."

Aureliân schwieg einen Moment. Dann flüsterte er: „Ja."

Jayden grinste, sagte aber nichts.

„Ich wusste nicht, dass der Hals eine Zone ist, an der man so stark empfindet", sagte der Junge nun wieder mit normaler, beinahe analytischer Stimme.

„Es ist bei jedem anders", erklärte Jayden. „Dein Bruder reagiert dort sehr stark, ich hingegen fast gar nicht. Jeder hat andere Zonen. Das habe ich letzten Sommer von Seliân gelernt."

„Und nun hast du es an mich weiter gegeben. Danke."

„Ist irgendwie komisch", sagte Jayden nachdenklich, „damit hat dir Seliân indirekt wieder als Mentor gedient, oder?"

Sie lachten beide.

„Komm, wir stehen auch auf", sagte Jayden und erhob sich. In diesem Augenblick war er zum ersten Mal stolz auf seinen Körper, und dieses Selbstbewusstsein übertrug sich auf sein ganzes Handeln.

„Ich, ich brauche noch etwas", sagte Aureliân unsicher und sah herunter auf sein Buch. „Du weißt warum."

Jayden lächelte nachsichtig. Er wusste genau warum, und das hatte nichts mit dem aufgeschlagenen Kapitel zu tun.

Seliân packte nach dem Frühstück, das mit Brot, verschiedenen Käsesorten, Wurst und Beerenmarmelade seinem gewohnten erstaunlich ähnlich gewesen war, noch weitere Brote und etwas Obst in den Beutel, den Jayden vom letzten Sommer noch kannte.

„Wir werden erst gegen Sonnenuntergang zurück kommen", sagte er erklärend, sowohl für seine Mutter, als auch zu Jayden. „Ich zeige dir heute den Westen der Insel."

„Gehen wir alleine?", fragte Jayden und erhob sich gesättigt.

„Aureliân geht ins Haus der Lehre, falls du das meinst", entgegnete Seliân und schnürte sein Bündel zu, „und Schaitan bleibt hier."

Sie verabschiedeten sich und machten sich mit der Sonne im Rücken auf den Weg aus Glenghael heraus. Seliân ging wie üblich ohne Schuhe, doch das wunderte Jayden schon lange nicht mehr. Er selbst war gut gelaunt. Das lag einerseits wohl an der erfolgten Befriedigung, doch auch daran, dass er seinen Freund heute ganz für sich haben würde. Sein beschwingter Gang machte das auch Seliân deutlich, der ihn kurz damit aufzog.

„Wir gehen nach Thornwall, in den Ort, in dem meine Schwester nun lebt", sagte er, als sie bereits außerhalb der Kleinstadt auf den Feldern waren. „Der Ort lebt hauptsächlich von der Fischerei. Von dort wird die ganze Insel mit frischem Fisch und Meeresfrüchten versorgt. Sonst ist auch noch das Textilhandwerk in Thornwall ziemlich stark vertreten, Tuchherstellung, Färbung, Weberei, Näherei, Verkauf", erklärte er. „Du wirst sehen."

Sie kamen kurz vor ihrem Ziel an einer grasenden Schafsherde vorbei, die so groß war, dass es Jayden nicht gelang, alle Tiere zu zählen. Es mussten mehr als Zweihundert sein. Zwei Hirtenjungen und vier Hunde hielten sie zusammen. Die Jungen grüßten Seliân auf die Entfernung durch Winken. Wo auch immer sie hinkamen, schien man Seliân zu kennen. Dass dies in Glenghael passierte, verwunderte Jayden nicht so sehr. Schließlich war er dort als Sohn des Herrschers aufgewachsen. Natürlich kannte ihn dort jeder. Doch dass dies anscheinend für die ganze Insel galt, hatte Jayden so nicht erwartet.

Thornwall gefiel ihm gut. Es war an einem leichten Hang bis nah ans Wasser, dort dann mit felsiger Sicherung, gebaut worden. Doch theoretisch hätte er aus den Fenstern einiger Häuser direkt ins Meer spucken können. Die Häuser waren hier noch etwas bunter, was Seliân als Werbung für die Färbereien erklärte, die eben nicht nur Stoffe kolorierten, sondern auch Farben zum Anstreichen herstellten. Dafür waren hier mehr Häuser als in Glenghael aus Holz hergestellt und wirkten deshalb weniger stabil.

Seliân stellte seinem Freund den gesamten handwerklichen Prozess der Kleidungsherstellung vor. Für jedes der Handwerke schien es dabei eine eigene Straße und – wie Jayden für sich selbst heimlich hinzufügte – einen eigenen Geruch zu geben. Jayden war zwar interessiert, empfand es aber als anstrengend, dass er anscheinend immer nur als das schmückende Beiwerk Seliâns angesehen wurde. Er war sich anfangs sicher, dass jemand anderem die Türen gar nicht erst geöffnet worden wären und man es nur tat, weil er Rykiâns Sohn war. Doch dann fiel ihm auf, dass die Menschen dabei Seliân spürbar freundlicher begegneten als ihm. Das verunsicherte ihn erneut.

Ich bin der Eindringling. Ich komme aus einer anderen Welt. Es ist, als wäre ich ein Alien für sie, dachte er und biss sich auf die Lippe. Auch in meiner Welt würde man einem Außerirdischen mit Misstrauen begegnen, selbst wenn er so aussähe wie wir. Ich darf sie deswegen nicht verurteilen. Eine Färberei später ergänzte er dann jedoch für sich: Aber ich habe niemandem etwas getan. Ich wünsche mir doch nur ein bisschen Freundlichkeit. Diese abwertenden Blicke aller kotzen mich an.

Auf dem Weg die Küste entlang weiter nach Süden sprach er aus, was ihm auf der Seele brannte.

Seliân dachte lange nach, bevor er sehr bedacht sprach. „Man kann Menschen nicht vorschreiben, wie sie auf jemand Fremden reagieren sollen. Ihre Reaktionen sollten von Herzen kommen. Auch ich hatte gehofft, sie würden dich mit ähnlich offenen Armen empfangen wie mich."

„Überraschenderweise war auch deine Schwester keine Ausnahme", sagte Jayden, und es war offensichtlich, dass er sich gerade von ihr eine andere Einstellung ihm gegenüber erhofft hatte. Sie hatten sie nur kurz bei ihrer Arbeit in einer kleinen Weberei unterbrechen dürfen. Auch sie hatte tiefdunkle Haare, war zierlich und hatte ein schmales Gesicht. Sie hatte Jayden vielleicht noch stärker taxiert als die anderen Mitglieder seiner Familie und sich ihm gegenüber dann ausgesprochen neutral verhalten, beinahe kalt. Dabei war er absichtlich besonders freundlich zu ihr gewesen. Schließlich ist sie die Schwester meines Partners, hatte er sich dabei mehrfach gesagt. Egal, wie sie dir gegenüber tritt, sei freundlich.

„Ich nehme an", entgegnete Seliân, „dass sie von ihrer Arbeit so eingenommen war, dass sie unsere Begegnung eher gestört hat."

Jayden sah ihn zum ersten Mal an, als zweifele er an der Einschätzung, die Seliân über einen anderen Menschen traf. Das merkte auch er.

„Nimm es nicht so wichtig", versuchte er Jayden zu beruhigen, „vielleicht ist ihr auch einfach nur eine Laus über die Leber gelaufen. Sie ist sonst ganz umgänglich", bemühte er sich, das Ganze unbefangen herunter zu spielen. Dann öffnete er seinen Beutel und zog Brote für sie beide heraus. „Wenn ich Hunger habe, müsstest du deinen Magen auch schon länger spüren", erklärte er, als sei dies offensichtliche Logik. „Wollen wir?"

Jayden lächelte zum ersten Mal, seit sie Thronwall betreten hatten, wieder. Ja, er hatte Hunger, und Essen würde zudem eine willkommene

Unterbrechung darstellen. Sie setzten sich auf einen grauen und relativ ebenen Fels und blickten auf die an die schroffe Klippe schlagenden Wellen unter sich.

„Ein ähnlicher Ort wie der, an dem wir uns kennengelernt haben", begann Seliân, der anscheinend ahnte, was in Jaydens Kopf vorging.

„Es kommt mir vor, als sei seitdem ein ganzes Leben vergangen", sagte Jayden und biss herzhaft in ein Brot.

„Von dem Jungen, der du vorher gewesen bist, ist nicht mehr viel übrig", sagte Seliân leise, und es klang wie ein Kompliment.

„Wie konntest du es nur mit solch einem Idioten an der Seite aushalten?"

Seliân lachte. „Ich habe diesen Idioten nicht nur deshalb ausgewählt, weil ich ihn von dem ersten Blick auf seinen schwimmenden Körper an extrem attraktiv fand. Ich war auch voller Hoffnung, dass er mir bei meiner Aufgabe helfen können würde."

„Aber anfangs musst du doch gedacht haben: worauf habe ich mich hier mit ihm nur eingelassen? Oder?", fragte er.

„Ehrlich gesagt, nein. Als du nach einem und nach zwei Tagen zu der Stelle zurückgekehrt warst, war ich mir sicher, dass es zwischen uns klappen wird. Damit meine ich nicht das Sexuelle, nur dass ich wirklich von deinen Informationen über deine Welt profitieren könnte."

Jayden dachte einen Augenblick nach und schob den Rest des Brotes in seinen Mund. „Hast du Maracon gegenüber eigentlich nie ein schlechtes Gewissen gehabt?"

„Damals oder jetzt?"

„Damals, aber auch jetzt", antwortete Jayden.

„Wir hatten und haben klare Absprachen", sagte Seliân bedacht. „Ein schlechtes Gewissen müsste ich nur haben, wenn ich gegen sie verstieße. Doch unsere Absprachen erlaubten mir damals und sie gestatten mir auch heute, dass ich mich körperlich mit dir vereinige, wenn ich es für richtig halte."

„Wie kommt es, dass du in so jungen Jahren schon so sicher in einer Beziehung sein kannst?", wunderte sich Jayden. „Ich meine, ihr seid jetzt über ein ganzes Jahr zusammen. In meiner Welt ist ein Jahr unter Jugendlichen eine halbe Ewigkeit."

Seliân überdachte seine Antwort eine Zeitlang. Dann sagte er: „An meinem Bruder bekommst du im Moment mit, wie wir auf das Mannesalter vorbereitet werden. Das vielleicht Wichtigste, was wir lernen, ist die Verantwortung anderen gegenüber. Wenn wir uns auf Beziehungen einlassen, sind wir anscheinend reifer, als man es in deiner Welt ist. Uns ist klar, was sie bedeuten, was wir dem anderen schulden und was wir im Gegenzug erwarten dürfen. Absprachen regeln das Zusammensein."

„Wir beide haben keine Absprachen", flüsterte Jayden. Der Gedanke schockierte ihn, dass Seliân ihre Beziehung deshalb als nicht so ernst gemeint interpretieren könnte wie er.

Zu seiner Überraschung lächelte Seliân. „Haben wir nicht?", fragte er.

„Ich weiß von keiner Absprache."

„Das heißt nicht, dass keine existieren", erwiderte Seliân. „Wir beide haben zum Beispiel die Absprache, bedingungslos für den anderen einzustehen, wie ich dir beim ersten Essen mit meiner Großmutter bewiesen habe."

„Aber kommt Absprache nicht von absprechen?", fragte Jayden.

Seliân grinste. „Wenn man es sehr genau nimmt, ja", gab er zu. „Doch stille Absprachen gelten deshalb nicht weniger."

„Welche stillen Absprachen haben wir noch?", sah ihn Jayden fragend an. Dann lächelte er und sagte: „Ich wüsste gerne, woran ich mich noch zu halten habe."

Seliân sah ihm tief in die blauen Augen. „Wir vertrauen einander in der Welt des anderen. Das ist Grundvoraussetzung." Jayden schloss einverstanden die Augen. Dann zählte Seliân weiter auf: „Auf sexueller Ebene bringt – wie heute früh – einer von uns eine Idee ein, und der andere lässt sich erst einmal darauf ein, auch wenn er vielleicht etwas anderes im Kopf hatte." Jayden nickte, als lernte er ihre stillen Absprachen auswendig. „Und wann immer es einem von uns nicht gut geht, tut der andere alles Menschenmögliche, damit es dem Partner wieder besser geht", und er fügte hinzu, „egal zu welchem Preis."

„Wow, die letzte Absprache geht ganz schön weit", sagte Jayden und hob die Brauen. „Egal zu welchem Preis?"

„Ich stehe dazu", sagte Seliân schlicht.

„Dann tue ich es auch", bekräftigte Jayden. „Doch das klingt beinahe, als wäre Maracon bei diesen Regelungen außen vor."

Seliân sah für einen kurzen Moment aus, als hätte man ihn bei etwas Verbotenem ertappt. Doch schnell fand er seine Fassung wieder. „So ist das nicht gemeint. Maracon erhält seine Bedeutung wieder, wenn wir beide nicht mehr zusammen sind. Maracon und ich haben für die laufende Zeit unsere Absprachen ausgesetzt und durch andere ersetzt."

„Mir geht es nur darum, dass ich eure Beziehung nicht belaste." Er sah auf den nackten Fels, als schämte er sich, in ihr Leben eingebrochen zu sein. „Und für mich ist es schwer vorstellbar, dich zu teilen."

„Es ist auch ein sehr großer und weitgehender Schritt", gab Seliân zu. „Die räumliche Trennung der beiden Welten hat das bislang geregelt. Doch dein Aufenthalt hier hat vieles über den Haufen geworfen." Er sah ihn an. „Ich habe gestern schon gesagt, es gibt niemanden, der in einer vergleichbaren Situation war und von dessen Erfahrungen wir lernen könnten. Es ist beeindruckend, wie sehr du auf Maracons Wohl bedacht bist."

„Ich habe mir vorgestellt, es wäre umgekehrt", sagte Jayden leise. „Dann würde ich mir wünschen, dass der andere rücksichtsvoll wäre und man mich nicht vollständig ausschließen würde."

„Das allein macht dich wirklich besonders. Ich danke dir." Dann gab er ihm einen Kuss, diesmal zwar nur auf die Wange, doch verstand Jayden die Bedeutung. Es war ein Dankeschön nicht nur von ihm, sondern auch von Maracon.

„Ich habe geglaubt", sagte Jayden nach ein paar Sekunden, „alles wäre irgendwie ein bisschen einfacher." Er sah seinen Freund an, doch der schüttelte nur kaum merklich den Kopf. Dann riss sie das Auftauchen einer großen Rinderherde aus den schwermütigen Gedanken.

Als Jayden am nächsten Morgen zum Frühstückstisch herunterkam, war er mit Helena alleine. Nach dem freundlichen Empfang, war sie ihm gegenüber immer einsilbiger geworden. Heute fragte sie nur, ob er gut geschlafen habe und wandte sich sonst still ihrer Arbeit zu. Jayden fragte sich unwillkürlich, ob er irgendetwas getan hatte, was sie verärgert haben konnte. Oder war es vielleicht wirklich nur, dass sie unbewusst etwas dagegen hatte, dass er mit ihrem Sohn schlief?

Seliân hatte sich vorher abgemeldet, da er eine Runde mit Schaitan gehen wollte. So hatte Jayden etwas länger Zeit im Bad gehabt. Aureliân erlöste ihn nun aus der Verlegenheit, setzte sich zu ihm und begann sich ein Brot zu schmieren.

„Du warst doch gestern im Haus der Lehre", begann Jayden.

Der Junge nickte nur.

„Was war das Thema eures Unterrichts?", versuchte er eine unverbindliche Unterhaltung zu beginnen. Helena stand währenddessen am Herd und nutzte die Chance, in der Küche etwas herum zu werkeln, vor allem aber nicht mehr bei dem Gast sein zu müssen, so nahm Jayden es wahr.

Aureliân sah kurz auf sein Brot und biss dann hinein. Jayden war sofort klar, dass er Zeit gewinnen wollte. Dabei wollte er ihn doch gar nicht in Verlegenheit gebracht haben. Als er herunter geschluckt hatte, antwortete der Junge bedacht: „Was ist das falsche Fragewort. Es müsste heißen: Wer war das Thema?"

„Dann ging es um mich." Er stellte es nicht als Frage hin.

Aureliân nickte erneut. „Einige hatten mitbekommen, dass du eingetroffen bist. Sie alle wollten von mir wissen, wer du bist."

„Was hast du ihnen gesagt?", fragte Jayden neugierig, aber auch ein wenig unsicher. Was würde sein, wenn der Junge etwas Schlechtes gesagt hatte?

Doch der entgegnete nur: „Du bist nicht zu mir gekommen, sondern zu meinem Bruder. Ich hoffe, dass auch wir Gelegenheit bekommen, offen miteinander zu reden. Ansonsten habe ich gesagt, dass du dich wie ein idealer Freund verhalten hast."

„Das ist sehr nett von dir."

„So habe ich dich wahrgenommen", sagte er und blickte ihn kurz an. Anfangs war es wohl ein ernster Blick gewesen, doch den konnte er nicht lange aufrecht halten, und er begann zu grinsen und leicht verlegen in sein Brot zu beißen.

Jayden lachte in sich hinein. „Meine Bewertung zu dir würde kaum anders ausfallen", gab er das Kompliment zurück und zog die Käseplatte zu sich.

Das Gesicht des Jungen gewann noch ein wenig mehr an Farbe. Schnell reichte er Jayden den tönernen Krug mit Quellwasser an. „Seliân hat mir erzählt", fuhr er nachdenklich fort, „dass auf der Erde inzwischen über sechs Milliarden Menschen leben."

„Das ist richtig", bestätigte Jayden.

„Ich habe mich gefragt, wie eine solch hohe Zahl zustande kommt. Haben die Menschen aufgehört, Kriege zu führen?"

Jayden atmete tief durch. Das war ein heftiges Gesprächsthema für eine Frühstücksdiskussion. „Du würdest erschrecken", antwortete er deshalb ausweichend, „wenn ich dir erzählte, auf welche Weise sich Menschen in den letzten einhundert Jahren bekriegt haben."

„Du weißt, wieso sich Loron von der Welt abgespalten hat", sagte Aureliân ruhig, aber auch fordernd. „Denkst du wirklich, du könntest uns noch erschrecken?"

„Ja", sagte Jayden knapp und nickte dabei, um dieses kurze Wort zu unterstreichen.

Aureliân, der vorher kurz gelächelt hatte, erschrak nun tatsächlich. „Ja?"

Erneut nickte Jayden, diesmal aber mit einem traurigen Gesichtsausdruck, und sein geflüstertes „Ja" schien den Jungen ernstlich zu verunsichern, denn er schluckte mehrfach. Deshalb stand Jayden auf und legte ihm sanft den Arm um die Schultern. Leise und ganz nah an dessen Ohr flüsterte er: „Ich möchte es nicht erzählen, wenn das okay ist. Es würde mir wehtun, dir mit diesen Geschichten Schmerzen zuzufügen. Denn das würde unweigerlich passieren." Ohne es geplant zu haben, gab er ihm noch einmal einen Kuss auf die Stirn, diesmal aber ohne die Haare wegzustreichen. Doch die Wirkung seiner Worte und dieser Handlung waren für Aureliân eindeutig verständlich. Jetzt waren sie endgültig wie Brüder, und er konnte sich sicher sein, dass Jayden auch ihn vor jeglicher Gefahr zu bewahren versuchen würde.

„Danke", hauchte er, und Jayden nahm wieder Platz.

Kaum hatten sie wieder angefangen zu essen, ging die Haustür auf, und Seliân kam zu Tisch.

„Sind sie gesichtet worden?", fragte Aureliân, ohne zu ihm aufzusehen.

„Wer?", fragte Jayden.

Seliân sagte knapp: „Wölfe. Ich dachte, sie würden dich interessieren. Ja, mein Bruder", wandte er sich an Aureliân, „die zwei Welpen und ihre Mutter sind in der Heide südlich der zweiten Brücke über den Tam gesehen worden. Der Rest des Rudels jagt noch südlicher."

„Darf ich euch begleiten?“ Er sah zu Jayden herüber, doch der ging davon aus, dass die Frage nicht *an* ihn, sondern seinetwegen gestellt worden war.

Da Seliân es anscheinend ebenso aufgefasst hatte, fragte dieser an seinen Freund gewandt: „Jayden, ist es für dich okay, wenn uns mein Bruder begleitet?“

„Selbstverständlich“, antwortete Jayden ohne nachzudenken. Er hatte nicht eine Sekunde überlegt, ob er Aureliân an seiner Seite haben wollte. Es kam ihm einfach natürlich vor, ihn bei einem konkreten Wunsch zu einem doch anscheinend etwas außergewöhnlichen Ereignis nicht auszuschließen.

„Nehmen wir Schaitan auch mit?“, fragte er.

Seliân lachte kurz auf. „Schaitan würde die Wölfe sofort angreifen. Er wittert jede Form von Gefahr, die seinen Herren droht.“

„Das heißt“, fragte Jayden zögerlich, und ihm wurde ein wenig mulmig, „wir sind in einer realen Gefahr?“

„Es sind immer noch wilde Tiere, mein Freund.“

Und Aureliân ergänzte: „Es wird für uns erst erkennbar, ob sie gefährlich sind, wenn wir sie gesehen haben.“ Er wandte sich an seinen Bruder. „Nehmen wir etwas mit, womit wir sie anlocken?“

„Nein, wir bleiben heute defensiv und im Hintergrund. Wenn sich herausstellt, dass sie satt sind, gehen wir näher heran.“

Aureliân nickte, und es sah ergeben aus. Dies war ein derart beeindruckendes Zeichen, wie stark er zu seinem Bruder aufsah, ihn im wahrsten Sinne vergötterte, dass Jayden unwillkürlich wünschte, er selbst würde von Aureliân so angesehen werden. Keine Frage, seine kleine Schwester mochte ihn, doch zankten sie auch häufig. Niemals würde sie ihm einen solchen Blick schenken, wenn er nicht wenigstens einen Oscar nach Hause brachte oder in der Premier League spielen würde. Doch dieser Junge hatte vorhin etwas verstanden, was sie einander näher brachte, als er je mit seiner Schwester sein würde.

Seliân nahm nach dem Frühstück erneut ein vorbereitetes Bündel, und sie verließen das Haus. Sie versuchten, sich kurz von Schaitan zu verabschieden, doch der schien zu ahnen, dass sie sich in Gefahr begeben würden und bellte die ganze Zeit beunruhigt und laut. Er gab erst Ruhe, als sich

Seliân zu ihm legte und ihn umarmte. So schien der riesige Hund zu verstehen, dass seine Herren selbst sich sicher wähnten, und er ließ sie gehen.

„Ich wünschte, wir hätten auch einen Hund", sagte Jayden, als sie um die erste Ecke bogen.

„Deine Eltern erlauben dir keinen Hund", sagte Aureliân, und es schien keine Frage zu sein.

Er nickte und zog einen Mundwinkel leicht enttäuscht nach oben. „Meine Eltern mögen keine Tiere. Wir hatten mal ein Aquarium mit Fischen, aber die sind eingegangen."

Aureliân sah fragend zu ihm herüber, doch sein Bruder antwortete an Jaydens Stelle. „Stelle dir einen großen Kasten aus Glas vor, in dem kleine, bunte Fische und gepflanzte Gräser leben."

Aureliân nickte, und Jayden sah, wie er angestrengt über das Gesagte nachdachte. Sich ein Aquarium vorzustellen, wenn man noch nie zuvor erlebt hatte, dass jemand Haustiere nur zum Vergnügen, zur Zierde und nicht zum eigenen Schutz hielt, war sicherlich eine nicht unerhebliche Leistung. Da konnte Seliân nach ihrem Besuch im Zoo von Edinburgh erzählt haben, was er wollte.

Sie verließen Glenghael erneut in südlicher Richtung. Um auf eine bestimmte Ausfallstraße zu gelangen, folgten sie einem Fuhrwerk, das Stoffe geladen hatte. Die knallbunten Tuchballen waren um längliche Hölzer gerollt und einen guten Meter hoch gestapelt worden. Irgendwie erwartete Jayden, Farben oder Felle riechen zu können, doch der starke Eigengeruch der Pferde übertönte alles. Das Klappern ihrer Hufe gab mit ihrem monotonen Klang einen fast meditativen Anreiz, und so wurde Jayden sogar ein wenig schläfrig.

Irgendwann, es kam ihm vor, als seien sie eine ganze Stunde hinter dem Fuhrwerk hergetrottet, bog Seliân auf einen Seitenweg ab. Sie gingen einen noch schmaleren Pfad, der nur noch aus festgetretener Erde bestand, eine weitere Meile an einem kleinen Bach entlang. Die Richtung war flussaufwärts, so dass sie der Quelle immer näher kamen, die vom einzigen sichtbaren Berg, einer knapp siebzig Meter hohen Erhebung, entsprang. Sie passierten früh eine erste Brücke, blieben jedoch auf der gleichen Seite des Tam. Das war der Name, den dieser Bach erhalten hatte.

„Schwimmen Fische in diesem Gewässer?“, fragte Jayden.

„Ja, wir könnten hier angeln, wenn wir wollten“, sagte Aureliân.

„Isst du eigentlich Fisch?“, überkam es Jayden zu fragen, und er meinte natürlich Seliân.

„Nein“, sagte dieser lächelnd, „ich esse kein einziges Tier mehr.“

„Und du?“, fragte er dessen Bruder.

„Ich mag es gerne“, antwortete dieser, „doch bei uns gibt es nicht so oft Fleisch, da Seliân sonst häufig ein Extragericht bekommen müsste. Fisch gibt es aber fast jede Woche einmal.“

„Darf ich dich fragen, wie es für dich war“, wandte sich Jayden erneut an den Jungen, „als du Seliân in eine Welt entlassen hast, von der du nicht sicher wissen konntest, ob er gesund zurückkehrt?“

Aureliân zögerte, sah kurz seinen Bruder an, der jedoch kein Zeichen gab, ob er eine Anweisung für ihn hatte. So sprach er offen. „Es war ein eigenartiges Gefühl. Er war auch damals schon mein Mentor. Was er mir in dieser Funktion bedeutet, hast du sicher verstanden.“

„Aureliân, du antwortest immer so beherrscht“, ging Jayden dazwischen. „Lass das bitte mal sein. So wie du Wert auf meine Gefühle legst, lege ich Wert auf deine.“

„Du willst wissen, ob ich gelitten habe?“, fragte er und sah ihn forschend an.

„So wollte ich es nicht nennen“, antwortete Jayden. „Aber ja, irgendwie schon.“

„Nun, ich habe ohne ihn im Raum schlecht geschlafen. Ich habe Seliân vermisst,“ gab er zu. „Er war nie zuvor länger als eine Nacht von mir getrennt. Und ja, ich habe seinetwegen auch nachts manchmal geweint.“

Seliân sah ihn überrascht an.

„Ich habe es dir nie gesagt, weil du nie gefragt hast“, sagte Aureliân tonlos. Dann kniff er für einen Augenblick seine schmalen Lippen zusammen. „Du bringst mich dazu“, sagte er zu Jayden, „dass ich dir Dinge über mich preisgebe, die niemand sonst kennt.“

Eine kurze, verlegene Pause entstand zwischen ihnen allen. Ja, dies war wirklich etwas Besonderes, dachte Jayden selbstzufrieden. Ich bin tatsächlich noch einmal ganz nah an ihn heran gekommen.

„Ich danke dir für dieses Vertrauen“, sagte er und schlug Aureliân sanft auf die Schulter.

„Seliân in deine Welt gehen zu lassen, in eine, über die wir fast gar nichts wussten, war der größte Schritt, den ich je gemacht habe. Du musst verstehen, Jayden, es hätte Krieg bei euch herrschen können, und wir hätten keine Chance gehabt, es zu erfahren. Ich hatte Angst, mein Bruder hätte in Auseinandersetzungen mit Waffen, die wir uns nicht einmal vorstellen können, geraten können." Er atmete tief aus und blieb einen Moment lang stehen. Dann sprach er langsam und sehr beherrscht weiter. „Es bestand eine kleine, aber dennoch sehr reelle Möglichkeit, dass er nie wieder zurückkehrt und wir nicht einmal seinen toten Körper bergen können würden. Ich kann dir nicht sagen, wie erleichtert ich war, als sein Boot hinter der Grenze sichtbar wurde."

Jayden sah kurz zu Seliân herüber, dessen Augen vor Rührung glänzten.

„Dann hast du sehnsüchtig auf seine Rückkehr gewartet?", fragte er.

„Jeden einzelnen Tag", antwortete der Junge leise.

Seliân legte ihm den Arm um die Schulter, während sie weiter gingen. Es war ein wunderbar vertrautes Bild zweier Brüder, die sich mehr liebten, als irgendjemand sonst, den er kannte, dachte Jayden, und er schluckte, als ihm bewusst wurde, dass er ebenfalls nur Seliân auf beiden Seiten dieser Welt hatte, der ihm so viel bedeutete.

Sie gelangten an eine zweite, nun viel einfacher gezimmerte Brücke, die einen Pfad von Westen kommend über den Tam führte. Sie war alt und anscheinend nie ausgebessert worden, und sie wäre in seiner Welt, so dachte Jayden, höchstens von Kindern zum Spielen genutzt worden. Der Weg führte aus einem Wald heraus, auf den sie nun zugingen. Das Gefühl, sich in eine gefährliche Situation zu begeben, verstärkte sich erneut in Jayden, und sein Magen verkrampfte sich. Seliân hob die Hand. Sofort blieben seine beiden Begleiter stehen.

„Wartet hier", flüsterte er.

Jayden wollte schon protestieren, dass er seinen Freund nicht allein lassen würde, als sich Aureliân zu ihm wandte und mit beruhigender Stimme sprach: „Vertraue ihm. Er weiß, was er tut."

Jayden gehorchte mehr, als er es selbst für sinnvoll hielt. Doch wenn jemand, der so stark zu jemandem aufsah wie Aureliân zu seinem großen Bruder, Vertrauen in ihn hatte, dann konnte auch er ihm sicher alle Freiheiten zugestehen. Doch irgendwie tat er es trotzdem ungern. Sie setzten sich auf einen abgebrochenen Baum und sahen ihrem Führer nach, der im Unterholz verschwand. Ein beinahe peinliches Schweigen baute sich zwischen ihnen auf. Dann brach der Junge es.

„Wir werden sicher länger auf ihn warten. Dies ist eine gute Möglichkeit für mich, dir noch ein paar Fragen zu deiner Welt zu stellen, etwas einfachere als die heute früh“, fügte er dann aber vorsichtig hinzu. „Darf ich?“

Als Seliân nach gut zwanzig Minuten mit einem Lächeln im Gesicht zu ihnen zurückkehrte, sprachen sie gerade über das Reisen in Zügen. Flugzeuge, Schulen, Autos und Fernsehen hatten sie bereits abgehakt.

Mit „Dein Bruder ist ebenso neugierig wie du es warst“, begrüßte ihn Jayden.

Noch bevor Aureliân mehr als die Worte „Hast du ...“ hervor bringen konnte, nickte Seliân schon.

„Folgt mir“, sagte er, „doch verhaltet euch still.“

„Diese Anweisung gilt sicherlich eher mir“, dachte Jayden. „Aureliân hat Wölfe schon häufiger gesehen. Er muss wissen, wie man sich ihnen annähert.“

Also ging Jayden so leise er konnte, doch manchmal trat er auf morsche, abgebrochene Zweige, die er einfach zu spät erkannte, denn das Licht drang durch die Wälder Lorons augenscheinlich überall spärlicher, als er es gewohnt war. Dies war eine Welt, die er so nicht kannte und in der er sich fremd und beinahe schutzlos fühlte. Es war ein eigenartiges und keinesfalls angenehmes Gefühl.

So muss es auch Seliân letzten Sommer gegangen sein, folgerte er. Jetzt lerne ich erst zu schätzen, wie sehr er mir damals vertraut hat. Ich war sein Anker, seine Fallschirmreißleine, jetzt ist er genau das für mich.

Nur wenige Meter weiter gelangten sie an eine Lichtung, die die Größe einer kleinen Sporthalle hatte. Sie war eher mit hohen Gräsern bewachsen, doch als Seliân erneut die Hand hob, fragte sich Jayden kurz, ob er sich vertan hatte, denn die Lichtung war offensichtlich leer. Dann nahm sein Freund einen etwa armdicken Ast auf und schleuderte ihn in die Mitte der freien Fläche. Ein hechelndes, helles Atmen beantwortete das Knacken, als dieser vom Aufprall brach. Jayden hielt den Atem an.

Dort mussten wirklich Tiere sein.

Ein deutlicher und diesmal auch viel tieferer Knurrton machte ihm klar, dass auch wenigstens ein erwachsenes Tier dort irgendwo lauerte. Seliân musste wahnsinnig sein, einen zweiten Ast deutlich hörbar zu zerbrechen und den ersten Teil erneut in die Mitte zu werfen. Ein freudiges Bellen erklang, und kaum später nahm Jayden wahr, dass etwas Dunkles herüber hastete. Ein zweiter Schatten folgte dem ersten, ein dritter – nein, das war kein Schatten; es musste der silbergraue Rücken eines Wolfs sein – trottete beinahe gemächlich hinterher.

„Das gibt es nicht", hauchte er.

Aureliân legte den Finger auf den Mund, und Jayden wurde klar, dass er sich soeben unglaublich dumm verhalten hatte.

Seliân ging mit gemessenem Schritt vorwärts, doch Jayden fiel auf, dass er den Kopf tief gebeugt hielt. Es war eine zutiefst devote Position, die selbst ein Tier niemals als aggressiv interpretieren konnte, dachte er. Den Rest des abgebrochenen Asts hatte er zurückgelassen. In einer Entfernung von vielleicht vier Metern von den Tieren ging Seliân in die Hocke, sodass man nur noch seinen Kopf sehen konnte. Dort wartete er, bis ihm wohl ein Wolfsjunges so nah kam, dass er es berühren gekonnt hätte. Doch er tat es nicht.

Mit dem Kopf nickte er zu den beiden, und Aureliân flüsterte: „Gehe ganz langsam zu ihm. Mache alles so, wie er es getan hat. Lasse dir nicht anmerken, dass du Angst hast."

Jayden verzog den Mund. Na, das war ja eine hilfreiche Anweisung. Wie soll ich keine Angst zeigen, wenn mir das Herz fast bis zum Hals schlägt? Der hat gut reden.

Mit tief gebeugtem Haupt, er verglich sich einen Moment lang mit einem Bittsteller beim Kaiser von China, schlich er eher als er ging zu seinem Freund. Seliân hatte sich inzwischen hingekniet und so weit nach vorne gebeugt, dass er wie ein Moslem beim Gebet aussah. Jayden verstand augenblicklich, dass er der Wölfin seinen Hals darbot, sich ihr ohne Bedingungen unterwarf.

Scheiße, dachte er, das muss ich auch tun. Wenn er sich täuscht, sterben wir beide.

Aus den Augenwinkeln warf er einen Blick auf die drei Tiere, während er sich so langsam er konnte neben Seliân hockte. Zwei noch sehr kleine Wolfsjunge, nicht größer als gewöhnliche Hauskatzen, starrten ihn ehrfurchtsvoll und neugierig aus weit geöffneten Augen an. Beide hatten hellbraunes und recht kurzes Rückenfell, waren am Bauch aber strohblond. Sie unterschieden sich durch einen blonden Fleck auf der Schnauze, den nur einer von ihnen hatte. Eine ausgewachsene Wölfin von der Größe eines Huskies und mit silbergrauem Rückenfell saß einen Meter daneben auf ihren Hinterläufen und sah ihm ebenfalls zu, wie er sich nun vornüber beugte und ihr seinen Hals offenbarte. Ihr Bauchfell war hellbraun und auf der Schnauze trafen sich alle Farben erneut.

Jayden nahm noch wahr, dass neben ihm Aureliân beinahe lautlos aufgetaucht war, bevor er seltsamerweise die Augen schloss. Nach vielleicht einer Minute spürte er Seliâns Hand an der seinen, und er hob den Kopf.

Seliân kniete nun neben ihm und bedeutete ihm durch einen Blick, auch Aureliân zu berühren. Noch während er das tat und sich der Junge lächelnd aufrichtete, sah er, dass ein Wolfsjunges zur Mutter zurück gekehrt war und sich an sie schmiegte, während das andere neugierig zum Jüngsten der drei schlich. Es war das mit der gescheckten Schnauze.

„Bewege dich nicht“, hauchte Seliân fast unhörbar, und Jayden war sich nicht sicher, wer von ihnen gemeint gewesen war.

Wahrscheinlich wir beide, dachte er blitzartig.

Das Wolfsjunge schnupperte an Aureliâns Hose. In diesem Moment dämmerte es Jayden, dass es wahrscheinlich Schaitans Geruch wahrnehmen würde, doch dann kuschelte es sich an den Jungen wie sein Bruder an der Mutter.

Es mag den Geruch, dachte er.

Die Wölfin regte sich noch immer nicht, stupste aber ihren zweiten Welpen leicht. Sie machte zwei Schritte auf Jayden zu, blickte kurz zweifelnd zur Mutter und schmiegte sich dann wieder an sie, als hätte es Angst vor ihnen. Jayden grinste unwillkürlich, gab aber seine defensive Haltung nach wie vor nicht auf.

Nun erhob sich die Wölfin ganz, und Jayden schluckte, als sie in drei gemächlichen Schritten bei seinem Freund war und an ihm roch. Seliân neigte seinen Kopf erneut, und Jayden verstand, dass er wie ein Tier dachte und sich der Mutter ein zweites Mal, diesmal aber eher wie ihr eigenes Kind unterwarf. Sie schnupperte und leckte dann sogar seinen

Hals ab.

Wie kann Seliân nur so viel Vertrauen haben?, durchschoss ihn der Gedanke. Jaydens Herz schlug derart laut, dass er glaubte, dass alle drei Tiere es hören mussten. Aureliân, so erkannte er, sah gleichzeitig gütig auf sein Wolfsjunges hinab, machte aber keine Anstalten, es von sich aus anzufassen.

Das zweite und scheuere Wolfsjunge blickte von der Mutter immer wieder zu seinem Bruder und dann zu Jayden, der als einziger keine klare Zuordnung hatte. Zögernd machte es zwei kleine Schritte auf ihn zu. Jayden machte sich kleiner und streckte eine Hand mit der Handfläche nach oben hin aus, als wollte er Futter präsentieren. Er hatte nur noch Augen für diesen Welpen und bekam bestenfalls noch aus den Augenwinkeln mit, dass sich die ausgewachsene Wölfin nun an Seliân schmiegte. Ihr Junges kam gerade zu Jayden herüber und schnupperte an seiner Hand. Dann sah es sich noch einmal unsicher um und strich sanft mit seiner Schnauze über die jugendliche Handfläche. Jayden schluckte, als er verstand, was hier soeben passierte. Er begann, das Wolfsjunge mit den Fingern fast unmerklich am Hals zu streicheln.

Aureliâns Welpe trat nun mehrere Schritte zurück und schien etwas zu suchen. Dann brachte er den zweiten von Seliân geworfenen Ast in der Schnauze zurück zu ihm. Jayden starrte sie mit offenem Mund an, als Aureliân den Stock nahm und ein paar Meter weit warf. Sofort sprang er hinterher und apportierte den Stock mit einem hellen Hecheln.

Seliân indessen, so erkannte Jayden, kraulte der ausgewachsenen Wölfin das graubraune Fell. Sie hatte die Augen geschlossen und – und das war die faszinierendste Erkenntnis für ihn – sie vertraute ihnen ihre Welpen an. Sein Junges kam inzwischen immer etwas näher und schmiegte sich kuschelnd an ihn, so dass auch er es richtig streicheln konnte. Einzig Aureliân spielte mit seinem Wolfskind Stöckchen holen. Die Situation war so absurd, dass Jayden immer wieder seinen Kopf schüttelte und von einem zum Nächsten blickte.

Als rund fünf Minuten später ein Raubvogel über ihnen auftauchte und einen Schrei ausstieß, sah die Wölfin ruckartig auf, schnupperte in alle Richtungen, bellte kurz und betrachtete ihre Jungen. Sie gehorchten sofort, wandten sich ihr zu und trotteten zum Wald hin. Sie waren noch keine zwei Meter entfernt, als sich die Wölfin zu Seliân umdrehte, ihn fixierte und kaum merklich ihren Kopf neigte. Jayden sah voller Überraschung, dass Seliân mit der gleichen Kopfbewegung antwortete. Er tat es ihm gleich, und auch Aureliân bedankte sich. Ein helles Bellen von einem der Welpen war das letzte, was sie von ihnen hörten oder sahen, als sie im Dickicht verschwanden.

„Niemals in meinem ganzen Leben hätte ich gedacht, dass das funktionieren könnte“, begann Jayden seinem Erstaunen Worte zu verleihen, als sie die Lichtung verließen und sich auf den Rückweg machten.

„Es gibt eine Vorgeschichte“, begann Seliân. „Die Wölfin war vor vier Jahren eine der Welpen, mit denen ich spielte. Ich versuche, sie häufiger zu treffen, damit sie sich immer an mich erinnert.“

„Deshalb ...“, er beendete seinen Gedanken nicht, doch seine Begleiter schienen zu verstehen.

„Deshalb ist das Risiko für mich geringer, ihr gegenüber zu treten“, sagte Seliân, und sein Bruder fuhr fort: „Und deshalb kannte der Welpe das Spiel mit dem Stock schon. Wir haben es vor zwei Wochen zum ersten Mal gespielt. Da waren sie beide noch ein ganzes Stück kleiner.“

„Sie reißen aber wirklich andere Tiere?“, hakte Jayden nach.

„Schafe, Ziegen, Rehe, Hirsche, selten Lachs“, zählte Aureliân auf. „Noch jagen die Eltern und Geschwister ohne sie.“

„Die Welpen sind bis vor einem Monat gesäugt worden“, ergänzte Seliân. „Auch dabei haben wir schon einmal zugesehen. Sie bekommen noch etwa anderthalb Jahre das Fleisch, das die Eltern erlegt haben.“

Es würde ein für immer prägendes Ereignis in Jaydens Leben sein, dies erlebt zu haben. Dessen war er sich sicher.

Wer lernt von wem?

„Kannst du eigentlich reiten?“, fragte ihn Seliân am nächsten Morgen beim Frühstück. Helena hatte für sie und Aureliân Eier gebraten und sie zu Tomaten, Käse und Brot serviert, sich danach aber auch wieder zum Bettenmachen abgemeldet. Zu Jaydens Überraschung war er der Großmutter bislang nicht mehr begegnet. Wann immer sie im Hause war, blieb er mit seinem Freund oder dessen Bruder freiwillig draußen bei Schaitan, den er beinahe so sehr ins Herz geschlossen hatte wie die Jungs. Zudem ging er ihr nach ihren verbalen Ausrutschern beim Kennenlernen lieber aus dem Weg, wenn er hörte, dass sie in der Wohnstube war.

„Ich habe es noch nie versucht. Reiten ist bei uns", er unterbrach sich selbst und sah etwas verschämt auf seinen vollen Teller, „eher was für Mädchen. Es gibt zwar auch Männer, die reiten, aber die sind meist stinkreich, und deshalb wollen wir nichts mit ihnen zu tun haben."

„Wer ist wir?", sah Seliân ihn neugierig an.

„Die Nichtadligen und Nichtreichen", antwortete Jayden. „99 Prozent der Menschen in Großbritannien. Du weißt doch, wir Normalos spielen Fußball und Rugby, denn das kostet nichts. Oder wir spielen Cricket, was schon gehobener ist, aber eben noch erschwinglich."

„Würdest du denn mit mir ausreiten, wenn ich es dir zeigen würde?"

Jayden grinste über den Tisch. „Ich habe neben euch einen echten Wolf gestreichelt. Seliân, ich würde an deiner Seite aus einem Flugzeug springen, wenn es notwendig wäre. Natürlich werde ich es mir von dir zeigen lassen."

Aureliân prustete und spuckte sogar etwas Ei über den Tisch. „Aus einem Flugzeug springen? Du spinnst wirklich!"

„Es gibt Fallschirme", bemerkte er ruhig.

„Du willst uns nicht erzählen, dass Menschen mit einem Schirm aus einem Flugzeug springen", sagte Seliân und sah Jayden an, als versuchte dieser seinen Bruder und ihn zu veralbern.

„Ihr denkt wahrscheinlich an eine Art Regenschirm. Stellt euch einen großen Rucksack vor, aus dem ein Schirm aus Tuch hervorkommt, der so groß ist wie ein ganzes Zimmer. Er bremst den Fall so stark ab, dass man problemlos auf den Füßen landen kann."

Aureliân starrte ihn mit offenem Mund an, und Seliân sprach es so übertrieben aus, wie er es augenscheinlich empfand. „Als Nächstes wirst du uns aber nicht erzählen, dass Menschen auf dem Mond umher spazieren, oder?"

Jayden lächelte. „Erst seit einer Generation. Im Moment versuchen sie mit Raketen den Mars zu erreichen."

Seliân überging die Bemerkung lächelnd, anscheinend davon ausgehend, dass es sich tatsächlich um eine Verulkung handelte. Aureliân schien noch unentschlossen und sah Jayden weiterhin fragend an. „Was ist eine Rakete?"

Jayden stellte seinen Unterarm senkrecht auf den Tisch. „Eine Maschine, bei der so viel Feuer aus dem Heck, also meinem Ellenbogen, kommt, dass sie in den Himmel fliegen kann“, sagte er und demonstrierte das Abheben.

„Und die fliegen bis zum Mond?“, fragte der Junge eingeschüchtert.

„Mein Bruder, Jayden macht Witze“, sagte Seliân ernst.

Aureliân sah ihn verunsichert an, doch Jayden fügte lächelnd hinzu: „Nein, ich mache keine Witze. Sie fliegen wirklich zum Mond. Und sie fliegen inzwischen noch viel weiter.“

Nun war es an Seliân zu erstarren. Jayden klopfte ihm auf den Rücken, als hätte er sich verschluckt. „Der erste Mondflug war für fast alle Menschen auf der Erde eine unvorstellbare Entwicklung, die größte Sensation des Jahrhunderts.“

Dann flüsterte Seliân wie ein Hund, der gerade eins auf die Pfoten bekommen hat: „Und ich mache mir Gedanken über Ausritte zu Pferd.“

Jayden stellte sich zwar nicht ungeschickt an, doch ein Vergnügen war der Ausritt für ihn trotzdem nicht. Er wusste bereits nach zehn Minuten im Sattel, dass er am nächsten Tag Muskelkater haben würde. Zudem wünschte er sich auch eine deutlich besser fixierte Reitposition, denn sein Genitalbereich bekam einige der Erschütterungen direkt ab, was sowohl ablenkte, als auch wirklich wehtat.

„Jetzt weiß ich, warum bei uns nur Mädchen reiten“, hatte er gewitzelt, als er nach einem besonders deutlichen Schlag die Schmerzen sogar seitlich im Bauch spürte.

Die stabilere Sitzhaltung, die Seliân wie selbstverständlich eingenommen hatte, würde wahrscheinlich nur über Training hinzubekommen sein. Doch er bezweifelte stark, dass er ein zweites Mal in seiner Ferienzeit auf ein Pferd steigen würde. Dabei hatte man ihm auf einem Hof im Ostviertel, zu dem sie gegangen waren, extra ein älteres, ruhigeres Pferd zur Verfügung gestellt. Es hieß Juno und war eine große, schwarzmähnige Stute mit beruhigenden Augen.

Das Aufsteigen hatte sich Jayden viel schwieriger vorgestellt, doch vielleicht war es der Erfahrung Junos geschuldet, dass er problemlos in den Sattel kam. Er hatte nicht erwartet, derart hoch zu sitzen. Doch dies war eher ein Gefühl, das er mochte.

Es war ein sonniger Tag, und so schlugen sie den Weg zur Nordküste ein. Sie ritten im Schritt über Felder und später durch den dichten Wald, und Jayden musste sich so manches Mal auf Juno kleiner machen, damit er keine Zweige ins Gesicht bekam. Erst als sie wieder freien Himmel über sich hatten, wurde es für Jayden einfacher. Er lernte von Seliân, wie man mit den Schenkeln arbeiten und die Zügel halten musste, damit das Tier in einen weichen Trab fallen konnte. Das war dann einfacher für ihn, von der Sitzposition gegen zu halten und machte schlussendlich sogar Spaß. Dennoch schwitzte er, halb von der ungewohnten Anstrengung, halb von der Sonne.

Als sie eine Dreiviertelstunde geritten waren, gelangten sie an den Tam, dem sie bis zur Mündung folgten. Trotz allem war er hier nur etwa zweieinhalb Meter breit und vielleicht einen halben Meter tief. Man konnte problemlos alles erkennen, was auf dem Grund lag oder sich im Bach bewegte. Seliân stieg gekonnt von seiner Stute ab, band sie in Westernmanier an einen Baum und half dann Jayden, der deutlich größere Probleme hatte und beinahe gestürzt wäre. Auch Juno fixierten sie schließlich mit kleinem Auslauf an einem Baum.

„In dieser Bucht schwimmen besonders viele Fischarten“, sagte Seliân und zeigte mit der Hand auf die Mündung. „Einige, wie die Lachse, nutzen das Fließgewässer mit, die meisten bleiben aber wegen des Futterreichtums hier in Küstennähe“, erklärte er und entkleidete sich ohne weiteren Kommentar.

„Du willst rein?“, fragte Jayden.

„Ja“, nickte er, als gäbe es keinen Zweifel an der Entscheidung, „doch es geht hier nicht um mich. *Du* willst ins Wasser.“

„Will ich?“, fragte Jayden schmunzelnd.

Sein Freund nickte nur. „Ja, glaube mir, das willst du.“

Und so zog auch Jayden sich aus. Gemeinsam stiegen sie in die Bucht hinab und ins doch reichlich kalte Wasser der Nordsee. Jayden pustete einige Male durch und bewegte schnell seine Arme, damit er nicht allzu sehr fror. Gemeinsam schwammen sie etwas vom Ufer weg. Jayden spürte sofort, dass Seliân recht hatte. Sie waren nicht alleine hier. Das tiefdunkle Wasser wirkte von unten her unruhiger, als er es von seiner nur wenige Meilen entfernten Küste her gewohnt war.

„Dann will ich tauchen?“, fragte er hintergründig weiter.

Seliân grinste ihn an und verschwand unter der Wasseroberfläche.

„Hab ich mir gedacht", murmelte er vor sich hin und machte sich gleichfalls bereit. Jayden war ein ebenso guter Taucher wie Schwimmer, doch für gewöhnlich nahm er inzwischen im Salzwasser seine Schwimmbrille zum Schutz der Augen. Die hatte er aber gar nicht erst nach Loron mitgebracht. Wird auch so gehen, dachte er und tauchte Seliân hinterher. Seine Augen brauchten einen Moment, um sich nach dem Kälteschock an den Blick unter Wasser zu gewöhnen. Doch dann entfuhr ihm einen leichter Aufschrei, der sich in ein paar Blasen äußerte, die schnell ihren Weg nach oben nahmen.

Direkt vor ihm wechselte ein großer Schwarm gräulicher Kleinfische, deren Art er nicht spontan namentlich zuordnen konnte, wie auf einen Programmierbefehl hin die Richtung. Ein anthrazitfarbener Hai, der von der Größe her ziemlich genau in seine Celtic-Tasche gepasst hätte, schwamm mitten durch sie hindurch, schien sich aber nicht im Geringsten für die Fische zu interessieren.

Es muss ein Katzenhai sein, dachte Jayden, ein Pflanzenfresser, und er deutete mit dem Finger auf ihn. Er hatte gesehen, dass sich Seliân zu ihm umgeschaut hatte und nun mit dem Blick auf dem Hai hängen blieb. Dessen Zeigefinger indes wies nach oben, und so kamen sie zum Luftholen an die Wasseroberfläche.

„Wow", sagte Jayden beeindruckt. „Dafür lohnt es sich wirklich zu frieren."

„Ist dir sehr kalt?", fragte Seliân, leicht in Sorge.

„Sagen wir es so", begann Jayden, nun ruhig schwimmend: „Es gibt ein Teil an meinem Körper, das bei solcher Kälte schrumpft, und gerade bei dem mag ich es gar nicht, wenn es kleiner wird."

Seliân lachte kurz auf. „Dann sorge ich nach unserem Tauchgang dafür, dass es seine Originalgröße wieder zurück erhält. Einverstanden?"

Jayden simulierte einen Kuss auf die Entfernung und tauchte dann wieder ab. Sie verbrachten mit Auftauchphasen sicherlich zwanzig Minuten im Wasser und sahen allem zu, was es unter der Oberfläche zu sehen gab. Jayden erkannte längliche Meeresforellen, dicke graue Lachse, ein paar weitere Kleinfische und relativ spät auch einen majestätisch wirkenden Rochen, der mit weitem Flügelschlag unter ihm her schwamm. Noch immer beeindruckt kehrte er an Land zurück.

Seliân holte aus seinem Lederbeutel, der wie so oft ihre Verpflegung enthielt, zwei weiche Tücher zum Abtrocknen heraus. Es war zwar nicht kühl auf Loron, doch so warm, dass sie das Wasser einfach hätten auf der Haut trocknen lassen können, war es dann auch nicht. Jayden verzog spielerisch den Mund, als er an sich herab sah, und er sagte leicht herausfordernd: „Dein Job, mein Schatz."

„Allein für diese Anrede hast du dir verdient, was ich dir ohnehin gegeben hätte", entgegnete Seliân, breitete sein Handtuch neben Jaydens aus, legte sich an dessen Seite und begann ihn zu streicheln.

Jayden schloss die Augen und spürte, wie ihm ein Schauer über den Rücken jagte. Als er die weichen Berührungen von Seliâns inzwischen nicht mehr ganz so kühlen Händen kurz danach auf den Innenseiten seiner Schenkel wahrnahm, reagierte sein Körper wie von allein. Innerhalb weniger Sekunden hatte sein Freund das zuvor gegebene Versprechen eingelöst, und Jayden ließ sich noch weiter fallen. Er liebte die Zärtlichkeiten, die sein Freund in der Lage war zu geben und döste ein paar lange Minuten. Dann kam ihm eine ältere Idee in den Kopf zurück, und er sagte leise: „Wenn wir uns verkehrt herum legen, kommen wir gleichzeitig mit dem Mund dran." Er blickte auf und in ein lächelndes Gesicht. „Ich hab das mal auf einem Photo gesehen", sagte er, sich an ein Bild aus einem von Toms Heftchen erinnernd, die dieser regelmäßig mit in die Schule brachte. Darin taten es zwar ein Mann und eine Frau, doch war damals schon seine Fantasie mit ihm durch gegangen, und Jayden hatte sich mit Seliân in diese Stellung gewünscht.

Seliân änderte seine Liegeposition, und auch Jayden drehte sich nun zur Seite. Er hatte es sich technisch einfacher vorgestellt, doch der moosbewachsene Stein, auf dem sie lagen, machte es alles andere als gemütlich. Das lenkte ab, hatte aber auch den Vorteil, dass sie sich auf diese Weise etwas länger miteinander befassen mussten, bevor sie schließlich nacheinander zum Höhepunkt gelangten. Jayden legte sich auf den Rücken und pustete durch. Das hat auf dem Bild in Toms Heft gemütlicher und nach weniger Arbeit ausgesehen, als es effektiv gewesen ist, dachte er.

Während sich sein Puls wieder beruhigte, nahm er wahr, dass sich Seliân aufsetzte, langsam sein Handtuch nahm und sich die weißen Spuren von der Wange wischte. Jayden borgte es sich hinterher aus, um auch sich zu säubern. Dann gab er Seliân einen Kuss, der ähnlich bitter schmeckte wie die Entladung seines Freundes vorher. Er verzog den Mund, als hätte er in eine Zitrone gebissen. Über diesen Gesichtsausdruck mussten sie dann beide lachen.

Sie blieben noch ganze drei Stunden an diesem friedlichen Ort liegen, entspannten und schliefen sogar zweimal aneinander gekuschelt auf Jaydens Handtuch in der Sonne ein, bevor sie den Rückweg antraten. Schon auf dem Ritt zurück zogen sich ein paar Wolken zusammen. Doch sie hatten Glück, und schafften es, die Pferde zurück zu geben, bevor es zu regnen begann, warm zwar, dennoch ausdauernd.

Es regnete auch noch immer, als sie das Essen beendet hatten. So waren sie gezwungen, sich den Rest des Abends im Haus aufzuhalten. Jayden fragte sich für einen kurzen Moment, was man auf Loron wohl machte, wenn man an ein Dach über dem Kopf gebunden war, denn schließlich gab es weder Fernseher noch Radio. Schaitan lag faul auf dem Boden vor dem Kamin, der jedoch nicht angezündet war, denn das Innere des Hauses war nach wie vor behaglich warm. Jayden, der neben ihm hockte, streichelte ihn gedankenverloren und sah zur Treppe, auf dessen oberem Ende sein Freund und dessen Bruder gerade auftauchten. Aureliân hielt eine größere Schachtel in seinen Händen.

In einem Lehnstuhl hatte inzwischen Seliâns Großmutter Platz genommen. Wie ein Falke schien sie mit weit geöffneten Augen alle Bewegungen im Raum aufzusaugen. Helena, die sich mit einem früher wohl zur Seite gelegten Stickzeug zu ihr setzte, breitete ihre Handarbeit sorgsam auf ihrem Schoß aus.

„Es ist wundervoll geworden“, sagte Seliâns Oma mit Kennerblick. „Saubere, enge Stiche. Eine solch feine Arbeit kennt man da draußen bestimmt nicht.“

Jayden zuckte zusammen. Dies ging mal wieder gegen ihn.

„Ich bin sicher, dass man auch in Britannien Handarbeit zu schätzen weiß, Mutter“, versuchte Helena, dies zu relativieren.

„Ach“, entgegnete sie abwertend, „und warum läuft der Gast meines Enkels mit einer derart unpassenden Kleidung ohne jeglichen Geschmack herum?“

„Weil es in Schottland der Jugendmode entspricht“, mischte sich Seliân ein, die letzte Stufe nehmend. „Und sicherlich weißt du auch, dass man zu gewissen Zeiten mit der Mode geht, selbst wenn sie einem nicht vollständig zusagt."

„Die Mode, die Mode, alles schiebst du auf andere", entgegnete sie brüsk und mit einer abwertenden Handbewegung in Jaydens Richtung. „Für mich ist das dreckig, nicht fein, nicht deinem Stand entsprechend, Seliân. Früher nannten wir Menschen, die sich unfein kleideten, Gesindel."

Das saß. Jayden schluckte. So war er noch von niemandem beleidigt worden. Gerade als er sich aufsetzen und verteidigen wollte, sprach Seliân laut und deutlich, und erneut klangen seine Worte kalt und berechnend.

„Doch glücklicherweise bin ich erwachsen und selbst in der Lage zu beurteilen, welcher Mensch gut für mich ist und welcher nicht. Niemand anders, auch du nicht, Großmutter, hat das Recht, mich für meine Wahl zu verurteilen."

„Ich verurteile nicht *dich*", sagte sie, und so war es offensichtlicher denn je, dass es nur ein weiterer Seitenhieb gegen Jayden sein sollte. Anscheinend freute sie sich diebisch, dass sie Seliân aus der Reserve gelockt hatte, „doch zu meiner Zeit wären derartige Verbindungen nie zustande gekommen."

„Das", sagte Seliân nun nach Außen hin wieder seelenruhig, nach Innen aber sicherlich brodelnd vor unterdrückter Wut, stellte sich Jayden vor, „müssen wirklich altmodische Zeiten gewesen sein. Ich bin sehr froh, dass mein Bruder und ich im modernen Loron aufwachsen." Damit wandte er sich ab.

Jayden konnte sich ein Grinsen nicht verkneifen. Seliân war in seiner Ausdrucksweise wirklich mit allen Wassern gewaschen. Er verspürte ein Gänsehautgefühl, doch es kam nicht mehr von der Zurückweisung durch die Oma seines Freundes, sondern durch den Stolz, den er empfand, weil sich Seliân so intelligent ausdrücken konnte und für ihn Partei ergriff. Das war eine Klasse über der, zu der er selbst in der Lage war.

Seliân forderte Jayden mit einem Kopfnicken auf, aufzustehen und zu ihm zu kommen. Sie setzten sich an den großen Tisch, an dem Rykian auf einer Seite eine Art Stadtplan aufgeschlagen, vor sich liegen hatte. Es schien sich um Arbeit zu handeln, die er sich mit nach Hause genommen hatte. Mehrere Öllampen, sowohl stehend als auch hängend, spendeten warmes Licht. Als sich die beiden und kurz danach auch Aureliân an den

Tisch gesetzt hatten, sah Rykiân seine Söhne über die ausgebreiteten Papiere hinaus fragend an.

Seliân bemerkte es und sagte mit einem verschmitzten Lächeln: „Du kannst mitspielen, wenn du magst."

„Eure Spielplanung sagt zumindest so viel aus wie, dass ich die verbliebene Arbeit auf morgen verschieben sollte, oder?", erklang Rykiâns tiefe, beruhigende Stimme.

„Waren wir so subtil?", lachte ihn sein ältester Sohn an.

Rykiân lachte kurz mit ihm. Dann fragte er die drei Jugendlichen: „Bier für euch beide, eine Limonade für meinen Jüngsten?"

„Das wäre sehr nett", antwortete Jayden höflich, doch er konnte in Aureliâns Blick einen kurzen Moment Enttäuschung aufflackern sehen. Er schmunzelte. Niemand wurde gern wegen seines Alters zurückgewiesen.

Rykiâns Söhne öffneten die Schachtel, und geschnitzte, angemalte Spielsteine aus Holz kamen zum Vorschein. Während Seliân konzentriert ein Spiel für vier Personen aufbaute, das Jayden unbekannt war, schien dessen Bruder nur mit halbem Herzen dabei zu sein. Nach einer kleinen Weile wandte er sich an Jayden: „Ich weiß nicht, ob es für dich interessant sein könnte", druckste Aureliân ein wenig herum, „doch man hat mich heute gefragt, ob du eventuell einmal mit ins Haus der Lehre kommen magst."

„In eure Schule?", fragte er sofort. „Ich habe Ferien", reagierte er spontan ablehnend. Doch dann dachte er nach, und es wurde ihm bewusst, wie unfreundlich seine Reaktion gewesen war. Aureliân hatte sich ihm gegenüber netter und offener verhalten als sonst irgendjemand auf dieser Insel. Wahrscheinlich war es nur wieder seine schlechtere Laune, weil die Großmutter seines Freundes so giftig gegen ihn geschossen hatte. „Okay", sagte er knapp und nickte, „ich bin dabei."

Der Junge lächelte, und es war ein gehöriger Vorschuss Dankbarkeit mit dabei.

„Ich wusste nicht, dass es dir so viel bedeutet", sagte Jayden entschuldigend. „Es tut mir leid, dass ich das nicht sofort erkannt habe."

„Du hast es erkannt. Und das ist es, was zählt", sagte Aureliân leicht verlegen.

Seliân lächelte sie beide an, doch dann sprach er ausschließlich zu

Jayden: „Okay, das Spiel heißt ‚Schnee im August', und es geht so."

Das Haus der Lehre war nur wenige Gehminuten von ihrem Heim entfernt. Sie gingen nach dem Frühstück am nächsten Morgen zu dritt, denn Seliân begleitete seinen jüngeren Bruder ebenfalls. Es regnete noch immer, wenngleich nur noch nieselnd, und so war der Weg unattraktiv und teilweise matschig. Jayden war nervös, auch wenn er sich das nicht gerne eingestand, doch war er stiller als die vorherigen Tage, und die Anspannung war mit der vor einer wichtigen Klausur vergleichbar.

Als sie am Gebäude ankamen, erstarrte Jayden beinahe vor Ehrfurcht. Es war ganz sicher nicht als Schulhaus konzipiert worden, denn dafür sah es mit der hellen und teils marmornen Front viel zu pompös aus. Es war ein ehemaliger Prunkbau, der irgendwann zum Unterrichten umfunktioniert worden sein musste und der noch immer über ein wunderschönes Portal mit ein paar Treppenstufen, die nur seitlich abgingen, betreten werden konnte. Sie stiegen hinauf und betraten eine Art Foyer. Auch dieser Eingangsbereich konnte sich sehen lassen. Er war offen, und auf drei Stockwerken gingen kleine Flure mit einladenden Türen zu einzelnen Räumen ab. Unterschiedliche Farben im Parkett schienen zu Bildern zu gehören, doch Jayden sah eher nach oben zu den hohen und hellen Fenstern.

„Im Erdgeschoss lernen wir die Basisfertigkeiten zum Lesen, Schreiben und Rechnen", erklärte Aureliân. „Darüber geht es um die Entwicklung korrekter Sprache, um Familie und Natur." Er zeigte mit der Hand auf die jeweiligen Flure. „Auf der obersten Etage sind die Räumlichkeiten für praktisches Handwerken, aber auch für Geschichte und Zusammenleben."

„Zusammenleben ist bei euch also ein eigenes Schulfach", hakte Jayden noch einmal nach.

„Wenn du es so bezeichnen willst, ja", bestätigte der Junge.

„Ein solches Fach sollten wir mal in meiner Schule einführen. Das würde eine Menge Probleme lösen." Doch er sah nicht aus, als machte er sich Hoffnung, dies könnte jemals passieren.

Er dachte kurz an Kenny, der nur Sex im Kopf zu haben schien und doch oder vielleicht sogar genau deshalb hoffnungslos unfähig war, ein vernünftiges Gespräch mit einem Mädchen zu führen, an Davy, der allen vorgaukelte, er hätte Sex gehabt, nur um nicht als Jungfrau bloßgestellt zu werden, und auch an Tom, für den Mädchen nur in Bildern existierten und der schon zweimal, als er an die Tafel gerufen wurde, eine verräterische Beule kaschieren musste, bloß weil er von seinen Heftchen selbst im Unterricht nicht genug bekam. Einen Augenblick später fragte er sich, wie die drei in diesem Zusammenhang wohl ihn beschreiben würden, und er schluckte. Der erzählt irgendwelches wirres Zeug über einen schwulen Lover von einer Zauberinsel, mit dem er angeblich geschlafen hat. Vielleicht war es doch besser, wenn er diesen Gedanken verdrängte.

Auf dem Boden standen ordentlich in Quader eingeteilt gewiss einhundert Paar mehr oder weniger gute Lederschuhe mit meist einfachen Schnürriemen. Es schien sich eine gewisse Ordnung darin zu verbergen, doch stieg Jayden nicht auf Anhieb dahinter.

„Ein Quader pro Stockwerk", sagte Seliân kurz und zog sich seine eigenen Schuhe aus, die er bei derart schlechtem Wetter natürlich trug. „Deshalb sind die Schuhe hier links deutlich kleiner. Sie gehören den Kindern, die im Erdgeschoss lernen. Innerhalb der Quader gibt es Ränge, die mit Verdiensten um das Haus der Lehre zu tun haben."

Jayden sah ihn an. „Du meinst mit Spenden der Eltern?"

„Nein, ich meine Verdienste im eigentlichen Sinn", antwortete sein Freund. „Belohnungen als Gruppenbester, für Hilfs- und Rettungsaktionen, für den Schutz Jüngerer und Schwächerer, Verdienste dieser Art."

Jayden streifte seine eigenen Schuhe ab und stellte sie neben die Aureliâns ganz nach rechts. Auf Socken nahm er die ausgetretenen Stufen zwei Stockwerke aufwärts durch das Foyer, bis sie vor einem verschlossenen Raum zu stehen kamen.

„Wartet bitte kurz hier", sagte der Junge und wirkte leicht nervös. Seliân lächelte gönnerhaft und zog Jayden zur Seite.

„Sieh mal hinunter", sagte er und deutete über das Geländer. Jayden folgte seinem Blick und sah erstaunt auf ein Bild, das sich im Parkettboden des Foyers abzeichnete. Wegen der vielen Schuhe hatte er nicht erkannt, dass sie auf einer Art riesigem Wappen gestanden hatten, das durch unterschiedliche Holzfärbungen gezeichnet wurde. Er sah es von hier auf dem Kopf stehend, doch war offensichtlich, dass es einen mittelalterlichen Schild und einen geflügelten Helm darstellte. Es war außerordentlich fein gearbeitet, was die Annahme unterstützte, dass dieses Haus von einer höher gestellten Persönlichkeit des öffentlichen Lebens in Auftrag gegeben worden sein musste.

Noch bevor er Seliân fragen konnte, wer dieses Haus ursprünglich bewohnt hatte, ging die Tür wieder auf, und Aureliân winkte sie beide zu sich herein. Sie betraten einen größeren Raum, der zwar die Höhe eines Klassenraums hatte, jedoch eher wie ein Clubraum wirkte, wenngleich er deutlich heller war und Billiardtische oder ein Dartspiel an der Wand fehlten. Doch hatte der Raum gepflegtes Parkett und schier unendlich viele bunt bezogene, große Sitzkissen. Knapp vierzig davon waren in einem Doppelhalbkreis angeordnet und komplett besetzt. Das Alter der Schüler schien deutlicher abzuweichen als in Schulklassen, die er kannte. Hier gab es sowohl Schüler in Aureliâns Alter, aber auch zwei waren dabei, die sicher nicht jünger waren als Jayden selbst.

Von einem weiteren Kissen, das den anderen gegenüber lag, erhob sich ein älterer Herr in einer Art lindgrüner Toga. Er war gedrungen, hatte silbergraues, schulterlanges Haar und das Gesicht eines gut genährten Mannes. Er verbeugte sich ganz leicht und sagte mit klarer Stimme:

„Ich bin Nakon, Ansprechpartner für alle Belange der höchsten Altersklasse. Seid uns herzlich willkommen."

Aureliân winkte einem anderen Schüler zu, der Sitzkissen für sie aus einer Ecke holte und sie neben dem Nakons auf den Boden legte.

„Meinen Bruder kennt ihr sicher alle", begann Aureliân noch stehend und zeigte auf Seliân, der sich leicht vor ihnen verbeugte. Dann nickte er dessen Gast zu und stellte ihn vor. „Dies ist Jayden, sein Freund und Geliebter, und er kommt aus dem heutigen Britannien."

Jayden schluckte. Diese Vorstellung hatte er nicht erwartet. Dass er mit seiner Herkunft genannt werden würde, war klar gewesen, doch hier nicht nur als Freund, sondern auch als Geliebter präsentiert zu werden, überforderte ihn spontan. Leicht verlegen lächelte er und sagte nur eingeschüchtert und unspektakulär: „Hallo, zusammen."

Seliân stand dicht an Jaydens Seite, und auch wenn er das Gefühl überwältigend fand, irritierte es ihn doch, vor einer – er nannte es Klasse – zu stehen, weniger als Eindringling in ihre Welt, als vielmehr nun erstmals offen schwuler Jugendlicher an der Seite des Jungen, den er liebte. Seliân griff seine Hand. Offensichtlich hatte er mitbekommen, wie verunsichert Jayden war. Sie setzten sich, und Jayden atmete schwerer als er wollte.

Nakon begann mit klarer Struktur: „Es freut uns, dass du, Jayden, dich bereit erklärt hast, uns Fragen zur Welt außerhalb Lorons zu beantworten. Danke dafür. Wer mag?“

Ein Mädchen mit blondem Zopf erhob sich. Erst als sie stand, fragte sie mit leicht piepsiger Stimme: „Wurde das Christentum überall auf der Welt durchgesetzt?“

Jayden sah kurz fragend zu Seliân. Durfte er reden, wenn er sitzen blieb? Sein Freund signalisierte ihm per Kopfnicken, dass er nicht aufstehen musste. „Eine kluge Frage“, begann Jayden lobend. „Nein, das Christentum ist heute eine von mehreren Weltreligionen. Es ist vor allem in Europa und den für euch neuen Kontinenten Amerikas und in Australien verbreitet. Doch der Islam, der Buddhismus und der Hinduismus haben auch unglaublich viele Anhänger.“

„Bekämpfen sie sich?“, fragte das Mädchen weiter.

„Alle vier Religionen, so habe ich es gelernt, sind im Kern sehr friedliche. Radikal und gewaltbereit sind sehr wenige Gläubige, diese aber vornehmlich im Islam, doch auch immer wieder in christlichen Splittergruppen.“

Als sich das Mädchen wieder niederließ, stand ein blonder Junge auf, der kaum älter zu sein schien als Aureliân. Er konnte vor Nervosität kaum still stehen und fragte schnell: „Haben Menschen alles entdeckt, was es auf der Welt gibt?“

Jayden nickte gütig. „Ja, ich denke, es gibt keinen Ort auf der Welt, in ihren Wüsten, Bergen oder im Eis, wo noch niemand war. Selbst die Tiefen der Meere sind erkundet.“

Zufrieden setzte er sich wieder. Sein Sitznachbar, sicherlich zwei Jahre älter, erhob sich mühsam. Er schien ein lahmes Bein zu haben, denn er stand umständlich auf. „Hat man Loron vermisst?“

„Das weiß ich nicht“, antwortete Jayden wahrheitsgemäß. „Ich habe nach Seliâns Besuch letztes Jahr in zwei Bibliotheken nachgeforscht, doch nirgendwo war verzeichnet, dass es überhaupt eine Insel gegeben hat, die sich von sich aus von der Welt abgekapselt hat.“

„Wie viele Menschen wissen außer dir von uns?“, fragte er nach, und es klang eher misstrauisch.

Jayden sah ihm in die Augen. „Drei, meine engsten Freunde.“

„Drei zuviel", murmelte der Junge und setzte sich wieder.

Jayden funkelte ihn böse an. „Vier, wolltest du sagen, oder?"

Er wich seinem Blick nicht aus, nickte schließlich bejahend und sah dann zu seinem Nachbarn. An seiner Stelle stand ein jüngeres Mädchen auf und fragte nach der Größe von Giraffen. In der Folge musste er wirklich ungewöhnliche Fragen nach Entdeckungen und Entwicklungen beantworten, doch Jaydens Augen suchten immer wieder den Jungen, der sich als einziger abwertend, beinahe feindlich geäußert hatte. Irgendwann wurde es ihm zuviel, und er stand selbst auf. Als ihn alle ansahen, fragte Jayden in den Raum: „Wer von euch denkt so wie der Junge dort, der mir vorgeworfen hat, dass ich meinen Freunden von Loron erzählt habe?" Er klang kämpferisch. Doch was er nun sah, schockierte ihn. Rund zwei Drittel der Hände hoben sich, und er starrte die Schüler fassungslos an.

Ein Junge in seinem Alter stand gemessen auf und sah Jayden an. Auch er hatte seine Hand gehoben. Er sprach überlegt und sicher: „Missverstehe uns bitte nicht, Jayden, Freund unseres Freundes. Loron ist gut damit gefahren, komplett abgekapselt gewesen zu sein. Nicht jeder hat zugestimmt, als es darum ging, Seliân letztes Jahr zu euch zu senden, denn wir wussten, dass er von Loron erzählen würde und damit unsere Existenz preisgeben würde. Wir sind nicht gegen dich. Wir fürchten nur weitreichende Konsequenzen in den nächsten Jahren."

„Mir war nicht bewusst", begann Jayden nachdenklich, „dass dies ein Problem für euch darstellen könnte. Ich verspreche dir und euch allen, dass ich nach meiner Rückkehr meine Freunde zur Verschwiegenheit verpflichten werde und niemandem sonst mehr von Loron erzählen werde."

Sie setzten sich beide wieder auf ihre Kissen, und Nakon sprach nun, auch er, ohne sich zu erheben: „Kluge Worte von euch beiden. Ich denke, die Tatsache, dass man sich auf Loron Sorgen macht, ist deutlich geworden, und ich hoffe auch, dass du, Jayden, dies selbst in vielen Jahren noch ernst nehmen wirst."

Nickend fragte Jayden nach: „Dann sind auch Sie der Ansicht, dass ich nicht hier sein sollte?"

„Alles hat Vor- und Nachteile", antwortete Nakon diplomatisch. „Wir hoffen, von deinen Antworten Denkanstöße für unsere eigene Entwicklung zu bekommen. Doch diese Hoffnung ist nur deshalb von

Bedeutung, weil vorher wahrscheinlich ein nicht wieder gut zu machender Fehler begangen worden ist, ohne den du nie hierher gelangt wärst."

Jayden sah aus, als habe er eine Ohrfeige erhalten. Auch hier wollte man ihn nicht sehen. Intuitiv suchte er den Körperkontakt zu Seliân. Er war sein wichtigster, sein einziger Schutz auf dieser Insel. Das wurde ihm wieder einmal deutlich gemacht.

Nakon fuhr fort: „Du verkennst die Situation, Jayden. Die Herrscher der Welt, wie wir sie kannten, taten alles, um Gebiete zu erobern. Modernen Waffen wären wir hier auf Loron schutzlos ausgeliefert, und niemand könnte sich effektiv gegen den Gang in die Sklaverei zur Wehr setzen."

Jayden öffnete den Mund, schloss ihn kurz danach aber auch wieder, ohne ein Wort gesagt zu haben. Mit einem Mal verstand er das ganze Ausmaß von Seliâns Taten. Im Jahr zuvor hatte sein Freund so unbedarft geklungen. Waren ihm die Bedenken bewusst gewesen, die gegen seine Reise gesprochen hatten? Und wie konnte er sich bei diesen verständlichen Ängsten der Bewohner Lorons anmaßen, ihn überhaupt zum Gegenbesuch einzuladen? Er sah zu Boden und fühlte sich urplötzlich vor der Klasse schuldig, dass derartige, berechtigte Sorgen hinter ihrem Wiedersehenswunsch zurück gestanden hatten.

„Danke für dein Kommen, Jayden", beendete Nakon das Interview, „es scheint, als hätten beide Seiten wichtige Denkanstöße bekommen."

Sie erhoben sich, und seltsamerweise stand auch die ganze Klasse mit ihnen auf. Sie verabschiedete sich mit einer kollektiven Verbeugung von Jayden und Seliân. Dessen Bruder hingegen nahm sein Kissen und brachte es auf die Gegenseite. Als sie die Tür schlossen, konnte Jayden erkennen, dass sich Aureliân gerade bei den anderen Schülern niederließ.

„Kanntest du diese Ängste?", fragte Jayden noch auf der ersten Treppenstufe.

Seliân nickte nur, und es wirkte für Jayden, als schämte er sich dafür. Er wartete, doch Seliân sprach erst, als sie sich unten wieder die Schuhe anzogen. „Mein Besuch bei dir ist vorgeschlagen und für sinnvoll befunden worden. Ich habe damals die Frage gestellt, wie ich irgendetwas in Erfahrung bringen könnte, ohne ehrlich und authentisch erklären zu können, woher ich käme. Mein Vater hat mich daraufhin persönlich autorisiert, von Loron zu erzählen, auch, um die Reise für mich sicherer zu machen. Doch es ist richtig: ich habe meine Kompetenzen weit überschritten, als ich dir zusagte, dass du mich auf Loron besuchen darfst."

„Ich hoffe, du bereust es nicht", sagte Jayden leise.

„Bislang noch keine Minute."

„Hast du deswegen Ärger bekommen?"

Seliân atmete tief durch. Dann sagte er eher zu seinen Füßen als zu Jayden: „Den größten meines Lebens. Aber ich stand zu meiner Entscheidung und dazu, dich selbst um den Preis der möglichen Entdeckung durch andere wiedersehen zu wollen."

Als sie das Portal aufstießen und die nassen Treppenstufen hinab stiegen, fuhr er fort: „Doch es wäre den meisten lieber gewesen, ich hätte dich ein zweites Mal besucht, anstelle dich hierher zu holen."

„Warum hast du es nicht gemacht?"

„Weil ich es dir zugesagt hatte", antwortete Seliân schlicht. „Du bedeutest mir wirklich sehr viel, Jayden, und meine Familie soll wissen, wer der Mensch ist, den ich dort draußen liebe."

Jayden flüsterte, doch auch wenn er gerührt „Es ist so schön, wenn du das sagst", hauchte, klang es traurig.

Ein Gefühl wächst

Langsam verstand Jayden, wie man auf Loron zu ihm und seinem Besuch hier stand, und dies war kein angenehmes Gefühl. Es war Nachmittag, und die endlich wieder zurückgekehrte Sonne trocknete den Boden auf den Wegen beinahe zusehends. Nur das Gras war noch richtig nass. Seliân war von Helena auf einen Botengang geschickt worden, und Jayden, der nicht allein zurückbleiben wollte, hatte entschieden, eine größere Runde mit Schaitan zu gehen.

Er versuchte, sich an den Weg zu erinnern, über den er mit den beiden Brüdern Glenghael betreten hatte, und er fand ihn auch. Er konzentrierte sich zwar auf die Abbiegungen und markanten Stellen an der Strecke, vergaß gleichzeitig nicht den edel und zuverlässig wirkenden Schaitan an seiner Seite, doch registrierte er unbewusst auch, dass an drei unterschiedlichen Plätzen genau zu dem Zeitpunkt Fenster geschlossen wurden, als er vorüber ging. Konnte das wirklich Zufall sein? Oder machte er sich nur noch etwas vor, wenn er glaubte, dass Menschen außerhalb von Seliâns Familie – und selbst dort nicht alle – ihn gern als Gast auf Loron sahen?

Jayden war nie der gewesen, der im Mittelpunkt stehen konnte, ohne sich fehl am Platz zu fühlen. Viel eher war er der, der anderen folgte, der verschlossene Grübler und vor allem Zweifler. Mit Ablehnung umzugehen, hatte er nie gelernt, und so kroch die Verunsicherung in ihm hoch wie ein langsam wachsendes Geschwür. Selbst als er Schaitan auf den Feldern freien Auslauf gestattete und ihm zusah, wie der durch die kniehohen, nassen Gräser sprang, lachte er nicht. Es war ein eher sehnsüchtiger Blick auf ein problemfreies Leben, den er ihm schenkte. Doch all dies geschah unbewusst und drang auch nicht komplett zu ihm durch. Zweifellos hatte der Vormittag Spuren, beinahe schon Narben hinterlassen, und als auf dem Rückweg ein paar Kinder mit dem Finger auf ihn zeigten, war er sogar für einen winzigen Augenblick versucht, ihnen Schaitan auf den Hals zu hetzen, nur um wieder Frieden zu haben.

„Ich habe eure Teilnahme wie gewünscht veranlasst“, sagte Aureliân abends beim Essen, und er klang ernst.

Seliân bedankte sich mit einer kleinen Verbeugung in Richtung seines jüngeren Bruders.

„Unsere Teilnahme woran?“, fragte Jayden neugierig.

Mit einem verschmitzten Lächeln antwortete Seliân: „Ich wollte dir Glenghael morgen von unten zeigen.“

„Von unten? Ich verstehe nicht.“

„Katakomben, Keller“, mischte sich Aureliân ein.

„Und das unterirdische Wasserreservoir“, ergänzte Seliân.

„Dann heißt Teilnahme, dass wir einer Gruppe zugeordnet werden“, überlegte Jayden.

„Ja, zudem erhalten wir einen offiziellen Führer“, sagte Seliân. „Man darf es zwar auch ohne Führung betreten, doch kenne ich mich dort nicht aus. Ich war als kleiner Junge zum letzten Mal unten. Deshalb hatte ich meinen Bruder aufgefordert, unser Interesse an einer geführten Tour weiter zu geben.“

„Cool, ich freue mich drauf“, sagte Jayden, und man konnte ihm ansehen, dass dies auch stimmte. Es würde eine hoffentlich angenehmere

Tour werden als das Spießrutenlaufen vom Nachmittag.

Zuletzt merkte Aureliân noch an: „Ihr werdet gebeten, zwei Stunden nach Mittag an der Zisterne zu erscheinen."

Sie waren pünktlich. Jayden hatte auf Seliâns Rat hin eine Jacke übergezogen, denn er erwartete trotz angenehmer Außentemperaturen ziemlich kühle Gänge und Gewölbe. Am Zisterneneingang, einem schmalen, einstöckigen Gebäude mit zwei kleinen, runden Fenstern, das baufälliger aussah als die meisten anderen Gebäude der Stadt, warteten fünf andere Personen. Ein älteres Paar aus Thornwall interessierte sich für die Geschichte der seit vielen hundert Jahren bestehenden Katakomben, und ein junges Paar aus Glenghael erkannte erstaunt und ein wenig eingeschüchtert, dass Seliân, der Sohn ihres Herrschers, mit ihnen auf Entdeckungstour ging. Jayden hatten sie eher misstrauisch gemustert, dann aber links liegengelassen, als wäre er nicht dabei. Sie erfuhren, dass die Frau einen Weinkeller unter der Stadt geerbt hatte und nicht einmal wusste, wo er lag.

Die letzte Person war eine jüngere Frau im Alter einer Studentin. Sie stellte sich als Silvana, ihre Führerin, vor. Lange, rotgetönte Haare fielen ihr auf eine hellblaue Bluse, und ein übertrieben freundliches Lachen, das jedem klar vor Augen führte, dass sie es nur ihretwegen zur Schau trug, waren das Auffälligste an ihr. In der einen Hand trug sie eine brennende Öllampe, bei der sich Jayden sofort sicher war, dass es um ihr Licht in den dunklen Gängen gehen würde. Sie zog mit feierlicher Miene einen kupfernen Schlüssel mit langem Bart an einem Schlüsselbund hervor und schloss die Tür auf.

„Ich war der Meinung, man könnte auch so in die Katakomben eintreten", stellte Seliân die erste Frage. „Ist dem nicht so?"

„Doch", erwiderte sie, „allerdings hat jeder, der beispielsweise Besitzer eines Kellers ist, einen eigenen Schlüssel für diese Tür. Ist er eingetreten, schließt er wie ich jetzt die Tür auch wieder von Innen zu. Wir wollen nicht, dass versehentlich Tiere hier herunter geraten können."

Jayden zweifelte, dass dies der vollen Wahrheit entsprach. Wahrscheinlich ging es auch um mögliche Diebstähle, die man präventiv zu vermeiden suchte. Während Silvana das Schlüsselloch suchte und die junge Frau mit dem Weinkeller so lange die Lampe übernahm, fragte sich

Jayden, ob sie nur mit diesem einen Licht gehen würden und was passierte, wenn es versehentlich gelöscht würde. Diese Frage wurde schneller beantwortet als er dachte. Nach nur fünf Metern fanden sie eine Reihe von Fackeln auf eisernen Haltern, die an den Wänden angebracht waren.

„Wir nehmen noch zwei dieser Fackeln mit. Dann haben wir als Gruppe genügend Licht", erklärte sie.

Seliân und der ältere Herr nahmen sich je eine und entzündeten sie an ihrer Lampe. Das flackernde Licht machte die Gänge zwar geheimnisvoller, doch weniger beängstigend als es mit nur einer kleinen Öllampe gewesen wäre. Dennoch war Jayden weit davon entfernt, sich wohl und sicher zu fühlen, was auch an den niedrigen Gängen lag und daran, dass sie später an Stellen vorbei kamen, an denen offensichtlich stetig Sand aus dem Stein über ihnen nieder rieselte. Unwillkürlich griff er dort im düsteren Schein an einer Kurve nach Seliâns freier Hand.

Sie starteten auf einer Treppe, die hinab in einen Hohlraum führte, der die Größe eines Basketballfeldes hatte. Man konnte im flackernden Licht erkennen, dass ein sehr schmaler Weg an der einen Seite entlang führte und stabil wirkende Steinsäulen die Decke stützten. Der Raum war geflutet und schien von irgendwo unterirdisch mit frischem Wasser gespeist zu werden. Gleichzeitig gab es hier ein unglaubliches Echo, das sie alle ausprobieren durften. Jayden erkannte auch eine Art Pumpensystem, durch das frisches Wasser an die Oberfläche getrieben werden konnte.

Von diesem Wasserreservoir aus führten Gänge immer tiefer in den Grund der Insel. Jayden hielt seinen Kopf tief oder bückte sich aus Angst, gegen einen vorstehenden Stein zu stoßen. Zudem konnte er an Seliâns Verhalten erkennen, dass es ihm ähnlich ging und auch er es für eine gute Idee hielt, sich kleiner zu machen.

Silvana erklärte, dass die ältesten Teile der Katakomben bereits im achten Jahrhundert entstanden waren. „Dieser Teil geht hier links ab. Er umfasst eine Viertelmeile Gänge."

Sie sahen in diesen uralten Gang, doch das Licht der Fackeln reichte nur vielleicht fünfzehn Meter hinein. Ein grobes, dickes Seil versperrte den Durchlass. Dennoch war erkennbar, dass die groben Steine nur noch über wenig Mörtel verfügten. Jayden war intuitiv dankbar, dass das Seil dort gespannt war.

„An zwei Stellen dort drinnen besteht Einsturzgefahr", erklärte sie.

Das mulmige Gefühl in seinem Magen verstärkte sich bei diesen Worten. „Hoffentlich hat man die anderen Gänge gut geprüft", flüsterte er Seliân ins Ohr. Der drückte als Beruhigung nur Jaydens Hand ein wenig fester. Jayden wusste, dass es „mach dir keine Sorgen", heißen sollte.

Sie gelangten an eine große und auch deutlich höhere Felsenhalle, die einst zur Aufnahme eines Teils der Bevölkerung bei einem Überfall gebaut worden war und die laut Silvana zweieinhalbtausend Menschen Schutz bieten konnte. Sie war eindrucksvoll, denn das Licht ihrer Fackeln erhellte nicht einmal die gegenüber liegende Wand. Ein unterirdischer Bach floss mitten hindurch, war jedoch höchstens einen halben Schritt breit. Dennoch hätte man auch hier die Bevölkerung mit frischem Wasser eine Weile am Leben halten können.

Kurz dahinter, nun wieder auf leicht ansteigenden Wegen, gelangten sie in den offensichtlich neuesten Teil. Die Wände hier waren sauber mit gehauenem Stein gemauert worden und so hoch, dass sie nicht mehr die Köpfe einziehen mussten. Hier gingen nun einzelne, mit schweren Schlössern gesicherte Räume ab. Deren Größe konnte man nicht erkennen, da sie mit dunklen Holztüren versperrt waren. Das junge Paar suchte nach einer bestimmten Nummer, nahm dann einen eigenen Schlüssel hervor und öffnete die besagten Räumlichkeiten im Beisein aller.

Ihr geerbter Keller war geräumig, sicherlich so groß wie das Wohnzimmer von Jaydens Eltern, wenngleich schmaler und unbeleuchtet. Diagonal versetzt lagen hier auf der linken Seite elf große Holzfässer, während auf der rechten Seite Regale mit Akten angeordnet waren. Der junge Mann las still die Aufschriften auf den Fässern und erklärte später, dass mit einer Ausnahme ausschließlich Bier dort läge. Die eine Ausnahme sei ein Fass Whisky. „Von wegen Weinkeller", klang ein wenig Enttäuschung aus seiner Stimme.

„Ich wüsste allerdings auch nicht, dass *irgendwo* auf Loron Wein angebaut wird", sagte Silvana und betonte das irgendwo.

„Es gibt an den Südhängen des Wellfare Hills ein kleines Anbaugebiet für rote Trauben", korrigierte Seliân sie.

„Bist du sicher?", fragte sie und sah ihn an, als glaubte sie ihm nicht.

„Zweifelst du an meiner Aussage?", entgegnete er beinahe ein wenig spöttisch.

„Nein, natürlich nicht, Seliân, Sohn des Rykiân." Sie sah zu Boden.

Erst in diesem Augenblick wurde es Jayden bewusst, dass sein Freund wirklich wie der Thronfolger, wie ein Prinz Seliân angesehen wurde. Und ebenso offensichtlich war, dass Seliân, der es noch nie zuvor in seiner Gegenwart getan hatte, in diesem Augenblick mit der damit verbundenen Macht kokettierte. Jayden verspürte ein warmes, sicheres Gefühl, das von seinem Herzen über den gesamten Bauchraum auszustrahlen schien. Er war von diesem Menschen auserwählt worden. Er war der Freund und Geliebte des zukünftigen Herrschers von Loron. Mit zärtlichen Augen sah er Seliân an, der das im Fackelschein jedoch nicht wahrzunehmen schien.

Über zwanzig grob gehauene Treppenstufen gelangten sie an eine andere Tür und an das Ende des Tunnelsystems. Es lag in einem ganz anderen Viertel, und selbst Seliân wusste anfangs nicht, wo sie aus der Erde gekommen waren. Jayden musste blinzeln, als das Tageslicht wieder in seine Augen drang. Er war nun weit mehr als eine Stunde in der Dunkelheit gewesen, und seine Augen hatten sich gut angepasst gehabt. Nur langsam nahm das Gefühl ab, geblendet worden zu sein.

Sie verabschiedeten sich von Silvana, die mit viel zu vielen Worten versuchte auszudrücken, sie hoffte, dass es ihnen gefallen habe. Da sie bei dieser Erklärung fast ausschließlich Seliân ansah, war für jeden offensichtlich, dass es ihr nur darum ging, wie ihr zukünftiger Herrscher über sie denken mochte. Die anderen machten weniger Wirbel, das ältere Paar verschwand grußlos, das jüngere Mädchen verbeugte sich vor Seliân, doch dem direkten Augenkontakt zu Jayden wichen sie und ihr Partner unisono aus.

War ja klar, dachte er. Vor Prinz Seliân buckeln sie. Doch ich interessiere sie einen Dreck, und ich bin immerhin als einziger aus einer anderen Welt. Eigenartige Menschen. Sprach ein wenig Eifersucht aus seinen Gedanken?, fragte er sich. Nein, wenn er ehrlich zu sich war, wollte er nicht wirklich, dass man vor ihm Bücklinge machte, und auch Seliân war dies mit höchster Wahrscheinlichkeit vollkommen egal, wenn es ihn nicht sogar richtig nervte. Dessen war er sich sicher. Aber er zog Seliân auf dem gemeinsamen Rückweg kurz damit auf und brachte sie damit beide zum Lachen.

„Wir haben Maracon jetzt eine ganze Woche nicht gesehen“, sagte Seliân, als sie wieder zu Hause und in seinem Zimmer saßen. Dann zog er einen kleinen, gefalteten Zettel hervor. „Er hat mir eine Nachricht zukommen lassen, in der er anfragt, ob wir den morgigen Tag zusammen verbringen wollen."

Für einen kurzen Moment presste Jayden die Lippen aufeinander. Doch dann besann er sich. Hatte er nicht selbst gesagt, wenn er an dessen Stelle wäre, würde ihn die Fairness, ihn nicht auszuschließen, erleichtern? So nickte er und ergänzte bekräftigend: „Maracon war mir gegenüber korrekt. Sag ihm, dass es von meiner Seite in Ordnung geht." Sein Herz wurde allerdings ein Stück schwerer. Auch dies würde wieder ein Tag werden, an dem er Seliân nicht allein für sich haben würde.

Dennoch wollte er dem neuen Tag, als er denn angebrochen war, eine Chance geben, sagte er sich. Sie verabschiedeten sich am folgenden Morgen von Helena und der Großmutter, die zum späten Frühstück aufgetaucht war. Aureliân war schon ins Haus der Lehre aufgebrochen.

Der Sommer schien mit aller Macht zurückgekehrt zu sein, und weder er noch Seliân trugen mehr als nur ein Shirt. Ihr Gepäck war indes angewachsen, denn sie hatten abgesprochen, draußen übernachten zu wollen. Auch deshalb nahmen sie Schaitan mit, der in der Nacht über sie wachen sollte und der nun freudig erregt an ihrer Seite ging. Manchmal bellte er, als wollte er ihnen zeigen, wie glücklich es ihn machte, dabei zu sein. Heute trug Seliân sein volles Verpflegungsbündel, Jayden aber diesmal zusätzlich seine grünweiße Celtic-Tasche, in der sie mehrere lange Tücher als nächtliche Decken verstaut hatten. Mehr würden sie wohl kaum benötigen. Maracon, der sich ehrlich freute, als sie auftauchten, trug eine Art Lederrucksack auf dem Rücken, der wohl auch prall gefüllt war. Er und Seliân gingen barfuß, Maracon jedoch mit kurzärmligem Shirt.

„Oberhalb von Jameshall ist eine Bucht, die relativ windgeschützt ist", schlug dieser vor, als er von Seliân nach einem möglichen Ziel gefragt wurde. „Man kann dort schwimmen, aber auch Feuer machen und nächtigen."

„Das ist ...", doch er stockte kurz.

„Als du kleiner warst, hat es auf der Südseite mal gebrannt", ergänzte Maracon, der Seliâns Zögern als Orientierungsproblem deutete. „Das ist etwa sieben Jahre her. Vielleicht erinnerst du dich."

Jayden hingegen hatte sofort verstanden, dass Seliân diesen Ort damit in Verbindung brachte, selbst für den verheerenden Waldbrand verantwortlich gewesen zu sein und sich im Innersten scheute, dorthin zurück zu gehen. Er hatte es im Jahr zuvor als traumatischstes Ereignis seiner Kindheit dargestellt.

Da Seliân das Geheimnis ihm gegenüber geteilt hatte, Maracon aber offensichtlich nichts davon wusste, mischte sich Jayden ein: „Vielleicht gibt es noch andere Plätze, die ähnlich gut geeignet sind.“

Maracon überlegte, sagte dann aber: „Die gesamte Westseite um Thornwall herum bekommt den vollen Wind ab, und im Süden ist es so stark bewaldet, dass man dort kein Feuer machen kann.“ Da Seliân noch immer nichts sagte, fügte er hinzu: „Bei uns im Norden kommen zu viele Menschen vorbei.“

„Die Bucht bei Jameshall ist ideal“, sagte Seliân schließlich. Erst als sich Maracon umdrehte und die Führung übernahm, sah Seliân Jayden direkt ins Gesicht und presste die Lippen aufeinander. Dann nickte er und versuchte sich an einem gequälten Lächeln. Jayden hielt ihm die Hand hin, doch Seliân legte ihm wie einem Kumpel den Arm ganz um die leicht verschwitzten Schultern. Er formte mit den Lippen deutlich aber lautlos das Wort „Danke“, sagte ansonsten jedoch nichts mehr dazu. Für Jayden klang es, als wollte er Maracon gegenüber weder etwas von dem Geheimnis noch von seiner Sorge um die geisterhaften Erinnerungen an diesen Ort preisgeben.

Sie wanderten wie alte Freunde, lachten über harmlose Witzeleien, schickten Schaitan ein paar Meter voraus und ließen sich von dem schönen Tag anstecken. Jayden sah zwar, dass Seliân an einem recht flachen Hügel urplötzlich still wurde und mit eingeschüchterter Miene zu Boden blickte, doch sonst hielt sich sein Freund tapfer. Beinahe spielerisch nahm Jayden seine Hand und signalisierte ihm damit, dass er es erkannt hatte und auch, dass er für ihn da war. Seliân schenkte ihm daraufhin einen dankbaren Blick, der Maracon anscheinend entging.

Das Unglück geschah, als sie einen Abhang zur Bucht hinab steigen wollten. Sie konnten das Wasser fast schon riechen, den Auslauf der Wellen bis auf den winzigen Strandabschnitt erkennen. Da trat Maracon auf einen großen Stein, der stabil aussah, aber dennoch nachgab und ihm jeglichen Halt nahm. Er stürzte mit einem erschreckten Ausruf gut zweieinhalb Meter unkontrolliert im Hang nach unten und traf hart auf dem felsigen Boden auf.

Jayden überlegte nicht einen Augenblick lang, warf seine Tasche hinab und sprang sehr bewusst hinterher. Er spürte den Aufprall zwar deutlich in seinen Fußgelenken, doch das war jetzt unerheblich. In höchstens vier Sekunden war er bei dem Verletzten, der mit schmerzverzerrtem Gesicht zu ihm aufsah. „Bist du okay?", fragte er schnell.

Maracon brauchte eine Weile, bis er stöhnend antwortete: „Nein, mein Fuß", und später fügte er noch hinzu, „mein Rücken."

„Bist du umgeknickt?", fragte er mit sorgenvoller Miene weiter.

„Ich denke, ja", antwortete der junge Mann in abgehackten Worten, während nun auch Seliân zu ihnen trat, der den Weg zwar schnell, doch nicht im Sprung genommen hatte.

„Wir müssen seinen Fuß kühlen", sagte Jayden zu Seliân. „Das machen wir im Sportunterricht immer, wenn jemand umknickt. Dann schwillt es nicht so an, und das Kalte betäubt die Schmerzen."

„Kannst du aufstehen?", fragte Seliân.

Maracon schüttelte den Kopf.

„Es ist nicht weit bis zum Wasser. Das müsste ausreichen. Wir beide sind stark genug. Wir stützen ihn", entschied Jayden und reichte Maracon seine Hand. Als er sah, dass dieser zweifelte, sagte er mit beschwörender Stimme und jedes seiner Worte besonders betonend: „Ich helfe dir. Halt dich an mir fest."

Maracon legte den Rucksack ab, setzte sich dann mit ihrer Hilfe auf, atmete aber ungewöhnlich schnell. Schaitan bellte laut und tief. Auch er hatte verstanden, dass Maracon Unterstützung benötigte. Jayden und Seliân, der sein Bündel bei Jaydens Tasche und dem Rucksack hinterließ, legten sich je einen Arm Maracons um die Schultern und verhalfen ihm zum Aufstehen.

Die Bucht war höchstens noch dreißig Meter entfernt, und so brachten sie den weiterhin vor Schmerz stöhnenden und hinkenden Maracon zum Wasser. Ohne Nachzudenken ging Jayden mit Turnschuhen und halblanger Jeans mit dem Verletzten hinein. Es war einfach richtig so. Auch Seliân, der ohnehin keine Schuhe trug, hielt Maracon fest, bis diesem die Kälte der Nordsee nach einigen Minuten die Schmerzen so weit betäubt hatte, dass er wieder auftreten konnte.

„Eigentlich wollte ich die Kleidung heute noch tragen“, schmunzelte Jayden als sie wieder aus der See zurück auf den sandigen, aber höchstens sechs Meter breiten Strand traten und er an sich herab sah.

„Gut, dass es so warm ist“, entgegnete Seliân und begann sich zu entkleiden. „So können unsere Sachen trocknen, während wir uns in der Sonne aufwärmen.“

Jayden schluckte kurz, als ihm bewusst wurde, dass es für Seliân noch nie ein Problem gewesen war, sich vor anderen auszuziehen, für ihn aber schon. Einzig in dessen Gegenwart überwand er es inzwischen. Nun schien Seliân stillschweigend nicht nur von ihm, sondern auch von Maracon zu fordern, es ihm gleich zu tun. Als Maracon seine Hose öffnete, wusste Jayden, dass auch der es gewohnt war und er dementsprechend keine Wahl hatte. Er schloss kurz die Augen und begann dann ebenfalls an seiner Kleidung herum zu nesteln, er allerdings erst einmal bei den Schuhen.

Er brauchte länger als sie, da sie barfuß gewesen waren. Mit gesenktem Blick sah er aus den Augenwinkeln, wie Maracon sich seiner Hose entledigte und ein deutlich hellerer Hintern zum Vorschein kam als bei Seliân. Für einen Augenblick kehrte Kennys ausgesprochener Gedanke in seinen Kopf zurück: „Vielleicht macht ihr ja was zu dritt.“ In den Minuten vor Seliâns Erscheinen war es ihm vollkommen unwichtig erschienen, auch nur darüber nachzudenken, doch in ein paar Momenten wären sie alle drei nackt, geschützt von Wind und Sicht. So unwahrscheinlich erschien es ihm plötzlich nicht mehr, dass etwas passieren würde.

„Ich hole die zurückgelassenen Dinge“, sagte Seliân und entfernte sich mit Schaitan an der Seite.

Maracon sah ihm nach und sagte dann leise: „Deine Entschlossenheit, mir schnell zur Hilfe zu kommen, hat mich beeindruckt. Ich danke dir.“

„Du hättest das auch für mich getan“, sagte Jayden leicht verlegen, doch in Maracons Blick war erstaunlicherweise nichts, das diese Annahme unterstützte. Deshalb schickte er noch das kleine Wort „oder?“ hinterher, während er seine nassen Socken auswrang und auf einen Stein legte.

Sein Gegenüber sah ihn an und nickte dann. „Wahrscheinlich ja. Doch so spontan wie deine Hilfe kam, wäre meine wohl kaum ausgefallen.“

„Man sagt mir hier nach, dass ich erst handle, bevor ich überlege, wie sinnvoll meine Tat ist", sagte Jayden, stand auf und zog sich die Jeans aus. Mit einem Seitenblick sah er auf Maracons Körpervorderseite, etwas muskulöser, doch haarlos wie seine eigene, auf die dunklen Haare im Unterbauchbereich und kurz schluckend noch etwas tiefer.

Maracon folgte seinem Blick und öffnete für einen langen Moment die Beine. Dann schien er sich aber zu besinnen. Eine solche Einladung wollte er dem Fremden aus der anderen Welt gegenüber nicht aussprechen, und so schloss er die Beine deutlicher als zuvor. „Wie auch immer. Die Kälte der See hat mir den Schmerz wirklich weggenommen. Es war eine gute Idee."

Jayden, der bei der vorherigen Beinbewegung sehr bewusst zugeschaut hatte, lenkte sich selbst mit den Worten ab: „Du solltest jede Stunde ein paar Minuten hineingehen. Dann kommen die Schmerzen nicht so stark durch." Doch in seinem Kopf spielte sich etwas ganz anderes ab. Vollkommen unwillkürlich stellte er sich das zuvor Gesehene in erregterem Zustand vor, und als er sich dann als letztes Kleidungsstück noch die Unterhose auszog, achtete er besonders darauf, dass er Maracon vorerst nur seine Rückseite offenbarte. Als ihm jedoch der Gedanke durch den Kopf schoss, dass Maracon ihn deswegen eher als passiv einordnen könnte, drehte er sich doch und setzte sich zu diesem auf einen Stein.

Seliân kam nur wenige Sekunden danach zurück, legte die Bündel auf dem Sand ab und begann, aus Jaydens Tasche mehrere Tücher herauszuziehen. Während er „Für die Schürfwunden an deinen Beinen habe ich Heilkräuter in meinem Bündel", zu Maracon sagte, breitete er die Tücher nebeneinander auf dem Sand aus, so nahe nebeneinander, fiel Jayden auf, dass sie einander sicherlich berühren würden. Sollte er seines gleich zur Seite ziehen?

Danach zog Seliân aus seinem Lederbeutel in ein Tuch eingewickelte Kräuter heraus, die Jayden auf Anhieb nicht erkannte, und er band sie mit einem Schlaufenband geschickt um Maracons Knie.

„Danke", sagte dieser, „danke euch beiden." Mühsam rappelte er sich auf und belegte das linke der drei Tücher.

Anstelle sich nun aber auf dem mittleren Tuch nieder zu lassen, wählte Seliân das rechte, streckte sich dort in Rückenlage aus und sagte noch immer an Maracon gewandt: „Ich habe die Erfahrung gemacht, dass

Jayden es besonders schätzt, wenn man sich bei ihm mit Hilfe der Zunge bedankt." Dann schloss er grinsend die Augen.

Jayden starrte ihn mit offenem Mund an, doch Seliân machte keine Anstalten, noch einmal zu ihm aufzusehen. Wie Maracon auf diese Anspielung reagierte, nahm Jayden dabei gar nicht wahr; so sehr war er mit sich und dem Schock, den diese Bemerkung in ihm auslöste, beschäftigt. Wenn er sich nun wirklich in ihre Mitte legte, war dies quasi die Aufforderung an Maracon, Seliâns Idee umzusetzen. Tat er es jedoch nicht, wies er damit Maracon zurück, was er an dessen Stelle als unfair empfunden hätte. Wenn er jedoch beispielsweise das Handtuch aus der Mitte zog und sich an Seliâns andere Seite legte, hieß es nicht weniger als dass Maracon in ihrer Mitte ungewollt war. Auch diese Botschaft wollte er nicht vermitteln.

Wie auch immer er sich entschied, er konnte nur das Falsche wählen. Doch wenn ich ohnehin nur zwischen Pest und Cholera entscheiden kann, dann wähle ich lieber das, wo vielleicht noch ein wenig Spaß herum kommt. Und so legte er sich in ihre Mitte, scheu zwar, doch entschlossen, den schwarzen Peter nun an Maracon weiter zu reichen, der nun die Qual der Wahl haben würde, ob er ebenfalls auf Seliâns Zug aufsprang oder nun seinerseits Jayden abwies. Dennoch ließ er es sich nicht nehmen, Seliân ein zynisches „Danke" zuzuflüstern. Dessen Grinsen schien eingefroren zu sein, was Jayden veranlasste, kopfschüttelnd die Augen zu schließen und abzuwarten, ob überhaupt etwas geschah.

Maracon kämpfte wohl auch mit sich, denn einige lange Minuten geschah rein gar nichts. Unter der wärmenden Sonne und ohne jeglichen aus Wolken bestehenden Schutz geriet Jayden bereits an die Schwelle zwischen Wachen und Schlafen. Dann jedoch suchte Maracons Hand die seine und griff sanft hinein. Jayden drückte zu, um zu zeigen, dass Berührungen nicht unwillkommen sein würden. Maracon schien sich inzwischen auf die Seite gelegt zu haben, denn Jayden spürte nun auch dessen linke Hand und später zudem seine Lippen auf seinem Bauch.

Seliân griff erst nach einer guten Viertelstunde ein. Jayden hatte Maracon inzwischen seine Front zugewandt und gab sowohl zärtliche Berührungen als auch feste Griffe an ihn zurück. Beide schien es gleichzeitig zu erleichtern, dass sich Seliân endlich einmischte, zu ihnen hockte, sie ohne Bevorzugung eines der beiden berührte und sich schließlich auch mit

Positionsideen einbrachte. Sie wechselten während der nächsten Stunde mehrfach ihre Stellungen und gaben ihre Liebe und jugendliche Lust an die anderen weiter. So kam jeder der drei wenigstens einmal in den Genuss, die Mitte auszukosten und damit auf Vor- und Rückseite gleichzeitig beschäftigt zu sein, was keiner von ihnen je zuvor erlebt hatte.

Als Jayden zum zweiten Mal zum Höhepunkt kam, hatte er genug und ließ Maracon das Vergnügen der letzten Aktionen mit Seliân. Es dauerte sicher noch fünf Minuten, bevor sie sich schwer atmend zurück zu ihm legten. Jayden sah Maracon ein wenig verlegen an, gab jedoch nur Seliân einen Kuss. Nicht lange danach schlief er ein.

Als er erwachte und sich aufsetzte, teilte Seliân gerade Brote für sie auf.

„Ich habe eins mit Schinken für dich", sagte er zu ihm. „Oder möchtest du Ziegenkäse?"

Jayden schüttelte den Kopf. „Lieber Schinken, danke." Er gähnte kurz. „Haben wir auch etwas zu trinken?"

„Ich habe einen Schlauch mit Wasser mitgenommen", mischte sich Maracon ein und zeigte auf seinen Rucksack.

Jayden zog einen Lederschlauch hervor und öffnete den Verschluss. Das Wasser war auf diese Weise geschützt noch so kühl, dass es ihn richtig erfrischte. Er sah zu den anderen beiden und bot ihnen dann auch den Schlauch an. Jetzt, so fiel ihm auf, machte es ihm überhaupt nichts mehr aus, dass sie alle drei nackt waren. Sie hatten sich erlebt, berührt, geliebt. Danach war es wohl immer anders.

Noch lange vor Einsetzen der Dämmerung halfen alle mit, dass sie ein kleines Lagerfeuer bekamen. Jayden suchte Bruchholz im nördlichen Wald, auf den Seliâns Feuer damals nicht übergegriffen hatte. Er war nun wieder mit seiner halblangen Jeans bekleidet, die zwischenzeitlich getrocknet war. Seliân brachte etwas Stroh, um es überhaupt anfachen zu können. Maracon schließlich schichtete es und zündete es gekonnt an. Je dunkler es um sie herum wurde, desto eindrucksvoller wirbelten die Flammen in den abendlichen Himmel. Allein ihnen zuzusehen sowie das leise Knacken des verbrennenden Holzes nahmen ihnen die letzte Anspannung weg.

Maracon zeigte sich erstmals wirklich interessiert an der ihm unbekannten Welt, und er fragte Jayden viele Dinge, die dieser auch Aureliân schon hatte beantworten müssen. Zudem wollte er aber auch administrative Dinge wissen, insbesondere wie man seine Arbeit als Schreiber in der anderen Welt interpretierte. Jayden empfand es hier nicht ganz so unangenehm im Mittelpunkt zu stehen wie es ihm im Haus der Lehre gegangen war. Je später es aber wurde, desto schweigsamer wurde Maracon, und er zog sich nach und nach von ihnen zurück. Etwas schien ihm auf der Seele zu brennen. Jayden indes meldete sich ab, um im Wald seine Notdurft zu verrichten.

Als er zurückkehrte, sah er schon im flackernden Schein des Feuers, dass Maracon unter ausdrucksstarker Gestik mit Seliân sprach. Es schien ihm wichtig zu sein. Jayden fiel sofort auf, dass er genau den Zeitpunkt gewählt hatte, in dem er nicht bei ihnen war. Dann ging es wohl um ihn. Jayden schlich so nahe heran, dass er ihr Gespräch vernehmen konnte, sich aber dennoch weiterhin hinter den Bäumen verbergen konnte.

„Ist es denn wirklich so schlimm?“, fragte Seliân gerade teilnahmsvoll.

Maracon nickte, doch Seliân hakte nicht weiter nach. Er schien zu wissen, dass dieser von sich aus erzählen würde. Dann hörte Jayden Worte, die ihm, das wurde ihm augenblicklich klar, nie wieder aus dem Kopf gehen würden: „Ich ertrage es nicht. Er ist einfach nett. Und dennoch will ich ihn hassen.“ Seine Stimme zitterte. „Etwas in mir mag ihn, mag ihn wirklich, bewundert ihn sogar dafür, dass er mich neben euch zulässt, doch etwas anderes in mir hasst ihn, hasst ihn für das, was du ihm gegenüber fühlst. Es, es zerreisst mich“, sagte er stockend. „Ich kann ihn nicht ansehen, ohne dass es mir furchtbar wehtut. Ich weiß, dass es ihm gegenüber unfair ist. Ich weiß, dass er nichts dafür kann. Und doch“, er stockte, „ich meine, kannst du es verstehen?“

Er weinte, und Jayden wandte sich beschämt ab. Maracon hatte das Unsagbare ausgesprochen. Er hatte tatsächlich gesagt, dass er ihn hasste. Wieso waren hier nur alle gegen ihn? Er hatte sich so sehr auf Loron gefreut. Nein, das war nicht wahr. Er hatte sich immer nur auf Seliân gefreut, und der tat alles, damit es ihm gut ging und hier auf Loron gefiel. Doch irgendwie gingen alle Schüsse nach hinten los.

Jayden lehnte sich an einen Baum und schloss die Augen. Dieser Trip wurde immer mehr zu einer Katastrophe. Er ließ Maracon noch etwas Zeit, sich wieder zu beruhigen, bevor er in ihre Mitte zurück trat. Verschämt ins Feuer starrend sagte er, dass er langsam müde werde.

„Oh, Decken sind in deinem Gepäck“, sagte Seliân. Er stand selbst auf und reichte ihm ein langes Tuch aus dessen eigener Tasche.

Jayden hüllte sich ein und legte sich etwas vom Feuer zurück. Er versuchte die Augen zu schließen, doch an Schlaf war nicht zu denken. Maracons Worte dröhnten wie Hammerschläge tief in seinem Kopf. Sie taten weh. Sogar sehr. Er hatte alles getan, damit Maracon sich nicht ausgeschlossen vorkam. Trotzdem litt er, und Jayden verstand ihn nur zu gut. Er hatte versucht, ihn zu schützen, und Maracon schien dies ja auch zu würdigen zu wissen. Und dennoch stand das schlimme Wort ‚hassen’ nun über all dem. Er würde nicht schlafen können. Das war ihm sofort klar. Er brauchte eine Lösung, vielleicht sogar eine Entscheidung. Und so begann er, über alle seine Möglichkeiten nachzudenken, klar und nüchtern.

Entscheidungen

„Schläfst du?“, hörte er Seliâns Stimme nach etwa einer Stunde flüstern.

„Nein“, hauchte er zurück.

„Maracon ist vorhin eingeschlafen.“

Jayden sagte nichts. Er sah schon seit längerer Zeit in den wolkenlosen Himmel und bemerkte dann: „Ich habe noch nie so viele Sterne gleichzeitig gesehen.“

„Wieso nicht? Ihr seht doch in den gleichen Himmel wie wir“, fragte Seliân.

„Bei uns dämpft das viele Licht den Effekt“, erklärte Jayden. „Euch fehlt die Elektrizität. Bei uns gibt es nachts überall Lichter. Die scheinen in den Himmel und deshalb kann man auf meiner Seite der Welt nur die stärksten und am wenigsten weit entfernten Sterne erkennen.“

„Ich verstehe.“

Eine kleine Pause entstand. Dann flüsterte Jayden: „Es ist wunderschön hier unter diesem so beeindruckenden Sternenzelt.“

„Ja“, war alles, was sein Freund hervor brachte.

„Bringst du mich wieder zurück?“, fragte er so leise, dass er Sorge hatte, dass Seliân es überhaupt verstanden haben konnte.

„Jetzt schon?", fragte Seliân überrascht, drehte sich zur Seite und blickte Jayden erschrocken zweifelnd direkt ins Gesicht. Im flackernden Schein des Lagerfeuers konnten sie sich besser erkennen, als sie vorher vermutet hätten.

„Du siehst es doch, oder?" Er sah seinem Freund in die nun urplötzlich traurigen Augen. „Seliân, du spürst mehr als jeder Mensch, den ich kenne. Erzähle mir nicht, dass du nicht fühlst, wie es mir geht."

„Doch, das tue ich", flüsterte dieser. „Und es tut mir weh, es zu sehen. Ich habe mir so sehr gewünscht, dass du dich auf Loron wohlfühlen mögest."

„Es liegt nicht an Loron."

„Es liegt an den Menschen, ich weiß", sagte Seliân sanft und streichelte Jaydens Arm.

„Sie sind alle gegen mich", sprudelte es aus Jayden hervor. „Selbst Maracon. Ich ..." Er stockte.

„Was ist?"

„Ich habe Maracon gehört."

Seliân sah verschämt zu Boden.

„Ich verstehe ihn", fuhr Jayden fort. „Ich würde dich auch nicht teilen wollen."

„Ich habe Maracon überschätzt", sagte Seliân durchaus selbstkritisch. „Es ist vielleicht der schwerwiegendste Fehler meines Lebens."

„Ich wollte nur wieder an deiner Seite glücklich sein. Es gelingt nicht."

„Nicht einmal wenn wir ganz alleine sind?"

Jayden schüttelte fast unmerklich den Kopf. Schluckend sagte er: „Ich bekomme es nicht aus dem Kopf. Ich weiß, was es bedeutet, wenn ich dich um diesen Gefallen bitte. Du verlierst deine gewünschte und so wertvolle Zeit mit mir, und ich", er schluckte, „und ich beende den allergrößten Traum, den ich in meinem ganzen Leben haben werde."

Seliân rutschte zu Jayden herüber, um ihn so fest in den Arm zu nehmen, wie er konnte. Er hatte gespürt, wie nötig es war.

„Ich kann weder ertragen, wie die Menschen zu mir sind, noch dass Maracon leidet, nur weil ich dir näher sein darf als er." Eine Träne kullerte seine Wange hinab.

„Nun seid ihr beide unglücklich", flüsterte Seliân, und seine Haare berührten Jaydens Hals, „obwohl ich euer beider Glück viel eher im Sinn hatte als mein eigenes. Es tut mir leid. Ich werde dich zurückbringen, sobald wir beim Magier waren."

„Beim Magier?"

„Er muss ein neues Amulett für den Übertritt an der magischen Schwelle vorbereiten."

„Oh", sagte Jayden knapp, denn er verstand die Notwendigkeit, hatte nur nicht daran gedacht, dass sie auch noch die Schwelle öffnen mussten. „Danke."

Seliân hatte sich wieder auf den Rücken gedreht und schien über das Gesagte nachzudenken. Schließlich flüsterte er: „Darf ich deine Hand halten, bis wir einschlafen?"

Seliân konnte nicht sehen, dass Jayden lächelte. Doch er musste sein geflüstertes „ja" gehört haben und nun spüren, wie dessen rechte Hand nach seiner linken tastete. Es tat gut, sie zu halten, dachte Jayden. Es beruhigte. Es zeigte, wie wichtig sie einander waren. Und dennoch blieb der Stachel all des Gesagten in seinem Herzen stecken. Deprimiert und trauriger als je zuvor in seinem Leben schlief er ein.

Sie ließen Maracon nicht spüren, was sich zwischen ihnen ergeben hatte. Sie taten fröhlicher als ihnen zumute war, gingen in der Mittagshitze noch zweimal gemeinsam schwimmen und warteten jeweils geduldig, bis die Sonne sie erneut getrocknet hatte. Als alle Vorräte aufgebraucht waren, packten sie zusammen.

Maracons Fuß war über Nacht doch ein wenig dick geworden, und er hatte trotz Jaydens Trick große Probleme aufzutreten. So trug Jayden Rucksack, Bündel und die Celtic-Tasche, während Seliân versuchte, Maracon alleine zu stützen. Sie gaben nach nicht einmal einhundert Metern auf. Maracon, der vom Kampf gegen die Schmerzen jetzt schon durchgeschwitzt war, bat sie, ihm einfach ein Fuhrwerk zu schicken und ihn so lange allein zu lassen.

Doch Jayden hatte eine andere Idee: „Mit den Stricken des Rucksacks können wir Bündel und Tasche zusammenbinden. Schaitan kann sie dann tragen."

Der war dankbar und bellte freudig erregt, als sie ihm eine Art Geschirr anlegten und ihm das Gepäck übergaben. Nun konnten sie Maracon von beiden Seiten stützen, was es deutlich leichter machte. Dennoch schien die Strecke um Meilen länger geworden zu sein als auf dem Hinweg, und alle drei schwitzten deutlich sichtbar von der ungeheuren Anstrengung. Sie erreichten Glenghael am späten Nachmittag. Jayden verabschiedete sich mit Handschlag vom schwer atmenden Maracon. Eine Umarmung war ihnen wohl gleichzeitig unpassend erschienen. Er wünschte ihm gute Besserung, doch mehr als ein „danke für deine Hilfe" kam nicht zurück. Jayden drehte sich weg und wandte sich Schaitan zu, den er nun von seinem Geschirr befreien konnte. Als er den Rucksack abstellte, umarmte Maracon Seliân gerade. Es sah vertraut aus, herzlich, aber auch sehnsüchtig.

Jayden schloss kurz die Augen. Noch einmal ergriff ihn der plötzliche und unangenehme Gedanke, dass der Wechsel ihrer Vorrechte für die Dauer seines Aufenthalts abgesprochen war und er deshalb mit Seliân nach Hause gehen durfte, aber nicht das Recht hatte, Maracon und Seliân für diese herzliche Geste zu kritisieren. „Es ist nicht mehr lange. Danach werden die beiden wieder zusammen leben, nicht ich mit ihm. Hauptsache, Seliân wird glücklich." Er schloss die Augen. „Und egal, was er über mich gesagt hat, Maracon ist wirklich in Ordnung." Dennoch mochte er nicht zusehen.

Aureliân hatte entsetzt zu ihm aber auch zu seinem großen Bruder gesehen, als sie ihm am späten Abend in der Kammer offenbart hatten, dass Jayden Loron früher als vorgesehen wieder verlassen würde. Seine spontan erschrockene Reaktion hatte Jayden beeindruckt. Irgendwie hatte es gut getan, dass jemand außer Seliân wirklich wollte, dass er bliebe.

Als sie schon länger im Bett lagen, fragte der Junge schließlich mit unsicherer Stimme: „Darf ich stören?"

„Selbstverständlich", antwortete Jayden für sie beide.

„Da dir, Jayden, nicht mehr viel Zeit hier bleibt", begann er zögernd, „würde ich gerne um die Erlaubnis bitten, euch noch einmal auf eine Tour begleiten zu dürfen."

Er musste sich den Satz vorher gut überlegt haben, dachte Jayden, denn auf diese Bitte konnte man unmöglich mit „nein" antworten. Und das taten sie auch nicht.

Nur Seliân bemerkte vorsichtig: „Du hast dir diese Bitte gut überlegt, nehme ich an."

„Ja, mein Bruder."

„Dann sei es so. Sei uns willkommen", entschied er für beide.

Im Gegensatz zu Aureliân hatten dessen Eltern die Nachricht nachdenklich aufgenommen. Sie hatten Rykiân und Helena die Wahrheit zwar nicht vorenthalten, aber die Prioritäten verschoben. So hatte Jayden gesagt, dass er im Haus der Lehre damit konfrontiert worden sei, von vielen hier unerwünscht zu sein. Da er dies nicht ausblenden könne, wolle er die Tour vorzeitig beenden.

„Es tut mir leid, dass dir die Gesellschaft unserer Heimat nicht offener gegenüber getreten ist", hatte sich Rykiân quasi im Namen aller Bewohner entschuldigt. „Doch wenn es dein ausdrücklicher Wunsch ist, wird unser ältester Sohn", und er hatte bei den Worten den Arm um Helenas Taille gelegt, „dich zurückbringen, sobald die Regularien zur Schwellenöffnung erledigt sind." Sie hatte zustimmend genickt.

Jayden hatte Seliân fragend angesehen.

„Ich darf nicht selbst beantragen, ein Amulett zum Übertritt zu erhalten", hatte sein Freund erklärend gesagt. „Das muss offiziell entschieden werden."

„Ich habe morgen den ganzen Tag voller Termine", hatte Rykiân laut überlegt, und Jayden war in diesem Moment eingefallen, dass Seliâns Vater diesen Antrag wahrscheinlich ohnehin persönlich würde genehmigen müssen. „Ich bringe euch die nötige Order morgen Abend hierher mit."

„Damit gehen wir dann übermorgen nach Thornwall", hatte Seliân gesagt, „aktivieren das Amulett, und dann kann ich dich am folgenden Vormittag zurück bringen. Ist das okay?"

Jayden erinnerte sich, dass er die Lippen aufeinander gepresst hatte und dankbar genickt hatte. Dann hatte er Seliâns warme Hand auf seiner Schulter gespürt.

Sie nahmen Aureliân am späten Morgen des nächsten Tages mit auf eine Tour, die Seliân ohnehin mit Jayden hatte machen wollen. Diesmal ließen sie Schaitan aber in der Stadt bei Helena zurück.

„Es gibt Plätze, an die er nur bedingt mitkommen kann. Proudhill ist ein solcher. Du wirst sehen warum. Von dort aus kann man ganz Loron überblicken“, sagte Seliân. „Es ist ein wirklich schöner Ort.“

„Meinst du mit Ort ein Dorf oder einen Platz?“, fragte Jayden nach.

„Es ist der Name des höchsten Berges auf Loron, aber auch der einer alten Wacht.“

Jayden, dem das Wort unbekannt war, sah ihn fragend an.

„Ein Turm, eine kleine Wehranlage“, erklärte sein Freund den Begriff kurz.

Mit Seliâns gepacktem Bündel mit Broten und Wasser gingen die drei Jungen aus Glenghael heraus, am heutigen Vormitttag unter weißen Quellwolken, die interessante Gebilde am Himmel entstehen ließen. Doch dafür hatte keiner von ihnen die nötigen Antennen. Auch wenn alle drei wussten, dass sie nicht mehr allzu viele Gelegenheiten haben würden, in dieser Konstellation miteinander zu sprechen, schwiegen sie meistens, oder waren eigenartig einsilbig. Aureliân, den Jayden immer wieder anblickte, ließ sich von der gedrückten Stimmung der beiden älteren anstecken, und er sah auffällig oft zu Boden, als konzentrierte er sich darauf, nicht über Wurzeln zu fallen. Jayden war aber klar, dass er nur nicht in ihre Stimmung einbrechen wollte, und im Stillen war er sogar dankbar dafür.

Sie wandten sich eine halbe Stunde nach Südosten und näherten sich auf diesem Weg der selbst aus der Stadt sichtbaren, höchsten Erhebung immer stärker und beinahe zusehends an. Proudhill war kaum mehr als ein großer Hügel, doch auch diese nur rund siebzig Meter Höhenunterschied spürten sie in den Oberschenkeln und am erhöhten Herzschlag. Jayden kam sogar ein wenig stärker außer Atem als die beiden Brüder.

Von ihrer Seite aus gab es keinen klar erkennbaren Weg, nur mehrere Trampelpfade, die anscheinend Hirten mit ihrem Vieh zuvor genommen hatten. Dort war das wilde Gras deutlich niedriger. Jayden stellte sich vor, dass hier erst etwa zu seiner Ankunft eine Herde entlang gekommen war und sie das Gras entweder platt getrampelt oder es eben abgegrast hatte. Auf dem Proudhill erhob sich vor ihnen eine runde Turmruine aus rötlichem Stein. Sie war weder sonderlich groß noch beeindruckend, schien aber recht alt zu sein. Seine exponierte Lage mittig auf dem höchsten Punkt der Insel machte den Ort aus Beobachtungsgründen verständlicherweise strategisch extrem wichtig.

„Anfangs haben wir von uns aus das englische Festland nicht mehr besucht und auch keine Gäste mehr empfangen“, erläuterte Seliân. „Doch Loron wird erst seit viereinhalb Jahrhunderten zusätzlich magisch abgeschirmt. Bis zu dieser Sicherung waren Posten wie dieser hier notwendig.“

Augenscheinlich seit vielen Jahren schon war der Turm mit einem Durchmesser von vielleicht vier Metern durch Witterungseinflüsse an einer Seite rund ein Stockwerk tief eingebrochen. Eine Art eingeschossiges Wachgebäude daneben stand aber noch unbeschädigt. Von der Höhe her überragte der Turm das Haus um gut fünf Meter. Die höchsten Bäume im direkten Umkreis überstiegen seine Höhe auch um sicherlich noch Manneshöhe.

Ohne ihn zu fragen, betraten die beiden Brüder den Turm durch eine ausgerissene, schwere und dunkle Holztür. Sie quietschte entsetzlich. Jayden folgte ihnen und sah sich neugierig um. Bereits von unten konnten sie durch den Lichteinfall von oben das Ende der steinernen Wendeltreppe erahnen, doch ein Geländer zur Sicherung existierte nicht oder nicht mehr.

„Die Treppe ist stabil. Halte dich dennoch eher an der Außenwand“, empfahl Seliân.

Jayden, der Höhenangst nur aus Toms Erzählungen kannte, folgte den beiden ganze 76 grob gehauene Stufen nach oben bis sie tief durchpustend eine faustdicke, hölzerne Plattform erreichten. An der Stelle, an der der Turm an der Seite eingestürzt war, war sie ebenfalls gebrochen und teilweise grob zersplittert.

„Es ist zwar ein wunderschöner Ort mit dem besten Ausblick der gesamten Insel“, begann Seliân mit einem verschmitzten Lächeln und zeigte mit der offenen Hand rund herum, „doch sicher ist es hier oben, ehrlich gesagt, nicht mehr.“

Jayden verstand den Hintergrund der Bemerkung auf der Stelle. „Dann wären eure Eltern vermutlich nicht sehr angetan von dem Gedanken, dass wir hier sein könnten.“

„Sie hätten Angst um unsere Gesundheit und uns diesen Ausflug wahrscheinlich verboten“, fügte Aureliân, dem anscheinend entgangen war, dass Jayden bereits erkannt hatte, um was es in dem Gespräch wirklich gehen sollte, überflüssigerweise hinzu. „Sie denken, wir sind an der Quelle des Tams.“

„Dann sollten wir sie in diesem Glauben lassen", überging Jayden die Unachtsamkeit des Jungen lächelnd, und er lehnte sich über die hüfthohe, aber breite und nach wie vor stabil wirkende Brüstung. Den Blick senkrecht nach unten zu richten war eindrucksvoll, und wenn einer von ihnen unvorsichtig genug wäre, auf diese Steinmauer zu klettern und eventuell abzustürzen, war diese Aussicht vermutlich für ihn auch das letzte, was er in seinem Leben je sehen würde, dachte er.

Der nachfolgende Rundblick in die Weite verschlug Jayden aber fast die Sprache. Obwohl man Ortschaften erkennen konnte, schien Loron sogar noch deutlich grüner zu sein als es selbst das sonst so grüne Schottland war.

„Was wir zur Orientierung sonst nutzen, Autobahnen, Straßen mit Kreuzungen gibt es hier nicht", realisierte Jayden den Unterschied. Keine Lichter oder auch nur Geräusche fernab fahrender Autos oder Trucks störten den friedlichen Eindruck. Mit vor Staunen geöffnetem Mund saugte Jayden die Bilder auf, die sich ihm boten. Hätte ich doch nur eine Kamera, wünschte er sich im Stillen. Doch sofort kam wieder das schlechte Gewissen durch. Wenn ich jemandem solche Bilder zeigen würde, wäre es mit dem Frieden Lorons endgültig vorbei. Es ist gut, dass ich gar nicht erst eine Kamera mitgenommen habe.

Glenghael mit seinen gut zwanzigtausend Bewohnern wirkte selbst aus der Entfernung größer als man es bei der Stadtgröße erwarten würde, weil die Gebäude nicht wirklich hoch waren und sich die Einwohner deshalb auf mehr Häuser verteilen mussten. Nach Osten sahen sie bis nach Thornwall. Jayden konnte sogar die Klippen erkennen, an denen er mit Seliân gerastet und auf die See geblickt hatte. Er glaubte zudem die winzige Bucht bei Jameshall zu sehen, in der sie mit Maracon übernachtet hatten, doch im gleichen Augenblick drückte sein Wunsch, gerade deswegen Loron früher zu verlassen, wieder auf seine Seele, und er atmete einmal tief durch.

Als er nach links zu seinem Freund blickte, der gerade nach Süden auf einen aufgeschreckten Vogelschwarm deutete, sah er, dass dieser seinen Bruder vor sich hatte und ihm vertrauensvoll die freie Hand auf die Schulter gelegt hatte. Aureliân neigte seinen Kopf zur Hand seines Bruders hin, als hoffte er auf eine noch zärtlichere Berührung. Seliân, der nicht bemerkte, dass Jayden zusah, reagierte auf den Wink, trat noch näher an seinen jüngeren Bruder heran und ließ ihn dessen Kopf an seine Brust lehnen.

Dieses Bild ist beinahe so schön wie das Streicheln der Wolfswelpen, dachte Jayden und beobachtete sie eine Weile still. Ich könnte ihnen stundenlang zuschauen, ohne mich auch nur eine Sekunde zu langweilen. Doch dann entschied er urplötzlich anders, trat nun seinerseits neben Seliân, legte ihm einen Arm um die Taille und Aureliân seine freie Hand auf dessen andere Schulter. Beide zeigten mit keiner Regung, dass dies unerwartet oder gar unwillkommen sein würde. Minutenlang standen sie einfach nur da, berührten einander und sahen ausdruckslos in die Ferne.

Am meisten werde ich vermissen, ihn anfassen zu können, wenn ich es brauche, dachte Jayden, und es schmerzte schon jetzt.

Als sie sich wieder zur Wendeltreppe zurück wandten, erhaschte Jayden einen Blick auf Aureliân, der sich, als er sich unbeobachtet fühlte, schnell mit der Hand durch sein Gesicht fuhr. Hatte er geweint? Ja, es musste so gewesen sein.

Ich könnte auch sofort losheulen, dachte er noch immer niedergeschlagen. „Habe ich wirklich das Richtige getan, als ich Seliân darum gebeten habe, mich zurück zu bringen und meinen so großen Traum zu beenden? Der Gedanke, ihn zu verlieren, schmerzt doch viel mehr als die bescheuerten Kommentare von irgendwelchen bedeutungslosen Personen oder die Tatsache, dass Maracon meinetwegen leidet. Soll er doch. Wieso bin ich nicht egoistischer?“

Als Seliân seine Hand auf der obersten Stufe nahm, um ihn vorbei zu lassen, beantwortete er sich die Frage aber selbst: Weil das nicht ich wäre. Ich kann kein Arsch sein, nur weil es mir weiterhelfen würde. Mein Glück oder eben auch Unglück hängt von meiner Fähigkeit zu lieben und schwach sein zu dürfen ab. Und das habe ich letztes Jahr über mich gelernt. Das ist der Jayden, der ich sein will. Ungeplant hauchte er Aureliân ein „Danke“ zu, als er an ihm vorbei durch die zerstörte Tür auf die Wiese trat.

Ein verschlossener Umschlag hatte auf ihrem Bett gelegen, als sie nach ihrem Ausflug in der Dämmerung die Kammer betreten hatten. Dieses Mal waren sie früher als Aureliân gewesen, der noch etwas am Tisch in der Stube geschrieben hatte.

„Das ist die Order für den Magier", hatte Seliân möglichst beiläufig gesagt, doch Jayden hatte erkennen können, dass sein Freund hinterher kurz die Lippen aufeinander gepresst hatte. Beide hatten gleichermaßen verstanden: Jaydens Wunsch hatte damit eine weitere Stufe der Unumkehrbarkeit erhalten.

Auf ihre letzte gemeinsame Reise am heutigen Vormittag nahmen sie Aureliân nicht mehr mit. Dafür ging diesmal Schaitan an ihrer Seite, weniger weil sie ihn würden brauchen können, als viel mehr, weil sie ihn gerne bei sich hatten und er lange Auslaufzeiten von mehreren Stunden bedauerlicherweise nicht jeden Tag bekommen konnte. Auch wenn die vorzeitige Abreise ihre grundsätzliche Stimmung belastete, waren sie doch heute deutlich weniger niedergeschlagen als am gestrigen Tag.

Wahrscheinlich liegt das an Schaitan, dachte Jayden, denn seine Bewegungsfreude und sein aufforderndes Kläffen bringen uns einfach immer wieder zum Lachen.

„Jeder Tag, den wir erleben dürfen, ist ein schöner Tag", sagte Seliân in diesen Gedanken hinein und blickte liebevoll auf seinen Hund.

„Ich wünschte, ich würde es genau so fühlen können", entgegnete Jayden und griff nach rechts nach Seliâns Hand.

„Manchmal müssen wir uns einfach weigern, unglücklich zu sein." Er blieb stehen und umarmte Jayden. Dann gab er ihm einen langen Kuss. „So, und jetzt machen wir den Tag einfach besser, okay?"

Jayden nickte, und plötzlich war auch wirklich der Himmel ein wenig blauer.

Sie erreichten die ersten Häuser Thornwalls, und Jayden erkannte, dass Seliân ihn relativ direkt in die Straße der Weber führte. Hatte der Magier hier sein Quartier?

Doch Seliân klopfte Jayden nur kurz auf die Schulter. „Meine Mutter hat mir noch etwas für meine Schwester mitgegeben. Wenn du magst, warte mit Schaitan draußen. Es dauert nicht lange."

Jayden war dankbar, dass er Marianna nicht noch einmal gegenübertreten musste. Ihre Kälte hatte ihn irritiert, und wenn sie sich nicht für ihn interessierte, dann musste er auch kein unehrliches Lebewohl ausdrücken.

Zehn Minuten später trat Seliân wieder aus der Tür, sah verlegen lächelnd zu Jayden und winkte ihm, ihm weiter zu folgen. Sie gingen an den, wie er fand, stinkenden Häusern der Färber vorbei, und Jayden war froh, als sie hinter ihnen lagen. Dennoch machte er einen Spaß über den beißenden Geruch, und er konnte Seliân ansehen, dass dieser froh war, dass es einen Grund für ein Lächeln gab.

„Wir sind da", sagte Seliân schließlich, als sie um eine Ecke im Südviertel gebogen waren und vor einem Gebäude stehen blieben, das direkt ins Auge fiel. Es war kein Schild an der Tür, und doch war dieses freistehende Haus so deutlich das Heim eines Zauberers, wie man es sich nur vorstellen konnte. Es war mit unterschiedlichen rötlichen Farben gestrichen. Vor allem aber wirkte es baufällig, leicht schief, als hätte man an diesem einen Gebäude vergessen, eine Wasserwaage anzulegen. Von Außen sah es sogar recht instabil aus, als hätte der Inhaber eventuell sogar magisch nachhelfen müssen, dass der linke Teil nicht einstürzte. Dafür besaß es jedoch einen beeindruckenden, wilden Kräutergarten, und mehrere schon stark tragende Obstbäume flankierten die Seiten des Hauses.

Das Jägerzaunartige und sehr niedrige Eingangstürchen quietschte in einem Ton, den Jayden selbst als unnatürlich empfand. Seliân klopfte an einer einfachen Holztür, die sich automatisch und mit einem irritierenden Klingeln öffnete. Sie traten gemeinsam ein.

Das erste Gefühl, das Jayden empfand, war eingeengt zu sein. Die schiefen Wände und die sehr niedrige Decke machten den Wohnraum, in den sie getreten waren, kleiner als er wahrscheinlich sein sollte. Ein Chaos an zugeschraubten, doch gefüllten Gläsern war auf mehreren hoffnungslos zugestellten Regalen auszumachen, und überall wild abgelegte und teils noch geöffnete Bücher vermittelten den Eindruck eines schwer beschäftigten Mannes.

„Seliân, Sohn des Rykiân, du kommst früher, als du dich ursprünglich angekündigt hattest", begrüßte sie die tiefe Stimme eines riesigen, sehr schlanken Mannes, der in seinem eigenen Wohnraum selbst nur gebückt stehen konnte. Er hatte tiefschwarze, wild gelockte Haare und einen strubbeligen Vollbart. Seine stechend blauen Augen wirkten winzig, doch forschend und aufmerksam. Er trug keinen Umhang oder Spitzhut, wie Jayden erwartet hatte, sondern eine knallrote Stoffhose und ein leicht verschmutztes und verblichenes Hemd. Ruckartig wandte er sich von

Seliân ab, den er anfangs fixiert hatte, und taxierte nun seinen anderen Gast. „Jayden, Besucher aus der zweiten Welt, sei auch du willkommen."

„Ich danke Ihnen, Sir", sagte Jayden höflich, doch die Tatsache, dass er keinen Namen wusste, machte es ein wenig schwieriger.

„Ferrion", sagte Seliân und verbeugte sich. „Es lag nicht in meiner Absicht, dich früher als vorgesehen zu behelligen ..."

„... doch dein Freund wünscht die vorzeitige Öffnung unserer magisch versiegelten Grenze", beendete Ferrion Seliâns Satz, ohne die ausgesprochene Tatsache auch nur für eine Sekunde selbst in Zweifel zu ziehen und streckte eine schlanke aber sehr lang wirkende Hand aus.

Seliân händigte ihm den verschlossenen Umschlag seines Vaters aus. Als Ferrion ihn mit einem silbernen Messerchen öffnete, schaute Jayden ein wenig enttäuscht zu dem riesigen Mann. Wenn er Zauberer wäre, hätte er den Umschlag garantiert mit Magie geöffnet. Ferrion las die Order nun schweigend, prüfte Unterschrift und Siegel und nickte den Jungen schließlich zu.

„In Ordnung. Hast du das Amulett noch?"

Seliân zog es unter seinem Hemd hervor, unter dem er es unbemerkt von Jayden wie eine lange Kette getragen hatte. Er zog es sich über den Kopf und gab es dem Magier.

„Darf ich sehen, wie Sie zaubern?", sprudelte es aus Jayden heraus und er bemerkte, dass er angespannt war wie als kleines Kind vor Weihnachten.

Ferrion lächelte gütig. Er schloss ein dickes Buch und legte es beiseite. Dann platzierte er das Amulett vor sich auf den Tisch und hielt seine Hände darüber. Er benutzte keinen Zauberstab, stellte Jayden erstaunt fest. Doch dann erkannte er, dass der Magier Energie anscheinend auf andere Art aus sich selbst heraus generierte und sie einfach nur durch seine Hände auf den Gegenstand übertrug. Dabei murmelte er leise und mit geschlossenen Augen etwas Lateinisches. Es kam Jayden vor, als sähe er die Luft um Ferrions Hände herum wie bei extremer Hitze flackern. Das Amulett glühte nun langsam auf, nahm jedoch andere Töne an als auf ihrem Weg nach Loron. Zuerst bekam es eine hellbläuliche Färbung, dann wurde es beinahe weiß. Schließlich glitt es zurück in sein ursprüngliches Hellbraun.

Ferrion nahm es fast eine Minute lang in die Hände, befühlte und begutachtete es aufmerksam, als könnte er an irgendwelchen unsichtbaren Markierungen erkennen, ob der Zauber gelungen war. Dann nickte er erneut und übergab es Seliân mit den Worten: „Grüße deinen Vater von mir, Seliân. Euch beiden alles Gute."

Als sich beide Jungen bedankten, hatte sich Ferrion schon wieder einem seiner dicken Bücher zugewandt. Seliân hängte sich das Amulett erneut um den Hals, und gemeinsam verließen sie das seltsame Haus.

„Aureliân übernachtet heute nicht hier. Er mag Abschiede nicht", erklärte Seliân knapp, als sie nach dem Abendessen und einer Stunde Smalltalk mit Rykiân über Jaydens Familienverhältnisse und seine Zukunftspläne ins Obergeschoss kamen und die dunkle Kammer betraten. Das war einerseits schade, fand Jayden, weil der Junge einer der wenigen Menschen hier auf Loron war, der vorbehaltlos auf seiner Seite zu sein schien, hatte aber gleichzeitig den Vorteil, dass Seliân und er die letzte gemeinsame Nacht ihres Lebens ungestört sein würden.

„Lass uns alles noch einmal miteinander tun, was wir immer geliebt haben, ja?", sagte er, als er sich sein Shirt über den Kopf zog.

Seliân nickte zwar, doch schien er mit seinen Gedanken gerade jetzt irgendwie abwesend zu sein. Nach einer Viertelstunde, in der Jayden ein paar Dinge versuchte, doch weder zu Seliân durchdringen noch sich selbst in hundertprozentige Erregung bringen konnte, begann er seinen Freund nicht mehr leidenschaftlich wie zuvor zu küssen, sondern von einer Sekunde auf die andere nur noch auf sanfte, zärtliche Weise. Es erschien ihm einfach richtiger so. Seliân lächelte für einen kurzen Moment, als er realisierte, welche Wandlung von Jayden ausgegangen war. Zum ersten Mal an diesem Abend entspannte er nun.

Auch Jayden ging es so, so dass sie viel eher miteinander kuschelten und sich voller Sehnsucht berührten. Heute bedeutete Sex zum ersten Mal in ihrer Partnerschaft nichts, das Dasein füreinander hingegen alles. Als Jayden irgendwann ängstlich zitternd aufstöhnte, spürte er den Wert eines starken Freundes. Seliân erkannte es, umfasste ihn und hielt ihn lange so fest wie es ihm möglich war. Jaydens verzweifeltes Schütteln hörte nach einer kleinen Weile auf, und er schlief sogar eine halbe Stunde später in dieser Position ein.

Jayden hatte sich gewundert, dass Seliân kleiner Bruder morgens nicht einmal zu seinem Abschied von Helena und Rykiân oder auch nur zum Frühstück erschienen war. Doch nun fand er Aureliân am Steg sitzend. Ein kleines Feuer brannte, und Jayden erkannte im gleichen Moment, dass er die ganze Nacht hier am nördlichsten Punkt der Insel verbracht haben musste.

„Mein Abschiedsgeschenk", sagte der Junge knapp, als könne er Gedanken lesen, und er verbeugte sich leicht vor ihnen. Jayden verstand, dass er damit meinte, dass sein Bruder und er diese letzte Nacht zusammen verbringen durften, ohne dass er im Raum gewesen war.

„Danke", sagte er gerührt. „Du bist ein außergewöhnlicher Junge, Aureliân."

„Du auch, Jayden", sagte der Junge leise. „Darf ich dich zum Abschied auch einmal fühlen und in den Arm nehmen?"

Jayden lächelte und ließ es zu. Er war so viel größer, dass es für Seliân, der mit Wohlwollen zusah, eigenartig aussehen musste, wie sie sich im Arm hielten. Doch Jayden gab Aureliân viele seiner verbliebenen, guten Gefühle weiter und flüsterte: „Nicht jeder war so offen mir gegenüber wie du. Dafür danke ich dir besonders."

„Ich wünschte, es gäbe ein Wiedersehen", entgegnete Aureliân ebenso leise.

„Ich auch. Pass gut auf dich auf, mein junger Freund." Damit ließen sie sich los.

Aureliân kniff kurz die Lippen zusammen und wandte sich dann an seinen Bruder. „Für euch ist alles vorbereitet."

„Es ist schön, dass ich mich immer auf dich verlassen kann", sagte Seliân mit einem Ausdruck im Gesicht, den Jayden nicht erwartet hatte. Diesmal war es nicht Stolz, sondern Traurigkeit. Der frühe Abschied, den er sich erbeten hatte, machte seinem Freund anscheinend ebenfalls zu schaffen. Doch das war verständlich. Auch er fühlte eine tiefe Leere in sich. Hier ging etwas zu Ende, was doch etwas so Großes und Schönes hatte werden sollen.

„Ich habe im Wald eine neue Markierung gesehen, die ich dir kurz zeigen möchte", sagte Aureliân an seinen Bruder gewandt. „Kommst du mit?"

Selîan nickte. „Jay, warte bitte im Boot auf mich. Es wird nicht

lange dauern.“
Jayden kletterte vorsichtig ins Ruderboot und verstaute seine Tasche. Das Kettenamulett, das er auf der Hinfahrt schon kennengelernt hatte und das sie gestern extra aufgeladen hatten, lag auf dem Boden des Bootes, zudem Seliâns Bündel. Sein Freund verschwand gerade mit seinem Bruder hinter den ersten Bäumen, als er aufsah.

Jetzt ist es vorbei, dachte er, und er schluckte unwillkürlich. Unglaublich. Ich ertrage Loron nicht, und das kostet mich jetzt meinen größten, meinen einzigen Traum. Aber es ist doch auch nur ein Traum. In meinem Innersten weiß ich, dass es nur diese eine Ferienzeit geben konnte. Ich werde ihm in einer halben Stunde Lebe wohl sagen, und diesmal wird es für immer sein. Er schüttelte deprimiert den Kopf.

Auf welch eine Katastrophe habe ich mich hier nur eingelassen? Kenny wird sich schlapp lachen, dass ich die beste Zeit meines Lebens aufgebe, weil die Menschen mich nicht mögen. Bin ich ein solch emotionales Wrack? Ich sollte ihnen einfach den Finger zeigen, Seliân an der Hand nehmen, mir ein stilles Plätzchen mit ihm zusammen suchen und ihn bis zum nächsten Morgen lieben. Er atmete tief durch. Aber das bin ich einfach nicht. Diese bösen Worte gehen nicht spurlos an mir vorüber. Und ich bin auch nicht so mutig. Ich kann nicht die Rolle des Prinzen in der schimmernden Rüstung einnehmen. Und wenn ich das nicht hin bekomme, dann ist es vielleicht doch besser, wenn ich alles abbreche, bevor es mich noch von Innen vollständig zerstört.

Seliân kehrte gut zehn Minuten später alleine zurück, machte die Leine los, sprang geschickt ins Boot und nahm die Ruder auf. Schweigend legten sie ab. Seliân sah konzentriert auf die felsigen Klippen und manövrierte still. Doch er sah nicht bewusst zurück. Das fiel Jayden sofort auf. Die See war auch heute wieder unruhig, und kleine Wellen brachten das Boot zum Schaukeln. Jayden blickte zurück auf eine Insel, von dessen Existenz in seiner Welt nur seine drei engsten Freunde und er selbst wussten.

„Es tut mir leid“, sagte Jayden schuldbewusst, als die erste Viertelmeile hinter ihnen lag und Loron nun vollständig zu sehen war. „Ich bin nicht stark genug.“

„Ich muss es mir anlasten, dich nicht besser geschützt zu haben“, sagte Seliân. „Ich habe meine eigenen Freunde und selbst Teile meiner

Familie nicht gut genug gekannt.“ Erneut verfielen sie in ein langes Schweigen. Kurz vor Erreichen der Schwelle sagte Jayden mit Blick auf das am Boden liegende Amulett: „Es wechselt die Farbe.“

Seliân nickte nur und fuhr beinahe stur weiter in Richtung von Jaydens Heimatküste. Diesmal überraschte ihn das Erscheinen der Lichtgrenze nicht mehr, und er zählte ganze sechs Sekunden, die sie geöffnet blieb.

Jayden wandte sich langsam um, als sich die magische Grenze wieder verschlossen hatte. Loron war nicht mehr zu erkennen, dafür jedoch in Fahrtrichtung die zerklüftete, schottische Küste. Es war unfassbar. Er hatte etwas erlebt, was niemand der weit über sechs Milliarden Menschen auf der Welt je erleben würde. Er war auf Loron gewesen. Und er hatte seinen geliebten Freund wieder treffen können. Doch sein Seliân war weiterhin ungewöhnlich still, in sich gekehrt. Jetzt wurde eine Träne in seinem Auge sichtbar.

„Unser letzter Abschied war wirklich unglaublich schwer für mich“, sagte Jayden leise. „Doch ich bin dankbar für jede Minute, die wir noch einmal zusammen haben durften.“

Seliân sagte nichts. Er wischte sich mit dem Handrücken die Träne weg und nickte schluckend.

„Es scheint auch für dich heute emotionaler zu sein als beim letzten Mal“, sagte Jayden voller Sorge. „Damals warst du stärker.“

Doch sein Freund schüttelte nur kurz den Kopf und zog die Riemen fest durch.

„Hilf mir heute bitte, dass es nicht wieder so schlimm wird, ja?“, bat Jayden. „Ich habe Angst vor der Endgültigkeit.“ Er wusste, dass es die Wahrheit war. Er sah seinen Freund an, doch Seliân, der noch immer nicht reagierte, verzog nur das Gesicht, als kämpfte er innerlich gegen irgendetwas.

Jayden sah auf das nun nicht mehr glühende Amulett. „Wie aktiviert man es wieder?“

Seliân schüttelte fast unmerklich den Kopf, und er weinte nun leise.

Jayden starrte ihn an. „Nein“, rief er aus, „nein, Seliân, das kannst du nicht tun.“ In diesem einen Moment hatte er verstanden, was hier wirklich geschehen war. Entsetzen stand ihm im Gesicht. Seliâns Entscheidung war verrückt. Das konnte er nicht *für ihn* getan haben, wollte er ihm entgegnen, doch diese Worte wollten ihm in diesem Moment einfach nicht einfallen.

„Es ist passiert", stammelte sein Freund und wischte sich die ersten Tränen weg.

„Seliân, nein, bist du", er hatte „wahnsinnig" sagen wollen, doch er sprach die Frage nicht vollständig aus. „Es muss eine Möglichkeit geben."

„Jayden", sagte Seliân und biss sich auf die Lippe. „Mein geliebter Jayden, verstehe doch. Ich will keine andere Möglichkeit. Ich will nur noch an deiner Seite leben", stammelte er, „den Rest meines Lebens."

„Aber deine Familie, deine Freunde", rief Jayden aus.

„Hast du nicht mitbekommen, dass unsere letzten Ausflüge meine Abschiede von ihnen allen waren?"

Jayden schluckte. Nein, es war ihm entgangen, weil er sich so sehr mit der Ablehnung, die ihm entgegen geschlagen war, auseinander gesetzt hatte. „Nein, ich habe mich nur immer gefragt, wieso du so niedergeschlagen bist."

„Ich konnte es dir nicht sagen. Du hättest versucht, es zu verhindern."

„Ja, das hätte ich." Heiße Tränen brannten auf seinen Wangen. „Oh, Seliân, das kannst du doch nicht tun."

„Es ging dir schlecht, und ich habe geschworen, notfalls jeden Preis zu bezahlen, damit es dir wieder besser geht."

„Du bist verrückt", sagte er schluckend.

„Das hast du schon einmal zu mir gesagt. Erinnerst du dich? Damals bin ich zum ersten Mal in dein Bett gekommen", sagte Seliân und setzte für einen Augenblick einen träumerischen Gesichtsausdruck auf.

Jayden weinte inzwischen hemmungslos, er wusste nicht ob vor Glück, vor Trauer, oder vor Entsetzen. Wahrscheinlich war es etwas von Allem. Das wiederum rief Seliâns Stärke zurück. „Es war der Anfang von etwas Wunderbarem, aus dem schließlich unsere Liebe wurde. Wenn du mich heute verrückt nennst, ist das für mich das größte Kompliment."

„Das ist es auch", schluchzte Jayden. „Ich freue mich so sehr, aber ich trauere mit dir um deine Freunde und deine Familie."

„Sie haben verstanden."

„Aber das heißt, du hattest das die ganze Zeit heimlich geplant?" Er wischte sich mit einem Ärmel die Tränen weg.

„Ich habe mich schon vor langer Zeit entschieden“, sagte Seliân nun wieder gefasst, „ehrlich gesagt, als du beim Abschied letzten Sommer voller Verzweiflung für mich ins Meer gelaufen bist. Da wusste ich, dass du mich immer lieben wirst. Du konntest es nicht sehen, doch ich habe den halben Rückweg bis zum Anlieger auf Loron geweint, nicht vor Verzweiflung wie du, sondern vor Rührung. Jetzt war ich endlich sicher, dass du es werden würdest.“

Er stockte für einen Augenblick. Dann fuhr er fort: „Über meine eigenen Gefühle war ich mir schon seit Edinburgh im Klaren. Seit unserer Trennung habe ich vorbereitet, dich zu holen, dir Loron und meine Familie vorzustellen, aber vor allem mit dir hierher zurückzukehren. Auch deshalb begegneten dir so viele Menschen feindselig.“ Er stockte kurz. „Es hat mir wahnsinnig wehgetan, dich leiden zu sehen, doch jeder auf Loron wusste, dass ich mit dir gehen würde. Sie wären sonst viel netter gewesen. Niemand ließ *mich* gerne gehen. Sie haben dir nicht nur deine Herkunft angelastet, sondern dir auch vorgeworfen, mich ihnen wegzunehmen, auch wenn sie es so nicht ausgesprochen haben.“

Jayden starrte nach wie vor ungläubig auf seinen Freund. Dann bildete sich ein Gedanke in seinem Kopf, und er sprach ihn ohne zu überlegen aus: „Aber Maracon?“

Seliân schwieg einen Augenblick und sagte dann viel leiser, als bedrückte ihn eine große Schuld: „Ich habe dich über das Verhältnis zu ihm angelogen. Das tut mir sehr leid. Doch es war zu unserem und seinem Besten, und es war die einzige Lösung. Maracon hätte niemals zugestimmt, dass du mit mir zusammen sein darfst, während er darauf zu warten hat, bis du wieder weg bist. Er konnte mich so wenig teilen, wie es dir umgekehrt gegangen wäre. Wir haben uns in tiefster Freundschaft und Verbundenheit getrennt, bevor ich dich holte.“

Jayden sah betreten zu Boden.

„Maracon wird jemand anderen finden. Ganz sicher. Ich werde ihn nie vergessen. Ihm war mein Glück wichtiger als sein eigenes. Nur deshalb ließ er mich gehen. Ich werde es niemals wieder gutmachen können. Er war jetzt in der Situation, in der du letztes Jahr warst, nur dass du darauf hoffen durftest, mich wieder zu sehen. Ich hoffe, er findet bald eine neue Liebe.“

Jayden war sprachlos. „Dann habe ich ihm Unrecht getan, weil er gesagt hatte, dass er mich hassen wollte."

„Das war nicht ..."

„.. für meine Ohren bestimmt, ich weiß", ging Jayden dazwischen. „Doch jetzt tut es mir unendlich leid."

„Sorge dich nicht um deinen Ruf. Ich habe Maracon erklärt, dass es für dich nicht einfach war, mit all der Ablehnung umzugehen."

Immer wieder leicht den Kopf schüttelnd, fragte Jayden weiter: „Aureliân wird an deine Stelle treten?"

„Ja. Und ich hoffe, auch er erhält eine derart tolle Aufgabe wie ich letztes Jahr."

„Jetzt verstehe ich", sagte Jayden. „Er wollte dir nichts im Wald zeigen. Er wollte nur ..."

„Zeit, um sich angemessen von mir zu verabschieden, ohne dass du mitbekämst, dass es endgültig sein würde, ja", führte Seliân den Gedanken zu Ende. „Und er wollte, dass du ihn nicht weinen siehst."

„Er hat gesagt, er wünschte sich, dass es ein Wiedersehen gäbe. Ich dachte, er meinte mich", sagte Jayden niedergeschlagen.

„Er meinte uns beide", sagte Seliân knapp. „Er liebt auch dich."

Jayden schluckte und fühlte urplötzlich eine Wärme in sich aufsteigen, eine Verbundenheit, die so viel weiter ging als zuvor. Es war als wäre Aureliân buchstäblich sein eigener Bruder geworden. „Aber jetzt wirst du ihn, den Stolz deines Lebens – so hast du ihn mir vorgestellt, erinnerst du dich? – nie mehr wiedersehen", seufzte er.

Seliân atmete tief durch. „Ich kann nicht alles und jeden behalten. Ich musste abwägen, Aureliân, Maracon, meine Familie und all die anderen – gegen dich. Und dennoch war es keine Frage für mich."

„Ich danke dir so sehr, dass ..."

„Hör auf, und nimm mich einfach nur in den Arm, ja?"

Jayden nickte kurz, stand auf und machte dann einen Schritt vorwärts, doch eine kleine Welle brachte ihn aus dem Gleichgewicht. Er stolperte nach links. Seliân, der schnell die Ruder sinken ließ, versuchte ihn zu stabilisieren, doch so verlor auch er die Balance. Sich aneinander festhaltend, stürzten sie beide von Bord, erschrocken und doch zugleich lachend.

Prustend kamen sie wieder hoch. „Hier?", fragte Jayden und spuckte

Wasser zur Seite.

„Hier was?“, fragte Seliân.

„Du wolltest, dass ich dich in den Arm nehme. Noch einmal: hier?“

„Überall, wo wir jemals sein werden“, rief Seliân aus, und Jayden konnte nicht mehr unterscheiden, ob er Tränen in Seliâns Gesicht sah oder ob dies Meerwasser war. Sie umarmten sich und strampelten mit den Füßen, damit sie nicht untergingen. Ihre Küsse schmeckten nach Salz. Es war egal.

Lächelnd sagte Jayden, als sie sich wieder losließen: „Du hast mich überhaupt noch nicht gefragt, ob ich den Rest *meines* Lebens auch an *deiner* Seite leben will.“

„Macht man das bei euch?“, fragte Seliân und strich sich die langen, nassen Haare aus dem Gesicht.

„Ja, aber du musst es dir nicht merken“, sagte Jayden grinsend. „Du wirst nur ein einziges Mal fragen müssen, denn meine Antwort,...“

„Stopp, stopp, stopp!“, rief Seliân aus. „Dann lass mich diese verdammte Frage auch wenigstens stellen.“ Sie lachten beide. „Jayden, ich bin nur für dich hier. Das weißt du jetzt. Willst auch du mich für den Rest deines Lebens lieben?“

Jayden spritzte ihm lachend mit der Hand Wasser ins Gesicht. „Ja, verdammt, ich kann mir auf der ganzen Welt nichts Schöneres vorstellen!“

MEINE HEIMLICHKEITEN

Mo 18.8.

Eben ist Hauke in unser neues Zimmer gekommen und hat gegrinst, als er mich in den Kartons wühlen gesehen hat. Sein „ich liebe Chaos“ klang aber ehrlich und stimmt bei ihm auch garantiert. Wenn er in seinen Kartons etwas Bestimmtes suchen würde, hätte er auch keine Chance. Aber ich finde mein Tagebuch nicht. Das muss irgendwo zwischen gerutscht sein. Jetzt nehme ich erstmal eins von den Schulheften vom letzten Jahr. Ich kann ja das, was ich jetzt und die nächsten Tage schreibe, später übertragen. Das Buch werde ich schon noch finden, wenn ich alles ausgepackt habe.

Es ist gar nicht so eigenartig, mir vorzustellen, heute mal ohne Gardinen, Regale, Lampen oder nur auf der Matratze liegend einzuschlafen – viel eher, dass Hauke wieder bei mir schlafen wird, so wie vor ein paar Jahren, als wir noch klein waren. Aber mit Abstrichen müssen alle leben, hat Papa gesagt.

Di 19.8.

Mann, war das ein Tag! Nur schuften, Kleiderschrank aufbauen helfen, abwaschen, einräumen, Regal aufbauen, andübeln, wieder abwaschen und einräumen, dann noch die beiden Betten. Hauke will unbedingt oben schlafen, dieser Quälgeist. Ich wäre auch lieber oben. Nur um des lieben Friedens Willen soll ich nachgeben. Ich wäre doch der Ältere. Ach, leck mich! Immer ich.

Ich habe das Tagebuch immer noch nicht gefunden, und ich habe schon zwei der drei Kartons komplett ausgeräumt. Irgendwie kann ich mich auch gar nicht erinnern, wo ich es hingesteckt habe und ob ich es überhaupt in Händen hatte. Ich weiß, dass ich am Abschlussabend der Tour noch etwas geschrieben habe. Am Morgen sind wir dann nach Kehdingen zurückgefahren, und ich habe die ganzen Klamotten in den Karton mit den Schulsachen gesteckt. Aber den habe ich schon ausgeräumt. Ich werde es doch wohl nicht in der Jugendherberge gelassen haben. Mann, Scheiße, wenn das einer findet. Die Holländer verstehen bestimmt so gut deutsch.

Das Fach am Kopfende war als Versteck aber auch einfach zu gut. Simon hatte da immer seine Süßigkeiten drin – obwohl er nicht weiß, dass ich das weiß – und Marc das Heftchen – aber das wusste jeder. Wundert mich etwas, dass ich noch nicht von den Szenen darin geträumt habe. Aber egal, wird schon noch – so oft, wie ich an die Bildchen denke ... Wahrscheinlich muss nur erstmal Ruhe einkehren.

Am Morgen kam dann der Umzugswagen und – nein, ich habe das echt nicht mehr gesehen. FUCK! Zum Glück steht mein Name nicht drin. Das wäre extrem peinlich. Aber damit wären dann wohl – wie lang ist's jetzt? – so neun Wochen Aufzeichnungen über den Jordan. Auf die hier passe ich besser auf.

Für morgen hat Mama uns erlaubt, mal mit den Rädern die Gegend zu erkunden, rauszufinden, wo die Bäckerei ist, die Post und so, wann die Züge fahren, überhaupt alles. Freue mich drauf, auch wenn Janina nicht mit will. Dann mache ich es eben mit Hauke allein.

Mi 20.8.

Wenn ich was zu sagen gehabt hätte, wären wir niemals hierher gezogen! Solch ein Scheißkaff! Hier gibt's ja gar nichts, kein Kino, kein Hallenbad. Das mit der Schule war ja sowieso schon klar. Was will ich eigentlich hier? Na gut, ne Eisdiele gibt es, so in etwa wie das Prima Vera daheim. –

Daheim ..., mein neues Daheim ist hier. Eklige Vorstellung. Sogar Hauke ist enttäuscht. Aber gut, es sind bloß runde zwanzig Kilometer bis nach Kassel, und da gibt's natürlich alles. Ich denke mal, dass ich dann dort auch in den Schwimmverein gehen werde. Mama hat gesagt, sie wird sich nächste Woche drum kümmern. Wenn die Schule hier losgeht, soll mein Training auch wieder beginnen. Noch freue ich mich drauf. Hoffentlich ist die Gruppe okay.

Do 21.8.

Langsam, ganz langsam werden wir heimisch hier. Hauke hat schon den halben Nachmittag mit irgendwelchen Jungs Fußball gespielt. Ich habe die Zeit zu einem Brief an Karsten genutzt und ihm vom neuen Zuhause und von der Freizeit erzählt. Vorhin habe ich Mama gefragt, wann wir hier endlich Festnetz bekommen. Auf meiner Prepaid-Karte sind nämlich nur noch zwei Euro. Und wenn ich mit ihm spreche, will ich auch keinen Druck haben.

Ich habe ein wenig umgeräumt und den Schreibtisch jetzt doch in die Ecke gestellt, wo er ja auch ursprünglich hinsollte. Jetzt habe ich wieder ein richtiges Geheimfach. Da kommt keiner drauf, denn das liegt so auf der Rückseite, dass ich kaum selbst drankomme. Ich muss ja vorsorgen, bevor Mama bald das Haus einigermaßen in Ordnung hat und wieder anfängt, bei uns aufzuräumen und rumzuschnüffeln. Das Versteck zwischen den Schulheften, wo ja kein normaler Mensch freiwillig nachschauen würde, schien mir nicht mehr so gut geeignet zu sein. Mütter haben halt manchmal komische Ideen, und neugierig sind sie auch immer.

Ach so, das Originaltagebuch ist wohl für immer verschollen. Ich habe es, wie befürchtet, beim Auspacken nicht gefunden.

Fr 22.8.

Hier sieht es aus, als würden wir schon jahrelang in dem Zimmer hausen. Überall fliegen Haukes Legosteine rum, und vorhin hat er in einer Spielkiste seine Erbsenpistole wieder gefunden. Heute Nacht kann ich „der Prinz auf den Erbsen“ spielen.

Und der Prinz sieht anders aus seit heute. Ich war beim Friseur – freiwillig! Mama hat ganz schön blöd geguckt, als ich sie um Geld angehauen habe. Sonst muss sie mich immer mit Gewalt zum Haareschneiden schicken. Aber Chris hat mir in Holland gesagt, dass der Neuanfang hier auch eine Chance bedeutet, beispielsweise meine Identität zu verändern. Ob er das denn für nötig halten würde, habe ich ihn gefragt. Nein, so wäre das doch nicht gemeint, nur als Möglichkeit zur Veränderung, wenn ich mir in mir selbst nicht mehr ganz gefallen sollte. – Häh?

Naja, ich habe trotzdem drüber nachgedacht und mir dann überlegt, mein Aussehen ein bisschen zu verändern; soll heißen Mittel- statt Seitenscheitel, insgesamt uneinheitlicher, rauer und hinten ganz kurz. Das sieht nicht so brav aus. Mama hat gesagt, ihr würde es gefallen, Papa auch. Janina findet es etwas zu extrem, aber „eigentlich schon besser", und Hauke hat bereits gedrängelt, er will auch solch einen Haarschnitt. Damit sähen wir dann auch nach außen wieder wie Brüder aus.

Sa 23.8.

Heute sind wir alle nach Kassel gefahren. Mama und Papa wollten ohnehin in die Stadt, um einige Sachen, die beim Umzug kaputt gegangen sind oder die wir im alten Haus zurückgelassen haben, zu ersetzen. Aber wir sollten halt auch mal die einzige größere Stadt im Umkreis der nächsten hundert Kilometer kennenlernen.

Wir sind schon früh morgens losgefahren, um genug Zeit zu haben. Naja, dass der Tag nicht gerade spannend werden würde, war uns allen klar, – ein paar Schulsachen hier, eine neue Kaffeemaschine dort, Gardinenstoff, Mehrfachstrahler fürs Wohnzimmer und eine neue Teekanne, weil Hauke die alte beim Auspacken zerbrochen hat. Danach waren wir Pizza essen, was wir als Familie eigentlich auch noch nie zusammen gemacht haben. So war es okay.

So 24.8.

Mama hat mich heute in die Kirche geschickt. Ich hatte eigentlich gedacht, ich würde noch eine Gnadenfrist kriegen, bis hier der Konfi-Unterricht losgeht. Aber sie hat darauf bestanden, dass ich hingehe und einen ersten Eindruck von der Kirche und dem Pfarrer kriege.

Die Kirche hier in Leyenbach ist viel älter und ein bisschen kleiner als die in Basbeck. Ich finde es gut, dass sie auch zweistöckig ist. Oben sitzt man irgendwie besser – und vor allem kann man sich leichter ablenken, wenn es da unten mal nicht so prickelnd sein sollte. Wie meistens.

In meiner alten Kirche – daran erinnere ich mich seltsamerweise noch oft – hat Karsten ja sogar mal auf der Empore seinen Stall aufgemacht und sein Teil rausgeholt. Nur weil ich neben ihm saß, habe ich es mitgekriegt. Sonst hatte sicher niemand den blassesten Schimmer, dass er da bestimmt fünf Minuten seelenruhig und heimlich unter dem Gesangbuch an sich rumgespielt hat. Als wir dann plötzlich zum Gebet aufstehen mussten, hat er ihn hektisch wieder verschwinden lassen. Haben uns draußen krankgelacht. Vielleicht mache ich das hier auch irgendwann mal.

Der Pfarrer heißt Völker, hat die ersten grauen Haare und trägt einen Vollbart. Der Gottesdienst ansonsten unterscheidet sich von dem in Basbeck so gut wie überhaupt nicht, wenn man mal davon absieht, dass der Orgelspieler anscheinend nicht den geringsten Plan hat, was er da tut.

Naja, so wie es aussieht ist das nun meine allsonntagmorgendliche Heimat. Vielen Dank …

Mo 25.8.

Mama muss wirklich ein schlechtes Gewissen wegen des Umzugs und meiner ersten Reaktionen gehabt haben. Eigentlich sollte ich ja erst zu Schulbeginn übernächste Woche mit dem Schwimmtraining beginnen. Nun hat sie das Ganze doch beschleunigt, mich heute Abend hingefahren und sogar gewartet, bis ich fertig war. Aber ab dem nächsten Mal muss ich mit der Bahn fahren.

Ich bin in einer gemischten Gruppe gelandet, in der ich zu den Ältesten gehöre. Sie geht von elf bis fünfzehn, aber fünfzehn ist außer mir nur einer, ein David, sehr ruhig, gut ausgebildeter Body, aber nicht der Allerschnellste. Nach dem, was ich so gehört habe, gehören vierzehn in die Gruppe. Unser Coach heißt Peter, aber er will, dass wir ihn Piet nennen. Ich werde es aber englisch schreiben, – Pete, – das ist irgendwie cooler. Pete ist so um die dreißig, schätze ich, und er hat mal für die österreichische Jugendnationalmannschaft geschwommen. David hat gesagt, dass er sich mit achtzehn oder neunzehn mit einem Wagen überschlagen und sich dabei irgendwas Schlimmes an der Wirbelsäule geholt hat. Seitdem darf er keinen Leistungssport mehr machen. Er ist erst seit Winter Jugendtrainer hier. Ich finde, er wirkt ziemlich souverän.

Mein erstes Training war nichts Ungewöhnliches, lockeres Bewegen in allen Stilen plus ein Spielchen im Nichtschwimmerbecken, „Ringelpietz mit Anfassen“ hat David das genannt. War trotzdem lustig. Hart wird es, wenn ab Schulbeginn die Gruppe wieder vollzählig ist. Denn noch sind einige in Ferien. Naja, alles wird sich einspielen, denke ich.

Di 26.8.

Heute Nachmittag bin ich mit Hauke mit den Rädern nach Hofgeismar gefahren. Wir wollten mal sehen, wie unsere neue Schule aussieht. Nein, so fürchterlich zieht es uns natürlich nicht dorthin, aber neugierig sind wir ja schon irgendwie. Schließlich werden wir bald mehr als genügend Zeit dort verbringen. Janina wollte mal wieder nichts mit uns gemeinsam machen, obwohl wir auf die gleiche Schule kommen. Sie will nicht mit uns „Rotzlöffeln“ zusammen gesehen werden. Wortwörtlich! Aber das kriegt sie irgendwann wieder.

Eigentlich haben wir ja endlich mal Glück gehabt, denn in Niedersachsen hätten wir nur bis zum ersten September frei gehabt. Aber da die Hessen eine Woche später mit ihren Ferien begonnen haben, müssen wir erst wieder am achten zur Schule. Und sieben Wochen Ferien sind schon irgendwie – naja, eine Woche geiler als sechs Wochen.

Die Schule ist um einiges größer als unsere alte, ziemlich unübersichtlich. Draußen ist ein ganz tauglich aussehender Sportplatz mit Kunststofflaufbahn. Deshalb schätze ich mal, dass hier in den nächsten Wochen mein Sportunterricht stattfinden wird.

Prinzipiell ist es gar kein Problem, mit den Rädern zur Schule zu fahren. Aber angeblich bekommen wir Zugfahrkarten gestellt. Mal sehen, ich kann ja auch danach entscheiden, wann ich morgens aus dem Bett falle oder ob es regnet oder so.

Mi 27.8.

Mama spinnt echt! Jetzt will sie, dass wir die letzten Tage unserer Ferien ein paar Stunden täglich lernen, damit uns der Anschluss nicht so schwer fällt. Wir sollen unsere alten Schulhefte durchlesen. Hauke hat vorhin bei mir Franz-Vokabeln abgefragt. Aus Rache hab ich ihn Englisch abgefragt. Tolle Ferien!

Do 28.8.

Endlich; seit heute haben wir Festnetz! Wer hat's eingeweiht? – Natürlich Janina. Hätte mich auch gewundert, wenn sie einem anderen den Vortritt gelassen hätte.

Ich habe Chris angerufen. Der hat sich richtig gefreut. Nach all dem, was wir in Holland zusammen erlebt haben, war es mir wichtig, dass er der erste ist, mit dem ich aus meiner „alten Welt" rede. Er interessierte sich natürlich brennend, wie mein neues Zuhause ist. Viel mehr gibt es ja auch noch nicht zu erzählen. Eigentlich war es ein seltsames Gespräch. Ich wusste, dass bei ihm nichts Großartiges passiert ist. Und er wusste, dass unser Umzug mit tödlicher Sicherheit chaotisch gewesen sein würde, nicht mehr und nicht weniger. Was soll man da bereden?

Und doch war es sehr angenehm, einfach nur seine Stimme zu hören, zu wissen, er denkt jetzt an mich.

Fr 29.8.

Heute waren zwei Neue im Schwimmen, – nein, natürlich sind sie nicht neu, nur für mich, – eine Andrea und ihr Bruder Benjamin. Andrea ist fünfzehn wie ich, Beni dreizehn. Sie schwimmen seit der Grundschule und sind wirklich stark. Beni hat mich auf ner Spaßbahn Kraul ziemlich versenkt. Aber Delfin und Brust bin ich stärker. Wir haben hinterher in der Umkleide mal so die Bestzeiten verglichen.

Beni sieht Andrea überhaupt nicht ähnlich, obwohl alle beide ausgesprochen gut aussehen. Beni ist dunkelblond, viel dunkler als ich, vielleicht zehn Zentimeter kleiner, und er hat endlos viele Sommersprossen. Ich finde aber, sie passen gut zu ihm. Andrea hat überhaupt keine und fast jungenhaft kurze, dunkelbraune Haare. Sie ist etwas größer als ich, und vorne tut sich auch schon einiges bei ihr. (Bei mir, als ich dahin gestarrt habe, zum Glück nicht. Peinlichkeiten muss man sich nicht schon beim Kennenlernen leisten ...) Beide sind richtig nett und aufgeschlossen, wie es scheint.

Ganz ehrlich, ich wünsche mir, noch einiges mehr mit ihnen zu tun zu haben.

Mo 1.9.

Janina hat mich heute sehr nachdenklich gemacht. Beim Mittagessen sagte sie, in ihrem Kalender würde der heutige Tag als Beginn des II. Weltkriegs stehen. Damals, 1939, haben die Deutschen Polen überfallen. Papa sagte, er hätte ein Buch über den Krieg im Regal. Ich habe gefragt, ob ich mir das zum Lesen nehmen dürfte. Denn irgendwie interessiert mich das doch, und bis heute Mittag habe ich überhaupt keine Ahnung davon gehabt. Jetzt weiß ich wenigstens ein bisschen was.

Hauke hat mir beim Lesen über die Schulter geschaut. Irgendwann fragte er, ob ich auch mal Soldat werden würde. „Ja, natürlich", habe ich geantwortet, aber eigentlich hatte ich vorher noch gar nicht darüber nachgedacht. Irgendwie war die Vorstellung immer selbstverständlich.

Überraschenderweise fragte Hauke ganz leise: „Warum?"

Ich zuckte mit den Schultern.

Hauke rutschte ein wenig näher, damit er nicht mehr so laut reden sondern nur noch flüstern musste. „Bitte, Henrik, tu's nicht. Geh nicht in die Armee. Bitte!"

„Hast du etwa Angst um mich?", fragte ich ihn.

Da kullerte plötzlich eine Träne seine Wange herunter, und kurz überschlug sich seine Stimme, als er rief: „Ja, verdammt, das hab ich! Ich hab nur einen Bruder!"

Ich stand auf und ging ein wenig im Zimmer umher. Während ich nachdachte, blieb Hauke wie eingefroren sitzen. Ich kniete mich hinter ihn und legte ihm eine Hand auf die Schulter. Ganz leise sagte ich: „Ich auch. Und manchmal – wie in diesem Augenblick – bin ich richtig stolz auf ihn." Als Hauke nichts sagte, wusste ich, dass wir das Wichtigste ausgesprochen haben. Und so versuchte ich uns beide wieder zurück zu holen. „Manchmal ist er aber auch nur eine kleine Nervensäge, die ich am liebsten in eine Jauchegrube tunken würde."

Endlich lächelte er wieder: „Gerade du ..." Dann fuhr er aber fort, dass ich doch auch schon die Frau von schräg gegenüber gesehen hätte, „da, wo der rote Plastikball im Baum hängt. Sie wird jeden Tag von einem Jungen in ihrem Rollstuhl umhergefahren."

„Er macht Zivildienst", half ich ihm.

„Kannst du nicht auch so was machen? Das ist doch sinnvoll, und wir beide müssten nicht mit dem Risiko leben, dass du in irgendeinen beschissenen Krieg musst."

„Ich denke drüber nach", sagte ich. Als er mich zweifelnd ansah, fügte ich noch hinzu: „versprochen."

Mi 3.9.

Mit viel Pech ist heute meine neue Schwimmgruppe zerstört worden. Marco war zu spät ins Training gekommen, und Pete hat ihn, wie in solchem Fall üblich, auf vier Bahnen zum Aufwärmen schicken wollen. Nun ist Marco von seinem ganzen Wesen her aber einfach nur kackfrech und hat Pete zunächst Widerworte und dann ein paar Dinge mitgegeben, die echt weit unter die Gürtellinie gingen.

David, der gerade dabei stand, hat mir im Vertrauen unter der Dusche gesagt, dass sich das Ganze so zugespitzt hat, dass Marco Pete am Ende sogar vorgeworfen hat, er würde nach dem Training nur mit uns duschen, weil er sich nackte Jungen anschauen will. Pete hat zunächst nur ziemlich fassungslos dagestanden. Ich glaube, wenn ich Trainer wäre, hätte ich Marco achtkantig rausgeschmissen, völlig ungeachtet seiner früheren Erfolge.

Auch David war entgeistert und schrie so was wie „Hast du sie noch alle?", und stieß Marco grob von der Seite ins Wasser. Pete hat uns daraufhin alle aus dem Becken geholt: große Krisensitzung von wegen Angriff auf seine Autorität als Coach. Aber er war erstaunlich ruhig, als er begann.

„Marco ist erst dreizehn. In dem Alter sagt oder tut man manchmal Dinge, die einem später leid tun. Marco", und er sah ihn direkt an, auch wenn dieser dem Blick auswich. „Du hast bis übermorgen Zeit für eine

Entschuldigung. Bekomme ich die nicht, hast du in der Zeit, in der deine Freunde hier trainieren, Hallenverbot." Dann kam die große Überraschung. „David", und er sprach ihn nun direkt an, „es war sicher gut gemeint, aber dennoch falsch. Du hast dich nicht in die Angelegenheiten anderer einzumischen. Entschuldige dich bei Marco."

Nicht nur David, der doch nur helfen wollte, auch Marco und eigentlich wir alle verstanden die Welt nicht mehr. Trotz aller Beleidigungen gegen sich und der Zurechtweisung blieb Pete fair.

Auf jeden Fall gilt ab heute: wer zu spät kommt, schwimmt sich 200m Delfin ein. „Bedankt euch bei Marco." Und damit wir wüssten, wie unangenehm die sind, wollte Pete diese 200 Delfin jetzt von jedem sehen. „Weigert sich auch nur ein einziger, könnt ihr euch einen anderen Trainer suchen. Ab ins Wasser."

Wir waren alle ziemlich geschockt, doch wir gehorchten. Marco wollte sich wieder weigern, aber Andrea drohte ihm mit der Faust. So stieg er doch noch ins Wasser. Sie ist faszinierender, als ich anfangs dachte, aber sie ist auch einen halben Kopf größer als unser Spezi. Ich bin sicher, sie hätte ihm eine geklebt, wenn er nicht pariert hätte.

Als wir nach den 200 Delfin aus dem Wasser stiegen, war Pete weg. Niemand hatte ihn gehen sehen.

Do 4.9.

Ich habe den ganzen Tag an nichts anderes denken können, als an den Rotz von gestern Abend. Mama hat mir wohl angesehen, dass irgendetwas nicht stimmt, aber ich habe nichts gesagt. Ich muss erstmal meine eigenen Gedanken wieder unter Kontrolle kriegen. Bin total gespannt, wie Pete morgen beim Training auftritt und vor allem, ob sich Marco noch in die Halle traut. Irgendwie kann ich es nicht glauben. Wie will er solch einen Bruch kitten?

Manchmal bin ich echt froh, dass mir, wenn ich aufgeregt bin, keine Gemeinheiten einfallen. Das hat mich wahrscheinlich schon vor einigen Schwierigkeiten bewahrt.

Fr 5.9.

Er hat es tatsächlich gemacht. Marco hat sich offiziell vor uns allen bei Pete entschuldigt und ihm ein Wiedergutmachungsgeschenk überreicht. Ich weiß nicht, was es war. Es war verpackt, wahrscheinlich ein Buch. Marco war vollkommen verändert, kleinlaut, irritiert, fast als wäre er unter Drogen. Er tat mir, ehrlich gesagt, leid. Pete schickte uns zwar alle ins Wasser, aber Andrea und ich gingen nicht. Ich weiß auch nicht warum.

Gebannt sahen wir im Abseits zu, wie Pete sich zu Marco hinunter beugte und lange mit ihm sprach. Auch ihm war die Veränderung aufgefallen. Irgendwann rief er erschrocken: „Was?“

Marco schrie ihn weinend an: „Geschlagen. Du hast es doch gehört. Ge- schla - gen! Hierhin.“ Er zeigte auf seine linke Schläfe. „So hart, dass ich gestern nicht in der Schule war.“ Pete nahm ihn verständnislos in den Arm und tröstete ihn.

Wortlos nahm Andrea meine Hand, und ich wusste, dass es richtig war. Beni nickte uns kurz vom Beckenrand zu.

Sa 6.9.

Hauke ist stinkig - und das nicht ganz zu Unrecht. Vorhin beim Abendessen haben Mama und Papa bekannt gegeben, dass jetzt nach dem Umzug die Zeit gekommen sei, die kieferorthopädische Behandlung anzugehen, die man schon in Kehdingen empfohlen hatte. Auf deutsch: er soll nun auch eine Klammer kriegen. Jetzt wollen sie sich umhören, wo ein guter Kieferorthopäde ist. Sobald sich Hauke dann in der neuen Schule zurecht gefunden hat, wollen sie ihn in Behandlung schicken. Bei dieser Nachricht ist er ein bisschen ausgerastet, hat geschrien, dass er das nicht braucht und erst recht nicht will und ist dann in unser Zimmer gerannt. Ich denke mal, so ganz ohne Tränen wird das Ganze auch nicht abgegangen sein. Wen wundert das? – Zähne gezogen zu bekommen, macht eben alles andere als Spaß.

Er hat schließlich damals auch mitbekommen, dass ich zum Teil erhebliche Schmerzen hatte, als mir das ebenfalls „angetan“ worden ist. Wenn er Pech hat, kriegt er auch noch eine feste Klammer. Poor boy.

So 7.9.

Morgen geht es dann also los – das neue Schuljahr in der noch viel neueren Umgebung. Ich bin richtig kribbelig. Heute habe ich den ganzen Tag schon überhaupt nichts auf die Reihe gekriegt, und auch Hauke ist völlig unkonzentriert. Wenn wenigstens was im Fernsehen käme, was uns ablenken könnte. Naja, wir werden den Tag schon irgendwie hinter uns bringen, nehme ich an. Und vielleicht sind unsere neuen Klassenkameraden ja auch netter, als wir wohl beide befürchten.

Mo 8.9.

Überlebt! – Viel mehr war's wohl nicht, mein erster Tag hier auf dem Gymmi. Hauke liegt oben im Bett und schmökert in meinen alten Spiderman-Comics. Er sieht genauso fertig aus, wie ich mich augenblicklich fühle.

Mama hat sich extra den Wagen von Papa geborgt, um uns drei heute früh zur Schule zu fahren. Dann ging sie mit uns ins Sekretariat. Janina war ja letzte Woche schon einmal hier, um ihre Wahlkurse, oder wie auch immer die Dinger in der Oberstufe heißen, anzugeben. Sie bekam nur kurz erklärt, wo sie die dazugehörigen Räume finden würde und verschwand. Auch Mama fuhr dann wieder los.

Hauke und ich bekamen als erstes unsere Zugfahrkarten für das erste Halbjahr. Dann mussten wir mit einer Sekretärin zu unseren neuen Klassen gehen. Erst hat sie Hauke, der jetzt in die Siebte gekommen ist, an seinem Klassenraum abgeliefert. Ja, und dann musste ich mit ihr in einen anderen Trakt des Gebäudes gehen.

Meine Klasse ist die 10b, und sie sitzt direkt unter dem Dach. Oh Mann, ich hab vielleicht Herzklopfen gehabt, als die Tür aufging. Die Sekretärin rief nur kurz in den Raum hinein „Klaus, ich habe noch einen Neuen für dich.“ Mir wünschte sie noch viel Erfolg, bevor sie mich lächelnd wieder verließ und mein neuer Klassenlehrer mich hereinbat.

Klaus heißt für uns Herr Wermelt, und wer ich denn wäre, wollte er wissen.

„Henrik Jäger“, sagte ich.

Und wo ich herkäme, welche Schule ich besucht hätte und bla, bla, bla. Dann zeigte er auf einen freien Platz in der Mitte der letzten Reihe. Das wäre nun meiner.

Natürlich hatte ich erwartet, dass man mich anstarren und über mich tuscheln würde, aber dass es ein solch extrem ekliges Gefühl sein würde, hätte ich niemals für möglich gehalten. Ich glaube, wenn ich nicht ganz genau gewusst hätte, was in den Augenblicken mit mir geschah, – ich hätte bestimmt irgendwohin gekotzt.

Naja, der Junge rechts von mir hielt mir die Hand hin und stellte sich als Stephan vor, der links als Toby. Stephan ist unauffällig, etwas schmaler als ich, und er hat dunkle Haare. Toby wirkt irgendwie heavy. Er trug ein Sweatshirt von Sepultura, und wie lang seine pechschwarzen Haare sind, kann man sich da leichter vorstellen. Auf jeden Fall scheint er sich für supercool zu halten, und es schien schon eine Ehre für mich gewesen zu sein, dass er mich überhaupt begrüßte. Denn den ganzen Tag war er sonst nur am Lästern.

Als erstes bekamen wir unseren Stundenplan. Ich habe 31 Stunden, jeden Tag bis zur sechsten, Dienstags noch Musik in der achten und neunten, aber Donnerstags die erste frei. Herr Wermelt gibt Englisch bei uns. Ich glaube, er ist ganz okay, aber er gilt als ziemlich schwer. Er ist in dieser Klasse genauso neu wie ich.

Die erste Pause war ich bei Hauke. Ich wollte einfach sehen, ob alles bei ihm klappt. Aber in der Sieben findet man anscheinend ohne Probleme Anschluss.

Sonst war der Tag nicht weltbewegend. Deutsch haben wir bei einer Frau Dietrich; sie ist so um die fünfzig und ziemlich witzig. Mathe dann beim Honig – der heißt richtig Honnick, aber das sagt keiner. Er sieht genau so aus, wie man sich einen Mathelehrer vorstellt. Er war der erste, der so pseudointelligente Bemerkungen über meinen Vornamen gemacht hat, von wegen Henrik mit oder ohne „d". Die beste war aber meine neue Sozilehrerin, eine Frau Kirchner. Sie fragte allen Ernstes, ob sich Henrik mit „i" oder mit „y" schreiben würde. Ich habe daraufhin Henrik ein paar Male mit „y" in mein Heft geschrieben. Aber ich finde, es sieht bescheuert aus.

Di 9.9.

Arg viel Spaß macht es nicht, nachmittags noch Unterricht zu haben. Das heute war mein erstes Mal überhaupt. Ich meine, gut, es ist bloß Musik und nichts Entscheidendes wie Mathe oder Englisch. Wir haben die siebte Stunde vorher frei. Die meisten essen da etwas Kleineres in der Cafeteria. Einige andere holen sich in der Zeit irgendwas an einer Frittenbude im Ort. Mama wird mir für die Dienstage fünf Euro geben, hat sie gesagt. Dann kann ich selbst entscheiden, was ich essen will. Naja, da gibt's nicht viel zu entscheiden: ab heute einmal die Woche Currywurst / Pommes mit Cola.

Ansonsten ist die Schule so, wie sie wahrscheinlich überall in Deutschland ist; so, dass die Schüler jetzt schon sehnsüchtig auf die nächsten Ferien warten.

Meine Klasse hat eine etwas eigenartige Cliquenbildung, hinter die ich noch nicht vollständig gestiegen bin. Eine ist die Cafeteria-Clique, hauptsächlich aus Mädchen bestehend, dann gibt es eine gemischte, die mehr oder weniger heimlich rauchen geht, und eine letzte große spielt auf dem Platz hinter der Schule mit ein paar anderen Zehnern Fußball. Ein ganz netter Erik, etwas kleiner als ich und kurze, schwarze Haare, hat mich heute gefragt, ob ich nicht Lust hätte mitzuspielen. Jetzt bin ich da also irgendwie reingerutscht. Aber die Jungs sind schon okay. Viel mehr kann ich noch nicht beurteilen.

Mi 10.9.

Die Schule hat noch nicht richtig angefangen, und schon fangen die Pauker an verrückt zu spielen. Heute haben wir bereits die kompletten Klassenarbeitstermine in Deutsch, Franz und Mathe gekriegt – für die Hinrunde, wie Stephan witzelte. Trotzdem kann einem das echt den ganzen Tag versauen.

Als „Belohnung" hatte ich dann nachmittags auch noch meinen ersten Konfi-Unterricht. Vorgestern ist Mama im Sekretariat des Gemeindehauses gewesen, in dem auch mein Unterricht stattfindet und mich angemeldet: manchmal könnte ich sie ja echt auf den Mond schießen, aber diesmal habe ich sie zur Belohnung umarmt. (Und das tue ich noch seltener als freiwillig mein Zimmer aufzuräumen.)

Hier ist das mit dem Konfi-Unterricht so, dass man zwei Jahre hingehen muss, und der Unterricht insgesamt scheint auch sehr viel intensiver zu sein. Naja, im ganzen Kehdinger Raum muss man nur ein Jahr hingehen, und man kann mir wirklich nicht erzählen, dass das nicht genug ist. Deshalb habe ich ja auch erst mit fünfzehn damit begonnen, was ja eigentlich schon ein Jahr später war als die anderen. Hier hätte ich eigentlich schon über ein Jahr angesessen und gelernt haben müssen. Und Mama? - Mama ging hin und erzählte der Sekretärin auf dem Amt, ich hätte dieses erste Jahr schon hinter mir. BRAVO!

Die Sekretärin hat es geschluckt, in meine Akte eingetragen und abgestempelt. Sie hat es wohl auch geglaubt, weil ich ohnehin einer der Ältesten bin. Jedenfalls ist mir damit ein ganzes Jahr mit diesem – Kappes sagt man hier für Bockmist, hab ich schon herausgefunden – erspart geblieben. Riesengroßes DANKE, Mama.

Natürlich kann ich jetzt überhaupt nichts von dem, was die Konfis hier schon draufhaben müssen. Als mich Pfarrer Völker fragte, was wir denn in Basbeck gelernt hätten, wusste ich erst gar nicht, was ich antworten soll. Durfte ich einen Geistlichen belügen? Und wenn, muss es derart offensichtlich sein?

Aber immerhin ging es darum, ein ganzes Jahr nachzuholen oder nicht. Also erzählte ich die anscheinend recht glaubhafte – aber dennoch frei erfundene – Geschichte des Konfirmanden Henrik Jäger, der einen Unterricht nach Vorbild des Kindergottesdienstes, gewürzt mit Pizzabacken, Fußballspielen, Spaghettikochen und einem Tischtennisturnier zu absolvieren hatte. Bei den Jugendlichen rannte ich damit offene Türen ein, wie einige leuchtende und etwas neidisch blickende Augen zeigten.

Mein neuer Pfarrer hingegen sagte lächelnd, dass es hier etwas anders wäre. Dann reichte er mir eine – kein Scherz – anderthalb DIN A4 Seiten in Schreibmaschinenschrift lange Liste mit Bibel- und Katechismusabschnitten, die meine Mitstreiter bereits gelernt hätten. Mit den Worten „all dies wirst du sicher nicht nachholen können", strich er etwa die Hälfte der Textstellen an, „aber ich erwarte, dass du die markierten Abschnitte bis zum Prüfungstermin Anfang Mai auswendig aufsagen kannst – neben jenen, die wir bis dahin noch lernen werden."

Mein Nebenmann hatte wohl meinen ziemlich entgeisterten Gesichtsausdruck wahrgenommen. Jedenfalls stupste er mich leicht an und flüsterte: „Das bedeutet so viel wie „Willkommen in Leyenbach, dem Zentrum des evangelischen Universums." Dem ist nichts hinzuzufügen.

Do 11.9.

Ich hätte drauf wetten sollen. Bis zu den Herbstferien werden wir im Sportunterricht tatsächlich Leichtathletik machen. Das hat unser Sportlehrer, Herr Rasner, heute bekannt gegeben. Wir sollen Kugelstoßen, Weitsprung und Langstreckenlauf machen. Naja, keiner hat behauptet, es soll Spaß machen, oder?

Heute haben wir es erstmal ruhig angehen lassen, viel zuhören müssen und dann ein wenig Basketball gespielt. Erik und ein Fußballer namens Mehdi, ein türkischer Junge, sind – ich sag mal neben mir – die besten Sportler der Klasse. Es gehen Gerüchte rum, dass Mehdi nächste Saison zum KSV Hessen Kassel wechseln soll. Er muss wirklich stark sein. Erik kommt vom Turnen. Wie gut er ist, weiß ich nicht, aber fußballerisch hat er's ziemlich drauf. Schmunzelnd erzählte er, sie würden zum Warm up immer Fußball spielen – barfuss allerdings. Bin gern mit ihm zusammen.

Angeblich weil wir sonst nur versuchen würden, die Mädchen anzutatschen, ist der Sportunterricht getrennt. Ich glaube, das liegt eher daran, dass wir im Sport viel aggressiver sind und die Mädchen sonst keine Chancen auf gute Noten hätten. Wie auch immer: wir haben mit der 10a zusammen, alle Jungs auf der einen Seite und nebenan alle Mädchen.

Drei Jungs, die wohl auch um eine eins im Sport mitringen werden, gibt es aus der Parallelklasse. Amel, ein Kroate, und Maik machen hier im Verein Leichtathletik, und ein Tischtennisspieler namens Lars scheint auch in anderen Sportarten mitreden zu können. Aber sonst sind in der 10a genau solche Idioten wie in meiner eigenen Klasse auch.

Fr 12.9.

Marco hat eine Menge gelernt. Auch heute war er wieder zu spät, zum ersten Mal seit dem großen Krach. Wir erblickten ihn, als er unter der kalten Dusche stand. Dann lief er grinsend und „N'Abend, Pete" rufend am Coach vorbei und feuerte seine Schwimmtasche dorthin, wo unsere lagen. Von da sprang er aus dem Laufen ins Wasser und riss tatsächlich mehr oder weniger freiwillig die 200m Delfin ab. Auf meinem Schwimmbrett liegend sah ich ihm etwas zu. Irgendwie habe ich wahrscheinlich geglaubt, er würde es doch nicht ganz so ernst nehmen.

Ich muss ziemlich abgelenkt gewesen sein, denn ich habe nicht mitbekommne, dass Beni angeschwommen kam. Ja, und dieses kleine Schwein hat mich geduckt. Als ich prustend wieder hochkam, meinte er laut lachend, ich hätte noch zwei Bahnen Beinarbeit vor mir.

Da hatte er nicht Unrecht.

Sa 13.9.

Papa hat heute Mittag rundgefragt, wie denn die Einschätzung unserer ersten Woche in der neuen Schule ausfiele.

Janina hat sicherlich das schwerste Los gezogen. Sie war aber früher ziemlich gut in der Schule. Deshalb glaube ich nicht, dass sie große Schwierigkeiten mit der Umstellung haben wird. Dennoch ist es nicht ganz unproblematisch, da ab jetzt die Noten schon für ihr Abi-Zeugnis zählen. Und sie kann ja nicht vorher schon wissen, mit welchen Lehrern sie gut auskommen wird und mit welchen nicht.

Hauke hinkt in Englisch ziemlich hinterher. Unsere alte Schule war dieser neuen zwar in den Naturwissenschaften einiges voraus. In anderen Fächern wie in Englisch bei Hauke oder bei mir in Franz sind wir hier klar benachteiligt. Dass Mama und Papa besonders darauf drängen, dass wir dort schnellstens den Anschluss kriegen, war klar. Heute habe ich schon zwei Stunden gelernt. Morgen muss ich das wohl noch mal tun – eher mehr als weniger – direkt nach der Kirche. Schönes Wochenende!

So 14.9.

Lernen ist ja normalerweise grauenhaft, insbesondere wenn es nicht freiwillig geschieht. Heute war es anders – Lernen in angenehmer Umgebung. Denn es war so heiß, dass man eigentlich von morgens bis abends Sehnsucht nach kaltem Wasser hat, weniger zum Trinken, eher zum Duschen oder Baden.

Ich habe Hauke gefragt, ob er nicht Lust hätte, mit den Rädern und den Schulsachen irgendwo in die Pampa zu fahren. Natürlich hatte er. Und so war es echt nicht übel. Wir lagen in Badehosen mit Sonnenbrillen auf einem freien Feld in der Nähe eines großen Apfelbaums. Wenn es uns zu heiß wurde, flüchteten wir in den Schatten. Warum kann Lernen nicht häufiger so ablaufen?

Mo 15.9.

Jetzt hat es mich auch zum ersten Mal erwischt. Ich war bloß mickrige vier Minuten zu spät, weil der Bus vom Hauptbahnhof schon weg war. 200m Delfin sind so heavy, dass hinterher selbst leichtere Programme ganz schön in die Knochen gehen. Und das heute fiel eher unter die Kategorie „heftig". Ich hatte einfach keine Zeit, mich zwischendurch richtig zu erholen. Sogar jetzt, zwei Stunden nach Trainingsende, bin ich noch völlig erschlagen.

Ich glaube, wenn ich merke, dass ich noch einmal so spät bin, dass ich's nicht mehr pünktlich schaffe, schwänze ich lieber.

Di 16.9.

Ich denke, es wird Zeit, sich mal über das andere Geschlecht auszulassen. Die Mädels in meiner Klasse sehen eigentlich ziemlich gewöhnlich aus. Ich sag es eher ungern, aber das, was man uns vor ein paar Jahren im Aufklärungsunterricht verkauft hat, scheint echt zu stimmen. Mädchen sind Jungen vom Wachstum her überlegen. Über die geistige Reife will ich mich mal nicht auslassen. Irgendwie sind Mädchen unter sich in meinem

Alter bloß Schnattergänse.

Tragischerweise gehören auch die wenigen, die sich äußerlich ein wenig abheben, dazu. Vorstellen möchte ich eine, Martina, fünfzehn wie ich, ist Riesenfan von Justin Timberlake, (was eigentlich eher gegen sie spricht.) Sie sieht ziemlich klasse aus, lange, schwarze Lockenhaare, schlank, gepflegte Kleidung. Wenn mich überhaupt ein Mädchen interessiert, dann sie.

STOP – NEIN! Andrea natürlich noch. Ich finde es total faszinierend, wie selbstverständlich sie mit mir umgeht. Sie unterscheidet sich fast grundsätzlich von allen anderen, die ich so kenne, vor allem, weil sie sehr ruhig ist. Das mag aber auch daran liegen, dass die anderen Mädchen bei uns in der Gruppe deutlich jünger sind und sich über Dinge unterhalten, aus denen Andrea anscheinend rausgewachsen ist. Vielleicht tratscht sie in ihrer Klasse auch. Aber so wie ich sie kennengelernt habe, ist sie wirklich interessanter als der ganze Rest. Habe mir schon mal vorgestellt, wir wären zusammen im Freibad, soll heißen sie im Bikini, nicht im Badeanzug.

Ich glaube, davon werde ich gleich auch versuchen zu träumen. Hoffe, Hauke schläft jetzt endlich ein. Noch regt er sich über mir. Zu zweit im Zimmer hat man echt wenig Privatsphäre. Ist schon scheiße, wenn sich jemand da unten meldet und Beachtung haben will. Naja, noch bin ich nicht ganz so müde. Den Zustand halte ich noch was aus.

Und erst danach heißt es „Gute Nacht, Henrik."

Mi 17.9.

Nachdem ich nun schon über zwei Wochen im Schwimmverein bin, hat Hauke Mama und Papa jetzt auch soweit, dass er in einen Sportverein darf. Irgendwie war klar, dass es bei ihm ein Fußballclub werden würde. Wegen seiner neuen Schulfreunde hat er aber in Hofgeismar angeheuert und nicht hier in Leyenbach. Heute war er zum ersten Mal im D-Jugendtraining, und da hat er direkt einen Aufnahmeantrag zugesteckt bekommen. Darüber war Papa natürlich weniger begeistert, aber Hauke hat gesagt, dass er so schnell wie möglich Spiele machen will, und dafür muss er wohl Vereinsmitglied sein – keine Ahnung warum. Auf jeden Fall schwärmte er mir den halben Abend vor, wie toll das alles ist und dass er bald schon sein erstes Ligator schießen wird. Hoffentlich zerplatzen seine Träume nicht allzu unsanft.

Do 18.9.

Also eins weiß ich jetzt schon: Kugelstoßen wird nicht meine Disziplin. Die Teile sind einfach nur ekelhaft schwer. Wer hat solch eine Scheiße nur erfunden? Aber egal, da müssen wir alle durch.

In der Pause nach dem Sport haben wir eigentlich wieder Fußball spielen wollen, aber einer aus der Nachbarklasse hat die Pille gleich zu Anfang voll auf die Zwölf gekriegt. Weil er danach Nasenbluten hatte, haben wir nicht weitergespielt. Das gab mir die Gelegenheit, etwas länger mit Erik zu sprechen. Ich habe vom Turnen ja nicht allzu viel Ahnung. Jetzt scheint sich Erik aber irgendwie in den Kopf gesetzt zu haben, mich davon faszinieren zu wollen. Ganz einfach ist das bei einem, der mal durch einen Barren geplumpst ist, sicherlich nicht.

Auf jeden Fall endete das Gespräch damit, dass mich Erik eingeladen hat. Nächsten Sonntag hat er einen Turnwettkampf in Hofgeismar, und er möchte, dass ich zum Zuschauen komme. Ich bin ziemlich gespannt, wie gut er wirklich ist. Denn alles, was er kann, hat er mir logischerweise voraus.

Fr 19.9.

Mein Verständnis von „Junge-lernt-Mädchen-kennen“ ist völlig über den Haufen geworfen worden. Und Andrea ist Schuld dran, Schuld aber im positiven Sinn. In einer Trainingspause hat sie mich vorhin gefragt, ob ich nicht Lust hätte, vor dem Training mal ein Eis mit ihr essen zu gehen. Ich war ganz schön überrascht, aber ich habe trotzdem sofort zugesagt. Jetzt werden wir uns nächsten Montagnachmittag in der Stadt treffen.

Seltsames Gefühl; ich kann an gar nichts anderes mehr denken.

Sa 20.9.

Es kann doch sehr wertvoll sein, wenn man seine Eltern kennt. Mama und Papa waren heute aus irgendeinem unerfindlichen Grund ziemlich gut gelaunt. Hauke und ich haben das gnadenlos ausgenutzt. Jetzt, da ich das schreibe, muss ich schmunzeln, denn zuerst haben wir uns abgesprochen, was genau wir wollten. Danach sind wir zusammen rüber ins Wohnzimmer gegangen, haben uns zu den beiden gesetzt und locker angefangen zu schwätzen.

Schließlich haben wir das Gespräch zum Sport und damit auch zu unseren Bedürfnissen gelenkt, soll heißen, dass ich für meine ersten Wettkämpfe und Hauke für seine Auftritte als Mittelstürmer natürlich Vereinskleidung benötigen, wenn wir nicht unangenehm auffallen wollen. Und das Gefühl dazu zu gehören, ist doch auch wichtig.

Das haben sie eingesehen und uns angekündigt, dass wir tatsächlich die Klamotten kriegen, ich den hellgrünen Kapuzennicki mit dem geilen dunkelroten Logo und Hauke den schwarzen Trainingsanzug seiner Fußballmannschaft. Allerdings haben sie uns unmissverständlich klar gemacht, dass nach dem Umzug viel weniger Geld vorhanden ist. Somit gelten die Sachen als Vorgriff auf Weihnachten. Aber das ist uns ziemlich Wurscht. Hauptsache, wir kriegen die Dinger.

So 21.9.

Kann man eigentlich Fan eines Fünfzehnjährigen werden? Wenn das geht, bin ich wahrscheinlich einer der ersten. Ich habe ja vor ein paar Tagen geschrieben, dass Erik mich zu einem Turnwettkampf, der in unserer Schulturnhalle stattfinden sollte, eingeladen hat. Naja, das war also heute.

Wir haben uns erst in der Halle getroffen, dort aber nur kurz miteinander geredet, denn ich bin direkt auf die Tribüne verschwunden. Sonst hätte ich beim Aufbau sicherlich nur im Weg rumgestanden.

Also, allein das Warm up wäre das Eintrittsgeld wert gewesen (was ich aber ohnehin nicht bezahlen musste.) Ich schätze, es war ziemlich naiv von mir zu glauben, Spagat sei nur was für Mädchen. Manchmal sagt man ja, dieses oder jenes „tue schon beim Zuschauen weh". Seltsamerweise war das bei Erik anders, Ich nahm all seine Vorbereitungsübungen wahr, sah, wie er sich in jede einzelne richtig hinein versetzte, und irgendwie erschien es mir konsequent, beinahe wie das Normalste auf der Welt, dass sich Erik auch in den Spagat setzte – nicht als Höhepunkt oder so, sondern weil es einfach dazu zu gehören schien.

Die einzelnen Schwierigkeiten verschiedener Übungen kann ich natürlich nicht einschätzen, aber ich habe gemerkt, dass mir die am besten gefallen haben, die in den Bereich der Akrobatik fallen. Insbesondere gilt dies für Eriks Bodenkür. Darin war alles enthalten, was ich mir bisher vorstellen konnte, Handstandüberschlag, Salto vorwärts mit halber Schraube, Flic-Flac mit einem gestreckten Salto rückwärts. Erik hat mir nach dem Wettkampf erklärt, wie all diese Übungen heißen.

Er war eigentlich nicht sonderlich zufrieden mit sich, denn an zwei Geräten hat er ziemlich gepatzt. Gleich bei der ersten Disziplin hat er seinen Abgang vom Reck nicht gestanden, und auch beim Pferdsprung musste er mit den Händen auf den Boden greifen. Aber egal wie er es selbst einschätzte; ich fand das, was ich mit ansehen durfte, äußerst beeindruckend.

22:30 Uhr

Eigentlich war nur ein kurzes Break für das Abendessen geplant, aber Mama hatte mal wieder einen Familienabend im Kopf, soll heißen: wir alle beim Gesellschaftsspiel vereint. Jetzt haben wir also bis eben Monopoly gespielt, obwohl wahrscheinlich die meisten mehr Bock auf irgendetwas anderes hatten. Janina hat gewonnen, aber nur, weil sie mir die ganze Zeit die Schillerstraße nicht verkauft hat. Naja, egal.

Ich wollte noch mal zu Erik zurück. Nach dem Wettkampftag hat er mich mit zu sich nach Hause genommen, in eine kleine Apartmentwohnung. Seine Eltern waren irgendwie auf Verwandtenbesuch. Er hat auch noch eine kleine Schwester, die fünf Jahre jünger ist als er. Sie ist selbstredend an der Seite der Eltern geblieben.

Eriks Zimmer ist relativ klein und sehr dunkel. Ich war ziemlich erstaunt, denn solch ein Zimmer hatte ich absolut nicht erwartet. Er hat es zwar wie bei Jungs üblich mit Postern vollgepappt, aber nicht mit welchen von Girls, Fußballvereinen oder Bands, sondern mit – Geparden. Ja, wirklich: Geparden! Als er sah, dass mich das irritierte, sagte er nur „pass mal auf“ und zog die Vorhänge so zu, dass es stockfinster wurde. Dann schaltete er eine Schwarzlichtlampe ein, und die Augen einiger Geparden auf den Postern begannen uns entgegen zu leuchten, hellgrün und durchdringend. Es war einfach fesselnd, beinahe gespenstisch!

Als er die Vorhänge wieder aufzog, hatte ich das Gefühl, eine ferne, geheimnisvolle Welt zu verlassen, um in meine vertraute zurückzukehren. Noch immer gebannt, stand ich vor ihm. Doch alles, was er sagte, war „und ich krieg noch nicht mal einen Hund.“

Ob er schon mal richtige Geparden gesehen hätte, wollte ich wissen. „Klar”, antwortete er. Immer, wenn seine Familie im Urlaub Städte besuchte, in denen es Zoos gibt, würde er reingehen. Dann sei er aber eigentlich die ganze Zeit ausschließlich bei ihnen, bei „seinen Tieren”, wie er sie nannte.

Ich war nicht lange bei Erik, vielleicht eine halbe Stunde. Zum Schluss habe ich ihn auch mal zu mir eingeladen, sowohl zum Schwimmen als auch nach Hause. Er nickte lächelnd und sagte nur: „Du hast also verstanden. Das ist gut. Ich nehme an. Danke.“

Mo 22.9.

Mein Privatleben beginnt Konturen anzunehmen. Vorhin hatte ich mein erstes Date nach dem Umzug, das angekündigte mit Andrea. Wir haben uns direkt am Schwimmbad getroffen, denn viel mehr kenne ich von der Stadt ja noch nicht.

Irgendwie war es total spannend. Ich wusste gar nicht so richtig, was mich erwartete. Als ich mich vor den Ferien mit Jenny zum Pizzaessen getroffen habe, waren die Voraussetzungen ganz anders. Wir kannten uns schon einige Jahre, und wir hatten uns vorher auch schon mal gegenseitig besucht und irgendwas miteinander gespielt. Auch wenn wir nie zuvor miteinander ausgegangen waren, wussten wir ganz genau, was passieren würde – und vor allem auch was nicht.

Mit Andrea war das anders. Bis zu dem Augenblick, als ich sie kommen sah, war ich eigentlich recht ruhig. Aber dann ist mir auf einen Schlag klar geworden, dass ich sie auf keinen Fall so begrüßen durfte wie im Training, denn da wir in der Gruppe nie alleine sind, ist alles dort viel lockerer und unverkrampfter. Und genau das Gegenteil stand uns nun bevor.

Ich glaube, wir waren beide heilfroh, dass wir das klar definierte Ziel „Eisdiele“ hatten, zu dem wir aus unserer Unsicherheit entfliehen konnten. Aber auch hier war das Gespräch alles andere als entspannt. Ein, zwei Höflichkeitsfloskeln nur um überhaupt irgendetwas zu sagen, Smalltalk über Schule und Schwimmen, Konfi-Unterricht und das Eis. Es gibt nur ein einziges Wort, das zumindest meine eigene Stimmung beschreiben könnte: „Peinlich!“

Ziemlich schnell war die freie Zeit vorbei, und wir mussten zum Hallenbad zurückgehen. Als wir nur noch wenige hundert Meter entfernt waren, fragte mich Andrea, ob wir das wiederholen würden, denn ihr hätte es gefallen.

„Im Ernst?“ fragte ich überrascht. Sie lächelte nur. „Komm schon, wir wissen beide, dass das vollkommen für die Füße war”, entgegnete ich. „Wir haben eigentlich keinen einzigen vernünftigen Satz miteinander gesprochen.“

Doch sie meinte, wichtig wäre nur, dass wir diesen ersten Schritt gegangen wären, und sie kam mir so hoch überlegen vor, als sie mir ihre Hand entgegen hielt.

Die zwei Stunden zuvor waren völlig über den Haufen geworfen worden. Ich nahm ihre Hand nicht, denn urplötzlich war ich so souverän, wie ich es mir morgens in der Schule schon vorgestellt hatte. Ich strich ihr das Haar aus dem Gesicht und küsste sie.

Es kam mir wie das Selbstverständlichste auf der Welt vor. Und es war PHÄNOMENAL!

„Das heißt >ja<, nehme ich an”, flüsterte sie. Ich nickte.

Mann, diesen Tag werde ich nie vergessen. Jetzt weiß ich, dass sie's wird. Ich weiß nicht, wann oder wie, ich weiß nur >dass<!

Di 23.9.

Hä hä, ich könnte ja anfangen zu lästern, aber das wäre ungerecht. Hauke war heute bei einer Kieferorthopädin in Kassel. Heute ging es also mit dem Plastilinabdruck seines Gebisses los.

Vorhin hat er sich im Ofen Pommes gemacht und sie hinterher fast in Ketchup ertränkt, weil er den komischen Geschmack nicht losgeworden ist. Eben kam Mama ins Zimmer und hat Hauke das Geld für den versprochenen Trainingsanzug in die Hand gedrückt. So konnte sie es ihm noch als eine Art Belohnung verkaufen dafür, dass er fast ohne Murren mitgegangen ist.

Meins hatte ich schon direkt nach der Schule bekommen. Mit Pete habe ich inzwischen auch schon telefoniert und ihn gebeten, meinen zukünftigen Vereinspulli morgen mit zum Training zu bringen. Hoffentlich vergisst er ihn nicht!

Mi 24.9.

Es ist wirklich das geilste Kleidungsstück, das ich ab jetzt und seit heute in meinem Besitz habe. Vorhin habe ich den Nicki Mama und Papa vorgeführt, – nicht gezeigt, richtig vorgeführt – wie auf einem Laufsteg. Ich glaube, ich habe mich noch nie in irgendetwas so wohlgefühlt wie darin.

Papa findet ihn wegen des Logos „ziemlich ausgefallen", Mama einfach nur „chic." Bloß Hauke war traurig, weil er seinen eigenen Anzug noch nicht hat. Angeblich soll er ihn zum ersten Spiel am Wochenende bekommen. Janina habe ich außer zum Frühstück heute noch nicht gesehen. Angeblich hängt sie mit irgendwelchen Typen aus ihrer Stufe ab.

Do 25.9.

Die erste Schulnote hier auf dem Gymmi habe ich seit heute, und es ist – trara – eine eins !!! Gut, eigentlich war die erste im Kugelstoßen, und da habe ich bloß eine zwei plus gekriegt, aber direkt danach sind wir die 2000 Meter gelaufen, und dafür gab's die eins. Ich war der schnellste von allen und habe am Schluss sogar noch den Mehdi gekriegt. Meine Zeit war 6:04 Minuten.

Herr Rasner hat mich hinterher gefragt, ob ich nicht auch wie Amel oder Maik hier in den Leichtathletikverein gehen will. Ich wäre ein Talent. Aber ich habe nur gesagt, dass ich hoffen würde, dass mein Schwimmtrainer das auch von mir denkt. Da lachte er.

Ich glaube, wir werden gut miteinander auskommen.

Fr 26.9.

Manchmal ist es in der Schule ganz schön abgefahren. Seit etwa zwei Tagen schlägt die Mode der 10c auch bei uns durch: Wasserpistolen. Ich habe meine alte heute zum ersten Mal mitgenommen – und bin sie direkt losgeworden. Dabei habe ich mich bloß gegen den Beschuss von Benedikt gewehrt. Dämlicherweise kam die Dietrich gerade in die Klasse, und natürlich hat sie unsere beiden Wasserpistolen gleich einkassiert – nur bis wir erwachsen wären, sagte sie schmunzelnd. Wir fanden es nicht ganz so witzig.

Der Hammer passierte dann mitten im Unterricht. Alik, einer unserer beiden Russlanddeutschen, war ziemlich desinteressiert und malte sein Heft voll. Als er auf ihren Aufruf nicht reagierte, zog sie eine der beiden Pistolen hervor, zielte und spritzte Alik das Gesicht nass. Der war dann endlich voll bei der Sache.

Wir haben uns krankgelacht.

Sa 27.9.

Es gibt Tage, an denen man echt nicht glaubt, dass der Kleine schon zwölf ist. Momentan verhält er sich, als gehöre er noch in den Kindergarten. Vor einer Stunde kam er von seinem ersten Fußballspiel zurück, schrie das halbe Haus zusammen und feuerte seinen funkelnagelneuen Trainingsanzug in eine Ecke. Dann warf er sich auf sein Bett und heulte all seine Enttäuschung in sein Kopfkissen. Ich bin rausgegangen. Mir ging das irgendwie an die Nieren.

Der Grund für seinen Ausraster war jedenfalls, dass ihn der Trainer heute noch nicht spielen gelassen hat. War Hauke wirklich so naiv zu glauben, dass er einfach ankommen könnte und dann spielen dürfte, als wäre er schon Jahre dabei? Papa hat mit ihm gesprochen und ihm wohl etwas Passendes gesagt. Ich fand seine Argumentation ziemlich einleuchtend: Er solle seinem Coach im Training beweisen, dass er so gut ist, dass er einfach aufgestellt oder wenigstens eingewechselt werden muss. Hauke hat es, glaube ich, geschluckt. Augenblicklich ist er nur noch stinksauer.

Schade, dass meine eigene Spannung so daneben ist. Morgen ist mein erster Wettkampf, und ich bin überhaupt noch nicht richtig da. Hoffentlich beginnt es wenigstens zu kribbeln, wenn ich morgen früh den Pulli anziehe.

So 28.9.

Ich hätte Erik gern was Besseres präsentiert als diesen Schrottwettkampf. So in etwa muss er sich auch gefühlt haben, als ich seinem letzten Sonntag zugesehen haben. Ich hätte ihn direkt zu einem anderen einladen sollen, nicht zu einem Kurzstreckentag wie diesem in Baunatal. Über die Kurzen bin ich einfach zu schwach.

Papa hat mich ausnahmsweise mal hingefahren, aber auch nur, weil ich wegen Erik, den wir in Hofgeismar abgeholt haben, darum gebeten hatte. Papa ist nicht zum Wettkampf geblieben. Er wollte noch was zu Hause am Fernseher reparieren, denn der hat gestern beim Sportstudio die Grätsche gemacht.

Pete hat leider nur bedingt Gnade walten lassen; soll heißen, alle vier Lagen über die 100 Einzel, dazu die Staffel. Aber die hektischen 50 Meter brauchte ich nicht zu schwimmen. Naja, ich habe wie erwartet und befürchtet gegen die ganzen Sprinter kein Land gesehen – obwohl meine Zeiten ganz okay waren. Rücken war sogar Bestzeit. Aber irgendwann werde ich auch mal gegen einige von denen die 400 schwimmen. Da drehe ich den Spieß um.

Trotzdem war Pete sehr zufrieden, was vor allem an Beni und Marco gelegen hat. Beni gewann seine beiden Freistilstrecken, und Marco hat die gesamte Konkurrenz über beide Delfinstrecken regelrecht in Grund und

Boden geschwommen. Andrea ging es eher wie mir. Auch sie kommt von den längeren Distanzen.

Nun kennt Erik meine Welt also auch. Ich glaube, ihm ging es beim Zuschauen ähnlich wie mir letztes Wochenende bei ihm. Am meisten hat ihn das fasziniert, was er selbst nicht kann, Rücken und Delfin, dazu vor allem die Rollwenden. Ihm als Turner müsste die Rollbewegung eigentlich liegen, denn die unterscheidet sich ja nicht allzu sehr vom Salto. Er hat mich gefragt, ob ich ihm die Wenden mal beibringe. Welche Frage ...

Mo 29.9.

Wie schreibt man eigentlich „Yippiyayeh"?

Andrea hat mir heute im Training einen Brief zugesteckt. Ich war schon auf den ersten Warm-up-Bahnen, als sie mir von draußen mit Gesten zu verstehen gab, dass sie mir ein Kuvert in die Schwimmtasche legen würde. Das habe ich aber erst auf dem Weg zum Hauptbahnhof öffnen können: eine 0815-Geburstagseinladung – mit ein paar ganz persönlichen Anmerkungen: „Wenn möglich, halte dir diesen Termin bitte frei. Mir liegt sehr viel daran, dass du kommst."

Am achten wird sie sechzehn. Also ist sie rund ein Vierteljahr älter als ich. (Ich dachte immer, der Junge sollte älter sein ... Ach, scheiß drauf!)

Feiern will sie aber erst am folgenden Samstag. Und natürlich halte ich mir diesen Tag frei. Was könnte es auch Wichtigeres geben?

Mi 1.10.

Heute ist etwas Seltsames passiert. Nach dem Deutschunterricht hat mich Frau Dietrich noch dabehalten. Ich habe zuerst gedacht, es wäre noch was wegen der Wasserpistolengeschichte, vielleicht dass ich meine zurückbekommen könnte, wenn ich versprechen würde, sie nicht wieder mitzubringen. Aber nix da.

Sie hat mir vorgeschlagen, bei einer Theater-AG mitzumachen. Wieso sie ausgerechnet auf mich käme und weshalb sie glauben würde, dass das was für mich wäre, wollte ich wissen.

„Nun", sagte sie, „wenn du dich gerade mal nicht wie ein Drittklässler aufführst", was sie aber nicht nachtragend, sondern mit einem Zwinkern sagte, „hast du eine sehr ruhige Ausstrahlung, dazu das nötige Gefühl für Sprache und außerdem Interesse an Literatur. Wir suchen für das gerade begonnene Projekt noch Interessenten."

„Worum geht es?", fragte ich.

Noch einmal lächelte sie. „Das findest du heraus, wenn du morgen mal vorbei schaust."

Neugierig genug um vorbeizuschauen bin ich auf jeden Fall.

Do 2.10.

Es ist ein bisschen mehr geworden als bloßes Vorbeischauen. Ich bin geblieben. Georg, das ist der AG-Leiter – er heißt im normalen Schulalltag Herr Weinert und unterrichtet Deutsch und Sozi – hat mir erstmal das Du angeboten. Er erzählte, dass die Gruppe seiner Empfehlung gefolgt sei und letzte Woche beschlossen habe, ein Stück von einem Russen namens Nikolai Gogol aufzuführen. Es heißt „Der Revisor" und muss wohl ziemlich böse sein. Die anderen haben die Reclam-Fassung schon gelesen und für gut befunden. Georg hat sie mir heute zum Lesen mitgegeben, damit ich sie bis nächsten Donnerstag kenne. Dann erst muss ich entscheiden, ob ich dabei sein will oder lieber doch (noch) nicht.

Irgendwie kam ich mir trotz der netten Aufnahme etwas fehl am Platz vor, denn ich bin wohl auch der Jüngste. Zwei Zehner sind außerdem noch dabei. Der ganze Rest der aktuell neun Leute ist aus der Oberstufe. Dennoch reizt es mich und vielleicht sogar genau deshalb.

Fr 3.10.

Irgendetwas Gutes hat die Wiedervereinigung doch gebracht. Heute ist Feiertag, der Tag der Deutschen Einheit, somit schulfrei! Mir gibt das a) die Chance, etwas im „Revisor" rumzustöbern und b) anzufangen, für die ersten Arbeiten in Mathe und Englisch Anfang der Woche zu lernen.

Janina hat heute Abend ihre erste Party, seit wir von Kehdingen weg sind. Vorhin beim Frühstück gab es schon die ersten Diskussionen wegen des nächtlichen Wegbleibens. Mama und Papa bestanden darauf, dass sie bis Mitternacht zurück ist – „und wer ist das denn überhaupt? Kennst du die Leute richtig?“ Sie wollte die Erlaubnis für mindestens zwei Uhr früh. Jetzt haben sie sich auf ein Uhr geeinigt. Mir steht diese Diskussion auch noch bevor, wenn es um Andreas Geburtstag geht.

Sa 4.10.

Das Buch ist klasse, herrlich böse. Habe es schon durch. Ich kann mir richtig gut vorstellen, in dem Stück mitzuspielen, vielleicht nicht unbedingt als Chlestakov, aber in einer kleineren Rolle schon. Mehr wird es für mich als Anfänger ohnehin nicht geben. Auf jeden Fall habe ich mir vorgenommen, am Donnerstag zuzusagen.

So 5.10.

Erik war heute hier. Gestern Abend als „ran“ lief, hat er angerufen und gefragt, wie es mit einem Treffen wäre. Ob wir beispielsweise Mathe zusammen lernen wollten? Klar, außerdem hatte die private Einladung ja sowieso noch bestanden.

Kurz nach dem Mittagessen kam Erik mit dem Rad rüber. Mama und Papa gegenüber war er betont höflich, zu Hauke, der in unserer Lernzeit auch im Zimmer rumhing, wie ein großer Kumpel. Janina ließ sich nicht blicken.

Mathe? War auf jeden Fall fruchtbar, aber vor der Arbeit morgen hatte ich ohnehin keine Panik – und Erik, denke ich, auch nicht. Ich glaube, seine Anfrage war ohnehin nur der Vorwand, um vorbeikommen zu dürfen.

Sehr lange waren wir nicht allein. Erst zum Abend wurde das vorübergehend anders. Mama kam mit einem Tablett belegter Brote rein, nahm Hauke aber mit an den Abendbrottisch. Nur diese – keine Ahnung – zwanzig Minuten hatten wir für uns.

Ich will jetzt nicht auf dem Date mit Andrea herumreiten, doch irgendwie war es schon ähnlich. Ein paar Worte hierzu, ein paar dazu, nur nichts Tiefgehendes, nichts, was wehtun könnte. Inzwischen glaube ich fast, dass ein größeres Gespräch gar nicht anders eingeleitet werden kann.

Wie auch immer; ich denke, es war ein wichtiger Schritt. Irgendwo habe ich den Ausdruck aufgeschnappt: „Ich fürchte, dies ist der Beginn einer wundervollen Freundschaft." Passt!

Mo 6.10.

Also, sonderlich schwer war Mathe echt nicht. Als ich das Arbeitsblatt umgedreht und durchgelesen hatte, musste ich einfach zu Erik rüberschauen. Wir grinsten uns an. Die Aufgaben waren fast genau das, was wir gestern gelernt hatten, und so waren sie für uns echt simple.

Ich würde aber lügen, wenn ich sagen würde, ich wäre damit nicht einverstanden. Die größere Sorge hatte ohnehin Englisch morgen gegolten.

Di 7.10.

Englisch also hinterher. Die war das krasse Gegenteil, ziemlich umfangreich und recht schwer, fand ich zumindest. Bin gespannt, wie sie ausgeht.

Chris hat vorhin angerufen. Irgendwie war ich total überrascht, aber sehr freudig. Wir haben gar nicht so lange miteinander gesprochen. Eigentlich kann man seinen Anruf zu einer zentralen Anfrage zusammenfassen: „Henrik, kommst du über die Ferien zu mir zu Besuch?"

Wie gern hätte ich direkt zugesagt! Aber vor das kleine Wort „Ja" haben die Götter zwei Elternteile gestellt, denen ich auch schon ganz vorsichtig von der Einladung erzählt habe. Papa kam auf die uralte und abgelutschte Was-sagen-denn-die-schulischen-Leistungen,-und-ist-dein-Trainer-mit-deinen-Schwimmzeiten-zufrieden-Art. Mama wollte wissen, wer dieser Chris überhaupt sei. (Logisch, denn wir haben uns ja erst in Holland kennengelernt, und durch das Chaos des Umzugs gab es auch keine Veranlassung, von einem anderen „Fremden" zu erzählen.) Auf jeden Fall haben sie mir noch keine Antwort gegeben.

Mi 8.10.

Kann es einen schöneren Tag geben als den heute?

Erst Mathe zurück: Eins! (Ich habe nur einmal ein Vorzeichen vergessen, komischerweise aber richtig weitergerechnet.) Erik hat auch eine.

Gut, der Konfi-Unterricht hätte nicht unbedingt sein müssen, aber da war ich mit den Gedanken sowieso schon abends bei der Begrüßungssituation mit Andrea, denn sie ist ja heute sechzehn geworden. Wir haben uns zwar erst im Becken selbst gesehen, denn ich war sehr früh. Aber als ich Andrea ins Wasser springen sah, habe ich direkt meine Bahnen unterbrochen und an der Gegenseite auf sie gewartet.

Beni kam eine halbe Bahn vor ihr bei mir vorbei und unterbrach kurz um lachend „Du hast echt dran gedacht? Du musst sie wirklich gern haben!“, zu sagen. Ich habe ihn geduckt. (Es gibt Dinge, über die lacht man nicht, oder?)

Andrea kam in dem Moment an, in dem Beni sich wieder von der Wand abstieß. Auch sie wusste sofort, warum ich gewartet hatte. Ich habe etwas Ähnliches gesagt wie „dieses Geschenk kennst du noch von unserem Nachmittag.“ Wir konnten uns zwar nicht richtig umarmen, denn wir hätten uns natürlich nicht gleichzeitig am Rand festhalten können. Aber ein Arm um die Hüfte ging schon – und ein noch tollerer Kuss als vor zwei Wochen, erst normal, hinterher kurz sogar mit ihrer Zunge in meinem Mund. Ja, ich denke, Andrea hat sich wirklich gefreut, und das war das Wichtigste.

Do 9.10.

So, jetzt ist es offiziell. Ich werde Gogol spielen. Habe vor vier Stunden bei der Theater-AG zugesagt.

Ein anderer Tag, Mama und Papa davon zu erzählen, wäre allerdings wohl geeigneter gewesen. Aber wer konnte auch ahnen, dass Englisch nur eine Vier wird? (Und dabei hat sich Herr Wermelt auch noch verzählt – zu meinen Gunsten allerdings. Deshalb habe ich mich natürlich nicht gemeldet.) So haben sie mir wieder Vorhaltungen gemacht, vor allem wegen der Fahrt zu Chris. Und anstatt sich mit mir über ein Engagement beim „Revisor“ zu freuen, ging der Schuss nach hinten los. Ich würde mir zu viel aufhalsen, und Schulnoten gingen vor, bla, bla, bla. (Was wird erst passieren, wenn ich mal eine Fünf heimbringe? – Vielleicht sollte ich nicht immer alles erzählen.)

Schließlich stand sogar die Geburtstagseinladung übermorgen zur Debatte. Und da wusste ich einfach nicht mehr, was ich sagen sollte. Allein der Gedanke nicht zu ihr zu dürfen, hat fürchterlich wehgetan!

Aber dann ist etwas Seltsames passiert. Hauke, der mit in der Küche war, zog Mama mit in die Ecke und flüsterte mit ihr, beide danach mit Papa. Und plötzlich war alles verändert. Ich darf zu ihr! Und ich darf auch bei der Theater-AG mitmachen. Ganz ehrlich, ich weiß nicht, was ich getan hätte, wenn sie mir die Feier verboten hätten. Vielleicht wäre ich ausgerückt ...

Hauke habe ich mir natürlich sofort vorgeknöpft, von wegen was er gesagt hat und warum er mich rausgehauen hat.

„Ey, Mann, du warst kreideweiß und völlig wehrlos.“ Daraus hätte er geschlossen, dass mir diese Fête besonders viel bedeuten würde. „Oder ist es das Mädchen?“, fragte er. Als ich nur lächelte, sagte er: „Hab ich mir gedacht.“

Aber was er Mama und Papa gesagt hat, wollte er trotzdem nicht verraten. „Ist doch egal, Hauptsache, es hat funktioniert.“

Ich habe mich mit „manchmal bist du wirklich schon älter als zwölf“, bedankt. Das hat ihn stolz und ein bisschen verlegen gemacht.

„Du hättest das doch auch für mich getan, oder?“

„Ich weiß nicht”, habe ich geantwortet. Aber vielleicht kennt er mich doch besser als ich manchmal denke. Ich weiß, dass ich es getan hätte und immer tun würde.

Fr 10.10.

Hauke hat doch noch damit rausgerückt. Ja, gut, ich gebe es zu; ich habe ihm ziemlich die Hölle heiß gemacht, aber das wollte ich eben auch unbedingt wissen. Er hat Mama gesagt, ich würde ihm immer vorjammern, wie sehr ich die Leute in Kehdingen und Basbeck vermisse. Und gerade deshalb sei es wichtig, dass ich hier – wie mit diesem „netten“ Erik geschehen

– einen neuen Freundeskreis aufbaue. Dazu sei das Theaterspielen, auch als Ablenkung und Aufgabe, noch besser aber doch sicher eine Geburtstagsfeier geeignet, oder?

Anders gesagt, Mama und Papa hatten nicht den Hauch einer Chance. Ich glaube, mit dieser Argumentation hätte Hauke sogar Luzifer höchstpersönlich eingewickelt. Aber ich frage mich immer noch, wie ein Zwölfjähriger so überzeugend sein kann.

Sa 11.10.

Heute Nachmittag ist es endlich so weit. Habe mir gestern nach dem Training in der Kabine von Beni den Weg ganz genau beschreiben lassen. Seine Familie wohnt in Harleshausen, was man vom Hauptbahnhof bequem mit dem Bus erreicht. Vorhin bin ich mit dem Rad in Hofgeismar gewesen, um ein Geschenk für Andrea zu kaufen. Als ich in einem kleineren Kaufhaus stand und mich umgesehen habe, ist mir aufgegangen, wie wenig wir uns gegenseitig eigentlich kennen. Ich wusste absolut nicht, womit ich ihr eine richtige Freude machen könnte. Es sollte ja außerdem etwas ganz Besonderes und Persönliches sein. Schließlich, nach über einer Stunde, hatte ich endlich die Idee mit dem Tuch. Jetzt habe ich ihr ein Halstuch gekauft; so eins, bei dem die Farben ineinander laufen. Hoffentlich (!), hoffentlich ist es das Richtige.

So, Mama ruft zum Mittagessen.

22:50

Hauke stänkert zwar, dass er schlafen will, aber ich muss unbedingt noch ein paar Zeilen schreiben – unter dem Licht der Taschenlampe, aber egal: Ich bin glücklich! Und Andrea ist es auch – glaube ich wenigstens.

Leider hat das mit dem Anschlussbus nicht so gut geklappt, wie ich mir das vorgestellt hatte, und so kam ich als Letzter an. Außer mir waren noch acht Leute aus ihrer Klasse da, die ich nicht kannte, und Beni natürlich, kein Schwimmer sonst. Ihren Vater kannte ich schon vom Wettkampf – ganz nett, aber ich glaube, ziemlich streng. Ihre Mutter habe ich heute erst kennengelernt. Wirkt so wie Mama.

Andrea schien ein Stein vom Herzen gefallen zu sein, als ich geschellt habe. UND sie hat sich riesig über das Halstuch gefreut. Sie hat es den ganzen Tag getragen. Noch einen Kuss habe ich ihr aber nicht geschenkt. Dazu waren einfach viel zu viele Leute drum herum. Morgen mehr.

So 12.10.

Teil zwei von gestern also:

Die anderen Jugendlichen, fünf Mädchen und drei Jungs, haben mich ziemlich irritiert. Es war ein ganz seltsames Gefühl, dieses auf Teufel-komm-raus-vertraut-sein-wollen und ihnen dennoch vollkommen fremd zu sein. Irgendwann kam Beni und erlöste mich aus dieser Peinlichkeit, indem er mich einlud, sein Zimmer anzusehen. Er sagte, außer mir würde er niemanden kennen. Und das Getratsche der Mädchen wäre auch nicht so prickelnd. Mir war gar nicht bewusst gewesen, dass es ihm genauso gegangen sein musste wie mir.

Wir wurden lange nicht vermisst. In der Zeit haben wir das allervertrauteste Gespräch geführt, ungewollt, aber vielleicht war eben genau das der Grund, warum es im Gegensatz zu den Versuchen mit Andrea und Erik geklappt hat. Anfangs haben wir über Schwimmen gesprochen, aber wir merkten schnell, dass wir ganz anders reden wollten, vielleicht sogar dass wir uns endlich zeigen wollten, dass wir diese Freundschaft wirklich ernst nehmen. Und so kam es, dass ich zum ersten Mal darüber gesprochen habe, wie viel mir seine Schwester bedeutet und dass mir diese Geburtstagssituation wehtun würde, in der ich nur einer von vielen in ihrem Herzen sei.

„Du bist wenigstens im Herz irgendeines Mädchens", sagte Beni und frustriert fuhr er fort: „Mich will niemand, weil ich diese Scheiß-Kindersommersprossen habe." Als ich ihm gut zuredete, kam dann wohl das zutage, was ihn darunter viel mehr beschäftigte. „Aber selbst wenn mich eine will, muss ich von mir aus absagen."

„Müssen? Wieso?", fragte ich.

„Das weißt du ganz genau." Ohne Vorwarnung brach nun alles hervor. „Ich kann mit keinem Mädchen zusammen sein. – Ich hab doch noch nicht mal Haare!“ Er drehte sich zum Fenster weg. Ich sollte nicht sehen, dass er Tränen in den Augen hatte. Ich dachte nach. Natürlich hatte ich schon beim Duschen und beim Umziehen danach gesehen, dass Beni noch völlig haarlos ist. Na und? Schließlich ist er erst dreizehn. Warum glaubt er, dass das für eine Freundschaft zu einem Mädchen von Belang ist?

Als er sich zu mir zurückdrehte, hatte er kurzzeitig die Beherrschung verloren. „Komm her", schrie er leise, „komm her, fühle es!“ Er riss seine Bettdecke zurück, nahm beinahe gewaltsam meine Hand und strich damit über die Innenseite. Sie fühlte sich verkrustet an. Ich wusste, dass es eingetrocknetes Sperma war. „Verdammt, ich bin ein Jugendlicher! Warum kann ich nicht auch so aussehen?“ Er setzte sich auf das Bett und vergrub sein Gesicht in den Händen.

Ich setzte mich neben ihn, tief betroffen, wie ich gestehen muss. Leise sprach ich mit ihm, sagte ihm, dass ich ihn verstehen könnte, dass wir Freunde geworden seien, unabhängig von Alter und Entwicklungsstand und dass vor allem ein Mädchen, das ihn „deswegen“ nicht wollte, einen Freund wie ihn gar nicht verdiene.

„Ehrlich?“ Er sah auf und blickte mich fragend an.

Ich legte ihm den Arm um die Schultern. „Ehrlich!“

Irgendwann wurden wir beide zum Abendessen gerufen. Im Anschluss daran gingen wir alle zu Fuß in ein Restaurant, in dem Weisers eine Kegelbahn angemietet hatten. Bis zehn Uhr verlebten wir dort noch zwei lustige und unterhaltsame Stunden. Und dennoch war es lange unbefriedigend. Ich wäre viel lieber mit Andrea allein gewesen, zum Reden, ein wenig Fühlen und für einen endlos langen Kuss.

Gegen Ende nahm sie einmal unter dem Tisch meine Hand. Das lenkte mich so sehr ab, dass ich den nächsten Aufruf verpasste und prompt einen Pudel warf. Als ich mich wieder zu ihr setzte, nahm ich nun ihre Hand. Jetzt konnten wir beide sicher sein, dass wir uns einig sind. Leise sagte sie, es täte ihr leid wegen des Nachmittags. Inmitten einer Gruppe wäre alles so viel schwieriger. Ob wir uns nicht allein treffen wollten, Montag vielleicht? Da sie nun dran war, antwortete ich nur kurz: „Sechzehn Uhr, Schwimmbad.“ Als sie nach ihrem Wurf wieder neben mir saß, lehnte sie den Kopf kurz an meine Schulter. Ich wusste, es hieß

„ja."

Nach dem Kegeln wurde ich von ihrem Vater nach Leyenbach zurückgebracht, und so war ich sogar noch eine ganze Stunde eher zu Hause als ausgemacht. Vielleicht stimmt das Mama und Papa gnädig, mir endlich den Urlaub bei Chris zu erlauben.

Mo 13.10.

Wie gegensätzlich doch Treffen sein können. Und wie wichtig es sein kann, souverän zu sein.

Wie abgesprochen haben wir uns in der Stadt getroffen. Ich gab Andrea schon zur Begrüßung einen Kuss – auch dafür, dass sie ihr neues Halstuch trug.

„Dann beginnen wir heute also direkt da, wo wir beim ersten Treffen aufgehört haben?", fragte sie lächelnd. Ich grinste sie an.

„Willst du auch wieder ein Eis essen?", fragte ich.

Sie schüttelte den Kopf. „Ich glaube, die Eisdielen haben alle schon geschlossen. Außerdem möchte ich viel lieber einfach nur mit dir allein sein, – vielleicht etwas kuscheln. Natürlich nur, wenn du das auch willst." Sie sah mich fragend an.

Wir fanden einen ruhigen Platz in einer Parkanlage, wo wir uns sitzend an einen Baum lehnten. Egal wie aufregend es in den Momenten war, im Nachhinein muss ich sagen, dass ich endlich mal den Himmel kennengelernt habe; für eine geschlagene Stunde.

Das liebste Mädchen der Welt im Arm. Meine Lippen auf ihrer Stirn. Auf ihren Augen. Auf der Nasenspitze. Auf ihrem Mund. Scheue Zungen. Als träfen sie sich zum ersten Mal. Der linke Arm um ihre Taille. Die rechte Hand hält ihre. Loslassen, um ihr durch das Haar zu fahren. Nehme das Halstuch weg. Streichle ihren Hals. Die Hand jetzt auf ihrem Shirt.

„Nicht auf – unter", hauchte sie. Gehorche zögernd. Berühre ihren Bauchnabel. Fahre langsam nach oben. Streichle ihren Busen. Halte ihn unsicher fest. Am liebsten ganz lange. Ihre Hand auf meiner Jeans. Massiert ganz leicht. Als ob das noch nötig wäre. Ängstliches Umschauen. Niemand zu sehen. Sie öffnet den Knopf. Dann den Reißverschluss. Fährt langsam hinein. Streichelt über die Unterhose. Alles ist feucht. Umfasst ihn durch den Slip. Könnte explodieren vor Glück. Lässt ihn heraus. Endlich. Zögernde Bewegungen. Ich schließe die Augen. Kenne mich nicht wieder. Lasse mich aber weiter fallen. Schließlich Hundebellen. Jemand muss gleich um die Ecke kommen. Scheiße. Schnell wegschließen. Aber später auch ihre Worte „Ich will irgendwann noch mehr."

Ist das Liebe, was ich fühle?

Di 14.10.

Karsten hat geschrieben, sehr nett, viel vom Kajakfahren, ein bisschen was von der Schule. Habe Mama davon erzählt. Sie wusste sofort, was ich ihr damit sagen wollte – dass ich nämlich noch immer keine Antwort bekommen habe. Die gab es beim Abendessen. Endlich!

Ich darf zu Chris nach Hemmoor. Aber ich soll die Hälfte der Kosten selbst tragen. Nach dem Umzug wäre nicht drin, dass sie mir „einfach nur so" einen zweiten Urlaub finanzieren. Außerdem hätte ich ja auch noch einiges Geld auf dem Sparbuch. Wenn die wüssten, wie leer das inzwischen aussieht. Trotzdem haut es noch hin, und deshalb will ich auch fahren. Die einzige Frage, die ich noch klären musste, war, ob mir die Fahrt, nachdem Andrea nun ja meine Freundin geworden ist, die Zeit ohne sie wert ist. Denn eine ganze Woche ist alles andere als wenig. Aber ich habe entschieden, dass ich fahren werde.

Vorhin habe ich Chris kurz angerufen und zugesagt. Auch mit Andrea habe ich telefoniert. Meine Entscheidung wäre richtig, sagte sie, denn auch sie wäre über die Ferien nicht da. Sie fährt mit Beni zu den Großeltern nach Wiesbaden. Vorher treffen wir uns aber noch einmal.

Do 16.10.

Heute war ich bei der Sparkasse und habe mein Sparbuch für die Fahrtkosten geplündert. Hinterher habe ich mir im Bahnhof die Zugverbindung für Sonntag geben lassen und mir auch schon die Fahrkarte gekauft. Jetzt kann es theoretisch losgehen.

Sa 18.10.

Mama und Papa sind zu einer Party von Papas neuem Chef gefahren. Sie haben aber bloß halb so viele Anweisungen hinterlassen wie sonst – eine Notfallnummer (falls wir aus Versehen das Haus abfackeln), was wir zum Abendessen machen können und dass wir alle um 11 Uhr im Bett sein sollen.

Ich habe angefangen, meine Reisetasche zu packen. Hauke hat einen Brief geschrieben und ihn mir vorhin in die Hand gedrückt. Ich soll ihn bei einem Freund namens André abgeben – „persönlich".

Ich wollte erst antworten „Klebe doch eine Briefmarke drauf und schmeiß ihn in den Postkasten", aber Hauke ist in letzter Zeit extrem nett zu mir gewesen – gerade was Andreas Geburtstag angeht – und da hat er wirklich einen Gefallen gut. Den Brief werde ich also für ihn zustellen.

Hauke und ich werden uns einen gemütlichen Fernsehabend machen. Wir haben noch irgendwo eine Tüte Chips gefunden. Janina ist im Bad und macht sich fertig. Sie will gleich nach Kassel in die Disco. Wetten, dass sie nicht mal bis Zwölf wieder hier ist?

1:50 Uhr

Ich kann nicht einschlafen. Erst habe ich die ganze Zeit an die Fahrt denken müssen und an alle Erinnerungen, die Chris und mich von Holland her verbinden. Dann, vor anderthalb Stunden kam Janina zurück – mit einem Jungen im Schlepptau. Ich konnte hören, wie sie sich bemühten, leise zu sein. Er fragte zweifelnd, ob sie wirklich ungestört wären. Und sie antwortete, dass die „Kleinen" (DANKE!) schon schliefen und die Eltern vor zwei Uhr garantiert nicht zurückkämen. Dann hörte ich ihre Tür.

Für eine Weile vergaß ich die beiden, doch nach etwa einer Viertelstunde kamen ihre Stimmen wieder herüber zu mir. Janina quietschte vor Vergnügen, und seine tiefe Stimme lachte kurz auf. Ich ahnte, was nebenan vor sich ging, und plötzlich begann mein Herz schneller zu schlagen, und ich wurde echt neugierig. Ich weiß auch nicht warum, denn schließlich ist sie doch meine Schwester. Aber ich musste einfach aufstehen und horchen – ganz leise, so dass weder Hauke aufwachte noch die beiden etwas davon mitbekämen.

Sehr langsam und übervorsichtig verließ ich mein Zimmer und näherte mich fast lautlos der anderen Tür, vernahm ihre Stimmen deutlicher, und endlich – nach einer kleinen Ewigkeit – erreichte ich das Schlüsselloch. Etwas Licht schien heraus. Sollte ich nun, da ich es so weit geschafft hatte, wirklich nur versuchen zu horchen? Unsicher entschloss ich mich, einen Blick zu wagen.

Die beiden hatte die kleine Schreibtischlampe brennen, und so konnte ich alles, aber absolut alles sehen!! Janina zum ersten Mal nackt mit ihren echt ganz guten Brüsten, (der Typ hat bestimmt auch am Gesicht vorbei geschaut ...), dazu diesen Torsten, vielleicht neunzehn, zwanzig, dunkle Locken, mit vielen Haaren auf der Brust und einem ganz ansehnlichen Ständer. (Meiner vor der Tür war aber wenigstens ebenso hart.) Die beiden spielten miteinander, befühlten, küssten, leckten. So weit, so gut. Das war meiner Fantasie nicht neu. Aber der Rest:

Janina beugte sich über ihn und nahm sein Teil in den Mund. Sie spielte mit ihrer Zunge mit ihm, bis der Typ beinahe gekommen wäre. Er revanchierte sich, indem er erst einen, dann zwei Finger in sie hineinsteckte. Beide stöhnten sie die ganze Zeit. Schließlich holte Torsten aus seiner herumliegenden Jeans ein Kondom, zog es über und drang in sie ein; erst auf ihr liegend, dann von hinten oder sie auf ihm reitend. Wahnsinn! Naja, jedenfalls kamen sie irgendwann alle beide, und ich verschwand so leise wie möglich. Ganz sicher bin ich nicht, dass sie nicht mitbekommen haben, dass ich ihre Live-Show gesehen habe, aber ich denke schon.

Verrät mir mal jemand, wie ich jetzt einschlafen kann?

Di 21.10. Hemmoor

Jetzt bin ich schon fast zwei volle Tage bei Chris, und ich habe noch keine Gelegenheit gefunden, auch nur ein Wort zu schreiben. Chris duscht gerade, und wir wollen gleich natürlich zusammen frühstücken. Passiert ist vieles, aber wegen der voraussichtlich recht begrenzten Zeit schreibe ich nur die Kurzform.

Die Fahrt war unspektakulär. Habe angefangen, den „Kleinen Hobbit“ zu lesen, den ich letztes Jahr zu Weihnachten geschenkt bekommen habe und in den ich noch immer keinen Blick geworfen hatte. Gefällt mir aber gut.

Das Wiedersehen mit Chris war herzlich und doch gleichzeitig ein wenig verkrampft, weil seine Mutter daneben stand. Die Familie ist ganz okay, Vater Arzt für Hautkrankheiten, Mutter Hausfrau. Sein Bruder Sven studiert in Hamburg irgendwas mit Wirtschaft. Er jobbt als Kellner in einem Billiardlokal hier in Hemmoor und hat uns angeboten, dass wir dort mal umsonst spielen dürfen. Den Brief für Haukes Freund André habe ich abgegeben; ein lustiger Bursche mit feuerroten Haaren; wohnt in Bentwisch.

Mit Chris war ich gestern im Kino. Wir haben uns „Harry Potter 5“ angesehen, den ich aber nicht so gut fand wie den vierten Teil – beknacktes Ende, wo der Voldemort von Harry Besitz ergreift, wenn ihr mich fragt – aber spektakuläre Effekte. Vorher waren wir auf eine Pommes beim Griechen. Chris wohnt ja bloß zwei Straßen weiter.

Do 23.10.

Wenn Chris unter der Dusche steht, ist das anscheinend die einzige Zeit, in der ich ein wenig schreiben kann. Das Wiedersehen mit Karsten war superlustig. Erst waren wir drei zusammen Döner essen. Dann sind wir zu ihm gegangen. Chris und Karsten haben sich auf Anhieb verstanden – obwohl Karsten über ein Jahr jünger ist. Er hat nebenan einen Mike rausgeklingelt, und dann haben wir bestimmt zwei Stunden Streetball gespielt.

Am Abend waren wir in dem Billiardladen, in dem Sven jobbt. Es war total chaotisch, weil Mike und ich zum ersten Mal solche Stöcke in der Hand hatten. Auf jeden Fall hatten wir Riesenspaß.

Gestern hat es geregnet, und so sind wir den ganzen Tag zuhause geblieben; Karten spielen, Hägar-Comics lesen, Computerspielen und etwas fernsehen. So, er kommt zurück.

Fr 24.10.

Dass die Atmosphäre zwischen Chris und mir ziemlich gut war, ist, denke ich, aus den bisherigen Aufzeichnungen hervor gegangen. Eigentlich war es auch gestern so. Wir sind mit den Rädern – Sven hat mir seins geliehen – nach Stade gefahren. Chris wollte neue Software für seinen Computer beschaffen. Gut, eigentlich ist es Svens PC, aber der ist ja tagsüber an der UNI. Ich bin fast froh, dass ich keinen eigenen Computer habe, sonst wäre ich innerhalb kürzester Zeit pleite. Das Zeug ist ja tierisch teuer. Natürlich haben wir das Spiel nachmittags direkt ausprobiert; ein Abschussspiel, dessen Namen ich aber inzwischen wieder vergessen habe. War nichts Ungewöhnliches. Als Sven dann kam, mussten wir aufhören.

Am Abend haben wir uns ziemlich gestritten, uns sogar angeschrien und beleidigt, wirklich auch unter der Gürtellinie. Es hat richtig wehgetan! Und das alles bloß, weil Chris dachte, ich würde ihn beim Kartenspielen bescheißen. (Was ich aber nicht getan hatte!) Hinterher haben wir fast zwei Stunden lang kein Wort miteinander geredet. Als wir dann ins Bett gehen sollten, tauchten die vermissten Karten auf einmal unter ein paar Comics wieder auf. Ich sah Chris lange an, doch er blickte nur zu Boden. Er hatte verstanden, dass er mir Unrecht getan hatte.

Wir machten das Licht aus. Immer noch kein Wort. Nach einer kleinen Ewigkeit stand Chris auf, kniete sich neben meine Matratze und flüsterte: „Es tut mir leid." Ich reagierte nicht. „Hörst du, Henrik? Es tut mir leid, wirklich sehr leid."

Ich sagte ebenso leise: „Wir sind Freunde, Chris. Ganz egal, was auch passiert, wir sind Freunde."

Er schlug meine Bettdecke zurück und legte sich zu mir. Er hatte nicht gefragt. Aber in jener Sekunde spürte ich, dass es das Richtige war. Chris flüsterte: „Ja, das sind wir, und das bleiben wir", und zögerlich kuschelte er sich an mich.

Gerade ist er ins Zimmer gekommen, nasse, durchzauste Haare, und er hat gefragt, was ich mache.

„Ich schreibe Tagebuch", antwortete ich.

„Willst du *das* wirklich alles aufschreiben?", fragte er und betonte das kleine Wort „das" ganz besonders.

„Es gehört doch in unsere Freundschaft", sagte ich.

„Wem willst du das zeigen?“, fragte er, und ich bekam etwas von seinen nassen, braunen Haaren auf meine Schultern.

„Eigentlich niemandem. Ich schreibe nur für mich.“

„Dann ist es okay”, flüsterte er und legte sich neben mich. Gespannt sieht er mir nun beim Schreiben zu, denn er weiß ja, was kommen wird, nur noch nicht, welche Worte ich dafür finden werde.

Jedenfalls lag Chris so nah neben mir wie überhaupt nur möglich. Er begann mich im Gesicht zu streicheln. Frage mich nicht warum, aber ich habe es genossen. So ging es langsam immer weiter. Chris griff mir sanft unter das Shirt, strich über meine Schlafanzughose, und ich gab ihm all das zurück, was er mir Gutes tat.

Gutes? – Ja, ich kann nicht sagen warum, aber in diesen Minuten wusste ich, dass es gut war. Chris zog uns beiden die Shirts aus und setzte sich vorsichtig auf mich. Langsam beugte er sich über mich und fragte, ob ich ihm erlauben würde, mich zu küssen. Ich antwortete nicht.

Zögernd kam sein Gesicht näher. Anscheinend hatte er das als „ja“ aufgefasst. Ab dem Augenblick, in dem seine Lippen meine berührten, wurde alles anders zwischen uns. Irgendwann zog mir Chris auch noch die Hose aus. Ich ließ es geschehen, denn in diesen Momenten liebte ich ihn wirklich, anders als Andrea zwar, aber dennoch war es so – und ist es noch immer.

Er legt mir gerade den Arm um die Schultern.

Schließlich lag er sogar nackt auf mir und auch ich später auf ihm. Es war einfach nur spannend, obwohl mehr nicht passiert ist. Als wir hinterher nebeneinander lagen, fragte er leise: „Glaubst du, dass ich schwul bin?“

„Ich weiß es nicht”, antwortete ich. „Es ist auch egal. Wir sind Freunde. Das ist alles, was für mich zählt.“ Und so denke ich, auch die Nacht heute, unsere letzte, werden wir im Arm des anderen einschlafen. Jetzt, da ich das geschrieben habe, hat er mich auf die Wange geküsst.

Sa 25.10. Leyenbach

Ich bin wieder bei meinen Eltern, und die schönen Ferien sind unwiederbringlich vorbei. Montag muss ich wieder zur Schule. Chris – beziehungsweise ganz Niedersachsen – hat noch eine weitere Woche frei.

Wir waren gestern noch mal essen, diesmal Pizza. Chris hat mich dazu eingeladen, als Dank dafür, dass ich mein Versprechen gehalten habe, ihn zu besuchen, besonders aber für „die Worte gestern."

Das Licht war gedimmt.

„Die Matratze ist so schmal. Möchtest du nicht in mein Bett kommen?", fragte Chris, als wir schlafen gehen wollten.

Ich drehte mich zu ihm um. Er stand splitterfasernackt vor mir, vollkommen rein, im Körper eines Engels. Ich weiß, es hört sich bescheuert an, aber ich habe ihn genau so wahrgenommen.

„Es ist doch unsere letzte Nacht." Er kam näher. Ein bebender Körper mit einem Herzschlag, den man vor der Tür hätte hören können.

Ich hatte mein Shirt schon ausgezogen gehabt, die Jeans aber noch an. Chris streichelte meinen Arm, dann meine Brust und meinen Bauch. Dann knöpfte er mir die Hose auf und zog mich aus, bis ich schließlich so vor ihm stand wie er vor mir.

„Einmal möchte ich mehr, einmal nur im Leben", flüsterte er.

Umarmung als Antwort. Drei Schritte zur Seite. Nun unter der Decke. Er auf mir. Harte Glieder drücken aneinander. Sein ganzer Körper liebt. Ein unwahrscheinlich langer Kuss. Seine Lippen dann auch auf meiner Brust. Meinem Bauch. Zwischen den Beinen. Völlige Ekstase.

„Darf ich?"

Laut gehauchtes „ja". Nimmt mich in den Mund. Vorsichtig. Vergesse die Welt um uns. Einhundert Nächte in einer einzigen. Später liegt er auf dem Bauch. Ich auf ihm.

„Bitte."

„Bist du sicher?"

Kopfnicken. Es geht trotzdem nicht.

„Vielleicht mit Spucke?"

Ja. Es dauert, aber ich bin ganz in ihm. Unglaubliches Gefühl. Zwei Freunde, nur ein Körper. Liebe ihn. Lange. Die erste Ewigkeit meines Lebens. Komme. Immer noch in ihm. Nass geschwitzt. Er auch. Langsame Entspannung.

„Lass uns wieder auf der Matratze schlafen", schlug Chris vor, „hier ist alles nass." Er zeigte auf den handgroßen, schleimigen Fleck, den seine eigene Entladung verursacht hatte. Ich grinste zustimmend.

Irgendwann als er in meinem Arm lag, hörte ich seine Worte: „Was auch immer passieren mag, ich werde niemals vergessen, dass du heute einen Mann aus mir gemacht hast."

Ich küsste ihn noch einmal. Das reichte als Kommentar, oder?

So 26.10.

Meinetwegen könnten sie öfter im Jahr die Uhr zurückstellen. Die Stunde Schlaf mehr tut doch jedes Mal wieder gut – besonders, wenn man die Nacht vorher so viel geschrieben hat. Nur in die andere Richtung müsste man sie nicht unbedingt stellen.

Mama und Papa haben mich verständlicherweise ausgefragt, wie die Tage bei meinem Freund waren. Habe das erzählt, was sie meiner Ansicht nach wissen dürfen – den Privatkram also nicht. Ob ich mich auch artig bei Chris' Eltern bedankt hätte, dass ich kommen durfte, wollte Mama wissen. Na klar. Ich habe, als wir in Stade waren, eine große Schachtel „Merci" gekauft und ihnen bei der Abfahrt gegeben.

„Denk immer daran, sein Vater ist Arzt."

Ich hasse solche Sprüche! Sind alle Eltern so berechnend?

Mo 27.10.

Heute nach der Schule habe ich Andrea angerufen, um sie zu fragen, ob wir uns wieder vor dem Training treffen wollen. Schließlich gäbe es eine ganze Menge zu erzählen.

Abgesehen von einer Umarmung und einem ziemlich langen Kuss war es aber fast identisch mit dem Gespräch, das ich mit Erik vor dem Unterricht geführt habe. In beiden Fällen habe ich kein einziges Wort über die letzten beiden Nächte gesagt. Mir kam es vor, als wenn das, was Chris und ich uns gegenseitig geschenkt haben, nur für uns gewesen sei, für niemanden sonst, dafür für immer, für die Erinnerung. Selbst Andrea konnte ich es nicht erzählen, obwohl ich es eigentlich vorgehabt hatte.

Ist es Betrug, vor ihr ein derartiges Geheimnis zu haben? War es nicht auch überhaupt ein Treuebruch, mit Chris das zu tun, was ihr als erster und einziger gebührt hätte? Kann es zwischen uns jemals wieder so unschuldig sein, wie es noch vor zehn Tagen war? Und was bedeutet mir „Treue“ eigentlich zukünftig? –

Viel zum Nachdenken.

Mi 29.10.

Erik hat's erwischt. – ziemlich schlimm, glaube ich. Er ist gestern im Turntraining von den Ringen abgeschmiert, beim „Schleudern“, – was auch immer das heißen soll. Dabei hat er sich wohl die linke Schulter ausgekugelt. Nachdem ihm die von seinem Trainer wieder eingerenkt wurde, ist Erik zum Notarzt gefahren worden.

Erik sagt, alles sei nur halb so schlimm. Aber ich habe mitbekommen, dass er etwas gegen die Schmerzen nimmt, und außerdem glaube ich, dass er seine Jacke gar nicht an- oder ausgezogen bekommen hätte, wenn ich ihm nicht geholfen hätte. Ohne fremde Hilfe hat er sich heute früh gewiss auch nicht angezogen. Der Verband lässt ja gar keine Bewegung zu.

Ich helfe ihm so gut es geht. Wozu sind denn schließlich Freunde da?

Do 30.10.

In der Ferienwoche sind die meisten der noch fehlenden Materialien für die Bühnenaufbauten gekommen. Die nächsten AG-Nachmittage werden wir uns also in erster Linie mit sägen, bohren, schrauben, nageln, kleben und anmalen beschäftigen. Macht aber trotzdem Spaß. Alle packen mit an.

Ich glaube, alle verstehen, dass auch die Kulissen mit zum Stück und damit zum Theater gehören.

Ich habe Georg heute gefragt, wann, beziehungsweise zu welchem Anlass wir den >Revisor< eigentlich aufführen wollen. Er sagte, einen bestimmten Anlass gäbe es nicht. Die Aufführungen fänden immer um Pfingsten herum statt. Das sollte stressfrei hinzubekommen sein.

Fr 31.10.

Die Montag-Freitag-Kombination der Treffen mit Andrea gefällt mir. Sie genügt, dass wir uns regelmäßig und verlässlich treffen können und ist dennoch nicht so aufdringlich, dass wir uns laufend auf der Pelle hängen. Ich glaube zwar, ihr wäre es lieber, wenn wir noch viel mehr Zeit miteinander verbringen würden, aber meine Woche ist mit Training, Unterricht und Theater-AG wirklich randvoll. Außerdem sehen wir uns ja auch noch mittwochs im Training – falls es mal was Wichtiges geben sollte. Nur vorher habe ich Konfi-Unterricht und deshalb keine Zeit für ein zusätzliches Treffen.

Pete hat uns heute Zettel für unsere Eltern mitgegeben. In zwei Wochen, am 15. und 16. November, richten wir selbst ein internationales Schwimmfest aus. David hat mir in der Kabine erzählt, dass letztes Jahr Teams aus Tschechien und Ungarn teilgenommen haben. Auf jeden Fall geht's darum, dass die Gäste privat untergebracht werden sollen und die Eltern oder sonstige Gönner gebeten werden, Quartiere zur Verfügung zu stellen. Mama und Papa haben noch nicht reagiert, aber ich denke schon, dass wir auch einen Gast bekommen werden.

Sa 1.11.

Ein strahlender Hauke lässt mich irgendwie nicht in Frieden. Er ist so aufgedreht, wie ich ihn sonst höchstens an seinem Geburtstag oder zu Weihnachten erlebe. Ich saß vorhin vor meinem English-Workbook, als er ins Zimmer gestürmt kam.

„Ich hab's dir doch gesagt. Ich werde ein richtiger Mittelstürmer!"

Sofort wusste ich, was los war. „Du hast dein erstes Tor geschossen, stimmt's?"

Er grinste wie ein Honigkuchenpferd. Inzwischen habe ich mir viermal angehört, wie er den Pass bekommen, den Abwehrspieler ausgetrickst und dann in die rechte Ecke eingeschossen hat. Irgendwie ist es goldig. Ein Junge, der schon ab und an mal geniale Ideen hat, kann sich noch immer über derartige Belanglosigkeiten freuen. Aber Hauke ist mit so viel Engagement dabei, dass ich es ihm von Herzen gönne.

Morgen habe ich auch wieder Wettkampf, diesmal in Göttingen, mein erster für Kassel über die 400 Meter.

So 2.11.

Scheiße! Verkalkuliert. Pete hat mir schon nach den ersten zwei Bahnen zugerufen, dass ich zu schnell wäre. Aber Henrik kann ja nicht hören. Ich dachte nur „du fühlst dich gut, also halt weiter drauf. Schwimm deinen Rhythmus."

Bin die 200 knapp über Bestzeit durchgegangen. Aber dass Pete etwas von seinem Fach versteht, habe ich nach 250 gemerkt. Was bin ich eingegangen! Nicht nur, dass ich das Rennen verloren habe; so langsam wie auf der letzten Bahn bin ich selbst im Training mit Brett noch nicht gewesen. Und mir tut alles weh!

„Du bist so blond!" Marcos neuer Lieblingsspruch. Ich bin zwar wirklich blond, aber das sagt er zu jedem, der richtigen Bockmist baut, und deshalb passte der Spruch trotzdem irgendwie zu meiner heldenhaften Vorstellung.

Wenn mir so was Dämliches beim Internationalen in zwei Wochen passiert, wo Mama und Papa bestimmt zusehen kommen, bin ich bis auf die Knochen blamiert. Da halte ich mich ganz exakt an Petes Vorgaben.

Di 4.11.

Morgen hat Papa Geburtstag, und ich habe immer noch kein Geschenk für ihn. Eigentlich habe ich noch nicht mal eine richtige Idee. Auf Bücher steht er nicht, von Werkzeug habe ich keine Ahnung, und Klamotten, also in meiner Preisklasse Socken und Krawatten sind so abgelutscht. Mir müsste irgendetwas einfallen, etwas Spektakuläres, was trotzdem nur zwölf oder fünfzehn Mark kostet.

Hauke hat einen großen Bierkrug gekauft, der ziemlich klasse aussieht. Aber er hat ja auch Papas alten vor den Herbstferien zerdeppert.

Mi 5.11.

Ich habe doch noch etwas gefunden. In der zweiten großen Pause war ich im City-Center, und da sprang sie mich geradewegs an: eine riesengroße Deutschlandkarte zum Aufhängen. Es sind sowohl die ganzen Autobahnen drauf als auch die Wälder grün gemalt und die Berge in Braun und Weiß. Manchmal gibt es ja Karten, auf denen alles nur grau und weiß ist. Die finde ich armselig. Ob es nun wirklich spektakulär war, weiß ich nicht. Papa hat sich aber auf jeden Fall gefreut, und das ist doch die Hauptsache.

Fr 7.11.

Blitzeblank soll alles sein, wenn Oma und Opa morgen Mittag von Bremerförde kommen. Sie haben die neue Wohnung ja noch nicht kennengelernt, und da soll sie natürlich besonders gut aussehen. Im Kreis der Familie wollen wir dann Papas Geburtstag nachfeiern.

Okay, ich habe sie jetzt wirklich schon seit Sommer nicht mehr gesehen, aber dieses Show-Vorführungsaufräumen nur für sie finde ich ziemlich beknackt. Ich solle mich nicht so anstellen, hat Mama nach der Schule gesagt. Schließlich würde sie mir doch auch laufend Gefallen tun.

„Ach ja?", fragte ich herausfordernd, „welche denn?"

Sie ging in die Küche und kam kurze Zeit später mit einem Zettel wieder. Ich solle ihn meinem Trainer geben und ihm sagen, wir nähmen auch einen Gast auf.

Ich ging auf mein Zimmer und begann aufzuräumen.

Wieso denkt diese Frau, sie würde mir einen Gefallen tun, wenn sie einen Gast bei uns beherbergen wird? Es war doch nicht meine Idee. Ich bin noch nicht einmal sonderlich scharf drauf, dass jemand kommt.

Und eigentlich schließt das Oma und Opa mit ein – wenigstens wenn es um Gegenleistung geht.

Sa 8.11.

Naja, wenigstens hat es was gebracht. Ich weiß, das klingt böse, aber Hauke hat mir mit seinem Zwanziger auch schon zugewunken. Schön aufgeräumt hätten wir, und das müsse ja auch ein wenig belohnt werden. Okay, ich kann das Geld wirklich gut gebrauchen, denn schließlich habe ich bei Chris nebenbei fast achtzig Euro gelassen. Aber wenn das wirklich Motivation zum Ordnung machen sein soll, ist meiner Meinung nach der Wert ihres ganzen Besuchs auf die Kohle reduziert.

Ansonsten war der erste Tag recht harmonisch, und leckeren Kuchen gab es auch endlich mal wieder.

Morgen wollen wir das große Touriprogramm hinter uns bringen, den riesigen Herkules und unterhalb die Löwenburg, die auch im Schlosspark Wilhelmshöhe liegt.

Mo 10.11.

Kaum zu glauben, dass ich das schreibe, aber endlich ist wieder Schule. Zuviel Familie ist wirklich nicht gut. Habe Andrea heute beim Treffen erzählt, welch eigenartige Gespräche am Wochenende so rausgekommen sind. Irgendwann sagte ich leicht genervt: „Am besten versuchst du, mich abzulenken."

Sie lachte und gab mir einen Zungenkuss. Überhaupt kam es mir vor, als sei Andrea heute ganz besonders zärtlich zu mir gewesen. Naja, und dass ich bei derartigen Liebesbezeigungen besonders leicht erregbar bin, ist auch kein Staatsgeheimnis mehr.

Ich weiß selbst nicht genau, warum ich es tat, aber ich lenkte das Gespräch – und auch meine Hände – in eine Richtung, von der ich sicher war, dass sie uns beide stimulieren würde. Eigentlich hatte es gar nicht in meiner Absicht gelegen, doch nun begann ich ihr von dem Abend vor meiner Abreise zu Chris erzählen. All das flüsterte ich ihr zu, was ich von Janina und Torsten zu sehen bekommen hatte. Ich malte es so stark aus, dass sie einfach auch so empfinden musste wie ich damals.

„Du wünschst es dir sehr, nicht wahr?", fragte sie, als ich fertig war. Ich nickte nur. „Es wird der Tag – oder die Nacht – kommen, in der es geschehen soll", sagte sie vertrauensvoll. „Hab nur Geduld."

Das ist zu einem, dem vor Erregung fast die Hose platzt, verdammt leicht gesagt!

Di 11.11.

Die Welt ist verrückt. – Nein, Jungs sind verrückt!

Als Oma mich beim Abendessen ganz freundlich fragte, wie mein Schultag so gewesen sei, musste ich lachen, einfach nur so, aber richtig laut. Ich konnte nicht anders. Ich solle nicht so albern sein, wurde ich gemaßregelt. Schließlich sei das eine vernünftige Frage gewesen, und deshalb verdiene sie auch eine anständige Antwort. Aber es half nichts. Für alle schien mein Lachen grundlos und frech gewesen zu sein, und eigentlich war es das auch. Denn das, was mir heute in der Freistunde vor Musik passiert ist, ist gar nicht zum Lachen. Aber als ich daran denken musste, musste ich einfach lachen, weil es so durchgeknallt ist.

Nach der inzwischen obligatorischen Currywurst / Pommes musste ich pinkeln, und so habe ich den Jungs, mit denen ich zusammenstand, gesagt, dass ich mich kurz verziehen würde. Alik musste auch, deshalb gingen wir gemeinsam. Kurz nach uns tauchten Stephan und Kay an der Rinne auf und grinsten, als ich fragte, ob sie auch solchen Druck hätten. Naja, auf jeden Fall standen wir nun zu viert da rum.

Ich glaube, Kay war es, der zu Alik sagte, er solle sich nicht so wegdrehen. Man könne ja gar nichts sehen, woraufhin Alik, dreist wie er ist, seine Hose ganz runterließ und sich zu Kay umdrehte. „Na, zufrieden?"

Kay pfiff leise. Ich konnte nur ahnen, was Alik vorzeigte, denn er stand mit dem Rücken zu mir.

„Gleiches mit Gleichem", hörte ich Aliks Stimme, und schon hatte Kay die Buxe unten.

„Hiermit präsentiere ich dir vierzehneinhalb Zentimeter", sagte er breit grinsend.

„Noch sind das aber höchstens sieben", mischte ich mich ein. Inzwischen stand ich neben Alik und begutachtete nicht mehr ganz so zurückhaltend das, was sie sich glaubten zeigen zu müssen. Man ist ja neugierig.

„Vierzehneinhalb? – Beweisen", forderte Stephan plötzlich und förderte zu meiner Überraschung ein Geodreieck aus der Jackentasche zutage. „Hier, Henrik, miss du nach.“ Er gab mir das Lineal, und ich sah ihn einen Augenblick unentschlossen an. „Mach schon, wir sind unter uns.“

Und so gehorchte ich. Es war einfach nur abgefahren. Wir vier standen alle mit inzwischen stocksteifen Rohren voreinander und maßen gegenseitig unsere Längen. Meiner ist demnach etwas größer als der von Kay, Sechzehnkommavier und nicht so krumm. Stephans ist einiges kleiner. Aber der von Alik ist der totale Wahnsinn – Neunzehnkommasechs – habe ich selbst noch mal nachgemessen. Gut, er ist schon siebzehn, aber im Wachstum ist er doch auch noch, – genau wie ich. Wie wird der erst in drei Jahren aussehen?

Anfangs haben wir die typischen Handbewegungen nur gemacht, um zum Messen schön hart zu sein. Danach haben wir aber nicht aufgehört, denn die Situation war einfach nur geil. Plötzlich – noch bevor jemand von uns kommen konnte – gongte es zur achten Stunde. Da mussten wir alle auf einmal schallend laut lachen. Wir verpackten unsere Spielzeuge mit einer >Tja-dann-wirst-du-dich-noch-bis-heute-Abend-gedulden-müssen-Miene< wieder und trotteten zum Musikraum.

Und das hätte ich Oma erzählen sollen???

Mi 12.11.

Normalerweise schreibe ich ja immer abends, aber heute habe ich mein Tagebuch extra mit zum Konfi-Unterricht genommen. Außerdem ist es hier sowieso tödlich öde. Aber das, was mir Erik heute früh erzählt hat, geht mir einfach nicht mehr aus dem Kopf.

Er nahm mich schon vor der ersten Stunde beiseite und sagte, ich sei ja gestern vor Musik mit Alik zum Klo gegangen. „Seid ihr beide allein geblieben?“

„Nein, wieso?“, fragte ich.

„Ich habe gesehen, dass auch Kay und Stephan verschwunden sind.“

Ich wurde unsicher. „Worauf willst du hinaus?“ Er konnte es doch unmöglich wissen.

„Sag mir nur, ob die beiden bei euch waren, ja?“

Ich gab es zu und nickte. Erik war einige Sekunden vollkommen still. Dann sagte er: „Es tut mir leid. Ich hätte es dir vorher sagen sollen."

„Was hättest du mir sagen sollen?" Ich stand mal wieder mitten auf der Leitung.

„Verdammt, Henrik, ich weiß, was passiert ist. Sie sind euch nachgestiegen. Es gab ein paar kleine Witzeleien. Dann hat einer der beiden ein Lineal hervorgezaubert. Gib's zu! Es war genau so!"

„Woher, zum Teufel, weißt du das?", fragte ich schockiert und irgendwie ertappt zugleich.

„Du kapierst gar nichts, oder?", sagte Erik fast zu laut. „Henrik, sie haben letzte Woche mit Mehdi und mir genau das Gleiche gemacht. Es ist ne Masche!"

Ich bekam den Mund nicht mehr zu.

„Du bist auf sie reingefallen! Alik ist auf sie reingefallen, genau wie Mehdi und ich. Nichts war Zufall. Sie wollten von Anfang an nur an eure Schwänze ran."

Ich schluckte und bat Erik, mich einen Augenblick allein zu lassen. Ich wollte nachdenken. Er hatte wohl recht. Das mit dem plötzlich hervorgeholten Lineal war mir ja gestern schon spanisch vorgekommen. Jetzt passte es ins Bild. Es gab keinen Zweifel. Alik und ich waren ausgenutzt worden.

Die Doppelstunde Deutsch war seltsam, denn ich sitze ja neben Stephan. Wir haben aber nicht großartig miteinander geredet. In der nächsten Pause habe ich Erik noch einmal auf gestern angesprochen.

„Hast du auch mit Alik geredet?", fragte ich ihn.

„Nein", sagte er, „Mehdi hat das gemacht."

„Irgendwie ist es komisch", sagte ich, „denn gestern habe ich die Aktion einfach nur geil gefunden, und ich hätte nichts gegen eine Wiederholung gehabt."

Oh, der Unterricht ist rum. Rest heute Abend.

22:10 Uhr

War doch eine richtig sinnvolle Konfi-Stunde.

Als ich das mit der Geilheit gesagt hatte, schmunzelte Erik. „Wer hat denn bei euch gewonnen?", wollte er wissen.

„Alik", antwortete ich, „neunzehnsechs. Der lohnt sich wirklich", fügte ich unnötigerweise noch hinzu.

„Nicht übel", sagte Erik beinahe bewundernd. „Das habe ich aber nicht gemeint. Ich wollte wissen, wer am weitesten gekommen ist."

„Am weitesten?" Ich war für einen Moment sprachlos, denn erst in diesem Augenblick kapierte ich, dass unser Spielchen bis zum Ende eines jeden weitergegangen wäre. „Der Gong ist uns dazwischen gekommen", antwortete ich leise.

Erik nickte. Er hatte verstanden. „Wahrscheinlich sprechen die beiden dich noch mal drauf an. Ich kann mir nicht vorstellen, dass sich Kay und Stephan das große Finale entgehen lassen."

„Ich werde vorbereitet sein", versprach ich ihm.

Erik nickte erneut.

Unvermittelt fragte ich: „Und wer hat bei euch gewonnen?"

„Du bist ja genauso neugierig wie ich", lachte er. „Ich natürlich."

„Natürlich." Ich lachte mit ihm.

„Es gibt Dinge, in denen ich ziemlich gut bin", grinste er.

„Beinahe schade, dass Mehdi an deiner Seite war und nicht ich", sagte ich augenzwinkernd. „Dann hättest du mal einen echten Gegner gehabt." Wobei das zugegebenermaßen Prahlerei von mir war, denn ich komme selten wirklich weit. Aber egal. Das muss er ja nicht wissen.

Heute Nachmittag sind Oma und Opa wieder mit dem Zug zurück nach Bremerförde gefahren. Ich habe sie zuhause verabschieden müssen, denn zu ihrer Abfahrtszeit musste ich ja im Konfi-Unterricht sitzen. Böse war ich nicht darum.

Do 13.11.

Ich kann es noch gar nicht glauben. Mein gesamtes Restguthaben habe ich vorhin mit Chris vertelefoniert. Ich wollte nicht von daheim anrufen, denn so richtig ungestört ist man da ja nie. Und heute hatte ich einiges zu erzählen, was nicht für die Ohren dieser Familie geeignet sein dürfte. Glücklicherweise hatte Chris Zeit zum Zuhören.

Zu der Absprache mit Andrea schien er keine wirkliche Meinung zu haben. Doch zu der Messaktion hat Chris gesagt, dass ich total geil erzählen könne. (Da wusste ich, dass ich ihn sogar durch das Telefon erregt hatte.) Er fand das, was ich als hinterhältig bezeichnet hatte, nicht so schlimm. „Von meiner Nachbarklassse, von der 10a, weiß ich, dass dort solche Jungenspiele an der Tagesordnung sind. Und die gehen wohl grundsätzlich bis zum Ende." Er atmete tief durch. „In meiner leider nicht", fügte er leise hinzu. Da mussten wir beide lachen.

Dann hat er mir noch erzählt, dass er mit Ann-Christin nächste Woche zu einem Popkonzert nach Hamburg fahren will. Wie die Band heißt, habe ich aber wieder vergessen. Ich kannte sie nicht. Ich habe ihnen viel Spaß gewünscht. Bin mal gespannt, was er hinterher erzählt.

Ganz kurz vor Schluss sagte er noch: „Du kannst dir nicht vorstellen, wie oft ich an unsere Nächte denke. Ich habe endlich verstanden, was es heißt, einen Menschen zu lieben."

Er hatte es nicht direkt ausgesprochen, und doch wusste ich, dass er genau das indirekt Angedeutete gemeint hatte. Noch bevor ich etwas entgegnen konnte, war mein Guthaben leer.

Fr 14.11.

Heute war das Training superwitzig. Alle sind mit den Gedanken natürlich schon beim Schwimmfest morgen und übermorgen gewesen. Pete hat sich für uns Jungen eine lockere Übung ausgedacht gehabt. Wir – soll heißen Marco, David, Beni und ich – sollten jeder fünfmal die kurzen Lagen schwimmen, bloß als Endlosstaffel, erst alle vier nacheinander Rücken, Delfin, Brust und Kraul. Und das halt fünfmal, sozusagen als Vier-Kilometer-Staffel. Bei dem vielen „Raus-aus-dem-Becken-wieder-rein-ins-Becken" wird man richtig rammdösig. Aber wechseln können wir jetzt!

In der Umkleide drückte mir Beni mit den Worten „ich hoffe, du kommst nicht nur zu meiner Schwester" einen Briefumschlag in die Hand. Ich wusste sofort, dass es auch von ihm eine Geburtstagseinladung war. Am Zwanzigsten wird er Vierzehn. Zwei Tage drauf will er feiern. Natürlich habe ich sofort zugesagt. Ich weiß sogar schon, was ich ihm schenken werde.

Meine Idee ist, dass ich Beni zu einem Spiel der Huskies einlade. Er wollte ja immer schon mal einen Nachmittag mit mir allein verbringen. Außerdem weiß ich, dass er total auf Eishockey steht. Jetzt muss ich nur noch herausfinden, wann die ihr nächstes Heimspiel haben.

Sa 15.11.

Mein Englisch ist sooooo scheiße!

Selbst in der Schule habe ich mir noch nie so einen abgebrochen wie heute. Wir haben einen Tschechen bekommen, einen Radan, Fünfzehn. Er spricht recht gut Englisch, – so gut jedenfalls, dass ich mich für meins ziemlich geschämt habe.

Das Internationale, das heute mit den Sprints losgegangen ist, ist absolut faszinierend. Dieses Flair des ganz Großen reißt einfach mit. Eine Gruppe aus der Nähe von Wien ist auch noch hier. Der gute Kontakt von Pete zu seinem ehemaligen Nationaltrainer hat das möglich gemacht. Dann sind acht Schwimmer aus Tschechien da, zu denen Radan gehört. Sie kommen aus Slany, einer Kleinstadt nordwestlich von Prag. Radan hat mir Slany auf einer Landkarte zeigen müssen, weil ich nicht verstanden habe, wo das liegt, als er es erklärt hat.

Heute über die kurzen Strecken musste ich bloß über die 100 Brust und Rücken ins Wasser, sozusagen als Aufgalopp für morgen. Da habe ich ein Mammutprogramm: 400 Freistil, (David sagt neuerdings immer freestyle), dann die 400 Lagen und beide Staffeln.

Zum Rest des Tages ist eigentlich nur zu sagen, dass wir eine Stunde nach Ende der Wettkämpfe mit den Österreichern und Tschechen in ein Restaurant nach Calden gefahren sind. Dort hatte jemand einen kleinen Saal für uns angemietet. Vorstand und private Gönner gaben uns allen ein Schnitzel mit Pommes und Salat aus, dazu ein Freigetränk. Sehr nett!

Ein paar kleinere Reden wurden gehalten, die, glaube ich, den freundschaftlichen Charakter dieses Treffens deutlich machen sollten. Und, wenn ich alles richtig verstanden habe, sind wir auch zu Gegenbesuchen eingeladen worden. (Bei Slany bin ich nicht ganz sicher, denn ich habe einige der englischen Worte des Trainers nicht verstanden.) Doch, stimmt, Radan, der bei Hauke und mir im Zimmer auf einer Matratze in seinem Schlafsack liegt, hat mir das gerade bestätigt. Er sagt, dass die

Gegenbesuche schon drei Jahre laufen.

Aber jetzt müssen wir langsam das Licht ausmachen. Hauke muss morgen wegen Fußball nämlich noch früher aufstehen als wir.

So 16.11.

Wie heißt es beim A-Team? >Ich liebe es, wenn ein Plan funktioniert.<

Dies war der erste Wettkampf seit über anderthalb Jahren, bei dem Mama, Papa und auch Hauke zugeschaut haben. Sie sind zwar erst nach dem Mittagessen gekommen, weil Hauke heute früh noch sein Spiel hatte, aber sie haben nur meine 400 verpasst. Die habe ich trotz ultrastarken Rennens gegen einen Conradin aus Wien verloren. Aber Erik hat den Lauf gesehen. Er war, wie er mir in der Schule angekündigt hatte, den ganzen Tag in der Halle.

Das Geilste war, dass mich Radan auch angefeuert hat – auf tschechisch, hat mir Erik erzählt. Habe mich tierisch darüber gefreut, und es hat mir ehrlich leid getan, dass ich ihn nicht auch so unterstützen konnte, denn er ist ja gestern die kurzen Strecken geschwommen, und eine Staffel hat seine Gruppe nur bei den Mädels mitgebracht. Deshalb musste er heute gar nicht mehr ins Wasser. Übrigens verstehe ich mich, von der Sprachbarriere mal abgesehen, ziemlich gut mit ihm.

Zurück zu meinen Rennen: 400 Kraul vier Sekunden schneller als persönlicher Rekord: Platz zwei, habe ich ja schon geschrieben; 400 Lagen dreieinhalb (Platz 1 !!!) vor Conradin. Da habe ich den Spieß umgedreht.

Eigentlich ist er ganz nett. Aber Adressen haben wir trotzdem nicht getauscht. Nur Radan hat mir seine gegeben. Ich denke, ich werde ihm auch schreiben.

Mit den Staffeln war Pete ganz besonders zufrieden. Ich glaube, ihm lag sehr am Herzen, dass wir die Wiener schlagen, und das ist uns beide Male gelungen, auch wenn wir gegen Hannover zwei dicke Packungen bekommen haben. Außerdem waren unsere Zeiten echt klasse.

Mo 17.11.

Pete hat uns heute frei gegeben, damit wir nicht an vier aufeinander folgenden Tagen ins Wasser müssen. Ich war besonders dankbar, denn der Fahrtaufwand ist wirklich nicht ohne. Gestern, als wir uns verabschiedet haben, hat er uns zur besseren Entspannung eine lockere Trainingseinheit Joggen verordnet.

In der Schule hat Alik Erik und mich gefragt, – wir beide hängen inzwischen die ganze Zeit zusammen rum, – ob wir Lust auf ein bisschen Streetball haben. Erik sah mich nur kurz an und fragte, ob ich nicht zum Schwimmen müsste. Ich schüttelte den Kopf. Und so kam es, dass wir den halben Nachmittag auf einem Hartplatz in der Nähe der Schule auf einen Korb Basketball gespielt haben. Erik und ich gegen Alik und seinen kleinen Bruder Roman. Ich denke, so ist es in Ordnung, dass ich nicht gelaufen bin. Die schwitzende Entspannung war ja wohl der Sinn von Petes Order.

Di 18.11.

Ich wusste gar nicht, dass es auch in Hofgeismar einen Laden gibt, der Karten für Sport- und Musikveranstaltungen verkauft. In der großen Pause vor Musik hat mir Erik einen Kiosk gezeigt, bei dem ich angeblich Eishockey-Karten kaufen könnte. Irgendwann vor einer Schulstunde hatte ich ihm von meiner Geschenkidee für Beni erzählt.

Naja, am nächsten Sonntag spielen die Huskies in der Eissporthalle gegen die Hannover-Scorpions, – wer auch immer die sein mögen. Da Kassel ziemlich unten drin steht, war es nicht einmal ein Problem, sogar noch verbilligte Karten mit Schülerrabatt zu bekommen. Aber das Geschenk bestand ja ohnehin weniger in dem Geldwert der Tickets, als vielmehr in dem Nachmittag, den wir so zusammen verbringen werden.

Mi 19.11.

Alik kam heute in Chemie zu mir rüber. In der Freistunde davor, – Bio war ausgefallen, – hatten ihn Kay und Stephan aufgesucht. Er erzählte mir, sie hätten ihn gefragt, ob sie zu dritt noch mal die Aktion vom letzten Dienstag wiederholen könnten. Er hatte sie daraufhin gefragt, warum sie das wollten. Sie hätten doch alles gesehen, und das, was sie ihm gezeigt hatten, fände er nicht so spannend. Schließlich seien sie keine Mädchen. Kay hatte wohl nachgehakt, dass sie vor Vollendung gestört worden wären und dass er das Finale gern noch nachholen würde. Alik muss grinsend gesagt haben, dass sie es sich gerne gegenseitig machen könnten. Seiner bliebe ab jetzt verpackt. Ich habe mir vorgenommen, etwas Ähnliches zu sagen, falls sie versuchen sollten, mich rumzukriegen.

Alik hat mir übrigens auch gesagt, dass er gar nicht aus Russland kommt, sondern eigentlich aus Kasachstan. Aber da fast niemand etwas damit anfangen könne, sage er immer, er komme aus dem Teil von Russland, der an China grenzt. Die Stadt heißt Alma Ata.

Ob er denn auch Moskau kennen würde, habe ich ihn gefragt.

Alik lachte: „Für euch Russland ist immer identisch mit Moskau. Hast du Ahnung, wie groß ist Russland?“ (Ich hoffe, ich gebe seine Sprache in etwa originalgetreu wieder, denn seine grammatikalischen Haker sind total witzig.) „Moskau liegt drei- oder viermal so nahe an Kassel wie es ist an meine Heimatstadt. Eher ich muss dich fragen, ob du Moskau kennst.“ Wir lachten beide.

Vorhin habe ich in einem Atlas nachgesehen, woher Alik stammt. Ich weiß zwar, dass er sich inzwischen hier wohlfühlt, aber so weit weg von der Heimat zu sein, ist für mich irgendwie unvorstellbar.

Do 20.11.

Als ich vorhin von der Theater-AG nach Hause gekommen bin, habe ich erstmal bei Beni angerufen, denn heute ist er Vierzehn geworden. Gestern habe ich mir extra einen Zettel mit >Beni gratulieren< auf den Schreibtisch gelegt, damit ich es nicht vergesse.

Er hat sich jedenfalls sehr gefreut. Groß besprochen haben wir nichts, denn im Training haben wir uns gestern ja noch gesehen, und auch morgen treffen wir uns. Überhaupt wird es eine richtige Beni-Woche, denn am Samstag ist seine Feier, und Sonntag ist das Eishockey-Spiel. Von der Karte habe ich natürlich noch nichts verraten, sonst wäre es ja keine Überraschung mehr.

Fr 21.11.

Es ist tatsächlich passiert. Direkt nach der zweiten Stunde kam Kay zu mir.

„Sag mal, geht dir der Englisch Dreck eigentlich auch so auf die Eier?“, fragte er. Ich grinste nur. „Und dann geht's gleich auch noch mit Franz weiter.“

„Erinnere mich nicht daran”, maulte ich.

„Ich glaube, uns beiden würde etwas Entspannung ziemlich gut tun”, fuhr Kay fort.

„Wie meinst du das?“, fragte ich, ob wohl ich bereits ahnte, was er im Hinterkopf hatte.

„Hey, du weißt schon.“

„Nein, ich weiß nicht”, entgegnete ich inzwischen wirklich gespannt, wie er seine Versuche weiter anstellen würde. Allein diese Spannung erregte mich.

„Na, *so* meine ich.“ Seine rechte Hand, zur offenen Faust geballt, bewegte sich quer auf Reißverschlusshöhe ein- zweimal kurz hin und her. „Danach geht uns sogar Franz locker am Arsch vorbei. Ist doch ne gute Idee, oder?“ Er sah mich fragend an, und – ganz ehrlich – wenn mir Erik nicht die Zusammenhänge erklärt hätte, wäre ich bedenkenlos mitgegangen. Kay hatte es jedenfalls geschafft, mich richtig scharf zu machen. Trotzdem sagte ich, dass ich kein Interesse hätte.

„Hey, komm schon, Henrik.“ Kay gab noch nicht auf. „Ich hab genau gesehen, wie geil du neulich warst. Und erzähl mir nicht, dass du's jetzt nicht bist.“ Er sah sich kurz um. Wir waren relativ unbeobachtet. Entschlossen und doch weich griff seine Hand vorne an meine Hose. Ich wehrte mich nicht. „Wusste ich's doch”, sagte er grinsend. „Come on, Henrik, ich will nur einmal sehen, wie du spritzt.“

Frag mich niemand, warum ich es tat, – ich weiß es selbst nicht, – aber ich sagte: „Ich weiß. Hör zu, Kay, ich hätte wirklich mitgespielt. Aber ich habe mitgekriegt, dass du die Nummer in der ganzen Klasse abziehst, und darauf habe ich einfach keinen Bock!"

Augenscheinlich hatte er nicht damit gerechnet, dass wir untereinander darüber reden würden, denn er schien sich ertappt vorzukommen. Ich drehte mich um und ließ ihn stehen – im doppelten Sinn.

Direkt bevor die dritte Stunde begann, kam Kay zu mir und fragte, ob er mit mir reden könne. Ich überlegte einen Moment, nickte dann aber doch.

„Du hältst mich für ein Arschloch, stimmt's?", begann er.

„Was willst du hören", blaffte ich ihn an, „dass ich mich gut fühle bei dem Gedanken, dass alles neulich nur ein abgekatertes Spiel war? Ja, verdammt, es hat Spaß gemacht, und ich hätte es auch bei einem zweiten Mal bis zum Ende durchgezogen. Aber ihr beide habt eure Klassenkameraden ausgenutzt. Sorry, Kay, aber genau deshalb halte ich dich für ein Arschloch." Lächelnd fügte ich nach zwei Sekunden aber noch hinzu: „Für ein sehr nettes und ziemlich geiles zwar, aber immer noch für ein Arschloch."

Kay reichte mir grinsend die Hand. „Vergeben und vergessen?"

„Nein", antwortete ich, „weder das eine noch das andere. Aber das soll uns nicht daran hindern, weiterhin anständig zueinander zu sein." Und so schlug ich ein.

Kay schien erleichtert, als wir wieder in den Klassenraum gingen.

So 23.11.

Beim Frühstück hatte ich die glorreiche Idee, mein Diary heute in der Kirche zu schreiben. Pfarrer Völkers Predigten sind ohnehin nicht spannender als Werbung für Haarshampoo oder Damenbinden, und hier interessiert es niemanden, was ich tue.

Gestern war ich auf Benis Geburtstagsfeier. Es war ein richtig schöner Tag, ganz anders zwar als ich mir zuvor ausgemalt hatte, aber dennoch sehr angenehm. Frau Weiser schien richtig erfreut zu sein, dass Beni auch mich eingeladen hatte. Ihren Mann sehe ich ja öfter mal auf Wettkämpfen oder nach dem Training, aber sie kommt dorthin selten mit. Beni hatte auch Marco eingeladen. Das hat mich etwas überrascht, denn so arg gut haben sie sich die letzte Zeit im Training eigentlich nicht verstanden.

Außerdem waren vier Jungs aus seiner Klasse da, die ich alle nicht kannte. Andrea war das einzige Mädchen, das „zugelassen“ war.

Andrea hatte ich auch, wie so vieles sonst, zu verdanken, dass mein Geschenk richtig gut angekommen ist. Als ich Beni die Eishockey-Karten überreicht und ihm angeboten hatte, ihn zu begleiten, sagte er freudig überrascht, dass er das Spiel sowieso ansehen wollte. „Schon vormittags wollte ich mir die Karte und ein Trikot kaufen. Aber meine Kohle war irgendwie weg. Deshalb konnte ich das, was ich von meinen Onkeln und Tanten bekommen habe, noch nicht dafür ausgeben.“

Andrea gab ihm seinen Geldbeutel zurück und entschuldigte sich dafür, dass sie ihn hatte verschwinden lassen müssen.

„Du hast gewusst, dass ich die Karten von Henrik kriege?“, fragte Beni. Andrea nickte mit ihrem verführerischsten Lächeln. Das warf jedoch die elterliche Frage auf, wieso sie das von mir wusste. – Na, warum wohl?

Andrea sah mich an. Ich überlegte einen Augenblick und nickte ihr dann ganz ernst zu. Daraufhin kam sie zu mir herüber, legte mir den Arm um die Taille und schließlich den Kopf an meine Schulter. „Deshalb“, sagte sie leise. Ich war nie stolzer auf sie als in dieser Minute.

Ihre Eltern sahen sich bestimmt zwanzig Sekunden stumm an. Auf einmal aber fingen beide gleichzeitig an zu lachen. Frau Weiser umfasste ihren Mann so, wie Andrea es bei mir gemacht hatte, und beide lächelten verständnisvoll.

„Kommt, ihr beiden“, forderten sie uns auf. Wir gehorchten unsicher und ließen uns in ihren „Kreis“ aufnehmen.

„Irgendwann musste es wohl passieren, mein Kleines“, sagte Herr Weiser zu Andrea. Und seine Frau küsste sie auf die Stirn. „Schön, dass du dir einen so netten Jungen ausgesucht hast.“

Ich wurde wahrscheinlich puterrot, aber ich hoffe, dass man das bei der Beleuchtung nicht so sehen konnte.

Während wir am Nachmittag Kuchen aßen, flüsterte Beni mir ins Ohr: „Echt gute Show von euch beiden.“

Danach haben wir UNO gespielt, was herrlich verrückt war. Am Abend gab es Unmengen Pommes mit verschiedenen Würstchen, dazu literweise Cola. Hinterher haben wir uns noch mit vollgeschlagenen Wänsten ein Video angesehen, das Beni von einem Klassenkameraden geschenkt bekommen hat. Ich kannte die Rache der Sith aus der Star Wars Saga zwar schon aus dem Kino, aber es gibt Filme, die man nicht oft genug sehen kann, oder?

Oh Mann, der predigt immer noch.

Als mich Herr Weiser hinterher heimfahren wollte, bat Andrea mitkommen zu dürfen. Freundlich forderte er uns auf, etwas über uns zu erzählen, wie lang das „schon so geht" und so. Außer den körperlichen Dingen haben wir eigentlich alles erzählt, auch dass in meiner Familie außer Hauke noch keiner weiß, dass Andrea meine Freundin ist. Jedenfalls hat Herr Weiser angeboten, dass wir, „wenn wir etwas auf dem Herzen haben sollten", ruhig zu ihm kommen könnten.

Ah, er ist endlich fertig.

21:30

Naja, ein richtiger Eishockey-Fan werde ich wohl nie werden. Zugegeben, es war, da ich es zum ersten Mal live miterlebt habe, sehr interessant, und das Spiel ist auch wirklich faszinierender als es per Fernseher rüberkommt. Aber das Publikum ist ja so entsetzlich primitiv. Lieder und Parolen, dass einem einfach nur schlecht wird. Habe Beni gefragt, wie er sich unter solch grölenden Schwachköpfen wohlfühlen könne.

„Ich gehe eigentlich nie allein", sagte Beni. „So kann ich mich immer an die Menschen halten, die bei mir sind."

Beni und ich waren hinterher noch in der Stadt eine Pizza essen. Er sagte, da mein Geschenk der Nachmittag gewesen sei, könnte er mich jetzt ruhig zum Essen einladen. Insgesamt war es auf jeden Fall ein schöner Tag, und wir verstehen uns stündlich besser. Kommt mir jedenfalls so vor.

Mo 24.11.

Es gibt Tage, an denen ich vor meinem Tagebuch sitze und mich frage, warum ich überhaupt schreibe. Ist das, was ich erlebe und denke, denn wirklich wert aufgeschrieben zu werden?

Und dann gibt es Tage, Tage wie heute, an denen mir so viel im Kopf rumgeistert, dass man allein damit ein ganzes Buch füllen könnte. Ich wünschte nur, es wäre ein angenehmes Buch, eins mit Happy-End. Nicht so was ...

Chris' Eltern haben angerufen. Glücklicherweise war ich noch in der Schule. Wenn ich dran gegangen wäre, hätte ich bei dieser Nachricht sicher laut angefangen zu schreien oder zu weinen.

Wenigstens das konnte ich jetzt im Stillen tun.

Mama hat mir alles erzählt. Sie war so sanft wie sie nur konnte. Aber was, zum Teufel, hilft das? Mir ist einfach nur schlecht. Mein Magen verkrampft sich richtig. Chris ist von dem Konzert in Hamburg nicht zurückgekommen. Er liegt seit Freitagnacht in irgendeinem beschissenen Krankenhaus auf der Intensivstation – ohne Bewusstsein, im Koma. Oh, Mann, ich fühle mich so scheiße! Wieso musste das bloß passieren? Warum nur? Er hat doch niemandem was getan.

Mama hat gesagt, sie waren zu dritt; zwei Mädchen und er. Also muss neben Ann-Christin noch ein Mädchen, das ich nicht kenne, mitgewesen sein. Nach dem Konzert sind sie überfallen worden. Sie wollten gerade zum Treffpunkt gehen, wo Sven auf sie warten sollte. Aber irgendwo auf dem Weg haben ihnen ein paar Typen aufgelauert und sie ausgeraubt, Geld, Jacken und so. Den Mädels wollten diese Wichser wohl nicht unbedingt was tun. Aber Chris muss ihnen wie der ideale Gegner vorgekommen sein, um ihre Stärke und Brutalität zu demonstrieren. Dabei hatten die drei ihr Zeug doch rausgegeben. So war Chris allein gegen vier, gegen Schläge, gegen Tritte und – zur Hölle damit! – gegen einen Baseballschläger.

Verfluchte Scheiße! Chris schwebt in Lebensgefahr, und ich hocke hier und kann nichts tun. Ich will helfen! Bitte gebt mir doch ne Chance!

In meinem Kopf dreht sich alles, so als würde das Gehirn kein Blut mehr kriegen. Verdammt, ich will nur noch, dass das alles nicht wahr ist!!!

Hauke ist eben reingekommen und hat gefragt, ob er irgendetwas für mich tun kann, mir etwas mitbringen soll. Ich wollte antworten, dass er mir was zu trinken bringen könnte, weil mein Mund total trocken ist, aber ich konnte nur stammeln. Es ist einfach zum Kotzen! Ich weine schon wieder. Hoffentlich verschmiert nicht alles ...

Jetzt ist Hauke wieder bei mir. Er hat mir Wasser und Kaugummis geholt. Zum ersten Mal lasse ich zu, dass er bei mir ist, wenn ich schreibe. Es tut gut, dass er da ist, dass er so nah bei mir ist, dass er mich jetzt mit dem Arm berührt.

Warum, zum Henker, erfahre ich erst jetzt davon, drei verfluchte Tage nach dem Überfall? Seine Eltern müssen doch kapiert habe, wie nah wir uns stehen, selbst wenn sie nicht alles wissen, was zwischen uns gewesen ist. Alles verschwimmt. Chris, verdammt, ich schaffe es nicht! Ich breche auseinander. Jeder Muskel verkrampft sich irgendwie nacheinander, ungeordnet. Es tut so weh! Oh, Scheiße, es tut so verdammt weh!

Warum muss es so furchtbar wehtun? Ich habe Angst vor der Nacht. Ich habe ganz entsetzliche Angst vor heute Nacht! Ich will um keinen Preis der Welt allein sein.

Hauke sitzt hinter mir und massiert meine Schultern. Da er mitgelesen hat, hat er mir gerade angeboten, bei mir zu bleiben, so wie zu der Zeit, als wir noch ganz klein waren und er noch in den Kindergarten ging.

Ja! Bitte, Hauke, bleib bei mir! Danke, dass du verstehst.

Und selbst wenn nicht, danke, dass du das Richtige tust. Warum auch immer.

Di 25.11.

Wenn man eine Nacht über etwas geschlafen hat, scheint sich die Welt zu verändern. Inzwischen kann ich ein kleines bisschen nüchterner über alles nachdenken. Mich nimmt das Ganze zwar wirklich weit mehr mit als eigentlich passieren dürfte, aber wenigstens die ganzen körperlichen Reaktionen habe ich heute noch nicht gespürt, kein Weinen, kein Zittern, kein Frieren und auch keine Übelkeit. Nur die Kopfschmerzen sind geblieben. Es ist alles um so vieles ferner als gestern. Gestern ...

Gestern war der mit Abstand schwerste Tag meines Lebens. Ich war so durcheinander, dass ich sogar das Treffen mit Andrea schlichtweg vergessen habe. Als ich irgendwann innerlich um Hilfe gerufen habe, habe ich natürlich als erstes an sie gedacht und dann auch versucht, sie anzurufen. Sie war aber schon auf dem Weg zum Schwimmbad, und so habe ich ihr nicht einmal mehr absagen können. Sie hat sich ganz umsonst den halben Tag um die Ohren geschlagen. Beni, dem ich am Telefon erklärt habe, warum es mir so dreckig ging, hat mich im Training bei Pete entschuldigt, und er hat vor allem auch Andrea ausgerichtet, dass es mir wahnsinnig leid getan hat, dass ich sie habe warten lassen. Sie hat dann abends nach dem Training versucht anzurufen, aber ich habe schon fest geschlafen – obwohl es noch keine neun Uhr war. Völlig daneben.

Ich habe sie heute Morgen noch vor der Schule angerufen und ihr erklärt, wie sehr mich diese Geschichte mit Chris mitgenommen hat. Sie sagte, dass sie gestern Nachmittag zwar ein bisschen angefressen gewesen sei. Als ihr Beni aber auseinander gesetzt hatte, was passiert ist, schlug ihre Stimmung in Sorge um.

Nach der Nacht geht es mir schon um einiges besser. Die Verzweiflung, die mich gestern sämtliche Selbstbeherrschung gekostet hat, ist fast vollständig verflogen. Ich fühle nur noch eine unglaublich tiefe Trauer – ja, und eine stille Angst, die, dass Chris seinen Kampf verlieren könnte. Ich weiß, wie sehr er mir fehlen würde, denn ich spüre, wie sehr er mir jetzt schon rein durch die räumliche Trennung fehlt.

Mama hat mir überraschenderweise für die Schule eine Entschuldigung geschrieben, die Hauke abgegeben hat. Ich muss immer noch ziemlich fertig gewirkt haben. So kann ich jetzt ganz für mich, und ohne dass ich mich unbedingt auf irgendetwas konzentrieren *muss,* schreiben. Wenn mir mein Körper das Bedürfnis nach einer Pause signalisiert, bekommt er sie. Mama hat aber auch direkt gesagt, dass dies eine einmalige Aktion sei und ich morgen auf jeden Fall wieder in die Schule muss, – egal wie ich mich fühle. Ich solle den Tag dazu nutzen, zu meiner inneren Ruhe zurückzufinden. Und genau das tue ich hiermit ja.

Mama und Papa wissen nicht, dass Hauke die Nacht in meinem Bett geschlafen hat. Er hat ihnen wohl gesagt, dass er sich um mich kümmern werde, mehr aber nicht. Den Anruf von Andrea hat er selbst angenommen, was ziemlich clever war, denn außer ihm weiß ja immer noch keiner, dass wir zusammen sind. Irgendwann in der nächsten Zeit muss ich Mama und Papa aber wohl sagen, dass ich eine Freundin habe.

Ein bisschen Heimlichkeit ist sicher nicht ganz verkehrt, zuviel könnte aber auch mal nach hinten losgehen. Auf jeden Fall hat mir Hauke mehr geholfen als je zuvor – einfach nur dadurch, dass er neben mir lag, dass er zugehört hat, dass er da war, als ich nach einem Albtraum schweißnass aufgewacht bin und dadurch, dass er mich berührt hat. Ich habe mir fest vorgenommen, dass ich ihm als Dankeschön etwas schenken werde, irgendetwas ganz Besonderes. Eine richtig gute Idee habe ich aber noch nicht.

Erik hat eben vor unserer Musikstunde angerufen, um zu fragen, warum ich nicht in der Schule sei, ob er mir Hausaufgaben bringen solle und so. Ich habe ihm erzählt, was mit Chris passiert ist. Er kennt ihn ja schon von einigen Geschichten, die ich nach den Herbstferien erzählt habe. An seinen Ausrufen erkannte ich, dass er ehrlich erschüttert war. Er riet mir Larsens anzurufen, um ein besseres Bild von der Situation zu bekommen. Das hatte ich sowieso vor.

Mama hat mir beim Mittagessen schon gesagt, dass sie nicht einmal etwas dagegen hätte, wenn ich über das Wochenende hochfahren wollte. Larsens würden mich ja sicher aufnehmen und auch ins Krankenhaus nach Hamburg bringen. Ich denke, ich werde sie irgendwann nachher anrufen.

20:00 Uhr

Ich hätte den Anruf gar nicht so lange hinauszögern müssen. Es war bei weitem nicht so schlimm, wie ich befürchtet hatte. Erst hatte ich Sven am Apparat. Er freute sich zwar merklich, dass ich mich nach dem Gesundheitszustand seines Bruders erkundigte, dennoch war seine Niedergeschlagenheit unüberhörbar. Ich müsse Chris einfach sehen. Allein vom Erzählen könne ich niemals nachvollziehen, was man ihm angetan hat.

Er muss wirklich schrecklich aussehen. Sven gab mir seine Mutter, die etwas optimistischer klang. Noch bevor ich fragen konnte, ob ich Chris besuchen dürfe, schlug sie mir genau das vor. Vielleicht könne meine Nähe ja bewirken, dass er aufwacht.

Ich glaube, ich würde alles dafür geben. Jetzt muss ich mal sehen, wie ich das mit der Fahrt organisiert bekomme. Auf jeden Fall habe ich Frau Larsen versprochen, morgen Abend wieder anzurufen und ihr mitzuteilen, mit welchem Zug ich kommen werde.

Mi 26.11.

Die Fahrt zu Chris wird mich vollkommen ruinieren, – was aber nicht allzu tragisch ist. Papa streckt mir, da ich nur noch vierzig Euro auf dem Sparbuch habe, den Rest vor. Dafür kriege ich die nächste Zeit dann nur die Hälfte vom Taschengeld. Zu Weihnachten werde ich alle bitten, mir Geld zu schenken, sonst nix.

Aber ich denke, prinzipiell muss ich mich mit dem Gedanken anfreunden, irgendwoher Geld auftreiben zu können. Ich habe bloß keinen Bock und auch keine Zeit für all den Kleinscheiß wie Autowaschen für fünf Euro oder wie früher Rasenmähen. (Glücklicherweise hat sich das bei einer Wohnung im zweiten Stock erledigt.) Es müsste irgendwie Möglichkeiten geben, auf einen Schlag fünfzig oder hundert Euro zu kriegen, – am besten aber eine Quelle, die man öfter anzapfen kann. Gerade wenn es Chris noch länger dreckig gehen sollte, will ich gewiss noch häufiger zu ihm fahren. Vielleicht frage ich mal in der Klasse rum, ob jemand weiß, wo Jobs für Jugendliche frei sind.

Bei Pete habe ich mich für das Freitagstraining bereits entschuldigt, denn ich fahre direkt nach der Schule los. Auch Andrea habe ich natürlich absagen müssen. Damit wir uns aber die ganze Woche nicht privat sehen werden, haben wir uns für morgen bei ihr daheim verabredet. Dafür werde ich die Theater-AG schwänzen. Im Moment sind wir sowieso noch beim Kulissenbauen.

Do 27.11.

Dass Andrea und ich ihren Eltern auf Benis Geburtstag gesagt haben, wir seien zusammen, war wirklich die genialste Entscheidung, die wir bislang getroffen haben. Ich muss mir keine Ausflüchte ausdenken, wenn ich sie sehen will. Ich darf so sein, wie ich bin, und ich bin damit sogar noch willkommen. Außerdem werden wir beide, so lange wir in ihrem Zimmer sind, in Ruhe gelassen. Vielleicht sollten wir unsere Vor-Trainingstreffen zumindest für die kalte Jahreszeit hierher verlegen.

Auf jeden Fall war es sehr angenehm, sie wieder festzuhalten und von ihr gehalten zu werden. Ich glaube, es war das unerotischste von allen

Treffen bisher. Sie wusste, dass ich Chris nicht aus dem Kopf bekomme, und genau das war es auch. Ich war eigentlich nur körperlich bei ihr. Aber ich verspreche, ich mache es wieder gut!

Fr 28.11. Hemmoor

Ich könne in seinem Bett schlafen. Er wäre sicherlich damit einverstanden, sagte Frau Larsen vorhin. Und ob! Schließlich haben wir uns darin sogar geliebt. Aber das weiß außer Chris und mir niemand auf der Welt. Ein seltsames Gefühl ist es dennoch, ohne ihn hier zu liegen. Es ist, als könnte ich seinen Geruch trotz frischer Bettwäsche noch wahrnehmen. Alles ist beinahe erschreckend vertraut.

Auf der Zugfahrt hierher habe ich Hausaufgaben gemacht. Sie sind zwar ziemlich krakelig geworden, aber zum Vorlesen am Montag reichen sie bestimmt. Sven hat mich am Bahnhof abgeholt und direkt hierher gebracht. Ich muss ehrlich gestehen, dass ich mich selten während eines Gesprächs so unwohl gefühlt habe wie vorhin. Ich kann einfach an nichts anderes denken als daran, dass wir morgen Mittag nach Hamburg fahren werden und ich Chris sehen und fühlen werde. Auch Larsens merkte man an, dass sie sich nur aus Höflichkeit mit mir unterhielten. So schnell ich konnte, ohne sie zu verletzen, brach ich das Gespräch ab, um auf sein Zimmer zu gehen.

Morgen, immer wieder morgen. Fahren, fahren, sehen, spüren. Oh, Chris, ich vermisse dich so!!

Hoffentlich kann ich diese Nacht wenigstens ein bisschen schlafen.

Sa 29.11. Hamburg

Spätestens jetzt wird jeder, der nicht komplett blind ist, wissen, dass ich ihn liebe! Ich bin an seinem Krankenbett zusammengebrochen. Es hört sich wahrscheinlich bescheuert an, aber es war genau so.

Frau Larsen hat gesagt, dass es ein Weinkrampf war. Ich habe keine Ahnung, ob das stimmt, aber es war noch schlimmer als alles vorher. Da stehe ich an seinem Bett, ich sehe ihn, und er ist trotzdem genau so weit weg wie jede Minute vorher – selbst von Kassel aus. Keine auch nur noch so kleine körperliche Reaktion bei ihm. Es hat so fürchterlich wehgetan. Als versuchte jemand, mir mit aller Gewalt alle inneren Organe zu verknoten.

Inzwischen ist alles etwas realer geworden. Man hat mir, als ich mich wieder erholt hatte, erlaubt, hier zu sitzen und zu schreiben. Ich bin bei klarem Bewusstsein, klarerem wahrscheinlich als in den letzten Tagen zusammengenommen.

Endlich habe ich verstanden, was diese Diagnose überhaupt bedeutet. Koma, das ist nicht einfach nur der Fakt, dass Chris wie in einem traumlosen Schlaf ohne Bewusstsein ist. Ich sehe den Apparat, der seine Gehirnströme misst, und er zeigt nichts an, rein gar nichts. Das ist so schlimm! Es ist, als würde nur noch der übrige Körper leben, das Gehirn aber nicht mehr. Ja, ich habe verstanden.

Hier geht es nicht mehr um ein Hiersein, wenn er vielleicht in jenen Stunden unserer Anwesenheit aufwachen wird. Was hier geschieht, ist nicht mehr als das Hoffen, Bangen, Ringen und Beten um das EINE Wunder. Jeder noch so kleine Strohhalm ist es wert, dass er nicht nur ergriffen wird, sondern sogar, dass man nach ihm springen würde, selbst wenn er unerreichbar weit weg sein sollte. Ich habe begriffen, dass ich nicht mehr bin als einer dieser Strohhalme. Von mir hat man sich eine übernatürliche Wirkung erträumt, – und ich bin wirkungslos geblieben. Wertlos.

Aber wenn ihn selbst die Liebe eines Freundes und die seiner Familie nicht in diese Welt zurückholen kann, auf welches verfluchte Wunder hoffen wir dann noch?

Zum Teufel, es muss irgendwas geben! Irgendetwas! Erst wenn wir aufhören zu hoffen, hat Chris verloren. Ich werde nicht aufhören! Ich nicht! Ich weiß, es hat schon einige Menschen gegeben, die nach noch viel längerem Gehirntod wieder aufgewacht sind. Chris muss es einfach schaffen.

Hörst du, Chris? Du musst es schaffen! DU, DU, DU. Ich weiß nicht, was ich ohne dich machen würde.

So 30.11.

Wieder sitze ich alleine neben seinem Krankenbett. Inzwischen ist es mir beinahe so vertraut wie mein eigenes oder wie mein Platz im Klassenraum. Immerhin ist mir so etwas Verrücktes passiert wie, dass ich am Krankenbett lehnend eingeschlafen bin, meinen Kopf ganz nahe an seinem. Für diejenigen, die uns so gesehen haben, Larsens und eine Schwester, müssen wir beide ein wunderbar harmonisches Bild abgegeben haben. Trotz aller Tragik.

Was soll ich schreiben? – Dass ich mich mit dem Zustand des Komas abgefunden habe? Dass ich mir nichts Stilleres und Beruhigenderes vorstellen kann, als an seinem Bett lehnend zu schreiben oder gar einzuschlafen? Dass ich nicht wieder aufstehen würde, wenn man mich nachher nicht gewaltig in den Arsch tritt und wirklich überzeugen kann, dass es sinnvoll ist, in den Zug nach Kassel zu steigen? Ich will nichts anderes mehr als hier sitzenbleiben, Chris sehen, riechen und – sobald ich den Stift weglege – ganz sanft streicheln!

Mo 1.12. Leyenbach

Back in reality, so sollte ich eigentlich beginnen können. Doch es ist, als sei gestern nur mein Körper in den Zug nach Kassel gestiegen. Alles in mir, was denken und fühlen kann, lehnt an diesem so schrecklich vertrauten Krankenbett und sieht Chris mit liebenden Augen an. Weder die Schule noch die anderthalb Stunden im Arm des verständnisvollsten Mädchens oder gar die Zeit im Schwimmbecken haben meine Seele hierher holen können. Ich habe den Tag irgendwie einfach nur heruntergespult. In der Schule beschützt mich Erik vor blöden Fragen, im Training Andrea und Beni. Ohne sie wäre ich heute ziemlich aufgeschmissen gewesen.

Mama hat mir heute früh einen Adventskalender geschenkt, nicht so einen Kinderkalender von ALDI, einen richtig tollen, dreidimensionalen und sicher ziemlich teuren. Hauke hat gesagt, dass er ihn für mich ausgesucht hat. Er hat nur einen einfachen mit Schokolade. Obwohl sie es zweifellos gut meinen, haben sie es alle beide nicht kapiert. Ich denke nicht an Weihnachten. Ich freue mich nicht auf Weihnachten! Weihnachten ist mir zum ersten Mal scheißegal. Ja, ich werde die Tage zählen – aber nicht die von heute bis zum Heiligen Abend. Ich zähle jeden einzelnen Tag, den Chris nicht mehr erleben kann. Heute ist der ZEHNTE!

Di 2.12.

Der ELFTE!

Mi 3.12.

Es gibt doch noch wichtige Tage. Irgendwie hing es auch damit zusammen, dass wir eine Halbtagestour mit der Klasse auf den Weihnachtsmarkt nach Kassel gemacht haben. Wir hatten alle Zeit der Welt, dort herumzustreunern, Sachen zu kaufen, Waffeln mit heißen Kirschen zu essen oder heimlich Glühwein zu trinken.

Ich hielt mich wie so oft an Erik. Ihm kann ich sagen, was ich empfinde. Er ist auch immer noch bereit zuzuhören, wenn ich einen Gedankengang zum zehnten Mal ausbreite. Irgendwann geschah aber etwas Seltsames. Wir stritten uns, und es war ein Streit, der uns beiden helfen sollte.

Ich hatte Erik erzählt, dass ich meinen eigenen Chris-Kalender begonnen habe von jedem Tag, den er nicht miterleben kann. Erik dachte ein wenig nach. Dann bat er mich um meine Hand und schrieb mit Edding groß DREI auf meine Handfläche. Ich sah ihn fragend an.

„Das ist mein Henrik-Kalender", sagte er mit bebender Stimme. „Ich zähle jeden Tag, den *mein* Freund nicht bereit ist zu erleben, weil er glaubt, dass er sich ein eigenes Leben nicht mehr gestatten darf." Damit ließ er mich stehen.

Viel zu spät rief ich ihm nach. Er drehte sich um und schrie mich wütend vor Enttäuschung an. „Verflucht, Henrik, du lebst. Fang endlich selbst an zu kämpfen!" Zitternd wischte er sich mit seinem Ärmel Tränen weg, die in der Zwischenzeit gekommen waren.

Alle, die uns sehen oder hören konnten, drehten sich zu uns um, denn Erik hatte seine Gefühle regelrecht rausgeschrien. Absolutes Scheißgefühl! – Aber vielleicht war genau das notwendig, damit ich einsehen konnte, dass ich ebenfalls in ein Koma gefallen war, in ein gesellschaftliches. Auch ich habe Freunde, die mich so sehr brauchen wie ich Chris.

Und so habe ich beschlossen aufzuwachen.

Do 4.12.

Augenblicklich ist es ja wirklich kalt draußen. Aber so kalt, dass man seinem Platznachbarn im Klassenraum unbedingt die Jeans anzünden müsste, ist es eigentlich nicht. Manchmal ist Toby echt ein Drecksack.

Passiert ist sonst aber nichts. Anscheinend brennen Jeans nicht so leicht. – Mein Glück.

Fr 5.12.

Heute haben Andrea und ich vor dem Training abgesprochen, dass ich sie morgen Mama und Papa vorstellen werde. Morgen ist Nikolaus, und da haben sie gewiss eine Art Feiertagslaune und werden ihr hoffentlich freundlicher gegenüber sein. Irgendwie habe ich schon ziemlichen Bammel. Aber ich denke, es wird ähnlich werden wie bei ihren Eltern. Außerdem, was sollen sie sagen? Es wird höchstens ein paar allzu neugierige Fragen geben wie damals vor der Holland-Tour, als Papa mich wegen meiner Vorkenntnisse in Verhütung gefragt hat und wissen wollte, was ich schon erlebt hätte.

Wird bei solch einem Gespräch eigentlich jemals ein Junge die Wahrheit sagen? Ich kann mir kaum vorstellen, dass ein Fünfzehnjähriger oder so, der schon mal mit einem Mädchen geschlafen hat, – und davon gibt es bestimmt mehr als die meisten denken, – seinem Daddy das auf die Nase bindet. Genau so wenig wie das, was er seit Jahren mit sich selbst oder mit seinen Freunden anstellt.

Erwachsene Deutschlands, gewöhnt euch einfach an den Gedanken: wir sind eine sexuelle Generation!

Sa 6.12.

Jetzt wissen sie es. Endlich! Bei gewissen Nachrichten rasten sie ja gelegentlich mal ganz gerne aus, aber heute blieb alles im Rahmen. Große Überraschung zwar als Andrea klingelte, ich – wie abgesprochen – öffnete, sie an der Hand nahm und ihnen dann als meine Freundin präsentierte, aber mehr als „Ohs" und „Ahs" hatten sie nicht zu bieten. Sie waren äußerst korrekt, und Andrea war fast noch sicherer als vor zwei Wochen, als wir es ihren Eltern gesagt haben.

Wir gingen dann zu mir ins Zimmer. Bis Hauke gegen sechs von einem Nikolausturnier zurückkam, waren wir ungestört. Wir haben natürlich als erstes darüber geredet, wie wir als Paar gewirkt haben müssen. Dann habe ich Andrea die ganzen Fotos von früher gezeigt, auch die von der Holland Tour, denn sie wollte gern mal sehen, wie Chris aussieht. Es hat wehgetan, ihn noch mal so lebendig zu sehen, wie er auf einer Wiese Fußball spielt, wie er einem Typen Salz in den Kakao streut oder wie er sich auf einem Gruppenfoto vor Lachen den Bauch hält.

Lachen. Vielleicht wird er nie wieder lachen. Andrea hat natürlich gemerkt, dass ich mit den Tränen gerungen habe. So haben wir dann Musik angemacht und einfach nur ein bisschen gekuschelt, bis Hauke kam. Irgendeiner hat ihm beim Spiel eine ganz gehörige Schramme am Knie verpasst, aber in Gegenwart einer fremden Person war er dann doch tapferer als er es wohl gewesen wäre, wenn wir alleine gewesen wären.

War übrigens total witzig zu sehen, wie er krampfhaft versucht hat, sich duschfertig zu machen, ohne dass Andrea ihm was weggucken konnte. Habe ihn deswegen vorhin ein bisschen hochgenommen, aber da meinte er ganz keck: „Du bist mit ihr zusammen. Deinen muss sie kennen. Meinen nicht."

Übrigens findet er Andrea ganz okay. Es gäbe zwar hübschere Mädchen, aber wenigstens würde sie nicht so viel dummes Zeug schwätzen wie die meisten anderen, hat er gesagt. Bin wirklich gespannt, wen er mal anschleppen wird.

Andrea ist zum Abendessen geblieben. Danach habe ich sie noch zu ihrem Zug gebracht. Mit Mama und Papa habe ich hinterher nur kurz reden müssen. Aber viel mehr als dass Andrea ein sehr nettes und höfliches Mädchen sei, ist ihnen auch nicht eingefallen.

So 7.12.

Kleiner Rückfall. Vorhin als ich in der Kirche saß, habe ich gespürt, dass ich gerade hier, an einem Heiligen Ort, eine einmalige Chance hätte, mit mir selbst ins Reine zu kommen. Ich habe die letzten Tage oft über Gott nachgedacht, wenn ich mit meinen Gedanken eigentlich bei Chris war. Immer wieder habe ich mich gefragt, warum ER, wenn er schon den Überfall nicht verhindert hat, nicht wenigstens jetzt eingreift. Ein jeder würde ihm danken.

Seit einem Vierteljahr gehe ich jede Woche in den Konfi-Unterricht und sonntags, so oft ich kann, in die Kirche, um mich zu einem gläubigen Christen ausbilden zu lassen. Pfarrer Völker predigt immer wieder, wie wichtig es ist, dass wir unser Schicksal in Gottes Hände legen. Ich höre zu, und ich versuche zu verstehen.

Aber ich verstehe nicht.

Ich kann es einfach nicht verstehen, solange ich in jedem Blick auf den Altar oder das Kreuz nur den bewusstlosen, an Schläuchen gefesselten Chris sehe, der die Schwelle zum Tod wohl schon zur Hälfte überschritten hat. Sein Schicksal liegt jetzt wahrhaftig in Gottes Händen, – in Händen, die ihn davor nicht bewahrt haben. Wenn sie wirklich so vieles geschaffen haben sollen, dann hätten sie es verhindern können. Wenigstens könnten sie ihn dann jetzt ins Leben zurückholen.

Nein, ich bete nicht mehr, weil ich ein gläubiger Christ bin, nicht einmal mehr, weil ich ein zweifelnder Christ bin. Und doch bete ich nach wie vor, wahrscheinlich sogar häufiger und inbrünstiger als je zuvor. Aber ich bete nur noch, weil ich mir nicht mehr anders zu helfen weiß.

Mo 8.12.

„Warum lässt du dich dann konfirmieren?“, fragte mich Erik heute, als ich ihm von meinen Gedanken gestern in der Pause vor Englisch erzählte.

„In meiner Familie ist das so Tradition. Man wird doch nur so in die Gemeinschaft der Christen aufgenommen”, antwortete ich.

„Und in diese Gemeinschaft willst du auch wirklich aufgenommen werden?“, hakte er nach und betonte das Wort „wirklich“ besonders.

„Ich habe, ehrlich gesagt, noch nicht darüber nachgedacht", gab ich zu.

„Ein guter Zeitpunkt, um damit zu beginnen, oder?"

Ich grinste. „Ich werde es tun."

„Deine Zweifel kommen einzig, weil es deinem Freund so schlecht geht, oder?", wechselte er das Thema und tat beinahe unbeteiligt.

Ich nickte.

„Würdest du ...?" er unterbrach sich selbst und schüttelte den Kopf, „... nein, nicht so wichtig."

„Komm schon, was würde ich?"

„Ich weiß nicht, ob es eine faire Frage ist", sagte er leise.

„Dann stell eben eine unfaire. Ich werde schon damit klarkommen", forderte ich.

„Genau da bin ich mir nicht so sicher."

„Risiko." Ich sprach es aus wie früher beim >großen Preis<.

„Okay." Er atmete tief durch. „Würdest du genauso viel Angst und Verzweiflung verspüren, wenn es nicht ihn, nicht Chris, sondern", er stockte, „jemand anderen erwischt haben würde?" Ich dachte nach, doch ein kleines Wort brachte mich völlig aus der Ruhe. Er fragte flüsternd „... mich?"

Ich wusste echt nicht, was ich sagen sollte und starrte ihn mit offenem Mund an.

„Scheiße, ich wusste, ich hätte nicht fragen sollen", sagte er resignierend und wandte sich ab.

Ich griff ihn am Arm und zog ihn zurück. „Erik, hör zu", sagte ich und sah ihn an. „Ich habe verstanden, was Freundschaft ist. Und das habe ich dir zu verdanken und dem, was du auf dem Weihnachtsmarkt mit mir gemacht hast. Ja, verdammt", sagte ich und blickte ihm direkt in die Augen, „ich würde auch vor Angst und Sorge um dich vergehen. Und ich würde auch bei dir wahrscheinlich wahnsinnig werden."

Nun war er sprachlos.

Dann hatte ich aber ein Gefühl, das mich beinahe zwang, noch mehr auszusprechen: „Und doch wäre es anders", sagte ich leise. „Nicht weil ich dich täglich sehen könnte, weil du erreichbar wärst oder so, sondern", und ich schluckte, „weil Chris und ich uns geliebt haben." Jetzt war es raus, und das Schlimmste war, ich konnte es nicht mehr zurückholen.

Erik sah verlegen zu Boden. Dann blickte er mich mit leicht geöffnetem Mund an und schüttelte den Kopf. Schließlich lächelte er.

„Du lachst?“ fragte ich.

„Ich hatte recht. Irgendwie habe ich unter all dem, was wir miteinander erleben und durchdenken, gespürt, dass da mehr ist zwischen euch. Ich wusste es irgendwie – trotz deiner Freundin.“

„Aber sie ist wirklich fantastisch”, verteidigte ich sie.

„Ach, hör auf mit der Scheiße”, sagte Erik genervt. „Sie ist eine enge Freundin, von mir aus eine verdammt enge, mit der du kuscheln kannst und die du vielleicht auch irgendwann vögeln wirst, aber in Wirklichkeit hast du immer nur ihn geliebt.“ Es war keine Frage.

Und so antwortete ich nicht. Hatte er recht? Zumindest stimmte, dass ich ihr bis heute nicht erzählt hatte, was zwischen Chris und mir wirklich geschehen ist. „Wie kommt es, dass du das spürst?“, fragte ich ein wenig verängstigt, denn niemand sollte doch davon erfahren.

„Das fragst du wirklich?“

„Ja”, entgegnete ich trotzig, „ich fürchte, ich bin nicht so schlau wie du annimmst.“

„Eines Tages wirst du es verstehen”, sagte er und ging in den Klassenraum, der nun offen stand.

Di 9.12.

Sachen gibt’s, die gibt’s gar nicht. Seit Tagen geht mir Chris nicht mehr aus dem Kopf, und ich kann mich wirklich nur mit Mühe davor bewahren, in meiner eigenen Passivität unterzugehen.

Und dann passiert etwas so Banales wie vorhin in Musik, und ich kann mich fast zehn Minuten kaum halten vor Lachen. Ich glaube, ich habe mir sogar Muskelkater im Bauch geholt und das bloß, weil Mehdi ein Trommelfell zerstört hat. Nein, nicht das im Ohr, das Fell eine richtigen Trommel. Erst haben wir alle fröhlich auf unsere Instrumente eingeschlagen. Dann machte es plötzlich rechts von mir „plok”, als hätte jemand aus Versehen in eine große Schüssel mit Wackelpudding geschlagen. Dazu dieser herrlich entgeisterte Blick von Mehdi, der es einfach nicht fassen konnte. Er hat so dämlich aus der Wäsche geschaut, dass es einfach ein Bild für die Götter war. Ich kann schon noch lachen, und wie!

Mi 10.12.

Manchmal ist es ganz schön kompliziert, der große Bruder sein zu müssen. Ich weiß gar nicht, wie ich anfangen soll.

Hauke kam vor ungefähr einer Stunde zu mir und fragte, ob er mich mal etwas ganz Ernstes fragen könnte. Logo. Er setzte sich vor mir im Schneidersitz auf den Fußboden und fing ziemlich unsicher an, – so unsicher, wie ich ihm dann wohl auch geantwortet haben mag.

„In meiner Klasse reden einige von etwas, wovon ich nichts verstehe."

„Und was ist das?" fragte ich.

„Wichsen", sagte er leise und sah zu Boden.

Ich muss ziemlich dämlich dreingeschaut haben.

„Ich kenne das Wort auch", sagte Hauke, „und wenn mir jemand quer kommt, sage ich auch >blöder Wichser< zu ihm. Aber ich weiß trotzdem nicht wirklich, was das ist und was es bedeutet. Ich weiß nur, dass es ...", er sprach es nicht aus, sondern sah mich fragend an.

Puuh, welch eine Herausforderung! Naja, irgendwie habe ich den Dreh aber doch gekriegt und ihn im Folgenden darüber aufgeklärt. In meinem Innersten habe ich dabei gespürt, dass dies vielleicht genau das große Dankgeschenk sein würde, das ich Hauke dafür machen wollte, dass er in der fürchterlichen Nacht vor zwei Wochen bei mir geblieben ist, als ich wegen Chris so daneben war. Das habe ich aber nicht ausgesprochen. Ich denke, er wird es auch so irgendwann verstehen.

Damit war aber noch nicht genug. Hauke war verdammt neugierig. „Tust du es auch?"

„Ja."

„Oft?"

„Ja."

„Auch wenn ich im Zimmer bin?"

„Ja, aber nur wenn ich weiß, dass du schläfst."

„Ist es so toll wie alle sagen?"

„Ja."

„Wann hast du angefangen?"

Endlich mal eine Frage, auf die man nicht mit „ja" antworten muss. Da fühlt man sich so schuldig. „Vor gut zwei Jahren", sagte ich.

„Wissen Mama und Papa, dass du es machst?"

„Keine Ahnung. Aber wenn sie nicht hinter dem Mond leben, wissen sie es bestimmt." Zum Schluss wurde ich endlich so souverän, wie ich es am liebsten von Anfang an gewesen wäre. Ich griff unter mein Bett und zog ein Päckchen Tempos hervor, warf sie ihm hoch auf seins und sagte augenzwinkernd: „Nie in den Papierkorb, wenn du nicht direkt von Mama drauf angesprochen werden willst. Spül sie im Klo runter."

Er nickte lächelnd. Eigentlich war spätestens das als Schluss gedacht gewesen, aber Hauke war noch nicht fertig. „Hilfst du mir beim ersten Mal?"

„Hä? – Nein."

„Lässt du mich denn wenigstens mal bei dir zuschauen?"

„Hast du sie noch alle?"

„Bitte, Henrik", flüsterte er.

Ich blieb beim „Nein", und so enttäuschte ich ihn trotz allem, was ich gerade für ihn getan hatte, doch noch. Er schien verunsichert, beinahe ein bisschen ängstlich. „Hör zu, Hauke", sagte ich deshalb, „versuche es für dich selbst zu entdecken, rauszufinden, was dir Spaß macht, an welchen Stellen du dich gerne anfasst und so. Das will ich dir einfach nicht abnehmen. Das gehört nur dir allein."

„Und wenn's nicht klappt?"

„Es wird klappen. Keine Sorge. – Hey", und ich legte ihm meinen Arm um die Schulter, „wenn es trotzdem Probleme geben sollte, ist es dann immer noch früh genug, dir irgendwie zu helfen. Einverstanden?"

Und ein wenig entschlossener nickte das Kind neben mir. Gerade hatte es also einen großen Schritt in die Jugendlichkeit getan. Viel Spaß dabei, großer, kleiner Bruder!

Do 11.12.

Mir geht das gestrige Gespräch mit Hauke nicht mehr aus dem Kopf, und er verhält sich so, als hätten wir es nie geführt. Es ist ganz komisch. Den ganzen Tag schon, wann immer ich ihn gesehen oder angesehen habe, versuche ich in seinem Gesicht zu lesen, ob er es schon ausprobiert hat, – und wenn ja, ob mit Erfolg. Aber in seinen Augen steht rein gar nichts.

Ich frage mich, ob er – wie ich – daran denkt, wenn er mich sieht. Oder ist er immer noch so sehr Kind, dass es einfach nur eins von vielen Dingen oder Spielen in seinem Leben ist, nicht wichtiger als Hausaufgaben, Taschengeld oder Fußballergebnisse? Ich bin nicht einmal mehr sicher, dass ich ihn in nächster Zeit anschauen können werde, ohne daran erinnert zu werden.

Fr 12.12.

Irgendwie ist es seltsam. Wann immer ich bislang an Chris gedacht habe, habe ich eigentlich nur über seinen Zustand oder über die Frage des möglichen Wiedererwachens nachgedacht. Als ich nun vorhin mit Sven telefoniert habe, sagte er, dass die Polizei ihm gestern offiziell mitgeteilt hat, dass die Suche nach den Attentätern bislang noch zu keinem Ergebnis geführt hat. Man verfolge zwar die Hinweise, – soll heißen die Aussagen der beiden Mädchen, denn mehr Spuren scheint es nicht zu geben, – aber ohne Erfolg.

Ja, natürlich war mir klar, dass Larsens die Typen angezeigt haben würden, aber bislang habe ich keinen einzigen Gedanken daran verschwendet. Ehrlich! Sicher, ich wünsche mir, – nein, ich erwarte es! – dass die Arschlöcher gefasst werden. Und selbstredend sollen sie auch so hart bestraft werden, dass sie jeden einzelnen Tag ihres verfluchten Lebens daran denken werden, was sie meinem Freund angetan und genommen haben.

Aber vom Grad der Wichtigkeit liegt das doch weit unter jeder einzelnen Meldung über seinen Gesundheitszustand, finde ich.

Sa 13.12.

Ich kann's noch gar nicht fassen. Es riecht nach DER Nacht. Endlich!

Andrea hat gerade angerufen und gesagt, dass ihre Eltern heute Abend mit Freunden ins Theater gehen wollen. Da sie gewiss hinterher noch zusammen etwas trinken werden, werden sie heute ganz sicher nicht mehr nach Hause kommen. Ob ich Lust hätte zu kommen, fragte sie.

Und ob. Und in jeder möglichen Bedeutung des Satzes. Besonders in der zweiten ...

Habe Mama erzählt, Erik hätte mich eingeladen, mit ihm Fluch der Karibik Videos anzusehen. Möglicherweise würde es ziemlich spät werden, denn es sind ja drei Stück. Dann habe ich das charmanteste Lächeln aufgesetzt und gefragt: „Es ist doch in Ordnung, oder?"

Bei Andrea zu bleiben, würden sie mir sicher nicht gestatten. Aber bei Erik war es okay. Heften wir es unter Notlüge ab, einverstanden? Mein Jahreskontingent daran habe ich sowieso bislang kaum angetastet.

In einer Dreiviertelstunde geht mein Zug. Mann, bin ich nervös.

So 14.12.

Fällt es eigentlich unter Gotteslästerung, wenn ich jetzt wieder heimlich während der Predigt schreibe? – Über Sex? – Und dann auch noch über welchen nur so zum Spaß? – Na, und wenn schon ...

Heute ist der dritte Advent. Nur noch wenige Tage werden also vergehen, bis wir die Weihnachtsgeschichte zum x-ten Mal vorgelesen bekommen; all jenes über die Jungfrau Maria, die das Jesuskind zur Welt bringt, und von Josef, der sozusagen Vater wurde, ohne sie – wie heißt das so schön? – „berührt" zu haben.

Liebe Maria, lieber Josef, lasst euch beiden was gesagt sein: Ihr wisst gar nicht, was euch entgangen ist! Und selbst von dir, lieber Jesus, ist meines Wissens nach keine einzige Mädchengeschichte überliefert.

Hast du wirklich dein ganzes Leben lang keinen Sex gehabt? Ganz ehrlich, wie soll ich dann zu dir aufschauen? Wie willst du Vorbild sein, wenn wir Sex wollen und du keinen hattest? Denkst du etwa, dass es deiner Göttlichkeit geschadet hätte? – Wie auch immer ...

Ich lege gar keinen Wert drauf, so zu sein oder zu werden wie du uns vorgelebt hast. Ich will nur alles im Leben auskosten.

Ja, ich habe mit Andrea geschlafen, und ich habe es genossen. Ich habe es wirklich genossen, in ihr zu sein, auch wenn mir ein anderes Bild nicht aus dem Kopf verschwinden wollte. Doch davon später mehr.

14:00 Uhr

Ja, es war wirklich toll. Als ich bei Andrea geklingelt habe, waren ihre Eltern noch keine Viertelstunde weg. Gutes Timing. Nur Beni hatte zumindest ich nicht auf der Rechnung gehabt. Dass er da war, passte uns trotz aller Freundschaft und Geschwisterliebe natürlich nicht so ganz in den Kram. Und er ist auch nicht jemand, der sich einfach so ausschließen lässt. So kam es, dass er um halb elf, – wir hatten noch etwas ferngesehen, – immer noch bei uns saß. Es klingt sicher gemein, wenn ich schreibe, dass wir ihn irgendwie loswerden mussten. Doch so fühlten wir tatsächlich. Nun gut, wir wählten die Offensive.

Mit einer Kopfbewegung schickte ich Andrea voraus in ihr Zimmer. Dann sagte ich Beni direkt, dass ich ab jetzt gerne mit seiner Schwester alleine wäre, weil wir miteinander schlafen wollten. Er war gar nicht so sehr überrascht, wie ich erwartet hatte. Außerdem denke ich, wenn ich ihm was vom Storch erzählt hätte, hätte er sowieso später rausgefunden, was wir nebenan trieben, und dann wäre er ganz bestimmt sauer auf uns gewesen. Schließlich ist er weder auf den Kopf gefallen noch taub, und einen Freund belügt man einfach nicht, finde ich.

Einerseits hatte Beni Verständnis, andererseits war er aber auch ein wenig enttäuscht, dass wir beide DAS nun erleben durften und er nicht. Er nickte nur und verabschiedete mich mit einer Kopfbewegung.

Andrea wartete auf dem Bett sitzend auf mich. Nur die Nachttischlampe beleuchtete ihr Zimmer. Mir war es aber dennoch zu hell, und so zog ich mein T-Shirt aus und hängte es augenzwinkernd darüber.

Setze mich zu ihr. Ihre Hände streichen durch mein Haar. Der erste Kuss des Abends. Der zweite. Der zehnte. Versuche, sie überall gleichzeitig zu streicheln. Immer intensiver. Auch ihre Hände greifen nun zu. Durch die Jeans. Halte es nicht mehr aus. Muss die Hose selbst öffnen, wenn sie es nicht tut. Sie versteht. Legt ihren Kopf in meinen Schoß. Unter ihr der hämmernde Puls. Aber weiter geht sie nicht. Sie lehnt sich zurück. Meine Jeans fliegt in die Ecke. Ihre hinterher. Sie ist total feucht, als ich sie berühre. Sie beginnt zu stöhnen. Ich will aber eigentlich was anderes. Lege mich auf sie. Endlich berühren sich unsere Körper ganz.

„Versprich mir, ganz vorsichtig zu sein, ja?"

Nicke. Ziehe meine Unterhose aus. Alles ist glitschig. Beuge mich über sie. „Henrik, das Kondom.“

Peinlich. Hole es aus meiner Jeans. Ziehe es über. (Habe es in Holland mal probiert.) Trotzdem komisches Gefühl. Versuche einzudringen. Es geht problemlos. Einfacher als bei Chris. Sehe ihn sogar in dem Moment vor mir, unter mir. Eigenartig. Zögernde Körperbewegung. So zärtlich wie nur möglich. Nach und nach aber auch immer fordernder. Wieder und immer wieder. Versinke vollkommen. Spüre nur noch, dass In-jemandem-zu-sein alles ist, was ich je gewollt habe. Kurz vor Schluss noch einmal das Bild von seinem Körper, seinem Lächeln. Komme. Kurz nach ihr. Erschöpft. Erleichtert. Schweißnass. Die Zunge klebt beim Dankeskuss. Salz brennt im Auge. Alles riecht nach uns. Kein Wort zuviel. Alles ist gut.

Andrea wachte zuerst auf und weckte mich mit einem Kuss. Es war kurz nach acht. Eigentlich allerhöchste Zeit zu verschwinden. Beim Aufstehen merkten wir aber, dass wir beide und auch das Laken blutverschmiert sind.

„Das ist wohl so beim ersten Mal”, flüsterte sie lächelnd, aber ich war dennoch schockiert.

„Jetzt kriegen sie es auf jeden Fall raus”, dachte ich laut.

„Ja”, sagte Andrea, „deshalb macht es jetzt auch nichts mehr aus, wenn wir noch gemeinsam duschen.“

Nur unwesentlich beruhigt sagte ich zu. Als wir aus dem Bad kamen, roch es nach frischen Brötchen und Kaffee. Von dort kam auch Benis Stimme: „Andrea, Henrik, kommt ihr frühstücken?“

Scheiße! Jetzt ist alles aus, dachte ich. Im Esszimmer war für fünf Personen gedeckt. Beni saß angezogen am Tisch, Frau Weiser im Morgenmantel neben ihm. Ich wollte einfach nur fliehen. In einem Atemzug grüßte ich und versuchte mich schnellstens zu entschuldigen, da ich ja zur Kirche musste.

Herr Weisers Stimme hinter mir sagte: „Ich werde dich hinfahren. Nimm bitte Platz.“

Völlig verschüchtert gehorchte ich. Einige endlos lange Minuten war es totenstill. Dann sagte Andrea: „Ihr wusstet, dass es irgendwann geschehen würde.“

Ihr Vater nahm den Faden auf. „Wir wussten sogar, dass es diese

Nacht passieren würde. Gestern habe ich Benjamin", er sagt immer Benjamin, „gefragt, mit wem du telefoniert hast, und er sagte, dass es Henrik gewesen sei."

Beni entschuldigte sich stumm bei uns beiden.

„Und dennoch sind wir ins Theater gefahren", fuhr Herr Weiser fort. „Wir haben euch vertrauen wollen."

„Es ist euer Leben, und es ist eure Liebe", ergänzte seine Frau und gab mir lächelnd noch ein zweites Brötchen.

Ich, nein, wir beide, konnten es kaum fassen. Wenigstens ihn hatte ich immer für recht streng gehalten. Unter dem Tisch griff Andreas Hand nach meiner. „Danke", ist alles, was ich hervorbrachte.

„Wir wollten euch nicht hintergehen", sagte Andrea, „aber der sturmfreie Abend ist irgendwie zu verlockend gewesen. Wisst ihr, wir haben es uns schon so lange gewünscht."

Herr Weiser schmunzelte. „Das hoffe ich."

Andrea saß im Auto neben mir, als ihr Vater mich schließlich zur Kirche fuhr, ihr Kopf an meiner Schulter lehnend. Der Traum ist nicht zu Ende, er ist nur unterbrochen.

18:15 Uhr

Mann, tiefer konnte ich mit dieser Fluch der Karibik Geschichte wohl kaum ins Klo greifen. Eine ganze Woche Hausarrest! Seit Ewigkeiten wieder. Mama und Papa spinnen doch. Nicht, weil ich bei Andrea war, sondern weil ich sie angelogen habe.

Vorhin hat Erik angerufen, um mich etwas wegen der Deutsch-Arbeit morgen früh zu fragen. Mama ist drangegangen und hat ihn erstmal gefragt, wie es denn gestern so gewesen wäre, denn immerhin war ich ja die ganze Nacht weg. Erik hat natürlich nichts kapiert. Wie auch? Und so ist es rausgekommen. Ich bin wirklich ein Idiot.

Mo 15.12.

Ist schon geil, wenn man einen Trainer hat, der einen braucht. Habe Pete noch von der Schule aus angerufen und ihm gesagt, dass ich mir Arrest eingefangen hätte. Ob er meine Eltern nicht fragen könnte, ob ich trotzdem trainieren dürfte. (Und damit Andrea sehen kann, was Pete aber nicht unbedingt wissen muss.)

Er hat Mama daraufhin auseinander gesetzt, dass ich Neujahr in Paderborn schwimmen soll, da dies der letzte Wettkampf vor den Landesmeisterschaften Mitte Januar sein wird. Und gerade diese Woche vor den Feiertagen, wo wir ja einigen Trainingsausfall haben werden, sei extrem wichtig. Sie wolle doch auch, dass ich in Frankfurt eine gute Figur abgebe, oder?

So erzählte er mir vorhin zu Trainingsbeginn. – Denn Mama hat tatsächlich nachgegeben. Ich darf bloß erst so spät losfahren, dass ich wirklich nur trainieren kann. Nicht mehr, aber immerhin.

Di 16.12.

Obwohl ich eigentlich endlos viel Zeit habe, kann ich es heute mal kurz machen. Erik hat mir heute gesagt, dass er seit gestern wieder als vollkommen gesund gilt. Er hat zum Beweis direkt zwischen zwei Tischen eine Stützübung vorgemacht, bei der er die Beine ganz ausgestreckt nach vorne gehalten hat und dann nach hinten in den Handstand ging. Sah ultracool aus.

„Du hast mir mal versprochen, dass du mir die Rollwenden im Wasser zeigst", sagte er grinsend. „Ab jetzt darf ich sie mir endlich beibringen lassen."

„Das ist wahr", erinnerte ich mich, „und was ich verspreche, das halte ich auch. Mal sehen, wann wir einen Termin finden. Nur jetzt ..."

„... hast du Hausarrest, ich weiß. Du hast es ungefähr Siebenhundert Mal erwähnt."

„Mehr nicht?", lachte ich. „Dann sage ich es nachher noch mal, denn der geht mir wirklich entsetzlich auf die Eier."

Mi 17.12.

Also, was in diesem Jahr mit mir passiert ist, ist einfach nur der Wahnsinn: alle Extreme, positiv, negativ und – ja und verrückt, wie vorhin. Und diesmal konnte ich wirklich nichts dafür. Ausgerechnet dieser beschissene Hausarrest hat mich davor bewahrt, in ein Abenteuer hineinzuschlittern, von dem ich höchstens den Hauch einer Ahnung habe, was mich erwartet hätte, wenn ...

Nach dem Training habe ich auf dem Bahnhof auf meinen Zug gewartet. Deshalb bin ich drinnen in der Nähe von einem Kiosk stehen geblieben und habe mir die Leute angesehen. Manchmal ist das echt spannend. Ich lehnte noch keine fünf Minuten an der Wand, als mich ein Mann ansprach, schwarze Haare, kurzgeschnittener Schnur- und Vollbart, Ende dreißig, schätze ich. Ob ich Zeit hätte.

„Ein bisschen", antwortete ich.

Er lächelte. „Wie viel ist denn ein bisschen?"

Ich zuckte mit der Schulter, „bis der Zug kommt."

„Na, das klingt doch, als wäre es noch genügend Zeit, dein Taschengeld etwas aufzubessern", sagte er. „An wie viel dachtest du?"

„Häh?", war so ziemlich das einzige, was ich dachte. „Ich verstehe nicht", sagte ich.

Er zwinkerte mir zu. „Doch, ich glaube schon, dass du verstehst."

Überschätzt. Mein Groschen war noch nicht unten angekommen.

„Zwanzig. Dafür gehört mir dein nächster Abgang, okay?", fragte er flüsternd.

Henrik, runter von der Leitung, schrie es in mir.

Jedenfalls hielt der Typ mein Schweigen wohl für Taktik, denn plötzlich hielt er mir dreißig Euro unter die Nase und sagte „keinen Cent mehr." Dann steckte er mir die Scheine vorne in meine Hosentasche. Er brauchte eindeutig länger als notwendig gewesen wäre, und so machte es endlich „klick". Es war ein total unangenehmes Gefühl zu wissen, dass diese fremde Hand nur noch durch den Stoff meiner Jeans und Unterhose von meinem Körper getrennt war. Trotz dieses Schutzes war er einfach viel zu nah.

„Mein Zug kommt jetzt", sagte ich deshalb verteidigend.

„Dann nimm halt den nächsten."

„Aber ich hab' Hausarrest."

„Das sehe ich", meinte er schmunzelnd.

Ich gab ihm das Geld zurück und sagte im Gehen, dass das mit dem Hausarrest kein Witz gewesen wäre und ich nur für mein Training frei bekommen hätte.

„Du schreibst lange", hat Hauke gerade gesagt. „Ist so viel passiert?"

„Nein", habe ich geantwortet. Eigentlich sei gar nichts passiert, und das stimmt ja irgendwie auch. Aber ich glaube, wenn ich ihm diese Geschichte erzählt hätte, würde er sich vor Lachen in die Hose machen.

Do 18.12.

Noch vor Beginn der ersten Stunde habe ich Erik beiseite genommen und ihn gefragt, ob er schon mal einen Strichjungen gesehen hätte.

„Nein, du?" fragte er.

„Auch nicht", erwiderte ich, und leise fügte ich hinzu: „aber ich muss wohl wie einer wirken."

„Wie kommst du denn auf den Quatsch?", fragte er ein bisschen verwirrt. Nach und nach erzählte ich ihm mein Erlebnis von gestern.

Ich bin der festen Überzeugung, dass Erik ganz ernst bleiben wollte, aber je länger er über all dies nachzudenken versuchte, desto mehr begann er lachen. „Du meinst, er hätte dir echt dreissig dafür gegeben, dass er die ganze Arbeit und du das Vergnügen gehabt hättest? Wo ist dieser Kiosk? Da muss ich auch mal hingehen, wenn ich wieder mal vom Reckturnen die Hände aufgerissen habe." Ich lachte, und er setzte noch einen drauf. „Dann lasse ich's mir einfach von jemand anderem machen und kassiere noch ein komplettes Monatstaschengeld ab."

Jedenfalls hatten wir eine Menge zu lachen bis der Unterricht begann. Das ernste Gespräch, das ich aber eigentlich gebraucht hatte, haben wir auch später nicht mehr geführt.

Übrigens kostet mich der Hausarrest momentan meine erste Klassenfeier. Habe Herrn Wermelt gesagt, dass ich nicht kommen darf. Er wollte zwar wissen warum, doch dass ich mit Andrea schlafen wollte, geht ihn nun wirklich nichts an.

Fr 19.12.

FERIEN! Bis zum sechsten Januar haben wir frei. Kein Lernen, keine Hausaufgaben, keine Arbeiten. YEAH!

Frau Huber, – wir nennen sie immer „Übär“ weil sie Franz gibt – hat sogar selbstgebackene Plätzchen mitgebracht, bevor sie uns in die wohlverdienten Ferien entlassen hat. Wenn sie doch nur mal sonst so nett wäre ...

Ich habe mit Erik abgesprochen, dass wir uns nach den Feiertagen mal treffen. All die anderen werden es auch mal zweieinhalb Wochen ohne mich aushalten.

Sa 20.12.

Seltsamerweise denke ich, obwohl Hauke von nichts anderem mehr redet, überhaupt nicht an Weihnachten. Heute waren meine Gedanken fast den halben Tag wieder bei Chris. Vor einer Stunde habe ich dann auch deshalb mit Frau Larsen telefoniert. Zumindest eins scheint festzustehen: wenn Chris wirklich aufwachen sollte, so wird er doch nie wieder so sein wie ich ihn kannte. Sie hat gesagt, seine Kopfverletzungen seien so schlimm, dass er auf jeden Fall behindert sein würde. Welcher Art solche Behinderungen wären, könne man aber nicht genau sagen. Es sei am wahrscheinlichsten, dass er das Sprechen neu lernen müsse und dass er – zumindest für eine längere Übergangszeit – im Rollstuhl sitzen müsste.

Ach, ich wäre schon froh, wenn es überhaupt so weit käme, dass er aufwacht. Ich denke, mit all den anderen Handicaps kann man lernen zu leben. Wenn er nur wieder sehen, hören und fühlen könnte. Ich habe ihm doch so viel zu sagen. All das, was ich ihm am Krankenbett zugeflüstert habe, jedes Wort möchte ich wiederholen, wenn er wieder bei Bewusstsein ist. Mit jeder Berührung möchte ich ihm zeigen, wie viel er mir bedeutet. –

Scheiße, ich fange schon wieder an zu träumen. Ich werde ihn vielleicht noch einmal Ende der Ferien besuchen fahren. Frau Larsen hat mir angeboten, dass ich vorbeikommen dürfte, – auch wenn sie inzwischen selbst nicht mehr glaubt, dass meine Anwesenheit Chris aus dem Koma holen kann. Da ich Neujahr schwimmen muss, wird es aber erst im Januar möglich sein zu fahren. Aber egal. Ich werde es versuchen.

So 21.12.

Janina hat vorhin gesagt, dass ich Schwein gehabt hätte, dass ich mir den Hausarrest so kurz vor Weihnachten gefangen habe.

„Vor zwei Jahren habe ich für eine ähnliche Situation zwei Wochen bekommen – plus Taschengeldentzug. Ich nehme an, dein Arrest ist auf eine Woche beschränkt worden, damit du noch eine Chance hast, Weihnachtsgeschenke zu kaufen."

Wie auch immer. Ich bin froh, dass er rum ist und ich wieder zu Andrea kann. Morgen wollen wir zusammen in der Stadt nach Geschenken für unsere Familien suchen. Ich habe nämlich noch kein einziges!

Heute ist der vierte Advent, und die Kirche war schon richtig festlich zurechtgemacht. Alles und jeder fiebert dem großen Finale entgegen. Ich finde, man merkt das immer daran, wie genervt die Leute miteinander umgehen. So gesehen müssen wir wirklich verdammt nah dran sein, denn hier steppen schon mehrere Bären ...

Mo 22.12.

Wenn Schenken nicht so stressig wäre – und so teuer – könnte es richtig Spaß machen. Heute bin ich mit Andrea den halben Tag in der Innenstadt rumgelatscht, stöbern hier, „schau dir das mal an" da, schließlich entscheiden, kaufen und mitnehmen oder unverrichteter Dinge in den nächsten Laden stolpern. Für Mama habe ich eine Sammlung romantischer Gedichte gekauft, für Papa ein Kartenspiel mit lauter Biersorten drauf. (Das Flens ist auf der Kreuz zehn, falls das irgendwen interessieren sollte...) Janina bekommt Janosch-Socken.

Morgen muss ich noch mal los, dann aber alleine, denn für Hauke habe ich noch nichts, und für Andrea habe ich in ihrem Beisein natürlich auch noch nichts besorgt. Aber ich weiß schon, wonach ich suchen werde. Sie hat ganz leuchtende Augen bekommen als sie einen Olympia-

Fotoband in Händen gehalten hat, in dem auch einige Spitzenschwimmer abgebildet sind. Der ist leider schweineteuer, aber ich denke, dass es den gewiss auch in der Stadtbücherei geben wird. Dann kann ich ihn ausleihen und die Bilder rauskopieren. Hoffentlich!

Di 23.12.

So, Heiligabend kann kommen. Ich habe alles beisammen. Das Ausleihen hat tatsächlich geklappt. In der Innenstadt habe ich dann einen Copy-Shop gefunden, in dem ich Buntkopien für drei Mark machen konnte. Andrea bekommt jetzt fünf Bilder von mir, alle auf DIN A4 vergrößert. Ich schätze, sie wird sie sich als Serie an die Wand hängen.

Das Foto vom Ian Thorpe ist geil. Den haben sie beim Startsprung in der Luft geknipst; alle Muskeln angespannt, ein Körper, bei dem ich Schmachti ewig Minderwertigkeitskomplexe kriegen könnte.

Eigentlich ist es schade, dass es nicht schneit. Weihnachten ohne Schnee ist nur halbes Weihnachten. Wenigstens haben wir seit heute Vormittag einen Baum. Papa hat mit Hauke eben noch ein bisschen dran rumgesägt, damit er besser ins Wohnzimmer passt. Geschmückt wird er aber erst morgen.

Mi 24.12.

Wochenlang freut man sich von einem Tag zum nächsten, und dann kommt er endlich, der Heilige Abend, und irgendwie ist er armseliger als alle anderen Tage des Jahres. Mir ist das früher nie so bewusst geworden, denn im Vergleich zu den anderen Jahren war es nicht großartig anders. Aber vielleicht werde ich doch langsam erwachsen.

Hauke grinst von oben aus seinem Bett zu mir runter und streckt mir die Zunge raus. Er ist selig. Für ihn war Heiligabend genau so, wie er für einen Zwölfjährigen sein sollte, – kindgerecht. Irgendwie nehme ich inzwischen mehr wahr – zu viel mehr. Ich fand das alles ekelhaft, von vorne bis hinten inszeniert, als wären all die Anschisse, die ich heute Vormittag beim Saubermachen und Baumschmücken gekriegt habe, nie passiert. Ich hasse diese Heuchelei! Von einer Minute auf die andere, sobald du die normalen gegen die Sonntagsklamotten getauscht hast, soll alles vergessen sein und auf Befehl Weihnachtsstimmung herrschen.

Um halb fünf ging es dann in die Kirche. Es war – wie erwartet – rappelvoll. Einige saßen sogar auf den Treppenstufen. Selbst die Kindergartenkinder waren rausgeputzt, als würde ohne diesen ganzen Schnickschnack die Bescherung ausfallen, im Kleidchen mit Schleifen im Haar, kleine Jungs sogar mit Krawatte oder Fliege. Als ich dann noch so was wie „oh, wie süß die Kleinen aussehen" hören musste, hat sich mir der Magen umgedreht.

Schafft euch gefälligst Puppen an, wenn ihr jemanden rausputzen wollt, aber keine Kinder. Glaubt mir, die hassen das!

Pfarrer Völker hat heute über Wunschzettel gepredigt, und was da aus christlicher Sicht draufstehen sollte. Bei mir würde ganz oben draufstehen, mich auf die frisch aus der Reinigung gekommene Kleidung von Eltern, die ihren Kindern so was antun, zu übergeben!

NEIN, ein zweiter Wunsch noch, der größte von allen: dass Chris endlich aufwacht!!! Wenn ich jetzt noch bete, dann nur noch mit diesem einen Wunsch.

Die Weihnachtsgeschichte war natürlich wortwörtlich dieselbe wie in all den Jahren zuvor auch. Ich hätte aufstehen und sie aufsagen können.

Neben mir saß ein kleiner, vielleicht vierjähriger Junge, der seine Eltern die ganze Zeit über genervt hat. Sie hatten ihm wohl gesagt, dass das Christkind gewiss in der Zeit käme, wenn sie in der Kirche wären. Und der Kleine konnte natürlich nicht verstehen, warum er beim wichtigsten Augenblick so etwas Unsinniges machen musste wie in der Kirche Zeit abzusitzen. Er tat mir leid, – nicht nur, weil er auch zu den rausgeputzten Kids gehörte. Ich hatte noch einen Streifen Kaugummi mit, meine eiserne Notration. Ich teilte ihn und gab dem Kleinen heimlich die Hälfte. Dann legte ich meinen Finger auf den Mund und zwinkerte ihm zu. Er verstand mich und lachte leise. Es war der einzige Augenblick, an dem ich ihn an diesem Kirchennachmittag lachen sah.

So, es ist halb zwölf, und Hauke will schlafen.

Do 25.12.

So, nächstes Thema: die lang erwartete Bescherung. Ich glaube, uns war allen klar, dass dieses Jahr keine allzu großen Sprünge gemacht werden konnten. Vielleicht habe ich genau deshalb wahrgenommen, dass zumindest Mama und Papa ausgewählter schenkten als früher. Ich habe endlich die rote Speedo-Schwimmtasche bekommen, von der ich schon seit Sommer schwärme, einen Gutschein für den Besuch in der Therme in Wilhelmshöhe, den Hauke auch bekommen hat – wir haben uns schon ausgemacht, dass wir nächste Woche reingehen. Dann gab es noch eine neue Prepaidkarte für zwanzig Euro und die Black holes-CD von Muse. Schließlich dürfte ich den Vereinspulli nicht vergessen, der ja ein Vorgriff auf gestern war. Oma und Opa haben uns Schlafanzüge schenken lassen. Toll, jetzt müssen wir uns auch noch für Sachen, die wir beide nicht ausstehen können und wahrscheinlich niemals tragen werden, offiziell bedanken.

Wenn überhaupt hätte mir Geld weitergeholfen. Janina hat mir ein edles Duschgel geschenkt und Hauke ein Buch. Erst habe ich nicht gewusst, was ich davon halten soll, aber er grinste nur. Ich las fragend den Titel. „Mord am Bikini-Atoll", ein Erotik-Krimi, und da grinste ich mit. Dann nahm mich Hauke – übrigens als einziger, wie ich für mich in ein paar Jahren hiermit festhalten möchte – in den Arm. Es war das erste Mal seit jener Nacht, in der es mir wegen Chris so scheiße ging. Leise sagte er mir dabei ins Ohr: „Dein Geschenk vor zwei Wochen war sehr wertvoll für mich. Danke!"

Ja, das war es, auch wenn es ein seltsames Gefühl ist zu wissen, dass der Kleine da oben „es" inzwischen auch tut. Ich habe ihm – auch in Anlehnung an seine Selbstentdeckung – eine richtig gute Taschenlampe geschenkt. Ich habe zwar gesagt, sie sei für Freizeiten oder Klassenfahrten, aber ich bin sicher, er wird sehr bald die Doppeldeutigkeit meines Geschenks erkennen.

Heute ist noch mal Familientag, aber morgen bin ich zum Mittagessen bei Weisers eingeladen. Dann kann ich Andrea auch endlich die Bilder überreichen.

Fr 26.12.

Sie hat sich gefreut; riesig sogar! Wir haben die fünf Bilder direkt über ihrem Bett aufgehängt. Sieht geil aus! Meinem Geschenk fiel ihr Megaposter von den US5 zum Opfer. Ich nehme aber an, dass sie es nicht wegwirft, sondern vielleicht an ihre Tür kleben wird. Dazu hängt sie einfach viel zu sehr an den Jungs, besonders an Izzy. Ohne Kommentar.

Andrea hat mir ein Buch über das Schauspielern geschenkt, wie man sich richtig bewegt, wie man sprechen sollte, über Techniken zum Lernen von Texten und so. Klingt sehr interessant. Später in ihrem Zimmer gab sie mir noch eine ganz witzige Weihnachtskarte. Es standen nur die Worte „PS: Ich liebe dich" drauf. Darunter hatte sie ein Kondom geklebt. Nein, ich hätte es ohnehin nie wieder vergessen. Dazu habe ich mich über die Unterbrechung viel zu sehr geärgert. Immerhin, sie hätte auch was zum Schauspielern schreiben können, aber das wäre wohl ein bisschen unpassend gewesen. Denn wie soll ein Junge einen Orgasmus vortäuschen – außer er ist erst elf …? Bei Mädchen mag das ja gehen, aber bei uns? Wäre mal eine blöde Frage an Dr Sommer.

Im Grunde war der Tag aber eher peinlich für mich. Ich wurde sehr, sehr herzlich begrüßt und – und das ist eben der Punkt – auch beschenkt. Nicht dass ich etwas dagegen hätte, beschenkt zu werden, aber hier war ich in zweierlei Hinsicht nicht darauf vorbereitet.

Weihnachten erwarte ich Geschenke von meiner Familie und meiner Freundin, aber es war mehr als überraschend, dass Weisers und sogar Beni mir etwas schenken wollten. Ja, und zweitens möchte ich wenigstens die Chance haben, mich über Gegengeschenke revanchieren zu können. So stand ich doch ziemlich beschämt da, als mir die Eltern ein Handtuch und Beni ein T-Shirt geschenkt haben. Das Handtuch ist hellblau, und mehrere Schwimmer sind draufgestickt, außerdem mein Name. Den haben Weisers sicherlich nachträglich draufnähen lassen. Gefällt mir supergut. Benis Shirt ist allerdings noch cooler. Es ist weiß, und er hat mit Wäschefarben vorne meinen Namen ganz bunt und hinten in rot den Vereinsnamen mit dem grünen Logo draufgemalt. Er hat zwar gesagt, die Idee sei ursprünglich für Andrea gewesen, aber sie hätte ihm so gut gefallen, dass er auch für sich selbst und gestern für mich eins angefertigt hat. Ich finde es wirklich genial. Riesengroßes Dankeschön, Beni!

Als ich hinterher mal mit Andrea allein war, habe ich sie auf meine beschissene Situation hingewiesen. Sie sagte aber nur, dass ich bei ihren Eltern eben einen starken Eindruck hinterlassen hätte und dass sie mich gewiss gerne beschenkt hätten. Und dass ich für Beni ein ganz wichtiger Freund geworden wäre, zu dem er aufschaut, stünde doch ohnehin außer Zweifel.

Sa 27.12.

Habe Erik angetextet, wie sein Weihnachten so war. Gefühlte fünf Sekunden später rief er an. Wir erzählten uns, was wir bekommen hatten. Dann fragte ich ihn, was er machte.

„Ich sehe mir ein altes Video vom Shen-Yang-Zirkus an."

„Kenne ich nicht."

„Weißt du was? Komm doch morgen rüber, und wir schauen es uns gemeinsam an. Glaub mir, das haut dich um."

Außerdem hätte er noch Berge an Süßigkeiten, fügte er dazu. Ich hätte aber auch ohne diesen Zusatz zugesagt.

Apropos Anruf: Heute hat Karsten angerufen. Er wollte wissen, wie es mir geht, wie „erfolgreich" Weihnachten war, wie es mit Andrea läuft und ob ich Neues von Chris wüsste. (Leider nicht.) Karsten hat inzwischen auch ein Mädchen, eine Ina. Im Augenblick rennt er wohl mit einem Bänderriss rum, den er sich geholt hat, als er im Kaufhaus eine Treppe runter gesprungen und umgeknickt ist.

Ich sag's ja immer; Weihnachtseinkäufe sind nicht gesund.

So 28.12.

Ja, so kam es, dass ich den halben Tag heute bei Erik war. Natürlich haben wir uns die Videoaufnahmen dieser vollkommen wahnsinnigen Zirkuskids angeschaut. Sie turnten an zwei etwa anderthalb Meter voneinander entfernt aufgebauten Stangen, kletterten hoch und sprangen von einer an die andere Stange, als wären sie Affen. Teilweise kletterten sie auch kopfüber hoch und sprangen an ihrer Stange runter oder an die andere und fingen sich dann auch kopfüber ab. WAHNSINN!

Das Beste an Videos ist, dass man sich die spektakulären Szenen noch mal in Zeitlupe oder in nacheinander geschalteten Standbildern ansehen kann. Ich saß mit offenem Mund da, und Erik hatte die ganze Zeit über diesen beinahe schon vertrauten, wahnsinnigen Glanz in den Augen. Wenn er die Chance hätte dort einzusteigen, bin ich fest davon überzeugt, würde er sofort zusagen. Ansonsten haben wir Fotos geguckt, seinen bunten Teller leer gefuttert und bis es dunkel wurde Bauernskat gespielt. Zum Abschied hat er mich sogar in den Arm genommen, was er noch nie vorher gemacht hat. Aber es schien ihm viel zu bedeuten, und so habe ich es zugelassen.

Vorhin hat Andrea angerufen und gefragt, ob wir uns morgen treffen. Ich habe ihr gesagt, dass morgen der Tag sei, an dem ich mit Hauke mit unseren Gutscheinen in die Therme gehen wollte. Ob sie nicht mitkommen wollte, fragte ich spontan. Sie hat sofort zugesagt. So wird es sicher ein noch besserer Tag.

Mo 29.12.

Es war richtig abgefahren. Anfangs hatte ich befürchtet, dass sich Hauke wie das fünfte Rad am Wagen vorkommen würde, wenn Andrea und ich uns im Schwimmbad begegnen würden, und als ich ihm auf der Hinfahrt sagte, dass sie auch käme, war er schon etwas stinkig. Denn schließlich wollte er mich für sich haben. Aber Andrea war glücklicherweise vorausschauend genug, das auch zu bedenken, und so hat sie Beni überredet mitzukommen. Ich war ziemlich überrascht, als er auch aus dem Auto gestiegen ist.

Herr Weiser, der die beiden hergefahren hat, hat mich noch kurz zur Seite genommen. Erst befürchtete ich, es käme wieder was zum Verhalten als Andreas Freund, doch er hatte etwas ganz anderes im Hinterkopf. Ob ich nicht Lust hätte, den Jahreswechsel mit ihnen allen zu verbringen, fragte er. Zum Neujahrsschwimmen in Paderborn wollte er seine Kinder ohnehin bringen; dann würde ich mir auch unangenehme Wege sparen. Als ob ich nicht auch ohne das zusagen würde. Doch vorher brauche ich noch die Erlaubnis, aber die gibt es – wie immer – erst auf den letzten Drücker.

Die Therme ist ziemlich geil. Ich weiß auch nicht, aber außer der Rutsche, die von drinnen nach draußen geht, und einem Whirlpool, in dem wir uns zweimal länger aufgehalten haben, haben wir von den Möglichkeiten gar nicht so wahnsinnig viel wahrgenommen. Richtig jugendgerecht sind solche Bäder einfach nicht, und springen darf man ja auch nirgendwo. Dafür düsen überall brustschwimmende Omis mit geblümten Badekappen rum.

Wie auch immer; wir hatten trotz einiger böser Blicke unseren Spaß. Hauke und Beni haben sich zwar nicht auf Anhieb, aber doch nach einer nicht allzu langen Eingewöhnungszeit verstanden. Für Andrea und mich war das nicht unwichtig, denn so hatten wir auch mal etwas Zeit für uns und im Whirlpool. Darin musste ich auch einmal etwas länger bleiben, sonst hätte man mich sicher wegen Erregung öffentlichen Ärgernisses eingelocht ...

Di 30.12.

Ich habe Neujahrsgrüße bekommne, aus Tschechien. Radan hat sogar einen ziemlich langen Brief geschrieben. Seinen Worten nach zu urteilen hatte er wohl erwartet, dass ich seine Post noch vor den Feiertagen bekomme, aber irgendwie brauchen Briefe von dort noch viel länger als wir beide dachten. Er hat ein paar Fotos beigelegt, zwei aus seiner Gegend, eins von seiner Familie und eins von seiner Freundin. Zu dem steht extra dabei, dass ich das zurückschicken soll. Habe mich total gefreut und mir schon vorgenommen, ihm noch während der Winterferien zurückzuschreiben.

Mi 31.12.

Irgendwie hält die Feiertagsstimmung von Mama und Papa an. Sie haben mir nicht nur erlaubt, die heutige Nacht feiernd bei Andrea zu verbringen, sondern auch noch ein paar Tage zu Chris zu fahren, obwohl sie das nicht verstanden.

So sehr ich mich über die Chance freue, so problematisch ist das Ganze ohne Geld aber auch. Schließlich habe ich die letzten paar Kröten für Weihnachtsgeschenke ausgegeben. Hauke brauche ich nicht anzuhauen; der hat selbst keins, und Andrea will ich nicht ansprechen. Sie soll nicht wissen, wie schwer es mir fällt, Geld aufzutreiben. Etwas Taschengeld kriege ich morgen noch, und die Hälfte der Fahrt bezahlen Mama und Papa glücklicherweise auch. Wenn ich mit dem Wochenendticket zurückfahre, fehlt wirklich nicht mehr allzu viel. Aber wo soll ich ...?

Ach, scheiß drauf. Mir wird schon noch irgendetwas einfallen. Heute will ich einfach nur Silvester genießen und nicht mehr daran denken.

Großartig viel länger als Mitternacht wird es ohnehin nicht dauern, denn morgen Vormittag fahren wir ja gemeinsam, – soll heißen, Weisers nehmen mich mit, – nach Paderborn zum Neujahrsschwimmfest. Pete will, dass ich dort den letzten Test für die Hessischen abliefere. Mal sehen, sonderlich gut bin ich nach den Feiertagen nicht drauf.

Di 1.1.1998

Tja, das mit den Hessischen wird wohl eine Herausforderung der besonderen Art. Aber es heißt ja so beruhigend, auf eine beschissene Generalprobe folgt meist eine gute Premiere. Bin mal gespannt, denn weder Freistil noch Lagen waren erwähnenswert. Das lag aber sicherlich auch daran, dass die Nacht doch ein bisschen länger gedauert hat als beabsichtigt.

Weisers hatten uns allen zur Jahreswende Sekt eingeschenkt, und Beni war außerdem noch ziemlich scharf drauf, eine Salve Raketen in den Nachthimmel zu jagen. So wurde es halb zwei, bevor wir in den Kojen landeten. Und ich bin ja auch nur ein Mensch aus Fleisch und Blut. Das soll nichts anderes bedeuten, als dass es nahezu unmöglich ist, neben einem Mädchen wie ihr einzuschlafen, insbesondere wenn sie noch ein wenig kuscheln will. Wir haben es trotzdem nicht mehr miteinander getan. Schließlich lagen ihre Eltern nur durch eine Wand von uns getrennt nebenan.

Ich fürchte, unter diesen Umständen hätte ich auch gar nicht gekonnt ...

Mi 2.1.

Ich weiß gar nicht, wie ich anfangen soll, aber ich habe den ganzen Tag überlegt, wie ich an Geld für die Fahrt zu Chris kommen kann. Dabei habe ich sogar mit dem wahnsinnigen Gedanken gespielt, nach dem Training im Hauptbahnhof an diesem ominösen Kiosk zu warten, ob jemand mich anspricht. Dann könnte ich vielleicht genug verdienen, müsste nur wahrscheinlich etwas tun oder an mir tun lassen, was ich definitiv nicht will.

Als ich darüber nachdachte, habe ich mich natürlich auch an das Gespräch erinnert, das ich mit Erik über das Beinahe-Erste-Mal geführt hatte. Und da kam mir diese Idee. Ich rief ihn an und fragte ihn, ob ich ihm persönlich zum Neuen Jahr gratulieren dürfte.

Ich finde es selbst gemein, wenn man etwas im Hinterkopf hat und einen Freund zu etwas bringt, was dieser eigentlich nicht will, und ich hasse mich auch dafür. Das tue ich wirklich!!! Doch war Erik der einzige, der wirklich verstehen konnte, wieso ich unbedingt noch einmal nach Hamburg wollte, bevor die Schule losgeht. Und, lieber Erik, ich verspreche dir hiermit, dass ich es auch wieder irgendwie gutmachen werde!

Mittags fuhr ich mit dem Rad zu ihm. Er freute sich, mich zu sehen und nahm mich sogar kurz erneut in den Arm. „Happy New Year", begrüßte er mich auf Englisch.

„Dir auch. Ich hoffe, es wird ein ganz tolles für uns beide."

Er nickte hoffnungsvoll lächelnd. Kurz danach saßen wir ein wenig in seinem Zimmer und spielten mit seiner Play Station, aber ich brachte nicht heraus, weshalb ich wirklich gekommen war. Irgendwann, als ich zum bestimmt fünften Mal gegen eine Wand gefahren war, sah er mich ernst an. „Du bist so anders. Darf ich wissen, was in dir vorgeht?"

„Tut mir leid", entschuldigte ich mich und atmete tiefer aus als ich wollte. „Ich habe Sorgen."

„Das ist unübersehbar."

„Es geht ..."

„... um Chris, ich weiß", beendete er meinen Satz.

„Wie kommst du darauf?", fragte ich erstaunt.

„Kenne ich dich etwa besser als du dich selbst?", fragte er ernst.

„Ja, es stimmt. Ich wollte morgen zu ihm, aber ..." Ich konnte es nicht aussprechen.

„Aber?", fragte er sanft. Ich zuckte mit den Schultern. „Verdammt, Henrik", sah er mich kopfschüttelnd an, „wieso zum Geier vertraust du mir nicht? Habe ich dir irgendeinen Grund gegeben, an mir zu zweifeln?"

„Nein", antwortete ich schnell. „Du verstehst nicht. Es ist mir peinlich."

„Vor mir? Es ist dir vor mir peinlich?" Er schüttelte den Kopf. „Ich dachte ...", doch nun beendete auch er seinen Satz nicht.

„Okay. Hör zu. Ich kann mir die Fahrt nicht leisten." Jetzt war es raus. „Du bist der Einzige, der verstehen kann, wieso ich dorthin muss."

Erik sah mich eine Weile an. Dann stand er auf, ging an sein Regal und nahm ein Buch heraus. Als er sich wieder zu mir umdrehte, hatte er zwei Geldscheine in der Hand. Es waren siebzig Euro. Sprachlos starrte ich ihn an. Ich bekam, was ich so dringend brauchte, und weswegen ich eigentlich gekommen war, und dennoch konnte ich es nicht annehmen. Es ging nicht. Es war einfach nicht richtig. Und so schüttelte ich den Kopf.

„Hör auf mit der Scheiße", sagte Erik. „Ich schenke es dir ja nicht. Gib es mir bis Ostern zurück, okay?"

„Ich weiß nicht, wie ich dir danken soll", stammelte ich.

„Indem du mir beim nächsten Mal von Anfang an vertraust", sagte er und verzog schmunzelnd den Mund.

Sa 3.1. Hamburg

Unveränderte Situation. Vertraute Situation. Erschreckende Situation. Demoralisierende Situation.

Ich lehne wieder an seinem Krankenbett, blicke über mein Tagebuch hinaus direkt auf die geschlossenen Augen meines besten Freundes. Er ist so nah und doch so weit weg wie letztes Mal. Ich wusste, dass es so sein würde. Aber obwohl ich das wusste, musste ich einfach wieder zu ihm. Denn je weniger Chris die Gelegenheit hat, mir etwas zu geben, desto mehr muss ich doch die wenigen Chancen, die ich habe, nutzen, ihm meine Nähe zu geben.

Irgendwie ist es pervers. Chris ist mir wichtiger denn je, obwohl er mir augenblicklich nichts mehr geben kann. – Nein, das ist Quatsch. Chris gibt mir ja seine Nähe, seinen Körper und auch die Erinnerung an all das Angenehme, das ich an seiner Seite erlebt habe. Und mehr kann ich ihm doch auch nicht geben. Ich bin hier, ich streichle ihn, und ich rede mit ihm. Aber was hat er davon?

Vielleicht ist es wirklich so verrückt, dass Chris mir mehr gibt als ich ihm. Schließlich bin ich nicht mehr bei ihm, weil ich glaube, dass mein Hiersein ihm hilft. Ich bin hier, weil mein Hiersein mir hilft.

So 4.1.

Die Schwestern hier sind super nett. Die Oberschwester hat sich an mich – oder vielleicht auch nur an meinen Weinkrampf – erinnert, als wir gestern hier angekommen sind. Als Larsens mich dann abends wieder mitnehmen wollten, hat sie angeboten, ich könne auch in seinem Zimmer bleiben. Ohne eine Sekunde nachzudenken, habe ich zugesagt. Frau Larsen fand das gut, denn das erspart ihnen, mich morgen noch einmal extra ins Krankenhaus fahren zu müssen. Sven wollte heute sowieso kommen, und so kann er mich auf dem Rückweg am Bahnhof rausschmeißen.

Die Nachtschwester, Schwester Ariane, hat mir eine Liege besorgt, und ich habe auch etwas zum Abendessen und ein Frühstück bekommen. Ob Larsens das bezahlt haben, oder ob das Krankenhaus mir das geschenkt hat, habe ich nicht erfahren.

Nachdem Schwester Ariane ihren Rundgang gemacht hatte, hat es mich überkommen. Niemand würde es mitkriegen, wenn ich mich – wenigstens eine Zeitlang – neben Chris legen würde. Könnte es ihm schaden? – Wohl kaum. Vorsichtiger als ich je einen Menschen berührt habe, tat ich es bei Chris, als ich neben ihn kroch. Es war nicht ganz einfach, neben ihm zu liegen, denn er ist ja überall an Schläuche angeschlossen. Schließlich fand ich aber doch eine Position, in der ich ihn beinahe mit meinem ganzen Körper berühren konnte und die dennoch so angenehm für mich war, dass ich relaxen konnte. Es ist absolut crazy, aber ich habe mich sogar so extrem entspannen können, dass ich eingeschlafen bin.

Nicht lange. Als ich ein wenig irritiert aufwachte, war es erst kurz nach Mitternacht. Dennoch hatte ich weit mehr von Chris bekommen, als ich hoffen durfte, und so legte ich mich wieder auf meine Liege zurück.

Niemand auf der Welt weiß, dass ich das getan habe. Trotz aller Heimlichkeit bin ich aber ganz sicher, dass es richtig war,

Mo 5.1. Leyenbach

Vorhin habe ich die Geschichte Andrea erzählt. Wir hatten uns vor dem Training wieder bei ihr getroffen. Sie meinte, ich müsse doch ein mulmiges Gefühl gehabt haben, jemanden zu berühren, der nicht bei Bewusstsein ist. Aber das war es nicht. Es war wirklich entspannend, es war angenehm, und es war sogar notwendig – für mich, für mein Denken und Fühlen. Richtig hat Andrea mich wohl nicht verstanden, und so bin ich nicht mehr ganz sicher, dass es eine gute Idee war, ihr davon zu erzählen.

Dass ich mir Geld von Erik geborgt habe, habe ich natürlich nicht erwähnt. Dann würde sie mich ja fragen, warum ich sie nicht um welches gebeten hätte.

Di 6.1.

Heute Vormittag habe ich Radan geschrieben. Das war vielleicht ein Krampf. Ich und mein Englisch …

Irgendwie hat es aber doch funktioniert. Ich habe zwar alle Nase lang diverse Vokabeln nachschlagen müssen, aber das, was ich sagen wollte, habe ich dann doch hinbekommen. Von Andrea und mir habe ich erzählt, von Weihnachten und dem Neujahrsschwimmfest und sogar von Chris. Hatte lange überlegt, doch so kann ich ihm ja auch irgendwie zeigen, wie wichtig mir Freundschaften sind.

Mi 7.1.

Heute hat die Schule wieder begonnen. War ausnahmsweise stressfrei. Da ich in meiner Klasse in erster Linie nur mit Erik zu tun habe und mit ihm nach Weihnachten ja schon zweimal geredet habe, gab es für mich nicht mehr so viel zu erzählen wie für die meisten anderen.

Thema Nummer eins war Mehdi. Er fehlte, und er wird sicherlich auch noch länger fehlen. Es gehen Gerüchte um, dass er bei einem Fußball-Hallenturnier schwer verletzt worden sei. Pummel hat gesagt, ein Gegner wäre wohl aus Rache für eine Aktion vorher mit gestrecktem Bein von der Seite in ihn reingesprungen und hätte ihm das Schienbein geradezu durchgetreten. Unglaublich. Bin schon manchmal froh, dass ich einen Sport ohne Feindkontakt habe. Die rote Karte hat Mehdi jedenfalls nicht viel geholfen.

Wir haben heute in der Klasse für ein Geschenk für ihn gesammelt. Das wollten Steffi, Martina und Pummel dann heute Nachmittag kaufen und ihm vorbeibringen. Außerdem ging eine Gute-Besserung-Karte rum, auf der alle unterschrieben haben, sogar Herr Wermelt.

Do 8.1.

In Zukunft muss ich auf der Straße zehnmal so gut aufpassen wie sonst. Janina hat nämlich mit dem Führerschein angefangen. Oh je ... Heute hatte sie ihre erste Fahrstunde. Seit wann sie schon am theoretischen Unterricht teilnimmt, habe ich nicht mitbekommen. Davon hat sie in weiser Voraussicht in meiner Gegenwart nie etwas erzählt. (Sie hat bestimmt geahnt, dass ich lästern würde.)

Wie erwartet hat sie gehörige Probleme. Siebenmal, so hat sie gesagt, sie ihr der Wagen heute beim Fahren ausgegangen. Ich sag's ja immer: überlasst das Fahren den Jungs. Aber zum Führerschein lässt man ja echt jeden zu. Wie soll jemand Vorfahrtsregeln beherrschen lernen, der rechts und links nur mit einer Trefferquote von fünfzig Prozent unterscheiden kann?

(Okay, das ist ein bisschen übertrieben – aber nicht viel ...)

Fr 9.1.

Kann nicht mal irgendwas normal laufen? Ich kann nicht einmal ein stinknormales Treffen mit irgendjemandem haben, ohne dass etwas passiert, was ich nicht direkt richtig einordnen kann!

Heute war ich mit Erik im Schwimmbad. Wir haben uns an meinem Trainingsbad zwei Stunden vor meinem Training getroffen. Er wollte ja, dass ich ihm Rollwenden beibringe, deshalb hatten wir uns gestern für heute verabredet. Dass jemand, der so gut in Drehungen um die Körperachsen ist wie ein Turner, keinerlei Schwierigkeiten haben würde, eine so komplexe Wende zu lernen, hatte ich schon erwartet. Aber dass es so schnell gehen würde, hätte ich nicht gedacht. Er ist wirklich bewegungsbegabt.

Hinterher haben wir ein paar Kopfsprünge gemacht, weil er die Ästhetik davon liebt und sie nur auf Schulniveau beherrschte. Wenn ich doch nur auch so schnell Turnübungen lernen könnte.

Dann sind wir ein paar Bahnen in den einfachen Lagen geschwommen, was er ordentlich hinkriegt, besser jedenfalls als ich dachte. Wenigstens Delfinschwimmen war zu hoch für ihn, und er gab lachend nach dem x-ten Versuch auf.

Dann wurde es aber schräg. Wir haben uns ja schon ein paar Male gemeinsam nach dem Schulsport umgezogen. Aber da zieht man sich ja nicht komplett aus. Nach dem Schwimmen ist das anders. Da duscht man auf jeden Fall. Doch es schien Erik neu zu sein, sich vor jemand anderem komplett ausziehen zu müssen. Naja, „müssen" ist vielleicht das falsche Wort, denn gezwungen habe ich ihn natürlich nicht. Aber moralisch habe ich ihn dadurch, dass ich mich zuerst vor ihm ausgezogen habe, doch irgendwie verpflichtet. Es war mir nicht bewusst, dass es für ihn ein Problem sein könnte, gerade auch, weil er ja schon mit einigen aus der Klasse die Session gemacht hat. Und doch war es so.

Er zögerte lange, bestimmt eine ganze Minute, bevor er sich wegdrehte und sich umständlich die Badehose auszog.

Ich sah erst nur seine Rückseite, und die ist bei einem Turner, ehrlich gesagt, wirklich sehenswert. Gerade im Schulterbereich und am Hintern habe ich noch nie so gut ausgebildete Muskeln gesehen. Sah toll aus. Erik hatte kein Shampoo dabei, weil ihm, so glaube ich, gar nicht bewusst war, dass er hinterher mit mir duschen würde. Also versuchte ich ihm meines anzureichen, doch er nahm es nicht an. Ich dachte erst, „Was ist das denn für ein Idiot?", doch dann sah ich, dass er nur seine Hände nicht wegnehmen wollte, denn mit denen bedeckte er sich gerade. Er verzog den Mund und schloss kurz die Augen, als ihm klar wurde, dass ich es gesehen hatte.

„Scheiße", sagte er verlegen.

„Mir war nicht klar, dass es ein Problem für dich sein könnte", sagte ich.

„Du hast keine Ahnung", sagte er leise.

„Ach komm, du wirst dich noch öfter vor anderen ausziehen." Ausgerechnet vor mir machte er solch einen Wirbel. Dabei sind wir doch viel enger, als er mit den anderen in der Klasse ist.

„Ich hab doch gesagt, du hast keine Ahnung." Damit nahm er die Hände weg und drehte sich frontal zu mir. „Jetzt weißt du es." Er war steif.

„Oh, scheiße", sagte ich leise.

„Ja, das habe ich auch bereits gesagt", meinte er. Innerhalb von einem Augenblick begannen wir beide prustend zu lachen, und Eriks Problem löste sich in wenigen Sekunden. „Verflucht, du weißt, wie sehr ich dich mag", sagte er schließlich ernst.

„*So* sehr hatte ich gar nicht erwartet", grinste ich.

Er lachte kurz. Ich glaube, diesmal wollte er auf dem seriösen Weg weiter reden, denn er fragte zweifelnd „was denkst du jetzt?", doch ich hatte das Gefühl, dass es ihm eher gut tat, dass wir gemeinsam lachten.

Deshalb sagte ich mich erinnernd: „Immerhin hast du damit gegen Mehdi, Stephan und Kay gewonnen."

„Und dich würde ich auch abziehen", ging er darauf ein.

„Duell um Mitternacht?", fragte ich spaßeshalber.

„Anytime", antwortete er lachend. „Du bestimmst Ort und Zeitpunkt, meine Waffe habe ich dir ja schon präsentiert."

„Und dann willst du meine in Aktion sehen." Es war keine Frage.

„Nicht nur sehen", sagte er. Ich erwartete eigentlich, dass er weiter lachen würde, doch er meinte es bitterernst, fürchte ich.

Sa 10.1.

Heute Vormittag, als ich gerade beim Aufräumen war, hat Erik angerufen und gefragt, ob ich Lust hätte, zu ihm zu kommen, „einfach nur so."

Nach dem Ereignis gestern war ich mir aber sicher, dass da schon mehr hinter steckte, als dieses „einfach nur so", vermutlich eine Rechtfertigung für gestern. Trotzdem wurde es ein cooler Nachmittag. Erst haben wir noch mal eine Zeitlang Play Station gezockt und uns danach relativ lang unterhalten. Er fragte nach Andrea und meinem Ernst dabei, wenn ich doch im Herzen bei Chris wäre. Ich schaffte es nicht, das wirklich zu widerlegen. Ist mir Andrea wirklich so viel wert, wie ich ständig behaupte, wenn selbst Erik merkt, dass ich emotional näher zu Chris stehe?

Doch dann begann er: „Wegen gestern muss ich noch ..."

„Nein", unterbrach ich ihn forsch, „du musst nicht." Leise sagte ich dann jedoch: „Aber wenn du möchtest, werde ich dir zuhören."

„Okay, ich möchte", sagte er lächelnd. „Henrik, du hast, – scheiße, das ist echt schwer", doch ich sah ihn aufmunternd an. „Ich möchte aber, dass du mir vorher noch versprichst, dass niemand etwas von unserem Gespräch mitbekommt."

„Niemand?", fragte ich vorsichtshalber noch einmal nach.

„Auch deine Freundin nicht. Niemand."

„Du kannst dich auf mich verlassen", sagte ich.

„Dass mir das gestern passiert ist, lag nicht daran, dass ich so nervös war, mich vor dir oder überhaupt vor irgendjemandem auszuziehen." Er stockte und sah zu Boden.

„Sondern?", hakte ich nach.

„Es lag", er sah mich mit einem leicht verzweifelten Blick an, „du darfst nicht lachen."

Natürlich lachte ich sofort. „Okay, ich lache nicht", sagte ich und beherrschte mich auch schnell wieder.

„Es lag an dir."

„Häh?" Wieso sollte ich darüber überhaupt lachen?

„Henrik", sagte Erik eindringlich, „es gibt einen Grund, warum ich nachvollziehen kann, was in dir vorgeht, wenn du von Chris erzählst."

„Und der wäre?"

„Muss ich das wirklich aussprechen?"

„Wenn du willst, dass ich es verstehe, ja. Ich steige immer noch nicht hinter deine ganzen Andeutungen."

Doch er druckste weiter herum. „So wie du Chris liebst und für ihn durch die Hölle gehst, so gibt es auch jemanden, für den ich das tun würde, und es ist auch ein Junge – wie bei dir."

„Wirklich? Das ist", ich wusste nicht, was ich sagen soll, „überraschend" wäre ein treffendes Wort, doch ich sagte „das ist toll. Ehrlich."

Er war nicht wirklich beruhigt.

„Wer ist es?", fragte ich.

„Hast du das noch immer nicht verstanden?", fragte er langsam.

Und dann erst fiel der Groschen. Mit offenem Mund starrte ich ihn an. „Das meinst du nicht im Ernst."

„Doch." Mehr sagte er nicht, aber er sah mich an, als erwartete er sein Todesurteil. Seine Augen waren feucht, und ich sah auch, dass er ganz leicht zitterte. Er litt. Er litt wirklich.

Ich dachte nach. Plötzlich erschien vieles in deutlicherem Licht, sein Henrik-Kalender und die Tränen auf dem Weihnachtsmarkt, seine spontane Hilfe, als ich zu Chris wollte, die Umarmungen in den Ferien, selbst seine Unbeherrschtheit am Vortag. Ich schüttelte den Kopf. Das konnte doch alles nicht wahr sein. Dann erst fiel mir ein, dass es ihm ja noch viel schlimmer gehen musste als mir in meiner Schockstarre, weil er auf ein erlösendes Wort von mir wartete. Doch was konnte ich ihm sagen?

Kein Wort. Dieses Geständnis war viel mehr wert als Worte jemals ausdrücken konnten. Das stand fest. So stand ich vom Bett auf, trat vor ihn und hielt ihm beide Hände hin. Überrascht sah er zu mir auf, und ich konnte erkennen, dass er schluckte. Doch dann ergriff er meine Hände und stand ebenfalls auf. Ich öffnete sie und wir umarmten uns – zum ersten Mal, allerdings nicht so wie zuvor bei Begrüßungen oder Verabschiedungen, sondern aus tiefstem Herzen.

„Danke für dein Vertrauen", flüsterte ich. „Doch ich muss jetzt erst verstehen lernen. Das war ein echter Knaller. Gib mir bitte Zeit, ja?"

„Ja", hauchte er, doch wir ließen beide einfach noch nicht los.

„Weiß jemand, dass du in mich verliebt bist?", fragte ich nach einer Weile.

„Nur der einzige, den es wirklich angeht. Du."

Damit hatte er mich noch einmal ermahnt, mein Verschwiegenheitsversprechen ernst zu nehmen. Ich küsste ihn auf die Wange und ließ langsam los.

„Jetzt wird nichts mehr so sein wie vorher", sagte er, und ich befürchtete, dass er schon bereute, dass er mir sein Herz ausgeschüttet hatte.

„Also doch kein Duell?“ fragte ich, um die Angespanntheit etwas aufzulockern.

„Nein, lieber nicht”, sagte er leise und sah zu Boden, „nicht weil ich Angst hätte zu verlieren, keine Sorge, das würde ich nicht. Aber es würde abwerten, was ich empfinde. Verstehst du?“

Ich nickte. Doch schon in diesem Moment fragte ich mich, wie wir zukünftig im Unterricht miteinander umgehen sollten. Er hatte recht: es würde nie wieder so sein wie gestern noch.

So 11.1.

Na klasse! Eine Woche vor den Hessischen muss es mich erwischen: eine dicke, fette Grippe mit allem Drum und Dran. Als ich heute Morgen am Frühstückstisch saß und gesagt habe, dass ich Kopfschmerzen habe, haben Mama und Papa gedacht, dass ich wegen der Kirche simuliere. Deshalb musste ich doch hin. Erst vorhin, als ich – zugegeben, nicht ganz ohne einen kleinen persönlichen Triumph – Mama das Fieberthermometer mit einer 39,5° zurückgegeben habe, (einer echten; ohne es wie früher an die Heizung gehalten zu haben,) haben sie es kapiert.

Wenigstens muss ich morgen nicht zur Schule. Hauke wird die Entschuldigung im Sekretariat abgeben.

Mo 12.1.

Das Schlimmste am Kranksein sind nicht die Schmerzen. Aber dass mir das Fieber – heute sind es sogar als höchster Wert mal 40,3° gewesen – die wenigen Chancen raubt, die ich in Frankfurt gehabt hätte, ist einfach zum Kotzen.

Andrea habe ich selbstredend auch absagen müssen, aber die weiß natürlich, wie wichtig mir der Wettkampf gewesen wäre und dass ich niemals simulieren würde. Deshalb hatte sie Verständnis.

Dafür hat mich Erik nach dem Unterricht angerufen und gefragt, warum ich nicht in der Schule war. Da wir in Mathe mit etwas Neuem angefangen haben, hat er sich kurzentschlossen auf sein Rad geschwungen, um mir die Aufgaben und ein paar Blätter, die wir heute bekommen haben, vorbeizubringen.

Es war ein eigenartiges Gefühl, Erik nach unserem Gespräch vom Samstag hier zu haben und einander gegenüber zu stehen.

„Du bist nicht nur deswegen gekommen", sagte ich irgendwann, als wir in meinem Zimmer saßen. „Du erwartest noch eine Reaktion von mir."

Er lächelte. „Eine habe ich bereits bekommen, und die war Weltklasse. Danke. Doch du hast um Zeit gebeten. Und ich habe dir gesagt, du bekommst sie, auch wenn ich nicht hoffe, dass du mich bis Heiligabend hängen lässt."

„Nein, keine Sorge. Ich muss mir nur über ein paar Dinge klar werden."

„Ich weiß, dass ich dich überfallen habe."

„Schon okay. Es war sehr mutig von dir. Immerhin hätte ich dir auch eine knallen können."

„Nein, hättest du nicht", sagte er ruhig. „Wenn du ein solcher Typ wärst, hättest du das vorher schon signalisiert, und dann wären wir niemals Freunde geworden."

Ich nickte zustimmend. „Wahrscheinlich nicht."

„Wollen wir was spielen?" Er sah sich um und zog Master Mind aus dem Regal.

Di 13.1.

Für heute hatte sich Andrea angesagt. Sie kam aber früher, als ich erwartete, und so kam es zu einer witzigen Situation. Als sie klingelte, saß ich gerade am Wohnzimmertisch und versuchte einen Lamborghini zu malen. Mama sah mich lachend an, als ich aufstand, um ihr zu öffnen. Sofort begriff ich, dass ich noch im Schlafanzug war. Das Schlimmste aber war, dass es ausgerechnet mein uralter mit Motiven aus dem Dschungelbuch sein musste. Die anderen lagen schon in der Wäsche, denn die hatte ich durchgeschwitzt.

Von einer Sekunde auf die andere wurde ich knallrot. Aber es war schon zu spät. Hauke hatte bereits die Tür geöffnet und Andrea reingelassen. Es war mir dermaßen peinlich, dass mich Andrea darin sehen musste; in allen anderen Klamotten gerne und wegen mir auch ganz ohne, aber nicht in diesem Kinderschlafanzug. Mir fällt wirklich keine einzige uncoolere Aktion ein.

Was tat Andrea? Sie rief freudig überrascht: „Hey, du trägst Dschungelbuch? Klasse!" Dann fragte sie leise, ob sie mir schon mal gesagt hätte, dass ich nicht das erste männliche Wesen sei, in das sie sich verliebt hätte. Ich schüttelte den Kopf. Lachend sagte sie, der erste sei Baloo gewesen. Dabei tippte sie sachte mit dem Finger auf meine Brust auf die Darstellung mit Mowgli, der gerade bei ihm boxen lernt. Ich konnte nicht anders. Leise begann ich zu singen: „Probier's mal mit Gemütlichkeit ..."

Das haben wir wegen der Ansteckungsgefahr allerdings nicht getan, auch wenn es mir fehlte. Als sie allerdings wieder weg war, habe ich überlegt, ob es mir gefehlt hat, weil ich wollte, dass sie mich berührt, oder ob es mir gefehlt hat, weil ich wollte, dass mich *jemand* berührt, der mich mag. Ich glaube fast, es ist eher das zweite.

Do 15.1.

Gestern, als ich den letzten Tag zu Hause bleiben durfte, hat Georg angerufen. Es wäre wichtig, dass wir heute vollzählig in der AG erscheinen würden, da er dann die endgültige Rollenverteilung für den Revisor vornehmen wolle. Dazu soll natürlich jeder sein „okay" geben.

Ich habe nicht nur eine, sondern gleich zwei Rollen gekriegt. Beide sind aber nicht allzu groß und haben wirklich wenig Text. Im zweiten Aufzug spiele ich einen namenlosen Kellner, der Chlestakow bewirtet. Danach muss ich mich umziehen, um im vierten Aufzug den Schulinspektor Luká Chlopów zu spielen, der den Arschkriecher für den vermeintlichen Revisor macht. (Aber dass ausgerechnet ich die Rolle eines Schulinspektors kriege, ist doch wirklich paradox, oder?) In den Schlußszenen, wenn die Tarnung auffliegt und alle Bücklinge zu Betrogenen werden, bin ich natürlich auch mitten im Geschehen.

Habe mir vorhin noch einmal meine Texte durchgelesen und sie farbig markiert, damit das Auswendiglernen leichter geht. Den Rat hat mir Tom gegeben. Er hat mit dem Polizeimeister eine ziemlich große Rolle gezogen. Jetzt fällt die AG für mich aber erstmal flach, denn nächsten Donnerstag ist ein Schulschwimmwettkampf, und in der Woche danach fällt wegen Zeugniskonferenz ohnehin alles aus.

Erik habe ich heute zum ersten Mal wieder im Klassenverband getroffen. Er mied meinen Blick während der Stunden, und ich weiß, dass er vom Unterricht nichts behalten oder auch nur mitbekommen hat. Dazu kenne ich ihn einfach zu gut. In Gedanken war er nur bei mir. Während der Pausen schaffte er es aber, ganz normal mit mir umzugehen, und auch mir fiel es dadurch weniger schwer, das Geständnis auszublenden.

Fr 16.1.

Habe ich schon mal vom Helbing geschrieben, unserem Pauker für Geschichte? Der Mann ist echt ein Erlebnis. Ich glaube, es gibt niemanden, über den hier mehr Gerüchte herumgehen. Beispielsweise soll er angeblich vor kurzem in der Oberstufe in Französisch irgendwelche Sachen versucht haben zu erklären – anhand russischer Grammatik. Die sei ohnehin viel wichtiger als die französische. Voll Panne!

Jeanette, auch aus der Theater-AG, hat neulich erzählt, dass ihre Klasse ihm ein komplettes Halbjahr einen fiktiven Schüler namens Edwin von der Heyde vorgespielt hat. Aufgeflogen sei es erst bei den Zeugnisnoten, da natürlich niemand eine Arbeit für diesen Edwin geschrieben haben konnte. Die Elfer haben echt nicht mehr alle Latten am Zaun.

Respekt haben wir inzwischen auch nicht mehr vor ihm. Leidtragende der heutigen Geschichte waren Jan und Martina. Sie haben eine Sondergenehmigung vom Direx, dass sie nach der sechsten Stunde fünf Minuten früher gehen dürfen, damit sie ihren Zug nicht verpassen. Als sie heute wieder früher gehen wollten, stand der Helbing plötzlich breitbeinig in der Tür und versperrte ihnen den Weg. Sie müssten bis zum Schulstundenende warten wie alle anderen auch. Kein Reden, kein Überzeugen, kein Bitten auch von uns anderen half.

Kopfschüttelnd sagte Jan: „Sie werden mich nicht hindern, Sie nicht!“ Er ging zur Fensterfront, öffnete eins und sprang mit seinen ganzen Sachen raus. Kein großer Akt, knapp zwei Meter Höhenunterschied, schätze ich.

Oben war minutenlang Totenstille. Ich glaube, jeder hat sich vorgestellt, was er an Jans Stelle gemacht hätte. Dass er überhaupt gesprungen ist, hat zumindest mir gehörigen Respekt abgerungen.

Aber mal ehrlich, gehört so ein Mann nicht in die Klapse?

Sa 17.1.

Möchte irgendjemand raten, wie viel Kondition die Scheißgrippe gekostet hat? –

Antwort A – sämtliche!!!

Bin glorreich in beiden Vorläufen gescheitert. Das einzig Gute an den beiden Rennen heute war die Rückfahrt von Frankfurt. Andrea, die neben mir saß und ein bisschen meine Hand hielt, fragte mich, was ich mir zum Geburtstag wünsche. Habe mir aber noch keine richtigen Gedanken gemacht. Vielleicht fällt mir ja bis morgen noch etwas ein.

So 18.1.

Wenn ich schon in keinem Einzelfinale stehen konnte, so ist es durch die Staffeln doch noch ein richtig guter Wettkampf geworden. Wir haben zwar nichts gewonnen, aber in der Lagenstaffel sind wir zweiter geworden, in der Freistilstaffel dritter. Drei Titel hat es außerdem gegeben: für Marco den erwarteten und erhofften über die 100 Delfin, für Sabrina den über die kurze Rückenstrecke, und – und darüber haben wir uns alle am allermeisten gefreut, – Beni hat das 50 Meter Freistilfinale gewonnen. Alles andere ist dagegen irgendwie untergegangen. Ich war so stolz auf ihn, als er oben stand und seine Medaille umgehängt bekommen hat.

Weisers haben mich ganz spontan zum Abendessen eingeladen. Bevor es selbstgemachte Lasagne gab, haben wir uns Benis Rennen, Andreas fünften Platz über die 400 und die Staffeln noch mal auf Video angeschaut. Dass ich erst um halb elf Zuhause war, war nicht so schlimm, denn Herr Weiser hat Papa erklärt, dass diese kleine Belohnung einfach sein müsste.

Mo 19.1.

Mama meinte heute früh, dass sie es gut finden würde, wenn Andrea und vielleicht auch Beni, (den sie, glaube ich – besonders nach seinem Titel gestern – gern mal kennenlernen würde,) morgen Nachmittag zum Kuchenessen kämen. Wenn ich schon nicht richtig feiern wolle, müsste ich doch Andrea die Gelegenheit geben, mir auf angemessene Weise gratulieren zu können. Das wollte ich sowieso, doch hätte „angemessen" für mich etwas anderes bedeutet.

Habe beide vor dem Training gefragt, ob sie kommen wollen. Beni meinte nur: „Was denkst du denn? Wir wären auch gekommen, wenn du uns nicht eingeladen hättest."

Bestimmt wären sie das. Jetzt sind es noch eine Stunde und 52 Minuten. Dann bin ich endlich 16!

Di 20.1.

Im Nachhinein gesehen war es eine prima Idee von Mama, Andrea und Beni für ein paar Stunden einzuladen. Andrea fühlte sich auf diese Weise wenigstens ein bisschen stärker in meine Familie eingebunden, und Beni wollte sowieso mal zu mir nach Hause kommen. Dass es gerade jetzt sein durfte, war ihm gewiss recht. Nach seinem Titel hat er natürlich auch hier allerlei Gratulationen eingeheimst.

Mama und Papa haben mir einen Gutschein für die leider dringend erforderlichen Konfi-Klamotten geschenkt. Ein Hemd und eine – oh, heiliger Brechreiz – Krawatte lagen schon bei. Passende Schuhe solle ich mir von dem Geld kaufen, das Oma und Opa mir geschenkt haben. Etwas in der Art hatte ich schon befürchtet. Als I-Tüpfelchen habe ich von Janina schwarze Socken bekommen. Der einzige, der in meiner Familie anscheinend gerafft hat, was Geburtstagsgeschenke für Jugendliche darstellen sollen, ist Hauke. Er hat mir einen Leuchtkuli geschenkt, der in vier Farben schreibt und im Dunklen reflektiert.

Von Andrea und ihren Eltern zusammen habe ich einen Anfänger-Tanzkurs geschenkt bekommen. (Allein war der ihr gewiss zu teuer, und ich weiß, dass sie einen von ihren Eltern zu Weihnachten bekommen hat und den mit mir machen will. Ich weiß zwar ehrlich gesagt nicht, ob ich mich freuen soll oder nicht, aber vorurteilsfrei hingehen sollte ich können, oder?)

Beni hat mir ein A2-Poster von mir geschenkt. Das ist aus vier Bildern zusammengesetzt, die sein Vater in Paderborn von mir geschossen hat: links oben der Startsprung, daneben Delfinarmbewegung, unten Rückenlage und ein Freistilbild. Beni sagte, von der Bruststrecke existiere zwar auch ein Foto, aber das sehe scheiße aus. So hat er den Startsprung dazu genommen. Irgendwie hat er es mit dem Schenken am besten raus, finde ich. Schon zu Weihnachten habe ich mich über sein Shirt am meisten gefreut.

Hauke hat gesagt: „Ich wusste gar nicht, dass du so athletisch bist." Haken wir es mal unter unbewussten Komplimenten ab.

Ach ja, das eigenartigste Geschenk, das ich wahrscheinlich je bekommen habe, war von Erik. Er gab mir einen Briefumschlag, in dem nur ein gefalteter DIN A4-Zettel steckte, auf dem er den Umriss seiner rechten Hand abgezeichnet hatte. Ich sah ihn fragend an.

„Wann immer du sie oder mich brauchst, sind wir für dich da, egal wie deine Antwort lauten wird", sagte er leise, und ich spürte auf einmal, wie groß dieses symbolische Geschenk wirklich war. Ich nickte gerührt und nahm ihn in den Arm; nicht weil ich sicher war, dass er sich das wünscht, sondern weil es einfach aus mir heraus wollte.

Mi 21.1.

Das Poster von Beni sieht geil aus. Habe es vorhin nach dem Konfi-Unterricht aufgehängt. Ein paar Tesa-Powerstrips, und schon prangt es in Kopfhöhe an der Wand hier im Zimmer. Irgendwie gefällt es mir sogar besser als die Bilder der Profis, die ich Andrea geschenkt habe. Was Wunder, wenn ich selbst drauf bin ...

Sa 24.1.

„Mochtest du eigentlich deine Geschenke?", kam Hauke heute kurz vor dem Mittagessen zu mir.

Ich verzog den Mund. „Deinen Stift habe ich hier." Ich deutete auf den Schreibtisch. „In der Schule darf ich ja weder mit rot noch mit grün schreiben. Und Benis Poster ist wirklich toll." Wir sahen gemeinsam hin. „Doch die anderen Dinge ..."

Er nickte verständnisvoll. „Die waren echt daneben. Fand ich auch. Darf ich dich etwas fragen?", druckste er herum.

Was kam jetzt? Meist waren es wirklich komplizierte Dinge, die er wissen wollte, wenn er so begann. Trotzdem sagte ich: „Natürlich."

„Was ist mit deiner Hand?"

„Mit meiner Hand?" Ich besah mir meine Hände. An denen war nichts Ungewöhnliches.

„Die auf dem Papier."

„Ach, das ist nicht meine. Die gehört Erik", sagte ich lächelnd. Sein Geschenk lag offen auf meinem Tisch.

Er sah mich fragend an.

„Es ist ein Symbol. Wann immer ich ihn brauche, ist er für mich da."

Er schien beeindruckt und überlegte eine kleine Weile. „Aber hätte nicht eher Andrea dir so was schenken müssen?"

Ich dachte nach. Diese Hand war schon sehr persönlich, aber so stehen wir eben auch zueinander. Ich antwortete nicht.

„Du magst ihn mehr als sie", sagte er leise und entwaffnend, „und Chris auch."

Es war keine Frage. Vermutlich deshalb stritt ich es auch nicht ab. Ja, wir haben miteinander geschlafen, aber das ist nicht das Kriterium für die Frage, wie sehr man jemanden mag. „Merkt man das so deutlich?", fragte ich.

„Nein", sagte er ruhig, „aber ich glaube, dass ich verstanden habe, warum du so oft bei Chris warst."

„Und was denkst du?" Eigenartigerweise fühlte ich mich nicht ertappt oder so, nur – vielleicht sogar endlich – entlarvt.

„Du warst so verzweifelt, wie ich dich noch nie erlebt habe und wie ich es selbst nicht kenne. Deshalb denke ich, dass dein Gefühl für ihn *Liebe* ist", sagte er leise.

Ich begann zu weinen. Es passierte einfach so. Ich konnte nichts machen. Ich schüttelte mich wie damals. „Er fehlt mir wirklich", stammelte ich.

Hauke stand auf – wir saßen, wie so oft sonst, wenn wir lasen, mit dem Rücken an meinem Bett. Er kletterte hinter mich und nahm mich in den Arm. Dabei ruhte sein Kopf ganz nah an meinem. „Erik beginnt seinen Platz einzunehmen, nicht deine Freundin, nicht wahr?", flüsterte er direkt in mein Ohr.

Ich nickte mit dem Kopf, und in dem Moment verstand ich es auch endlich. Genau das passierte hier. Mein kleiner Bruder wollte nichts wissen. Er erklärte mir meine eigene Welt.

„Vielleicht bin ich stolzer, einen schwulen Bruder zu haben, als er es selbst ist." Damit küsste er mich auf die Wange, stand auf und verließ das Zimmer.

Ich rief ihm nach: „Hauke", doch da drehte er sich bereits in der Tür um und legte den Zeigefinger auf seinen Mund. „Keine Sorge, sie haben nicht den geringsten Plan. – Haben Eltern doch nie."

17:30

„Magst du rüberkommen? Ich muss dir was erzählen", rief ich Erik kurz danach an. „Es ist wirklich wichtig." Ich glaube, dass es ihm schon widerstrebte zu kommen, denn draußen liegen die ersten gut zehn Zentimeter Schnee, und so musste er den Bus nehmen. Doch er tat es. Auf diese umständliche Art dauerte es dann auch fast zwei Stunden, bis er schließlich klingelte.

„Was ist?", fragte er, jedoch nicht sorgenvoll, sondern aus tief empfundener Stärke heraus. Wir saßen allein in meinem Zimmer, weil Hauke verstanden hatte, dass wir Zeit brauchten und er sich vor den Fernseher verdrückte.

„Das hier." Ich gab ihm die Aufzeichnungen des heutigen Tages zu lesen. So konnte ich sicher sein, dass ich nichts vergesse oder unterbrochen werde. Erik las neben mir am Boden sitzend mit geöffnetem Mund, so spannend war es für ihn. Als er geendet hatte, las er alles noch einmal von vorn, um ja nichts zu verpassen. Dann sah er mich fragend an.

„Mein Verstand ist völlig durcheinander", sagte ich leise, „aber mein Herz sagt wirklich ja zu dir."

Erik sah mich entgeistert an. Das war viel mehr, als er sich wohl für heute erträumt hatte. „Bist du sicher?“

„Nein, verflucht, ich bin es nicht. Wie könnte ich das sein?“ Er legte mir den Arm um die Schultern, und es fühlte sich eigenartig und irgendwie trotzdem richtig an. Ich kuschelte mich an ihn. „Aber in diesem Augenblick wünsche ich mir mehr als jeden anderen sonst, *dich* an meiner Seite.“ Es hatte nichts Erotisches, und dennoch war es auf einer Emotionen-Skala von 1 bis 10 mindestens eine 14. Erst viel später bekam ich mit, dass er leise weinte. Und das machte mich noch sicherer.

„Chris wird nicht wieder aufwachen”, sagte ich. „Ich glaube nicht mehr daran. Es wird Zeit, dass ich mein Leben nach diesen neuen Voraussetzungen angehe.“

„Danke”, stammelte Erik. „Danke.“

„Du hast so stark um mich gekämpft.“ Er zitterte nun und krampfte schließlich schluchzend, ähnlich wie ich heute Vormittag. *„Ich* danke *dir*!“ flüsterte ich.

Dann zog ich ihn hoch, nahm ihn in den Arm, bis er wieder vollkommen ruhig war, und küsste ihn zum ersten Mal in meinem Leben.

So 25.1.

Puuh, ich bin also schwul. Ist das nicht krass? Irgendwie ist das, als erführe man, dass man adoptiert ist oder ein Elternteil auszieht, oder? Das ganze Leben wird komplett auf den Kopf gestellt.

Ich habe richtig scheiße geschlafen. Ständig musste ich mich fragen, ob ich das nicht gerade nach der Nacht mit Chris hätte vorher erkennen müssen. Doch ich mochte Andrea. Ich mag sie auch immer noch. Das hat das wohl überdeckt und mich davon abgehalten, die Frage überhaupt zu stellen.

Doch was soll ich jetzt nur tun? Ich muss ihr alles erklären. Erik hat gesagt, dass er mir hilft. Ich will sie nicht verletzen. Das hat sie echt nicht verdient. Und doch muss ich ihr sagen, dass es auf diese Weise nicht weitergehen kann. Ich habe bloß nicht den blassesten Schimmer wie.

Hauke hat irgendwann so um fünf einen Albtraum gehabt. Wahrscheinlich ist das schon häufiger passiert, nur habe ich es noch nie zuvor mitbekommen. Ich stand auf und kletterte ein paar Stufen auf der Leiter zu ihm hoch. Er wand sich wie im Fieber. Ich legte ihm meine Hand auf die Stirn und sprach ganz sanft zu ihm. Das hat ihn beruhigt.

Dass er das mit mir so leicht wegsteckt, kommt einem fast unwirklich vor. Erik sagte, dass Hauke wahrscheinlich so sehr zu mir aufschaut, dass er mich selbst dann noch lieben würde, wenn ich ein Bankräuber oder so jemand wäre.

Nun wird es also Erik, der schon so lange mein Freund ist, der mir im Grunde immer schon gezeigt hat, dass ich auf ihn zählen kann. Keine klassische First-Love-Story.

Habe ich Angst davor? Ein wenig, wenn ich ehrlich bin. Doch es ist ein beruhigendes Gefühl, dass ich nicht nur Erik, sondern auch meinen Bruder hinter mir habe.

Mo 26.1.

Wir haben uns ausgemacht, dass wir in der Schule erstmal so weiter miteinander umgehen wie vorher. Wenn irgendwann der große Knall passiert, sind wir vorbereitet. Aber vorerst sind wir nur Freunde.

Doch es ist schwer, denn wir sehen uns ständig an und dürfen nicht lachen, weil wir ja die einzigen sind, die es wissen.

Die meisten Klassenarbeiten haben wir schon zurück. Heute haben wir mit den mündlichen Noten angefangen. Wird ein unspektakuläres Zeugnis, sowohl nach oben als auch nach unten.

Am Nachmittag war ich zum Training. Ich habe Andrea telefonisch abgesagt, weil ich gerade zu viel um die Ohren habe. Vor dem klärenden Gespräch brauche ich noch einen Plan.

Di 27.1.

Und den habe ich jetzt. Ich habe Erik in der Pause von meinem Plan erzählt. Er findet ihn gut und fair. Ich finde es toll, dass es ihm wichtig ist, dass ich niemandem mehr wehtue als unbedingt nötig.

Heute Nachmittag habe ich Andrea angerufen und sie gefragt, ob wir uns nicht Donnerstag treffen wollen. Da haben wir ja beide frei. Ich würde dann zu ihr kommen wollen. Sie hat sofort zugesagt. Ich finde es besser, wenn wir uns bei ihr treffen. Wenn sie gar nicht damit klarkommt, hat sie wenigstens nicht noch den langen Weg nach Hause.

Do 29.1.

Der Tag schulfrei ist eindeutig das Beste an Zeugniskonferenzen. Ich bin schon um zwei Uhr zu Andrea gefahren.

Irgendwann, wir saßen gegenüber auf dem Boden und zeichneten Statistiken unserer Wettkampfzeiten, begann ich: „Würdest du den Tanzkurs eigentlich auch mit mir machen wollen, wenn wir nur so befreundet wären?"

„Wie kommst du auf die Frage?" Sie sah nicht einmal auf.

„Naja", druckste ich herum, „du weißt, dass ich dich wirklich gern habe."

„Aber da ist noch eine andere?" Nun starrte sie mich erschrocken an.

„Nein, nein", wiegelte ich ab, „es geht nicht um ein anderes Mädchen. Es geht um mich."

„Um dich?"

„Ja, ich weiß nicht, wie ich das sagen soll."

Sie sah mich gespannt an, sagte aber nichts.

„Manchmal gibt es Dinge, die schön sind, die sich aber trotzdem nicht zu Einhundert Prozent richtig anfühlen."

„Red nicht so komisch um den heißen Brei herum", fuhr sie mich an, relativierte das aber, als sie freundlicher fragte: „Was hast du auf dem Herzen?"

Ich begann zögerlich: „Hauke, mein kleiner Bruder, hat mir die Tage die Augen geöffnet. Wir haben über Chris geredet, und er hat einfach nur nüchtern festgestellt, dass mein Verhalten, meine Angst, meine Verzweiflung und so eindeutig ausdrücken, dass ich ihn liebe."

Nach langer Pause, sagte sie nur „und?"

„Verstehst du nicht? Muss ich es wirklich aussprechen?"

In ihrem Gesicht konnte ich nichts lesen außer Angst. Das tat mir weh. Aber da mussten wir jetzt beide durch.

„Ich habe immer gedacht, das mit Chris wäre die Ausnahme. Doch das ist es nicht. Du bist meine Ausnahme." Ich schloss die Augen. „Oh, scheiße, ist das schwer."

Sie schnaubte nur.

„Andrea, egal wie gern ich dich habe; es wird immer Jungs geben, die mir mehr bedeuten und für die ich mehr Liebe empfinden werde als für dich. Ich bin schwul."

Entsetzen trat in ihre Augen. „Aber, aber du hast mit mir ..."

„Ja, ich habe mit dir. Es ist ja nicht so, dass ich nicht könnte. Verflucht, ich bin sechzehn. Ich bin schon steif, wenn irgendjemand auf der anderen Straßenseite nur das Wort Sex in den Mund nimmt. Und es war auch sehr schön mit dir. Doch mein Herz hat immer nur ihm gehört."

„Aber er liegt im Koma. Vielleicht ..." Sie sprach nicht weiter.

„Ja, vielleicht wacht er nie wieder auf", sagte ich ruhiger, als ich vermutet hätte. „Wahrscheinlich sogar. Doch wird an seine Stelle ein anderer Junge treten, kein Mädchen, und auch nicht du. Es tut mir leid."

„Du machst also Schluss mit mir?", fragte sie leise.

„Ich versuche dir zu erklären, warum dir die Beziehung immer mehr bedeutet hat als mir. Ich möchte dich als meine Freundin behalten, wenn dir das unter diesen neuen Umständen noch etwas bedeutet. Aber, ja, ich werde dich nicht mehr küssen oder mit dir Händchen haltend durch Kassel rennen."

Eine Träne rann ihr die Wange herab, und als ich ihr sie wegwischen wollte, schubste sie meinen Arm beiseite und schüttelte den Kopf.

„Es liegt nicht an dir, Andrea. Es ist in mir drin", flüsterte ich.

„Halt mich noch einmal fest. Bitte!", stieß sie hervor. „Ich brauche dich so nötig wie nie zuvor."

Natürlich tat ich das. Wir standen auf und umarmten uns ganz fest.

„Du hast mich nicht richtig verstanden", sagte ich leise. „Ich halte dich gern fest – so oft und so lange du willst. Du kannst dich an mich anlehnen und mit mir kuscheln. Nur eben nicht mehr."

„Es tut weh."

„Ich weiß. Glaub mir, das über mich selbst herauszufinden war schon schwer, aber es dir zu sagen, wenn ich vorher schon wusste, dass ich dir wehtun muss, um weiter ehrlich zu dir zu sein, das war wirklich noch viel schlimmer."

Sie beruhigte sich langsam wieder. „Aber du willst den Tanzkurs trotzdem mit mir machen?“

„Nur wenn du es noch willst.“

Sie nickte, und das erleichterte mich ungemein. „Ist es okay, wenn ich es meinen Eltern noch nicht sage?“

„Natürlich. Doch ich sollte es Beni trotzdem bald sagen. Ich will nicht, dass er es über andere hört.“

„Er ist nebenan.“

„So spontan meinte ich eigentlich nicht.“ Doch sie sah mich ernst an, und so nickte ich. Eine Viertelstunde später ließ ich sie in ihrem Zimmer zurück und klopfte bei Beni.

„Ich muss dir was sagen”, begann ich.

Wir setzten uns einander gegenüber, und er hörte mir schweigend zu. Dabei unterbrach er mich nicht ein einziges Mal.

„Aber du willst jetzt nichts von mir, oder?“, fragte er zweifelnd, als ich geendet hatte.

„Blödsinn”, lachte ich. „Ich will nur, dass du mich nicht wie einen Arsch behandelst, bloß weil du das jetzt von mir weißt”, sagte ich nun sehr ernst.

Er schüttelte ungläubig den Kopf. „Du bist nicht doof, Henrik. Deshalb hast du sicher verstanden, dass du mein Vorbild bist. Den Teufel werd ich tun und dich verraten.“

Fr 30.1.

Obwohl es ja heute nach der dritten Stunde die Zeugnisse gab, war das einzig Wichtige, dass ich Erik von den beiden Gesprächen gestern berichten konnte. Es war zwar nicht so ausführlich, wie ich mir gewünscht hätte, denn ständig kam irgendwer und wollte was von uns, doch weiß er jetzt, dass ich es wirklich durchgezogen habe und die Beziehung zu ihr abgebrochen habe.

Ich kann das Ganze immer noch nicht so ganz fassen.

Dafür, dass unsere Zeugnisse recht unterschiedlich gut ausgefallen sind, gab es auch unterschiedliche Belohnungen. Für zwei Einsen und vier Zweien gab es für mich 40 Euro. Hauke hätte die auch gekriegt, doch hat er in Englisch eine Fünf, und die kostet bei uns einen Zehner. Janina bekam nur 25; nicht weil sie keine guten Noten hatte, doch hat sie drei Fünfer – „aber die Fächer sind total unwichtig und zählen nicht für mein ABI-Zeugnis", maulte sie. „Die hätte ich gar nicht wählen müssen." Doch Mama und Papa blieben streng.

Sa 31.1.

Am liebsten wäre mir ja gewesen, wenn ich mich dieses Wochenende mit ihm hätte treffen können. Es gibt so vieles, was wir klären müssen, und auf die erste Nacht mit ihm bin ich ja auch mehr als gespannt. Doch Erik ist heute auf einem wohl riesigen Wettkampf irgendwo bei Stuttgart, und leider übernachtet er dort auch. Wäre toll, wenn er richtig gut turnt und irgendeinen Preis abräumt. Ich wäre stolz auf ihn.

Ich bin heute joggen gegangen. Es war zwar bitterkalt, und der Waldboden war größtenteils gefroren, doch tat es gut, durch unser Winterwonderland zu laufen und dabei die schneebedeckten Zweige anzusehen.

So 1.2.

Krass! Ich bin vorhin während der Predigt allen Ernstes eingeschlafen. Nicht, dass ich nicht genügend Schlaf bekäme; es war einfach nur so elendig langweilig. Ich hatte auf den Schnee an meinen Schuhen gestarrt und ihm beim Tauen zugesehen. Naja, jedenfalls war das noch deutlich spannender als dem Blödsinn zuzuhören. Warum tue ich mir das eigentlich noch an?

Mo 2.2.

Heute hat es im Sportunterricht einen Unfall gegeben. Wir haben Hockey gespielt, was ich echt hasse. Diesen knallharten Ball gegen den Knöchel zu kriegen, tut einfach nur weh.

Jedenfalls gab es ein Duell zwischen Maik und Stephan, und sie beide sind gegen ein aufgehängtes Tor an der Seitenwand geknallt. Noch im selben Augenblick riss es aus der Verankerung, fiel krachend herab und begrub beide unter sich. Stephan, der am Boden lag, wimmerte ein bisschen, aber Maik, der über ihn gestürzt war, hatte fast alles abbekommen. Er lag aus einer Kopfwunde blutend und ohne Bewusstsein am Boden, die Arme eigenartig von sich gestreckt. Herr Rasner reagierte sofort und schickte Lars zum Telefon. Ich zog schnell mein weißes T-Shirt aus und gab es ihm. Er nickte nur und drückte es auf Maiks Wunde, damit er nicht noch mehr Blut verlor. Frag mich nicht, warum ich das mit dem Shirt getan habe, denn ich kenne ihn ja kaum, aber niemand aus seiner Klasse tat es, und in dem Moment kam es mir genau richtig vor. Ich sah zu Erik, und er nickte mir zu.

Schließlich kam der Notarzt und fuhr ihn mit Blaulicht nach Kassel in eine Klinik. Wir haben nicht weiter gemacht. Irgendwie standen wir alle unter Schock. Ich besonders, denn es erinnerte mich so stark an Chris, dass ich den halben Tag kein Wort mehr gesprochen habe.

Di 3.2.

Heute ist Zottel, der eigentlich Mario heißt, aber wegen seiner verwuschelten Haare so genannt wird; heute ist also Zottel zu uns in den Englischunterricht gekommen. Es ist noch nie passiert, dass einer von uns den Unterricht der Partnerklasse besucht hat, doch es war wichtig genug, dass man diese ungeschriebene Regel missachtete. Er entschuldigte die Störung und sagte dann zu uns:

„Wir, also meine Klasse und ich, wir wollten euch mitteilen, dass Maik wieder bei Bewusstsein ist. Er liegt nicht mehr auf Intensiv. Doch er hat wahnsinniges Glück gehabt.“ Ich sah, dass er schluckte. „Es hätte sein können, dass er behindert sein würde, doch das wird wohl nicht passieren. Jedenfalls“, er zuckte mit der Schulter, „falls einer von euch ihn besuchen will; er liegt noch bis zum Wochenende im Elisabeth Krankenhaus.“

Herr Wermelt dankte ihm und sah in die Runde, als Zottel den Raum verließ. Die Mädchen hatten von uns natürlich schon erfahren, was geschehen war, doch unser Klassenlehrer wusste noch von nichts. Wir überfielen ihn mit den Einzelheiten zur gestrigen Sportstunde, doch er winkte nur ab und sagte: „In english, please.“

So haben wir den gesamten Rest der Stunde nur über den Unfall, den Notarzt und über Behinderungen gesprochen; und das auf Englisch, aber es fiel uns allen viel leichter als sonst. Vielleicht ist das einfach so, wenn es einen mehr interessiert.

Ich finde es gut, dass auch aus unserer Klasse eine Gute-Besserungskarte kommen wird. Alik wird sie besorgen und morgen, wenn alle unterschrieben haben, rüberbringen.

Mi 4.2.

Ich habe es wirklich getan. Ich habe heute den Konfi-Unterricht abgebrochen. Für immer.

Ich saß schon wieder eine halbe Stunde in dem klassenraumähnlichen Zimmer, hörte mir die auswendig gelernten Sprüche aus dem Markus Evangelium an, welches wir gerade behandeln, und dachte an nichts.

Pfarrer Völker sagte im Anschluss ans Aufsagen so etwas wie: „Ich hoffe, ihr habt verstanden. Alles ging nur gut, weil sie ihrem Freund Jesus vertraut haben. Das solltet ihr auch tun. Vertraut ihm, vertraut Gott.“

„Nein”, sagte ich laut und stand auf.

„Nein?“, fragte Pfarrer Völker noch ziemlich ruhig.

„Nein”, sagte ich. „Sie wollen, dass wir auf Gott vertrauen. Ich verrate Ihnen etwas. Mein bester Freund liegt seit fast drei Monaten im Koma. Gott hat weder etwas gegen einen Drei-gegen-einen-Überfall mit Baseballschlägern getan, noch hilft er ihm jetzt oder holt ihn zurück.“

Er schluckte und sah mich mitfühlend an. „Vielleicht musst du nur stärker glauben”, sagte er sanft, „ihm mehr Zeit einräumen.“

„Ach, Humbug”, rief ich aus. „Ihr Gott kann es nicht! Das ist der Punkt. Seine ganze Familie und ich haben tagelang weinend gebetet, und rein gar nichts ist passiert. Die Linie seiner Gehirnströme bewegt sich keinen Millimeter. Können Sie sich auch nur im Entferntesten vorstellen, wie schlimm das ist?“

Er nickte zwar beeindruckt von meiner Offenheit, doch gab ich ihm keine Gelegenheit zu reden. „Sie wollen, dass wir einem Übermenschen nacheifern, einem Unerreichbaren. Und das sollen wir dadurch hinkriegen, dass wir Ihnen glauben und zweitausend Jahre alte und ziemlich überholte Bibelstellen auswendig lernen."

Er sah mich weiter erwartungsvoll, nun aber auch misstrauisch an.

„Nehmen wir uns diesen Jesus doch mal zur Brust. Angeblich hat er sein ganzes Leben nicht *einmal* Sex gehabt oder rumgewichst wie jeder der ach so braven Jungs hier in ihrem Unterricht." Ich sah sie nach der Reihe an. Sie verfielen in eine Art Schockstarre. Ich hatte es wirklich ausgesprochen. Das war eindeutig mehr als sie vertrugen. Doch das war mir egal. Ich hatte meine Entscheidung getroffen. Schnaubend fuhr ich fort: „Ja, inklusive mir", räumte ich ein. „Aber *der* soll unser Vorbild sein? Das ist fernab jeder Realität."

Dann wandte ich mich den anderen Jugendlichen zu. „Doch ihr, ihr seid alles Heuchler", schleuderte ich ihnen entgegen. „Kein einziger von euch glaubt wirklich, was er jeden Tag hier oder in der Kirche aufsagt. Ihr geht alle nur hierher, weil ihr genau wißt, dass es zur Belohnung im Mai Kohle regnen wird. Das ist der einzige Grund, warum ihr euch eure Zeit hier und in der Kirche um die Ohren schlagt."

„Henrik", sagte Pfarrer Völker bestimmt, „es ist jetzt mehr als genug. Setz dich wieder hin. Es hat ..."

„Nein", rief Yannick aus, der mir sonst schräg gegenüber saß, und auch er stand auf. Er ist zwar ein Jahr jünger als ich, doch mindestens so groß und auch wirklich stattlich. „Henrik hat recht. Wir *sind* eine Bande von geldgeilen Lügnern. Danke", er wandte sich kopfschüttelnd an mich, „dass du den Mut hattest aufzustehen. Diese Hilfe brauchte ich." Er drehte sich zu Pfarrer Völker um und sagte ruhig: „Auch ich bin raus aus ihrem Brainwash-Camp." Damit nahm er seine Tasche auf, strich seine Unterlagen hinein und ging voraus zur Tür, wartete dort aber auf mich.

„Ist nichts Persönliches", sagte ich mich an die Gruppe wendend. „Ihr seid noch jünger. Auch ihr werdet irgendwann lernen, den Lügen, die hier verbreitet werden, zu widerstehen." Dann wandte ich mich an meinen Ex-Pfarrer und sagte: „Sie hätten mich ohnehin nicht konfirmieren wollen. Ich bin schwul!"

Dann folgte ich Yannick durch die Tür. Im Raum war es totenstill. Draußen vor der Tür sahen wir uns kurz an und prusteten plötzlich los.

„Das war echt der Hammer", flüsterte Yannick lachend.

„So hat ihm noch nie jemand Paroli geboten, glaube ich. Brainwash-camp - echt gut", sagte ich anerkennend.

„Und du hast uns alle Wichser genannt."

„Na und? Seid ihr doch", lachte ich.

„Yep. Aber den Knaller hast du dir für den Schluss aufgehoben: ich bin schwul!"

„Ohne meinen Freund hätte ich nicht den Mut gehabt, die Gruppe zu verlassen", sagte ich nun ernst. „Er schenkt mir all die Stärke und Entschlossenheit."

Er nickte. „Ich glaube, ich habe heute eine Menge gelernt. Vor allem, wie man jemanden sprachlos macht."

„Was machen wir jetzt nur mit der neu gewonnenen Freizeit?"

„Mir würde schon was einfallen", sagte Yannick und zog grinsend ein A5-Pornoheftchen aus seiner Tasche. Er hatte es zwischen seiner Bibel und den Lernunterlagen stecken gehabt. „Tja, aber wenn du auf Jungen stehst, muss ich dich leider enttäuschen."

„Schon okay", sagte ich lächelnd und fühlte noch immer den Stolz auf unsere Minirevolte. „Wir werden uns wieder sehen", verabschiedete ich mich.

„Es wird mir eine Ehre sein, mein Kommandant", salutierte Yannick – unpassenderweise aber mit dem Heftchen in der Hand. Das nahm dem Satz viel seiner Wirkung.

Do 5.2.

Erik hat sich krankgelacht, als ich ihm von gestern erzählt habe. Ganz am Schluss, als er sich wieder beruhigt hatte, sagte er: „Ich wollte dir damals eigentlich nur klarmachen, dass ich es wichtig fände, wenn du dich einfach nur fragst, ob du da wirklich reingehörst; ob du das glaubst, was die von dir wollen, was du glaubst. Aber dein Austritt gestern: Ich kann nur sagen, ich bin stolz auf dich."

Meiner Familie habe ich es gestern Abend noch beim Essen gesagt. Ich habe ihnen nur den ersten Teil erzählt, doch auch, dass Yannick mit mir aufgehört hat.

Papa hat mich forschend angesehen und dann für alle gesprochen: „Dieser Unterricht sollte in erster Linie dazu dienen, dir beim Erwachsenwerden zu helfen, dir zu zeigen, was auf deinem Weg gut und was es nicht ist. Ich freue mich, dass du das anscheinend schon selbst herausgefunden hast.“

„Geld und Geschenke sind nicht alles”, sagte Mama, und Hauke fragte direkt, ob er dann überhaupt angemeldet werden müsse.

Insgesamt haben sie es gut hingenommen.

Sa 7.2.

„Darf ich heute bei Erik bleiben?“, fragte ich Mama, als wir nach dem Frühstück in der Küche standen und den Geschirrspüler einräumten.

„Erik? Ganz sicher Erik, nicht wieder Andrea?“, fragte Mama augenzwinkernd.

„Ganz sicher. Ich kann dich auch von dort anrufen, wenn du mir nicht traust.“

„Du hast beim letzten Mal erlebt, dass alles ohnehin rauskommt. Also brauchst du das nicht. Ich setze jedoch gerne weitere zwei Wochen Hausarrest als Preis aus, wenn du mich noch einmal hintergehst.“ Es sollte wie eine Drohung klingen, doch es war nur eine halbe, weil sie viel zu freundlich gesprochen hatte.

„Ich bin wirklich nur bei Erik”, sagte ich und konnte kaum ernst bleiben, weil sich Hauke hinter ihrem Rücken den Mund zuhalten musste, um nicht loszulachen.

Mein Bus geht in einer Stunde.

So 8.2.

Eriks Eltern sind irgendwie eigenartig. Ich hatte sie mir ganz anders vorgestellt, eher wie Weisers. Sein Vater ist bei der Bundeswehr irgendein höheres Tier, athletisch und viel größer als ich, seine Mutter das komplette Gegenteil, klein, mit Piepsstimme und unförmig – um das böse Wort >fett< zu umkurven. Seine Schwester Nathalie ist elf und schaut mindestens so sehr zu ihrem großen Bruder auf wie Hauke zu mir.

„Wir müssen noch bis morgen warten, sonst darfst du gewiss nicht bei mir bleiben", sagte Erik, als wir in seinem Zimmer saßen und überlegten. In Ermangelung eines Spiels, auf das wir beide Lust hatten, holten wir schließlich sogar Französisch raus und lernten für die Arbeit Montag. Dabei wurden wir von seinem Vater, der wohl auch ein wenig misstrauisch ist, angetroffen, und überrascht kommentierte er: „Ihr lernt zusammen? Respekt."

„Nicht immer, aber immer öfter", äffte Erik die Clausthaler Werbung nach, und er ließ uns wieder alleine.

Am Abendtisch musste ich von mir erzählen, vom Kehdinger Land, meiner Familie, dem Schwimmen.

„Freundin?", fragte Herr Böttcher kurz.

„Nicht mehr", antwortete ich auch nicht wirklich ausführlich, „sie war aus meiner Schwimmgruppe."

Wir sahen uns später gemeinsam ein Urlaubsvideo an, das die Familie letzten Sommer auf Teneriffa gedreht hatte. Erik war darauf zwar genauso alt wie zum dem Zeitpunkt, als ich ihn kennen gelernt hatte, doch wirkt er heute ganz anders auf mich, erwachsener, reifer, abgeklärter, nicht so verspielt und – ja, ein bisschen selbstverliebt war er damals wohl auch.

Als Nathalie und kurz danach ihre Mutter ins Bett gingen, wären auch wir am Liebsten verschwunden, doch wir wurden mehr oder weniger genötigt, noch das Sport-Studio mit anzusehen.

Ich hatte eine bezogene Matratze bekommen, eine Bettdecke und ein Kissen. Als ich eintrat, zerwuschelte ich nur alles, als hätte ich darin geschlafen. Erik sah mir zu und schüttelte den Kopf. „Wir sagen es ihnen doch sowieso."

„Spuren zu verwischen oder falsch zu legen, ist bei mir schon Macht der Gewohnheit", entgegnete ich.

Ohne zu zögern legte ich mich dann aber nur noch mit meiner Unterhose bekleidet unter seine Decke. Er schluckte, als er das Licht löschte und zu mir kam. Nun sollte also unser beider Traum wahr werden.

Er drehte sich flüsternd zu mir und begann meine Brust zu streicheln: „Ich mag deinen Körper."

„Ich deinen auch. Du hast viel mehr Muskeln als ich", sagte ich ebenso leise.

„Darf ich dich küssen?"

„Du stellst manchmal echt dämliche Fragen", entgegnete ich. „Geh einfach davon aus, dass ich genau das Gleiche will wie du." Damit zog ich seinen Kopf zu mir und ließ meinen Mund seinen suchen.

„Ich habe", begann er irgendwann leise lachend, „ich habe mir schon vor Wochen etwas Olivenöl abgefüllt und geübt."

„Geübt? Was denn?", fragte ich noch total naiv.

„Na, mit dem Finger drin und mit dem Stiel meiner ..." Er unterbrach sich lachend selbst. „Es ist echt peinlich, es auszusprechen."

„Quatsch. Wir sollten uns ab jetzt immer alles sagen können."

Er reichte mir seine Taschenlampe. Sie ging nicht mehr. „Damit hast du geübt?" fragte ich zweifelnd.

„Ja", hauchte er, „aber nur bis zum Schalter."

Dann setzte er sich auf und zog mir meine Hose aus. Ich tat es ihm gleich. Seine Hand suchte einen gewohnten heimlichen Platz ab und öffnete ein kleines Kästchen. Dann führte er einen mit Öl befeuchteten Finger an seinen Hintern und setzte sich ganz vorsichtig auf mich. Das Bett quietschte schon bei der zweiten Bewegung, und wir sahen uns beide erschrocken an.

„Auf die Matratze", schlug ich vor, und so wechselten wir hinunter. Er legte sich zunächst vor mich auf den Bauch, und ich drang in ihn ein. Dann umarmte ich ihn von hinten und blieb bestimmt eine ganze Minute regungslos in ihm. Es war DIE Erfüllung! Er stöhnte leise. Dann tat ich, was wir uns beide wünschten, zärtlich, dann aber immer kraftvoller, erst in dieser Position, dann mit ihm in Rückenlage, seine Füße auf meinen Schultern. Schließlich setzte er sich wieder auf mich, was ihm wohl besonders gut gefällt.

Als er heftiger zu atmen begann, wusste ich, dass wir uns seinem Ende näherten, und dann fühlte ich die einzelnen Spritzer auf mir nieder regnen. Es war toll. Tief atmend stieg er ab und legte sich neben mich. Ich küsste ihn.

Erik brachte mich anschließend mit dem Mund zum Höhepunkt, und es war wirklich unbeschreiblich gut. Ich will das immer, immer wieder haben!!!

Wir schliefen schließlich in seinem Bett ein. Sein letztes Wort der Nacht war „Danke."

Als wir am nächsten Morgen aufstanden, sah ich ein paar helle Flecken bis weit auf dem Laminat schimmern.

„Ich mach die gleich weg", sagte er ruhig, und grinsend fügte er hinzu: „Ich sagte dir doch, du würdest verlieren."

Hauke fragte gerade, wieso ich schon wieder so viel schreibe.

Ich sah ihn an. „Ich habe letzte Nacht mit Erik geschlafen, und beim Frühstück haben wir seiner Familie gesagt, dass wir ein Paar sind."

Er zog eine Grimasse der Art „komm, verarsch mich nicht", doch ich sagte nur: „Du hast mir bewiesen, dass du zu mir stehst. Ich werde dich nicht anlügen." Als er nichts entgegnete, fügte ich hinzu: „Ich vertraue dir. Wenn du willst, kannst du alles nachlesen." Ich hielt ihm das Diary hin.

Er schüttelte den Kopf. Das war ihm wohl zu intim. Ist mir auch recht so.

„Du hast echt ...?" Er sprach die Frage nicht zu Ende aus.

„Ja", antwortete ich etwas träumerisch. „Es war fantastisch; das Beste, was ich je erlebt habe."

Er verzog ungläubig den Mund, nahm sich einen Stapel Comics mit und kletterte auf sein Bett.

Jedenfalls kamen wir morgens zu einem gemütlichen Frühstück mit einer riesigen Pfanne voller Rührei und mit frischen Brötchen zusammen. Es war superlecker.

„Hast du gut geschlafen?", wurde ich von Frau Böttcher fast zärtlich gefragt.

„Ja", antwortete ich einsilbig, denn wir wollten es erst zum Ende des Essens sagen. „Danke."

Wir aßen und diskutierten kurz über das 3:1 der Deutschen Nationalmannschaft gegen die Schweiz vom Vorabend. Dann, wir schienen so ziemlich am Ende zu sein, da seine Mutter die ersten Teller zusammen zu stellen begann, durchbrach Erik ihre Arbeit.

„Darf ich euch etwas fragen?"

„Jederzeit", antwortete sein Vater, und auch seine Mutter sah ihn nun aufmerksam an.

„Es ist ein Teil eurer Erziehung, dass ich aufstehen soll, wenn ich denke, etwas läuft falsch, auf jemand Schwächerem wird herumgetreten, jemand braucht Hilfe."

„Du würdest uns sehr stolz machen, wenn du das immer beherzigst, mein Schatz", sagte seine Mutter und strahlte ihn an.

„Ich werde es tun. – Doch was ist mit mir? Was ist, wenn ich Hilfe brauche? Was ist, wenn etwas mit mir anders ist, als alle erwarten?"

„Du wirst uns immer an deiner Seite haben", sagte sie sanft, und ihr Mann nickte entschlossen.

„Das ist keine hypothetische Frage gewesen", sagte dieser ruhig. „Du kannst es aussprechen, was auch immer es ist." Doch seine Augen blickten raubvogelartig, und auch Erik hatte es gesehen. Da bin ich sicher.

Anstatt etwas zu sagen, stand er auf, ging um den Tisch. Sanft küsste er seine kleine Schwester auf ihr Haar und kniete sich schließlich vor seine Eltern. „Mom, Dad, alles, was ich immer wollte war, von euch geliebt zu werden. Das hat meine Kindheit bestimmt."

Seine Mutter war zu Tränen gerührt und griff schnell nach ihrer Serviette. Sein Vater blickte ausdruckslos zu ihm hinunter.

„Doch jetzt werde ich erwachsen, und ich wünsche mir, auch in einer Partnerschaft geliebt zu werden."

Noch während seine Mutter lächelnd sagte, „und das wünschen wir dir beide auch", sah ich, wie der Blick seines Vaters zu mir wanderte, und sein Mund öffnete sich. Er begriff.

Auch Erik hatte es gesehen, denn er sagte schnell: „Ja, Dad, genau das ist es, was ich so schwer aussprechen kann. Deshalb habe ich euch Henrik vorgestellt. Ich liebe ihn." Er wollte zwar stark sein, doch es übermannte ihn einfach. Er begann zu weinen und schlug die Hände vor sein Gesicht.

Scheiße! Was sollte ich jetzt tun?

Der Schutzinstinkt seiner Mutter war beachtenswert, denn sie sagte sofort: „Du wirst immer mein Junge sein", und sie zerwuschelte sein kurzes, schwarzes Haar.

Ich aber stand auf, kniete mich zu ihm und legte meinen Arm um ihn. Es war klar, dass er genau das brauchte. Doch sein Vater zeigte keine Reaktion. Es war offensichtlich, dass die Antwort seiner Frau nicht seine gewesen wäre.

„Es tut mir leid, dass ich nicht der bin, den ihr euch gewünscht habt", hörte ich Erik flüstern, doch ich bin nicht sicher, dass sie es noch wahrgenommen haben.

„Ich hoffe, dass du es wert bist", sagte sein Vater zu mir hinab, und es wirkte auf mich eher feindselig.

Ich überlegte einen Moment, wie genau ich meine Antwort formulieren würde und sagte dann zu ihm aufblickend: „Ich werde ihn schützen, Herr Böttcher, das verspreche ich, jeden Tag und gegen jeden Menschen, so lange er mich an seiner Seite haben will."

Es war auch eine Drohung ihm gegenüber, und er wusste es. Doch ich musste es einfach sagen. Wenn die Bombe wirklich einmal bei ihm zu Hause platzen sollte, muss Erik wissen, dass ich da sein werde – egal gegen wen!

„Ich möchte mich noch entschuldigen", nahm Erik den Faden beim Abräumen noch einmal auf. „Wir hätten es euch gestern Abend schon gesagt, aber ich hatte Angst, ihr würdet Henrik die Übernachtung verbieten."

„Das wäre definitiv geschehen", sagte sein Vater fest. „Es gibt Dinge, die man sich nicht im eigenen Haus vorstellen mag."

„Dann stelle sie dir nicht vor", sagte Erik beherrscht. „Aber sei gewiss, das was du gerne hättest, wird es mit mir niemals geben. Am besten gewöhnst du dich daran. Du hast einen schwulen Sohn."

Herr Böttcher drehte sich wortlos um und verließ die Küche. Als er Schlüsselklimpern aus dem Flur hörte, rief Erik ihm lautstark nach: „Das ändert nichts, Dad. Selbst wenn du vor einen Baum fährst, bleibe ich trotzdem schwul."

Mo 9.2.

So, jetzt wissen sie es alle. Viel früher als geplant, aber wann verläuft wirklich mal etwas nach Plan? Nach dem Wahnsinn gestern früh, kam heute direkt der Nächste.

Dass man Lehrer ausgucken kann, kennt sicher jeder. Herr Rasner, unser Sportlehrer, bildet immer am Schluss kleine Teams, die dann gegeneinander spielen. Entweder gibt es A und B oder A, B und C, wenn wir quasi als Turnier spielen. Wenn man sich zu Beginn der Auszählung auf der von ihm entfernten Seite aufstellt, kann man das abzählen und kommt so immer in das Team, in das man will. Erik und ich waren für Mattenball in ein Team gelost worden, Jan, ein großer, breitschultriger Blondschopf aus der Parallelklasse ins andere. Er fing an sich zu beschweren, weil sein Buddy Lars in unserer Mannschaft war.

Da er das aber so nicht sagen konnte, hackte er auf den anderen rum: „Ich will aber nicht zu Schwuchteln ins Team", maulte er.

Erik brauchte keine Sekunde, dann trat er vor und fragte herausfordernd „Was soll die Scheiße?"

„Du weißt genau, was ich meine. Schau ihn dir doch an." Jan deutete auf Pummel, der immer etwas weniger maskulin wirkt als andere.

„Ich bin nicht schwul", sagte er ängstlich, „echt nicht."

„Jaja, und ich bin Bruce Willis", lachte er ihn aus.

„Wenn du ein Problem mit Schwulen hast, dann ..."

„Ich hab kein Problem mit Schwulen", unterbrach er Erik. „Ich mag nur nicht, wie sie mich anglotzen."

„Wer glotzt dich an?", fragte Erik herausfordernd. „Jetzt mal ernsthaft. Du hältst dich doch nicht wirklich für attraktiv, oder?" Er wandte sich an die Gruppe. „Habe ich recht? Er sieht scheiße aus."

Er erntete eine Menge Lacher.

„Genug jetzt", unterbrach Herr Rasner ihren Disput. „Wir wollen spielen."

„Herr Rasner, darf ich um eine letzte Minute bitten? Es ist wirklich *sehr* wichtig", fragte Erik mit allem Nachdruck in der Stimme.

Ich glaube, wenn er nicht fast überall im Sport der Beste wäre, hätte Herr Rasner ihm das nicht genehmigt, doch so nickte er: „Eine Minute."

Erik sprach zu beiden Klassenhälften gleichzeitig: „Ich denke, wir sollten uns alle klarmachen, dass wir immer die Macht haben, auf Minderheiten einzudreschen. Das ist einfach. Amel, Ercan, Alik, Mehdi", er sah sie nacheinander an, „ihr seid alles Ausländer. Ist es ein Scheißgefühl, wenn jemand euch deswegen beleidigt?"

Sie nickten, und von Alik kam ein „und wie."

„Jeder gehört irgendwie einer Minderheit an", fuhr Erik fort.

„Das ist doch gequirlte Kacke", ging Jan dazwischen. „Ich gehöre keiner Minderheit an."

„Doch", sagte Erik ruhig. „Du bist einer der ganz wenigen Idioten hier in der Halle.“ Fast alle lachten. „Ernsthaft. Wer hat noch ein Problem damit, in einem Team mit einem Schwulen zu spielen?“

Niemand meldete sich. Ich glaube, sie alle waren viel zu eingeschüchtert von seiner Direktheit.

„Noch einmal, Jan”, sprach er ihn direkt an, „wenn du ein Problem mit einem Schwulen hast, dann solltest du in Pummels Mannschaft gehen, denn in seinem Team ist keiner.“

„In dem anderen auch nicht”, blaffte Jan ihn an.

„Wieder falsch. In dem hier mit Lars, in das du so gerne wechseln möchtest”, und er zeigte auf unsere Mannschaft, „sind sogar zwei.“

Von einem Augenblick auf den anderen herrschte Grabesstille. Alle sahen sich an. Das konnte doch unmöglich stimmen. Erik lächelte überlegen und nickte mir dann ganz sanft zu. Ich trat vor und an seine Seite.

„Erzähl keine Scheiße”, entfuhr es Jan.

Nun grinste ich Erik an und machte ihm Mut zum allerletzten Schritt. Wir küssten uns vor allen anderen.

Jan rannte aus der Halle. Erik rief ihm nach: „Schön, dass wir jetzt endlich spielen können!“

Nach der Stunde behielt uns Herr Rasner noch kurz da, offiziell zum Aufräumen, doch jedem in der Halle war klar, dass es um die Auseinandersetzung vorhin gehen würde.

„Ich bin froh, dass ich dir diese Minute gewährt habe”, begann er an Erik gewandt.

„Noch einmal >danke< dafür”, erwiderte er höflich.

„Es war wirklich lehrreich für alle, sich nicht gegen Minderheiten zu erheben.“

„Um ehrlich zu sein”, mischte ich mich ein, „ist es uns scheißegal, was mit den anderen ist. Wir müssen *uns* schützen.“

„Dann stimmt es also wirklich? Das war nicht inszeniert, um ihn mit seinem primitiven Auftreten auflaufen zu lassen?“ Anscheinend passte es auch nicht in sein Weltbild, dass gute Sportler nicht zwangsläufig auf Frauen stehen müssen.

„Wir sind ein Paar”, sagte ich schlicht, und Erik nickte.

Herr Rasner sagte fast zwei Minuten kein Wort und warf die Matten alleine auf den Wagen. Als wir gehen wollten, hielt er uns aber noch einmal kurz an und sagte leise: „Viel Glück euch beiden."

Di 10.2.

„Stimmt das wirklich? Ich meine, Erik und du?"

„Das ist doch nicht wahr, oder?"

„Habt ihr das vorher eingeübt gehabt? Du bist doch in der Theater-AG."

„Das war echt mutig."

„Ich dachte immer, ihr wärt normal."

Die und noch viel mehr Kommentare und Fragen stürzten heute über uns ein, denn Sport hatten wir gestern in den letzten beiden Stunden. So erfuhren die meisten Mädchen erst heute vom Eklat.

Wir antworteten geduldig, denn niemand begegnete uns feindselig. Die Jungen hatten seit spätestens gestern einen Heidenrespekt vor unserer inneren Stärke, und die Mädchen suchen sowieso nicht so oft Streit.

In der Pause vor Englisch kam dann Maik aus der 10a kurz zu mir. Er ist für den Sportunterricht wegen seiner Kopfverletzung noch zwei Wochen freigestellt und war deshalb gestern nicht da.

„Hier", sagte er verlegen lächelnd und hielt mir ein noch neu verpacktes, weißes Shirt hin. „Ercan hat mir gesagt, dass du deins für mich geopfert hast."

Ich nickte nur und bedankte mich kurz.

„Schade, dass ich gestern nicht da war", sagte Maik, und seine Augen suchten Erik. Der verstand und kam zu uns herüber. „Jan mag manchmal ein Affe sein, aber die meisten anderen von uns sind ganz okay."

„Das wissen wir", sagte ich ruhig und legte eine Hand auf Eriks Schulter.

„Nun, du warst für mich da, als ich in Not war", sagte Maik an mich gewandt, „und das, obwohl du mich fast nicht kanntest. Ich wollte dir nur sagen, dass ich das nicht vergessen werde. Danke."

„Noch einer mehr, auf den wir irgendwie zählen können", sagte Erik, als Maik wieder bei seiner Klasse war.

Mi 11.2.

Es ist irgendwie wie Spießrutenlaufen. Jeder an dieser bekloppten Schule scheint über Geschwister oder sonst wen von unserem Outing erfahren zu haben, und alle scheinen eine eigene, persönliche und meist ziemlich primitive Meinung dazu zu haben. Aber der Reihe nach:

In der ersten Stunde hatten wir Englisch, doch Herr Wermelt ging sie heute anders an, und es gab eine ziemlich coole Aktion. „Ich möchte kurz ernsthaft mit euch über ein neues Thema sprechen."

Katharina fuhr ihm in die Parade und stand demonstrativ auf. „Wir wissen, dass sie jetzt etwas zu den beiden", sie deutete auf Erik und mich, „sagen wollen, doch wir versichern ihnen, dass die ganze Klasse hinter ihnen steht. Stimmt doch", fuhr sie alle Mitschüler an, „oder?"

Es stand zwar keiner sonst mehr auf wie beim Club der toten Dichter, aber alle nickten oder sagten laut: „Jawohl, stimmt", oder irgendwas in der Art. Zufrieden setzte sie sich wieder und strahlte erst ihn, dann uns an.

„Danke, Katharina", sagte Herr Wermelt lächelnd, „es ist ein beruhigendes Gefühl für mich zu sehen, dass ihr ein intaktes Klassengefüge habt. Das wird sehr wichtig für euch beide", und er sah uns nacheinander an, „sein, denn der schwere Teil hat gerade erst begonnen. Wie ich von Herrn Rasner berichtet bekommen habe, habt ihr euer Heil in der Offensive gesucht. Ich möchte euch vor allem daran erinnern, dass dies eine erfolgreiche Taktik war. Ihr habt jetzt keine Möglichkeit mehr, es ungeschehen oder unsichtbar zu machen. Stolz und Mut haben euch aufstehen lassen. Haltet die Woche in diesen starken Gefühlen durch. So könnt ihr die Probleme lösen, die noch kommen."

Wir nickten, auch wenn wir, glaube ich, beide nicht verstanden, was die düsteren Prognosen sollten. Doch Herr Wermelt hätte gut ein Hellseher werden können, denn der Tag wurde wirklich die Hölle! Wo auch immer wir lang gingen, zeigten die Schüler mit den Fingern auf uns, kicherten hinter vorgehaltener Hand oder ganz unverhohlen, Jungen deuteten Handküsse an oder liefen wie Mädchen mit übertrieben wackelndem Arsch vor uns her. Haufenweise Sprüche wie „Hi, ihr Süßen" oder „unser neues Traumpaar" gab es, doch handgreiflich wurde niemand. Meist ignorierten wir die Sprüche und Andeutungen, doch kochte es in uns.

Als wir zu Bio zur fünften Stunde in den Kellertrakt gingen, mussten wir an den Klassenräumen der Achter vorbei, und da ist ein solches Thema natürlich noch die größtmögliche Sensation. Ein kleinerer Junge mit rehbraunem Haar rief uns lachend nach: „Wer von euch ist denn die Frau?", als Erik endlich der Kragen platzte.

Er hauchte für die anderen unhörbar: „Ich habe eine Idee. Vertraue mir."

Dann presste er mich kurz mit einer Hand direkt vor allen Achtern an die Flurwand, ging ganz langsam vor mir auf die Knie, leckte mit seiner Zunge auf Hosenstallhöhe über meine Jeans und biss sogar mehrfach ganz sanft hinein. Ich verstand, schloss die Augen und stöhnte leicht. Die Klasse war in einem Augenblick stiller geworden, als wenn Darth Vader persönlich aufgetaucht wäre. Ich glaube nicht, dass Erik es beabsichtigt hatte, doch er merkte garantiert, dass sich meine Jeans auszubeulen begann, denn er stand nun wieder auf, und ich öffnete meine Augen.

Dann ging er direkt zu dem Jungen hin, der uns vorhin beleidigt hatte, packte ihn mit der linken Hand an der Gurgel und presste ihn gewaltsam gegen die Wand. Niemand kam dem Jungen zur Hilfe.

„Keiner", sagte er beherrscht, „denn wenn wir auf Frauen stünden, wären wir nicht schwul. Aber wir haben dir und deinen kleinen Freunden gerade eine Wichsvorlage ins Hirn eingebrannt, die ihr nie wieder da raus kriegen werdet. Und in der machen es Jungs miteinander." Er drehte sich andeutungsweise um. „Ach, eins noch" rief er aus, als hätte er irgendetwas vergessen, und er griff mit seiner freien Hand fest in den Schritt des Jungen, „uups, – ist da jemand erregt? – Wie peinlich." Damit ließ er ihn los und ging ohne sich umzusehen mit mir weiter zu Bio.

Als wir um die Ecke waren, prustete ich los. „Das war genial. Uups," äffte ich ihn nach, „ist da jemand erregt? – Wie peinlich."

Er lachte mit mir, sagte aber auch, „es stimmte nicht. Da war gar nichts, als ich zugepackt habe. Ich habe nur so getan, weil ich ihm das zufügen wollte, was er mit uns vorhatte."

„Das macht uns zwar nicht zu Engeln", entgegnete ich, „aber wir kommen wegen unserer Sünden sowieso in die Hölle. Von daher ist das egal."

Diese Aktion machte noch schneller die Runde als es unser Outing getan hatte, und wir wurden fortan in Ruhe gelassen.

Do 12.2.

Janina hat mich heute auf dem Weg zum Schulbus versucht, zur Sau zu machen. „Was soll denn *die* Scheiße?", rief sie aus, kaum dass wir das Haus verlassen hatten. „Seid ihr komplett wahnsinnig? Ich musste mir gestern auf ner Party anhören, dass du vor den Achtern mit nem Jungen rumgemacht hast."

„Reg dich ab", sagte ich beruhigend. „Sie haben versucht uns lächerlich zu machen, und da mussten wir sie ein wenig schocken, um endgültig Ruhe zu haben."

„Aber ihr könnt denen nicht einfach so ne Scheiße vorspielen. Begreifst du nicht, dass das auch auf mich zurückfällt?"

Noch bevor ich „wen juckt's?" komplett ausgesprochen hatte, griff Hauke in die Diskussion ein: „Schwesterherz, du hast mal wieder keine Ahnung."

„Aber du", fuhr sie Hauke an.

Doch er lachte sie aus, als sei er nicht fünf Jahre jünger. „Du lebst schon so lange unter einem Dach mit ihm, und du hast immer noch nicht mitbekommen, dass dein Bruder das nicht spielt?"

„Was?" fragte sie ungläubig und blieb stehen.

„Ja, du lebst ein wenig hinter dem Mond", lächelte er sie an. „Deine Bühne", wandte er sich an mich, „ich habe dir versprochen, sie dir nicht wegzunehmen."

De Facto hatte er das zwar getan, aber das war jetzt egal.

„Du bist nicht …", stammelte sie.

„Doch", sagte ich mit fester Stimme, „ich bin schwul."

„Aber das ist, das ist eklig", brachte sie stockend hervor.

„Ach ja, du Gipfel der Scheinheiligkeit", fuhr ich sie an, „wenn du Schwänze lutschst, ist es in Ordnung, und wenn ich es tue, ist es eklig."

„Du bist ein Junge", schrie sie mich an.

„Nein, dein Problem ist nicht, dass ich ein Junge bin", rechtfertigte ich mich. „Dein Problem ist, dass ich dein Bruder bin. Deshalb magst du es dir nicht vorstellen. Meinst du, wir stellen uns vor, wie Torsten oder was weiß ich wer dich flachlegt? Unsere Schwester in solch einer Vorstellung finden wir genauso eklig."

Ich sah zu Hauke, der aber wohl nur deshalb verzögert nickte, weil ich ihm mit den Augen drohte. „Du wirst ihn kennenlernen, und ich warne dich: wenn du willst, dass ich Mama und Papa nicht erzähle, mit wem du es auf Parties wie der gestern treibst, während du doch angeblich für deine Abi-Vorklausuren lernst, dann verhalte dich wie eine normale Schwester."

Damit ließ ich sie stehen. Hauke sagte noch: „Siehst du?" zu ihr und kam grinsend an meine Seite.

Meistens war es heute wieder viel einfacher. Man zeigte zwar immer noch mit dem Finger auf uns, doch es waren eher ängstliche Blicke, denen wir begegneten.

„Wir müssen die Mittelstufe ganz gehörig aufgemischt haben", sagte Erik.

Aber uns war es ganz recht so.

Heute wurde ich dennoch mal wieder „deswegen" auf dem Weg zur Theater-AG aufgehalten und ich war der letzte, der auftauchte. Die anderen hatten bereits ihre Reclam-Hefte draußen und sprachen über irgendetwas. Ich wollte mich gerade entschuldigen, da begann Tom ganz langsam, aber irgendwie fordernd zu klatschen. Alle stimmten in den nächsten Sekunden mit ein, und es war ein erleichterndes Gefühl nach all den Anfeindungen der letzten Tage.

Gerührt und etwas verlegen nickend, sagte ich „Danke", doch ich konnte mir die kleine Spitze nicht verkneifen, „ich sollte mich häufiger mal verspäten." Da lachten sie alle.

Erik hat mir heute leider schon für die geplante Übernachtung am Wochenende abgesagt. „Ich bekomme keine Erlaubnis", sagte er noch vor der allerersten Stunde, als wir die Stufen zum Chemietrakt hochgingen.

Ich verzog den Mund. „Dein Vater, nehme ich an."

Er nickte. „Es gibt einfachere Menschen als ihn. Er ist in seinem Denken ziemlich verbohrt. Aber meine Mutter redet seit Sonntag nicht mehr mit ihm. Es ist echt krass, wie gnadenlos sie hinter uns steht. Sie findet, er hat die gleiche Pflicht, mich zu unterstützen. Deshalb schikaniert sie ihn jetzt. Du hättest mal sein Gesicht sehen sollen, als er Montag von der Arbeit nach Hause kam und nichts zu essen bekam. Seit drei Tagen isst er Tiefkühlpizza."

Ich musste lachen, als ich es mir vorstellte.

„Kriegt ihr den Haussegen wieder gerade?"

„Ein bisschen leiden darf er schon noch", grinste Erik.

„Es ist schade, dass du nicht bleiben darfst", sagte ich traurig. „Kommst du trotzdem, damit wir es auch meiner Familie sagen können?"

„Auf jeden Fall. Du schwimmst doch irgendwo. Welcher Tag passt dir besser?"

„Sonntag. Wir sind Samstag wegen der Staffeln in Jena. Schaffst du es zum Frühstück?", fragte ich.

„Wenn ihr nicht schon um neun esst, ja. Ich komme mit dem Rad."

„Sei um zehn Uhr da. Ich halte die anderen so lange auf."

„Diesmal wird es nicht so hart, oder?"

„Nein, ich denke nicht. Wir haben es ja jetzt schon mehrfach durchgezogen, und Hauke ist sowieso auf unserer Seite. Er hat Janina buchstäblich vorgeführt. Eigentlich könnte ich es ihm komplett überlassen", sagte ich lachend.

Fr 13.2.

Ha! Ausgerechnet der kleine Scheißer, der uns vor seiner Klasse so blamieren wollte, ist heute zu uns gekommen. Er hat sich nicht wirklich getraut, denn wir sahen ihn an einer Ecke stehen. Ich habe es nur mitbekommen, weil Kay sagte: „Was will denn der Winzling hier?"

Ich sah hinüber und erkannte ihn. Dann winkte ich ihn zu uns. Er kam, als sei er auf dem Weg zu seiner eigenen Hinrichtung. Mit tief gebeugtem Kopf sagte er leise: „Ich wollte nur sagen, es tut mir leid."

„Du hast geerntet, was du selbst gesät hast", sagte Erik ausdruckslos.

Er sah ihn an, als verstünde er die Metapher nicht.

„Jetzt macht deine Klasse *dir* die Hölle heiß, nicht wahr?", fragte ich deshalb verständlicher.

Er nickte eingeschüchtert. Er sah einem Häufchen Elend so ähnlich wie Zwillingsbrüder, und unglaublicherweise tat er mir leid. Kopfschüttelnd über die eigene Entscheidung, die ich gerade traf, sagte ich: „Komm mit."

Erik sah mich nur ungläubig an.

„Ich regele das."

Jetzt verstand er, und er lächelte sanft.

Der Junge schien nicht ganz zu wissen, was nun passieren würde, denn er sah mich fragend an, doch ich ging mit ihm zu seiner Klasse zurück.

„Wie heißt du?", wollte ich wissen.

„Marvin", flüsterte er.

„Marvin, hör mir zu. Auch wenn du zu uns ein Arsch warst, helfe ich dir. Vertraue mir einfach."

Seinem Gesicht nach zu urteilen, zweifelte er sehr an meiner Aussage, doch er gehorchte. Als wir ankamen, verstummten die Gespräche vor seiner Klasse augenblicklich. Man erinnerte sich an mich. Alle blickten neugierig auf uns beide. Ich sah sie der Reihe nach an und sagte dann deutlich hörbar: „Setzt euch."

Überraschenderweise gehorchten sie ohne zu zögern, und höchstens zehn Sekunden später saß die ganze Klasse vor mir auf dem Flur. Erik und ich mussten echt Eindruck hinterlassen haben.

„Keiner von euch", begann ich, „wird so dumm sein, nicht herausgefunden zu haben, warum Marvin versucht hat, meinen Freund und mich lächerlich zu machen." Ich ließ die Worte wirken. „Das macht man einfach in eurem Alter. Aber das macht die Situation für Außenseiter nicht gerade leichter. Ihr", und ich zeigte auf sie, „ihr alle habt Marvin spüren lassen, wie beschissen das Gefühl ist, und deshalb – wart ihr nicht besser als er."

Das saß. Ich sah in plötzlich verlegene Gesichter. Einige sahen sogar schuldig zu Boden. „Marvin hat sich bei uns entschuldigt, und wir haben angenommen. Jetzt solltet ihr euch bei Marvin entschuldigen, denn er ist immerhin euer Freund."

Allgemeines Gemurmel entstand, doch das meiste waren leise Worte wie: „Tschuldigung" oder „tut mir leid."

„Und jetzt habt ihr in einer Minute mehr gelernt als im ganzen letzten Monat." Zufrieden klopfte ich Marvin auf die Schulter und wollte gerade zu meiner Klasse zurückkehren, als ich direkt hinter mir einen Riesen von Lehrer stehen sah, breitschultrig und mit vollem, schwarzem Haar.

„Das war gut", sagte er mit unglaublich tiefer Stimme, „wirklich eindrucksvoll. Es freut mich zu sehen, dass die Gerüchte, die im Lehrerzimmer über euer Auftreten kursieren, nicht übertrieben waren. – Henrik", versuchte er sich anscheinend zu erinnern, „nicht wahr?"

„Ja", sagte ich zwar noch immer voller Stolz, doch auch ein wenig eingeschüchtert. Man redete sogar im Lehrerzimmer über uns.

Er lächelte und klopfte mir auf die Schulter, wie ich es zuvor bei Marvin getan hatte. Dann wandte er sich an seine Schüler. „Ich glaube, es ist gemütlicher für uns alle, wenn wir die binomischen Formeln an den Tischen lösen. Auf!"

Ich ging mit einem wirklich guten Gefühl zu meiner Klasse zurück.

Sa 14.2.

Die Schwimmer haben keinen großen Deal daraus gemacht. Vielleicht sind Sportler einfach menschlicher eingestellt. Als wir heute zu den Staffeln nach Jena fuhren, habe ich vor der Abfahrt allen gesagt, dass ich eine kurze Ankündigung hätte. Andrea sah mich fragend an, doch ich nickte ihr nur kurz zu.

„Ich möchte, dass ihr es von mir erfahrt und nicht von irgendjemandem. Ich habe lange geglaubt, dass ich so bin wie ihr, doch das bin ich nicht. Ich bin schwul." Ich machte eine kurze Pause, um es sacken zu lassen. „Es wäre schade, wenn das für einen von euch ein Problem darstellen würde." Doch ich brauchte es gar nicht zu relativieren. Sie alle reagierten wie erhofft.

Grinsend nahm ich jedoch zur Kenntnis, dass sich David nachmittags unter der Dusche zum ersten Mal seit ich ihn kenne wegdrehte.

Der Wettkampf war eigentlich super. Wir haben unsere Staffelzeit von Frankfurt sogar noch mal um fast zwei Sekunden unterboten und klar gewonnen. Auch bei den Lagen waren wir superschnell unterwegs, doch angeblich gab es einen Frühstart, und so sind wir da disqualifiziert worden. Aber scheiß drauf. Gibt Wichtigeres.

So 15.2.

„Warum deckst du für sechs?“, fragte Papa, als er mich am Frühstückstisch werkeln sah. „Erwarten wir noch jemanden?“

„Ja, Erik kommt zum Frühstück dazu”, rief ich zurück. „Ich habe ihn eingeladen.“

Er nickte nur und ging wahrscheinlich automatisch davon aus, dass Mama es erlaubt haben würde und ihm nur noch nichts erzählt hatte, doch auch sie hatte ich gar nicht erst gefragt. Bei ihr passierte drei Minuten später die gleiche Szene, nur umgekehrt. Ich lachte in mich hinein. Wenn man seine Eltern so lange und so gut kennt, kann man sie wirklich einfach gegeneinander ausspielen.

Erik schellte wenige Minuten vor zehn, begrüßte alle freundlich und setzte sich mit uns an den Tisch. Mama hatte extra Frühstückseier gemacht, aber das machen wir sonntags meistens. Es sah nach einem gemütlichen Zusammensein aus, und so wollte Papa ein ganz unverbindliches Gespräch über sein Turnen beginnen, doch Erik sah mich fragend an.

Ich antwortete an seiner Statt: „Gleich, Papa. Ich habe Erik aus einem bestimmten Grund zum Frühstück eingeladen.“ Hauke grinste, und Janina drehte sich weg, als müsste sie sich übergeben. Aber das war mir egal. „Ich bin dir und Mama noch eine Information schuldig, eine Information allerdings, die euch nicht gefallen wird.“

„Ist was mit der Schule?“, fragte Mama sofort.

„Nein”, sagte ich, während Janina sich nicht beherrschen konnte und sarkastisch „so könnte man es auch ausdrücken”, murmelte.

„Nein, ich habe mich von Andrea getrennt.“

„Aber wieso? Sie war doch immer so nett”, bemerkte Mama direkt weiter. „Hat sie ...?“

„Nein”, unterbrach ich sie. „Ich habe die Beziehung beendet, weil sie nicht richtig war. Ihr müsst verstehen, ich mochte sie sehr, und ich mag sie noch immer, und dennoch musste es sein.“

Sie sahen mich mit erstaunten Gesichtern an, Mama sogar mit offenem Mund.

„Mein kleiner Bruder”, und ich legte ihm kurz meine Hand auf die Schulter und sprach mit sehr starker Betonung, „mit dem ich anfangs in dieser Wohnung nicht einmal ein Zimmer teilen wollte und der mir seit

Monaten immer wieder Gründe um die Ohren haut, unfassbar stolz auf ihn zu sein", ich lächelte ihn dankbar an, „hat mir klar gemacht, dass ich nicht an ihre Seite gehöre."

„Du?", fragte sie nun an Hauke gewandt.

„Ja, ich", sagte er trotzig.

„Ich habe die Zuneigung zu Andrea mit Liebe verwechselt. Doch jetzt weiß ich, dass ich jemand anderen viel mehr liebe als sie."

Während sie gespannt meinem Skript getreu zu mir sahen, überstieg das wohl Janinas Fähigkeiten und sie rief genervt: „Boah, sag's endlich, sonst müssen wir uns diese, diesen Quatsch", sie hatte sicher Scheiße sagen wollen, sich aber nicht getraut, „noch bis heute Nacht anhören."

Papa funkelte sie böse an, doch ich lächelte nur: „Okay, kurz und bündig: Ich möchte, dass ihr wisst, dass ich nun mit Erik zusammen bin."

Der erste Eindruck war auch hier ein schockierter, doch ich fuhr irgendwelchen Fragen vorher schon in die Parade: „Ich bin glücklicher als ich es je zuvor war."

Janina stand ohne zu fragen auf. „Schätzchen, du wirst es dir anhören", rief ich ihr hinterher. „Du weißt, was sonst passiert."

Sie kam mit einer Miene zurück an den Tisch, als würde sie die nächste Gelegenheit ergreifen wollen, mich mit dem Brotmesser zu erdolchen.

„Ich weiß", wandte ich mich wieder an Mama und Papa, „ihr denkt jetzt, das ist eine Phase. Was weiß der denn schon vom Leben? Ihr denkt an all die ganzen Anfeindungen in der Schule und so weiter, doch das ist, ehrlich gesagt, alles schon durch."

„Wir stehen zusammen", meldete sich nun auch Erik zu Wort.

Mama stand auf und stellte sich zwischen Erik und mich. Dann sagte sie etwas unerwartet zu mir: „Und ich habe dir erlaubt, bei ihm zu bleiben, anstelle von Andrea. Ganz schön raffiniert", sagte sie lächelnd.

„Da haben wir es meinen Eltern gesagt", erklärte Erik. „Beide Elternpaare an einem Wochenende ließen sich nicht machen. Entschuldigen Sie bitte."

Sie tätschelte kurz seinen Kopf.

„Wenigstens wart ihr hier nicht auch noch über Nacht zusammen", zischte Janina von gegenüber.

„Du solltest dich mit meinem Dad zusammen tun", sagte Erik an sie gewandt und mit unüberhörbarer Ironie. „Er hat es mir verboten. Ihr würdet euch prima verstehen."

„Um irgendwelchen Missverständnissen vorzugreifen", sprach Papa das erlösende Machtwort in Eriks Richtung, „wir haben Andrea hier willkommen geheißen, weil wir fühlten, dass sie Henrik gut tat. Wir alle", und er sah Janina an, als schwanten ihr diesmal mehr als zwei Wochen Hausarrest, „wir alle heißen dich hier willkommen, lieber Erik, jederzeit und wie wir es mit jedem Partner oder jeder Partnerin unserer Kinder tun würden."

Es war ein wunderbarer Satz, vielleicht der beste, den er je gesagt hat. Allein dafür hat sich das ganze Diary gelohnt.

Mama machte es einfacher, sagte aber irgendwie auf schöne Art das Gleiche aus: „Steh mal auf", forderte sie ihn auf.

Er gehorchte mit fragendem Blick. Doch dann nahm sie ihn in den Arm, als wäre er ihr dritter Sohn, sagte „ich freue mich für euch", und ich hörte sein geflüstertes „Danke."

Hauke grinste noch immer, als wäre es eingemeißelt: „Können wir jetzt endlich essen? Mein Magen hängt ganz da unten", und er deutete unter den Tisch.

Ich denke, das Wichtigste ist alles auf den Weg gebracht und gesagt. Nun beginnt ein neuer Abschnitt im Leben des Henrik Jäger, der des geouteten, schwulen Jungen an der Seite seines Freundes Erik.

Vielleicht schreibe ich ja darüber ja mal eine eigene Geschichte.

Nachtrag

Heute ist der 24. Juni. Zwar habe ich mein altes Tagebuch mit unserem Coming-out beendet gehabt, doch erscheint es mir sinnvoll, dass ich die Ereignisse der letzten Woche noch als Epilog anfüge. Schließlich hat ihre Vorgeschichte mein Leben und eben auch den Weg zu Eriks und meinem Zusammensein bestimmt wie kein anderes sonst.

Chris' Bruder Sven hat vor einer Woche angerufen und mich davon unterrichtet, dass seine Eltern entschieden haben, die Instrumente, mit denen die Ärzte Chris' Körper am Leben gehalten haben, abschalten zu lassen. Dass sich sein Zustand nach längerer Stabilphase Ende April verschlechtert hatte, wusste ich schon aus einem anderen Telefonat. Man hatte mir damals bereits gesagt, dass die Situation medizinisch hoffnungslos geworden war. So hatte ich auch genügend Zeit, mich mit der Tatsache auseinander zu setzen, dass dieses Abschalten der nächste und gleichzeitig der letzte Schritt sein würde.

Das macht es vom Thema nicht leichter. Doch man hat einfach Zeit, es sacken zu lassen und nur dann hervor zu holen, wenn man stark genug ist. Ich habe in der Zeit auf jeden Fall viel gelesen und mit Erik darüber gesprochen. Er hatte da schon direkt angeboten, mich zu begleiten, wenn es denn soweit sein würde.

„Du gibst mir doch auch Kraft, wenn ich schwach bin. In dieser schweren Situation möchte ich der sein, an den du dich anlehnen und an dessen Schulter du weinen kannst."

Er ist wirklich der liebste Mensch auf der Welt.

Die Beerdigung wurde für letzten Samstag angesetzt. Sven war so hilfsbereit, für uns eine Herberge zu besorgen. Ich wollte aber auch Larssens nicht mehr zur Last fallen. Deshalb hatte ich speziell darum gebeten.

Er hat uns ganz preiswert für 42 Euro in Stade in einem kleinen Gasthaus untergebracht und uns am Vormittag auch dort abgeholt. Ich glaube, dass es ihm sogar ganz recht war, einen Grund zu haben, der Stimmung zu Hause zu entfliehen. Da fällt einem sicher die Decke auf den Kopf. Ich trug nach dem Abschlussball zum zweiten Mal den Anzug, der eigentlich für meine Konfirmation vorgesehen war, und Erik sagte, er sehe dem traurigen Anlass entsprechend perfekt aus.

Chris war in einer grauen und kalten Totenhalle aufgebahrt worden, in einem hellbraunen Sarg, den ich so gar nicht als das wahrnehmen wollte, was er wirklich darstellte. Ich begrüßte seine Eltern, während sich Erik im Hintergrund hielt. Die Halle war ziemlich voll. Neben seiner Verwandtschaft waren seine alte Schulklasse und sein Handballteam anscheinend ebenfalls vollständig da, und so konzentrierte sich das Geschehen nicht auf uns.

Die Reden hatten wenig von dem, was ich von Chris wusste, und ich schüttelte sogar den Kopf als man über seine genommene Zukunft als

Familienvater sprach. Egal; es war der falsche Tag, dies gerade zu rücken.

Wie in Prozessionen aus dem Fernsehen folgten wir dem Sarg zu einer Grube, die ausgehoben wartete. Auch hier sprach der Pfarrer noch etwas, was mich völlig unberührt ließ, weil ich als anscheinend einziger die große Wahrheit hinter allem kannte.

Ich hatte Chris noch zu Hause einen wirklich langen Brief geschrieben, fast vier Seiten, in dem alles stand, was ich einfach noch so gerne gesagt hätte. Der wartete gefaltet aber ohne Umschlag bei mir in der Jacketttasche auf seinen Einsatz. Als ich dran war, mich zu verabschieden, ging ich nach vorne zur Grube und schluckte. Dort unten lag er jetzt.

Ich meine, ich wusste es doch vorher, hatte es mir auch ausgemalt, und trotzdem war es in dem Augenblick so schlimm wie noch nie zuvor in meinem Leben. Ich bekam die volle Breitseite und brach schluchzend zusammen. Ich wollte ihm eigentlich ganz cool „Hier steht alles drin, was ich unbedingt noch loswerden musste“ sagen und den Brief hinein werfen, doch schlussendlich stammelte ich nur: „Ich werde dich immer lieben“, und der Brief landete unbeabsichtigt fast ganz außen auf dem Sarg.

Erik hockte sich zu mir und legte mir den Arm um die Schultern. Er tröstete mich flüsternd, und ich war dankbarer als je zuvor, dass ich ihn hatte. Auf der Rückfahrt sagte er mir, dass nach meinem Zusammenbruch plötzlich Grabesstille geherrscht hatte und viele sich verwundert angesehen hatten. Wer war der fremde Junge, der so extrem für Chris empfand, und warum zur Hölle sagte er etwas von Liebe zu ihm?

Ich bekam von all dem nichts mehr mit. Als sich selbst seine Eltern von uns abwandten, kam Sven zu mir. „Das war eine Stufe zu hoch für sie alle.“

„Es tut mir leid“, sagte ich. „Ich habe das nicht sagen wollen. Es ist einfach passiert.“

Er schwieg einen Augenblick. „Darf ich dich etwas sehr Persönliches fragen?“

„Du möchtest wissen, ob er auch mich liebte.“

Er nickte ernst.

„Ja, das tat er“, sagte ich leise. „Wäre das hier nicht passiert, wäre ich jetzt mit ihm zusammen, denke ich.“

„Es ist eigenartig zu erfahren, dass mein Bruder schwul gewesen sein soll“, sagte er nachdenklich.

„Aber er war glücklich damit. Das ist doch das Wichtigste, oder?“

Er versuchte ein Lächeln, doch es gelang nicht wirklich überzeugend.

Ich fuhr fort: „Die körperlichen Dinge gingen zuerst von ihm aus. Ich wusste noch überhaupt nichts davon. Ich war und bin immer noch sehr dankbar, dass ich es war, den er wollte.“

„Ich auch. Du bist wirklich okay.“ Dann fragte er noch: „Du bist mit Erik also fest zusammen?“

Diesmal nickte ich.

„Ohne euch vom Totenschmaus abhalten zu wollen; ich glaube, es wäre …“

Ich ging dazwischen: „Ich auch. Wir nehmen den nächsten Bus nach Hamburg.“ Es war offensichtlich, dass wir auf dieser unpassenden Feier Fremdkörper gewesen wären.

„Auf Wiedersehen, und viel Glück euch beiden“, sagte er und hielt mir seine Hand zum Abschied hin.

Ich schlug ein und sagte souveräner als erwartet: „Wir werden uns nicht wiedersehen. Also ist es ein Lebewohl. Aber das ist es von Herzen“, fügte ich noch hinzu.

Simon Rhys Beck

Jungs sind auch Mädchen

140 Seiten

ISBN Print

978-3-86361-551-2

Auch als E-book

Robbie ist 15 und schwul. Aber das ist nicht sein Problem. Er hat einen tollen Bruder, nette Freunde und verständnisvolle Eltern. Sein Problem ist ^ Yan. Der neue Junge in seiner Klasse.

Denn wenn Yan in der Nähe ist, hat Robbie Herzrasen und weiche Knie. Zu allem Überfluss traut er sich nicht, Yan anzusprechen, und es passieren eine ganze Menge größere und kleinere Katastrophen.

Als Yan schließlich erfährt, wie Robbie für ihn empfindet, verstrickt er ihn in ein merkwürdiges Spiel, in dem offensichtlich nur er die Spielregeln kennt. Und erst als Robbie alles auf eine Karte setzt, versteht er, was mit Yan los ist.

Der hat nämlich Angst ...

Yasar Destan

Deniz

140 Seiten

ISBN Print

978-3-86361-488-1

Auch als E-book

Der 17jährige Deniz Arslan führt mit seiner Familie ein bescheidenes Leben im verschlafenen Nest Govern. In seiner Freizeit hängt er am liebsten mit dem Punk Knorpel am Bahnhof ab.

Eines Tages nimmt Knorpel ihn auf eine Party der Fachhochschule mit. Eigentlich wollen sie dort nur Ganja von Tanky kaufen, doch Deniz hat in der Mensa eine schicksalhafte Begegnung mit Raphael. Deniz spürt in sich Gefühle aufkeimen, die er bisher nie zugelassen hat und verliebt sich Hals über Kopf in den rebellischen Querdenker. Ein Umstand, den es mit allen Mitteln zu unterdücken gilt, denn eine über Freundschaft hinausgehende Liebe zwischen zwei Männern ist mit den Idealen seiner Familie und Kultur unvereinbar. Trotzdem beginnt er mit Raphael eine immer leidenschaftlicher werdende Beziehung – natürlich unter strengster Geheimhaltung. Die Ereignisse überschlagen sich, als seine Eltern schließlich doch unerwartet von seinem Schwulsein erfahren. Sie haben ihre ganz eigenen Vorstellungen von der Zukunft ihres Sohnes ...

www.himmelstuermer.de

Akira Arenth

Alpharüden
liebt man nicht

ISBN print
987-3-86361-470-6

360 Seiten

Auch als E-book

Ein katholisches Eliteinternat Ende der 80ger.
Als abgeschobener Bastard fristet Mordred bereits sein ganzes Leben hinter den
Mauern von St. Freienstädt. Sein Alltag ist eintönig und einsam, weil alle ihn meiden. In der Oberstufe platzt plötzlich der selbstbewusste Adonis Jack in sein Leben und bringt alles durcheinander.
Leider entwickeln sich die Dinge jedoch nicht wie geplant und Jack sieht sich in seiner Rolle als Alphatier gezwungen, seine Gefühle zu verleugnen. Schlimmer noch; er versteckt sie hinter Gewalt und Herzlosigkeit, zwingt Mordred zu Gangbangs, demütigt ihn vor Anderen und schlägt ihn, wenn er nicht pariert.
Als Mordred und Jack durch einen weiteren Schicksalsschlag getrennt werden und ins Jugendgefängnis kommen, spüren sie jedoch, wie tief ihre Gefühle füreinander wirklich gehen.
Jedes ihrer Schicksale entwickelt sich rasend schnell, Liebe und Hass verschwimmen, Intrigen und Sex regieren den Alltag und irgendwann eskaliert die Situation.

Hans van der Geest

Wilde Treue

ISBN print
987-3-86361-548-2

140 Seiten

Auch als E-book

Timon und Ariane sind schon mehrere Jahre befreundet, als sie beschließen, miteinander zu schlafen. Timon versagt aber. Nur wenn er an Männer denkt, schafft er es. Das betrübt sie beide. Nach diversen unbefriedigenden Versuchen trennen sie sich.
Dann lernt Timon den schwulen Nick kennen. Sehr konservativ erzogen, hat Timon damit seine Mühe. Erst nach scharfzüngigen Diskussionen finden sie zueinander und werden ein treues Paar.
Jahre später taucht Ariane wieder auf. Timon liebt sie immer noch. Zusammen mit Nick entdeckt er mit ihr ungeahnte Möglichkeiten. Auch Arianes Schwester mit Sohn Fabio gesellt sich zu dieser kunterbunten Gemeinschaft. Eine ungewöhnliche Regenbogenfamilie entsteht. Doch wie reagiert die Umwelt auf die ungewöhnlichen Väter und Mütter. Hat das verwegene Geflecht der Beziehungen bestand oder scheitert es?
Eine teils amüsante, teils romantische Geschichte aus unserer heutigen, in Bewegung geratenen Gesellschaft.

www.himmelstuermer.de

Simon Rhys Beck

Queer – ganz normal verrückt

220 Seiten

ISBN print
978-3-86361-554-3

Auch als E-book

Ben versucht verzweifelt, sein Leben in den Griff zu bekommen, das völlig aus dem Ruder gelaufen ist.

Doch auch der Einzug in die betreute WG bringt nicht die erhoffte Besserung, denn die anderen Bewohner schleppen genauso viele Probleme mit sich herum wie Ben. Und Ben scheint das Chaos magisch anzuziehen. Die Situation droht erneut zu eskalieren – wäre da nicht Luka, der Typ aus der Parallelklasse. Luka ist anders. Er ist hübsch, smart und selbstbewusst. Erst durch die Gefühle, die er in Ben weckt, spürt der, was es heißt, zu leben. Aber auch der Weg, den Luka beschreitet, ist manchmal steinig.

Manuel Sandrino

Selbstverständlich schwul

ISBN print
978-3-86361-524-6

Auch als E-book

Jeder hat die Wahl ein Außenseiter oder ein Anführer zu sein: es liegt alles nur an einem selbst!

Timmy wird an seinem 20. Geburtstag von einem Freund in ein Geheimnis eingeweiht, das mit einer Schule in San Francisco zu tun hat. *„Timmy, wenn du wissen willst, wer du wirklich bist, und wenn du Freunde fürs Leben suchst – dann musst du da hin!“* Timmy will beides.

So bringt ihn seine Suche nach Freiheit, Weisheit und Liebe nach Kalifornien. Dort beginnt er bisher Undenkliches als selbstverständlich zu betrachten; aber auch Selbstverständliches zu hinterfragen; Timmy wird zu einem selbstverständlich schwulen jungen Mann. Mutig sucht er seinen eigenen Weg und entdeckt dabei das Geheimnis der Erotik und der Liebe. Aber seine oft schamlosen Taten machen ihn unfreiwillig zum Symbol einer neuen Bewegung.

Timmy schafft sich im konservativen Amerika mit seiner Prüderie und Doppelmoral Feinde. Die Schule verlagert sich kurzfristig nach Los Angeles, doch die Presse findet ihn auch dort. Es kommt zu Protesten, Anschlägen und seiner Entführung.

www.himmelstuermer.de

Wolfgang Brosche

Tödlicher Rosenkranz

260 Seiten

ISBN print
978-3-86361-521-5

Auch als E-book

Ein Schuss in den Hinterkopf, der Schädel gesprengt, die Füße grausam verstümmelt und ein Rosenkranz vom Mörder bei der Leiche zurückgelassen.

Der erste Fall, den Kommissar Thomas Grund nach der Rückkehr in seine Heimatstadt lösen muss, berührt ihn persönlich. Der Ermordete war ein Schulfreund. Die Spuren führen den Kommissar zurück in seine Schulzeit auf einem katholischen Knabeninternat. Was er eigentlich vergessen wollte und etwas doch sein ganzes Leben geprägt hat, der Missbrauch durch einen Pater, spielt bald eine wesentliche Rolle bei der Aufklärung.

Wie sehr frömmelnder Schwulenhass sein Leben, das des Mörders und vieler anderer junger Männer geprägt hat, erfährt der Kommissar vor dem Hintergrund eines homophoben Kongresses „besorgter Eltern", der ausgerechnet in seinem ehemaligen Internat stattfindet. Hier begann eine Geschichte von Missbrauch, Abhängigkeit und Bigotterie, die zwanzig Jahre später zu einer Mordserie führt. Beinahe wird auch Thomas Grund Opfer des Mörders mit dem Rosenkranz.

www.himmelstuermer.de

MIX
Papier | Fördert gute Waldnutzung
FSC® C083411

Zeitfracht Medien GmbH
Ferdinand-Jühlke-Straße 7
99095 Erfurt, Deutschland
produktsicherheit@kolibri360.de